Lilli Marlen Brill / Marion Techmer

Großes Übungsbuch Deutsch

Wortschatz

Hueber

Quellenverzeichnis:

S. 62:	Agence France Press, 24.06.2010
S. 138:	© panthermedia / Stefan R.
S. 144:	von oben: © irisblende.de, © panthermedia / Karl-Heinz P., © panthermedia / Harald N., © panthermedia / Hans E., © panthermedia / Peter J.
S. 146:	© panthermedia / Peter J.
S. 147:	beide Fotos © irisblende.de
S. 148:	von oben: © irisblende.de, © iStockphoto / MichaelUtech, © iStockphoto / SebastianHamm
S. 174:	© TÜV Süd
S. 179:	Piktogramme © Bundesanstalt für Straßenwesen
S. 182:	© MEV
S. 237:	Piktogramme © fotolia / Cebreros
S. 267:	© panthermedia / Ludger V.
S. 332:	von oben: © Schleich GmbH, © Margarete Steiff GmbH, Playmobil: Mit freundlicher Genehmigung von PLAYMOBIL. PLAYMOBIL ist ein eingetragenes Warenzeichen der geobra Brandstätter GmbH & Co. KG., Käthe Kruse®-Puppen © KK Produktions- und Vertriebs GmbH
S. 364:	Grafik aus „Blickpunkt Bundestag“, Ausgabe 6/2005
S. 365/366:	Logos © der jeweiligen Partei

5. 4. 3. | Die letzten Ziffern
2017 16 15 14 13 | bezeichnen Zahl und Jahr des Druckes.
Alle Drucke dieser Auflage können, da unverändert, nebeneinander benutzt werden.
1. Auflage

Redaktion: Hans Hillreiner, Hueber Verlag, Ismaning
Umschlaggestaltung: creative partners gmbh, München
Fotogestaltung Cover: wentzlaff | pfaff | güldenpfennig kommunikation gmbh, München
Coverfoto: © Getty Images/Stockbyte
Zeichnungen: Irmtraud Guhe, München
Layout: Cihan Kursuner, Hueber Verlag, Ismaning
Satz: Sieveking · Verlagsservice, München
Druck und Bindung: Auer Buch + Medien GmbH, Donauwörth
Printed in Germany
ISBN 978-3-19-201721-6

INHALT

VORWORT

Liebe Deutschlernende,

das **Große Übungsbuch – Wortschatz** bietet Ihnen:

- rund 500 Übungen zum Wortschatz der deutschen Gegenwartssprache, gegliedert in Übungen zum Grundwortschatz (bis B1 bzw. Zertifikat Deutsch) und Übungen für Fortgeschrittene ab B2,
- Themen und Situationen aus dem Alltags- und Berufsleben, wie sie jeder kennt,
- eine abwechslungsreiche Übungstypologie (von Lückentexten über Satzbildungsübungen bis zu Worträtseln und anderen kreativen Übungen),
- für Fortgeschrittene viele Übungen zur deutschen Idiomatik (Redewendungen, Sprichwörter, Kollokationen) – integriert in die einzelnen Themenbereiche,
- authentische Textsorten (Sachtexte, Dialoge, E-Mails, Gedichte),
- zahlreiche Lerntipps und Illustrationen bzw. Fotos zur Verständnishilfe,
- nach Themen geordnete Informationskästen zur deutschen Landeskunde (von Begrüßungsformen über Infos zum Gesundheitssystem bis zur politischen Ordnung Deutschlands),
- österreichische und Schweizer Varianten des deutschen Wortschatzes,
- einige Regeln zur Wortbildung (Wortzusammensetzungen, Umformungen Verb – Substantiv, Umformungen Adjektiv – Substantiv),
- einen ausführlichen Lösungsteil zur Selbstevaluation.

Das **Große Übungsbuch – Wortschatz** richtet sich an

- Lernende der Niveaustufen A2 – C1 des *Gemeinsamen Europäischen Referenzrahmens,* die den deutschen Wortschatz einüben möchten,
- Lernende der Niveaustufen A2 – C1 des *Gemeinsamen Europäischen Referenzrahmens*, die sich auf Prüfungen der Niveaustufen A2, B1 und B2 vorbereiten,
- Muttersprachler, die ihre Wortschatzkenntnisse erweitern wollen.

Das **Große Übungsbuch – Wortschatz** eignet sich

- zum Wiederholen, Üben und Festigen des deutschen Wortschatzes bis B2, wobei sich die Themenbereiche am *Gemeinsamen Europäischen Referenzrahmen (GER)* orientieren,
- zur Erweiterung und Vertiefung des Wortschatzes ab B2,
- zum Selbststudium und als Zusatzmaterial zu allen gängigen Lehrwerken.

Das **Große Übungsbuch – Wortschatz** bietet Ihnen speziell in der Randspalte

- eine Wortauswahl für die Lückentexte, **Schwager • Mutter**
- Worterklärungen zu Wörtern ab Stufe B2, der letzte Schrei = *sehr modisch*

- Synonyme bzw. die österreichischen und Schweizer Varianten,
- Tipps zum Artikelgebrauch und zu Regeln der neuen deutschen Rechtschreibung,
- Illustrationen als Verständnishilfe.

e Gardine = *A: r Store*

Tipp
Nomen schreibt man groß:
Adresse, Reisepass, Kind
...

Die Übungen des Buches sind in 16 Themenbereiche untergliedert: Diese reichen von *Kontakte, Informationen zur Person, Familie und Freunde* über *Körper und Gesundheit* bis hin zu *Arbeit und Beruf* bzw. *Politik und Gesellschaft.*

Jedes Kapitel bietet zahlreiche leichtere Übungen auf Niveau A2 und B1.

Alle Übungen, die Wortschatz ab B2 enthalten, sind mit einer Nuss gekennzeichnet. Diese Nuss muss geknackt werden, d. h. hier werden anspruchsvollerer Wortschatz oder Übungen zur deutschen Idiomatik geboten.

Das **Große Übungsbuch – Wortschatz** zeichnet sich – im Gegensatz zu anderen Wortschatzbüchern für Fortgeschrittene – dadurch aus, dass die Erweiterung des Wortschatzes ab B2 nicht nach grammatischen Kategorien sondern thematisch erfolgt. Der vom *GER* eingeschlagene Weg, Wortschatz nach Themen anzubieten, wird nicht verlassen, sondern konsequent weiterverfolgt: Die Lernenden können so sinnvoll neue anspruchsvollere Wörter lernen – die Übungen zur Idiomatik und die Angabe verschiedener sprachlicher Stilebenen (gehoben, umgangssprachlich, vulgär) erhöhen gleichzeitig die Sprachsensibilität.

Ein weiteres Plus des **Großen Übungsbuchs – Wortschatz** ist, dass im Kapitel *Politik und Gesellschaft* – in Übungstexten und Infokästen – eine Vielzahl von Themen behandelt wird, die die politische Ordnung Deutschlands in den Mittelpunkt stellen. Hier werden wichtige Informationen vermittelt, die Lernende benötigen, die eine Einbürgerung anstreben und sich auf den dazu erforderlichen Einbürgerungstest vorbereiten wollen.

Lerntipps
- Wiederholen der Übungen erhöht den Lernerfolg wesentlich!
- Lernen Sie neue Wörter immer im Kontext und mit dem dazugehörigen Artikel bzw. der Pluralform!
- Das Nachschlagen in einsprachigen bzw. zweisprachigen Wörterbüchern ist hilfreich!
- Beherzigen Sie die Lerntipps in unserem Buch!

Viel Spaß und Erfolg beim Lernen und Üben!

Autorinnen und Verlag

Abkürzungen

e	*die*
r	*der*
s	*das*
A	*österreichische Variante*
CH	*Schweizer Variante*
süddt.	*süddeutsch*
Pl.	*Plural*
Sg.	*Singular*
Abk.	*Abkürzung*
jd./jdn./jdm.	*jemand/jemanden/jemandem*
geh.	*gehoben*
ugs.	*umgangssprachlich*
vulg.	*vulgär*
etw.	*etwas*

KONTAKTE, INFORMATIONEN ZUR PERSON

1 Sich vorstellen

v. freuen, gefreut – to be pleased (about, with) sth.

~~freut mich~~
Entschul~~digung~~
~~Herr~~
~~heiße~~
~~arbeiten~~
~~heißt~~
~~bin~~
Kollege
Frau
Name
~~Tag~~
~~guten~~
Ihr

a. Ergänzen Sie.

1. ● Guten Tag. Mein Name ist Maria Stix.
   ■ Guten Tag, Frau Stix.
   Ich bin Simon Umbreit.

2. ● Frau Brill, das ist mein Kollege Herr Agert.
   ■ Freut mich, Guten Tag, Herr Agert. (pleasure)
   ▲ Guten Tag.

3. ● Hallo. Ich bin Leonie. Und wie heißt du?
   ■ Hi, ich heiße David.

4. ● Ich heiße Jan Westerhoff-Nilling.
   ■ ____________, wie ist ______ Name?
   ● Westerhoff-Nilling. Jan Westerhoff-Nilling.
   ■ Ich bin Frau Müller. Anna Müller.
   ____________ Sie auch bei Future-Comes?

Anrede für weibliche Personen

Die Anrede für weibliche Personen ist *Frau*. Das Wort *Fräulein*, mit dem man früher unverheiratete Frauen angesprochen hat, ist veraltet. Es wird heute als diskriminierend empfunden.

b. Ordnen Sie zu.

0.	Entschuldigung, wie heißen Sie?	[a]
1.	Maier mit „ai"?	[ ]
2.	Wer bist du?	[ ]
3.	Wer ist Frau Stix?	[ ]
4.	Guten Tag, ich heiße Umbreit.	[ ]
5.	Sind Sie Frau Holzhausen?	[ ]
6.	Darf ich vorstellen, das ist Frau Hernan.	[ ]

a. Ich heiße Meier, Eva Meier.
b. Guten Tag, Rau.
c. Ja, das bin ich.
d. Ich bin David.
e. Freut mich, mein Name ist Smith.
f. Das bin ich.
g. Nein, mit „ei".

Die richtige Reihenfolge beim Vorstellen

Bei **privaten** Anlässen gibt es zwei Regeln. Die erste Regel lautet: Der Herr wird der Dame zuerst vorgestellt. Die zweite Regel lautet: Die jüngere Person wird der älteren zuerst vorgestellt. Was aber tun, wenn Sie einen älteren Mann einer jüngeren Frau vorstellen sollen? Dann entscheiden Sie aus der Situation heraus, wen Sie wem zuerst vorstellen.

Bei **geschäftlichen** Anlässen berücksichtigt man streng die Hierarchie: Die rangniedrigere Person wird der ranghöheren Person zuerst vorgestellt. Das bedeutet, zuerst erfährt der Chef, wie der Praktikant heißt, dann erfährt der Praktikant den Namen des Chefs. Wenn es keine Hierarchie gibt, berücksichtigt man die Regeln aus dem privaten Bereich: Die Frau erfährt zuerst, wie der Mann heißt; eine ältere Person erfährt zuerst, wer die jüngere Person ist. Eine weitere Regel ist, dass man – der Kunde ist König – zuerst dem Kunden die Mitarbeiter der eigenen Firma vorstellt, dann den Mitarbeitern den Kunden.

r Herr = *r Mann*
e Dame = *e Frau*

der Kunde ist König = *der Kunde ist eine besonders wichtige Person*

2 Begrüßen und Verabschieden

a. Was sagt man zur Begrüßung?

~~Guten Morgen.~~
Moin, Moin.
Hallo. / Hi. / Lange nicht gesehen.
Grüezi. / Salü.
Grüß Gott.
Hallo. / Mahlzeit.
Servus.
Guten Tag.

0. In der Arbeit (bis 11 Uhr): Guten Morgen.
1. In einem Geschäft (shop) zu einer Verkäuferin (von 11–18 Uhr): Guten Tag
2. In Österreich und Süddeutschland: Grüß Gott
3. Freunde zueinander in Österreich und Süddeutschland: Servus
4. In der Schweiz: Grüezi / Salü
5. Jugendlicher zu Jugendlichen (*CH:* Junge zu Jungen): Hallo / Hi / Lange nicht gesehen
6. In Norddeutschland: Moin, Moin
7. Kollegen in der Kantine beim Mittagessen: Hallo / Mahlzeit

b. Was sagt man zur Verabschiedung?

~~Tschau. / Tschüs.~~
Servus.
(Auf) Wiedersehen.
Gute Nacht.
Tschüs. / Bis bald. / Bis morgen.
(Auf) Wiedersehen.

0. Jugendliche zu Jugendlichen: Tschau. / Tschüs.
1. In einem Geschäft: _____
2. Freunde zu Freunden in Österreich und Süddeutschland: _____
3. Wenn es nach 22 Uhr ist und man bald ins Bett geht: Gute Nacht
4. Bei der Arbeit zu Besuchern und Kunden: _____
5. Zu Freunden, zu Kollegen: _____

Handgeben

Beim Begrüßen und Verabschieden gibt man sich in den deutschsprachigen Ländern oft die Hand. Man gibt sich dabei die rechte Hand, drückt die Hand des anderen (nicht zu fest) und macht eine leichte Bewegung auf und ab. Wenn man beim Begrüßen oder Verabschieden die Hand gibt, ist das förmlicher, als wenn man sich dabei nur zunickt.

Mahlzeit!
Mahlzeit! In Deutschland hört man am Arbeitsplatz oft auch diesen Gruß, häufig zur Mittagszeit. Kollegen sagen *Mahlzeit!* zueinander, wenn sie in die Mittagspause gehen oder diese Pause beenden. Diesen kurzen, saloppen Gruß mag nicht jeder. Die Benimm-Expertin Inge Wolff, Vorsitzende des Arbeitskreises „Umgangsformen international", würde ihn nicht verwenden, sondern zur Mittagszeit mit *Guten Tag!* oder *Hallo!* grüßen. Was tun, wenn im Unternehmen so gegrüßt wird? Ein freundliches *Hallo!* ist immer richtig. Doch wenn alle mit *Mahlzeit!* grüßen, dann können Sie das auch. In der Schweiz benutzt man den Gruß *Mahlzeit!* nicht. Dort sagt man zur Verabschiedung *En Guete!*, was *Guten Appetit!* bedeutet.

Erste Kontakte

3

a. Wie geht's dir? Ergänzen Sie.

0. Sehr gut, danke. / Super, danke.

1. Gut, danke

2. Es geht so. / Na ja, es geht

3. Ach, nicht so gut

4. Sehr schlecht

Gut, danke.

~~Sehr gut, danke. / Super, danke.~~

Sehr schlecht.

Ach, nicht so gut.

Es geht so. / Na ja, es geht.

b. Ergänzen Sie die Situation.

So können Sie ...

0. um Hilfe bitten:
Entschuldigen Sie bitte. Ich hätte eine Frage. / Entschuldigung. Könnten Sie mir bitte helfen?

1. Hilfe anbieten
Kann ich Ihnen helfen? / Kann ich etwas für Sie tun? / Kann ich Ihnen behilflich sein?

2. sich bedanken
Danke. / Vielen Dank. / Herzlichen Dank. / Sehr nett von Ihnen.

3. sich entschuldigen
Entschuldigung, das tut mir wirklich leid. / Entschuldigung, das wollte ich nicht.

4. auf Dank reagieren
Bitte schön. / Gern geschehen. / Nichts zu danken. / Kein Problem.

auf Dank reagieren
sich entschuldigen
Hilfe anbieten
sich bedanken
~~um Hilfe bitten~~

4 *Du* oder *Sie*?

Was sagen ...

	du	Sie
0. Kollegen zu Kollegen? (oft)	X	
1. Mitarbeiter zu Chefs und Chefs zu Mitarbeitern? (oft)		X
2. Kinder zu fremden Erwachsenen? (immer)		X
3. junge Leute (bis 25 Jahre) zu jungen Leuten?	X	
4. fremde Personen (über 25 Jahre) zu fremden Personen?		X
5. Freunde zu Freuden (immer)?	X	
6. Erwachsene zu Kindern und Jugendlichen bis ca. 16 Jahre?	X	
7. Studenten zu Studenten?	X	
8. Mitglieder zu Mitgliedern in Sportvereinen und Fitnessclubs?	X	
9. Personen zu Personen, die in Internetforen kommunizieren?	X	

> *Du* oder *Sie?*
> Sie wissen nicht: Soll ich zu meinem neuen Kollegen *Sie* oder *du* sagen? Tipp: Sagen Sie *Sie*. Das ist immer höflich. Später kann man zum *Du* wechseln.

5 Kommunikation im Beruf

a. **Was sagt man zur Begrüßung? Schreiben Sie Sätze.**

0. Herzlich willkommen.
   herzlichwillkommen
1. Wir freuen uns, Sie heute hier begrüßen zu dürfen.
   wirfreuenunssieheutehierbegrüßenzudürfen
2. Es freut mich, dass Sie heute zu uns gekommen sind
   esfreutmichdasssieheutezuunsgekommensind
3. Meine Damen und Herren, ich heiße Sie im Namen von Acentas Herzlich Willkommen
   meinedamenundherrenichheißesieimnamenvonacentasherzlichwillkommen
4. Im Namen der Firma, darf ich Sie Herzlich in unserem Hause Begrüßen
   imnamenderfirmadarfichsieherzlichinunseremhausebegrüßen

b. Was sagt man zur Verabschiedung? Schreiben Sie Sätze.

0. Ich darf mich dann von Ihnen verabschieden.
ichdarfmichdannvonihnenverabschieden

1. Tut mir leid aber ich habe gleich noch einen Termin.
tutmirleidaberichhabegleichnocheinentermin

2. Es hat mich sehr gefreut sie kennen zu lernen.
eshatmichsehrgefreutsiekennenzulernen

3. Vielen dank für ihren Besuch.
vielendankfürihrenbesuch

4. Wir freuen uns sie bald wieder bei uns begrüßen zu dürfen.
wirfreuenunssiebaldwiederbeiunsbegrüßenzudürfen

c. Ergänzen Sie. Achten Sie bei Verben auf die korrekte Form.

jemanden vorstellen:

bekannt machen • Freundin • ~~Kollegin~~ • sein • kennen • kennenlernen • vorstellen

1. ● Darf ich Ihnen, unsere neue Kollegin Frau Weininger vorstellen.
   ■ Angenehm. Mein Name ist Bräuer. Tim Bräuer.
2. ● Das ist eine gute Freundin von mir, Hanna Richter. Frau Richter und ich kennst uns seit dem Studium.
   ■ Freut mich, Sie kennenlernen, Frau Richter.
3. ● Darf ich Sie bekannt machen? Herr Santos – Herr Reiter.
   ■ Guten Tag, Herr Reiter.

Visitenkarten austauschen:

sein • geben • selbstverständlich • Karte • sich melden • haben

4. ● Darf ich Ihnen meine Karte geben?
   ■ Gerne. Einen Moment, ich gebe Ihnen auch meine.
5. ● Hier ist meine Karte.
   ■ Danke schön. Ich melde mich dann nach der Messe bei Ihnen.
6. ● Hätten Sie eine Visitenkarte für mich?
   ■ Ja, selbstverständlich. Hier bitte.

6 Beziehungen

Ergänzen Sie. Achten Sie bei Verben auf die korrekte Form.

Kontakt
einander
zusammen
treffen
~~Beziehungen~~
kennenlernen
persönlich
gefallen
vertrauen
duzen
siezen
Du sagen
Sie sagen
mögen
gemeinsam
bekannt
zufällig

0. Er bekam den Auftrag, weil er gute Beziehungen zum Chef hat.
1. Wir kennen ______ seit vielen Jahren.
2. Könnten wir die Unterlagen noch einmal ______ besprechen?
3. Sie hat noch ______ zu der französischen Familie, bei der sie als Gastschülerin war.
4. Herrn Hernan habe ich bei einem internationalen Kongress ______.
5. Ich habe Frau Stix ______ am Flughafen ______.
6. Ich kenne Herrn Liebl nicht ______, aber ich habe viel von ihm gehört.
7. Fahren wir ______ oder möchtest du lieber alleine fahren?
8. Du kannst ihr wirklich ______, ich arbeite seit Jahren mit ihr zusammen.
9. Es ______ mir in der neuen Firma sehr gut.
10. Es ist ungewohnt für mich, den Chef zu ______. Normalerweise ______ man ja den Vorgesetzten.
11. Zu Kindern unter fünfzehn Jahren ______ man ______.
12. Zu Erwachsenen, die man nicht kennt, ______ man ______.
13. Toms neue Geschäftspartnerin ______ ich nicht.
14. Die Firma ist mir ______. Wir haben schon mit ihr zusammengearbeitet.

Tipp
Lernen Sie besser täglich zehn oder zwanzig Minuten neue Wörter, als einmal in der Woche oder vor der Prüfung ein oder zwei Stunden. So behalten Sie neue Wörter optimal.

Kontakte und Informationsaustausch

7

a. Was passt nicht?

0. den Kontakt zu jemandem
   aufnehmen – herstellen – aufrecht erhalten – austauschen
1. sich zum Abschied
   umarmen – vorstellen – die Hand schütteln – (zu)winken
2. ein Vorschlag ist
   bejaht – akzeptabel – konstruktiv – annehmbar
3. man kann einen Vorschlag
   annehmen – ablehnen – machen – meinen
4. man kann Informationen
   bitten – bekannt geben – weitergeben – geben
5. von einem Treffen
   erzählen – erklären – berichten – sprechen

b. Ergänzen Sie das Gegenteil.

0. den Kontakt aufrecht erhalten ↔ den Kontakt (enchabbre) abbrechen
1. jemanden korrekt anreden ↔ jemanden (schafl) ________ anreden
2. sich an einen Namen erinnern ↔ einen Namen (ssvergeen) ________
3. wir sind verschiedener Meinung ↔ wir sind (ensederlb) ________ Meinung
4. einen Vorschlag ablehnen ↔ einen Vorschlag (enneanhm) ________
5. der Vortrag war verständlich ↔ der Vortrag war (ichndunstälver) ________
6. ein Vorschlag ist akzeptabel ↔ ein Vorschlag ist (zeptinbelaka) ________
7. etwas erlauben ↔ etwas (bieverten) ________
8. das ist der Vorteil ↔ das ist der (lietNcha) ________

c. Bilden Sie Sätze.

0. Entschuldigung, ich weiß nicht, wie das auf Deutsch heißt.
weiß • das • heißt • auf Deutsch • Entschuldigung • wie • nicht • ich

1. ______________________________ ?
***target* • das • Wort • ist • deutsche • Was • für**

2. ______________________________ ?
nennt • das • hier • auf Deutsch • Wie • man

3. ______________________________
______________________________ ?
ist • zwischen • der Unterschied • Was • *telefonieren* und *anrufen*

4. ______________________________ .
hätte • eine • Frage • Ich • da

d. Ergänzen Sie. Achten Sie bei Verben auf die korrekte Form.

Bitte
sich informieren
Information
umschreiben
Bericht
erklären
bitten um
vorschlagen
sich erkundigen
~~verstehen~~

1. Ich verstehe diesen Satz nicht. Kannst du ihn mir ____________ ?
2. ● Bei wem kann ich ________ über das neue Projekt ____________ ?
   ■ Am besten Sie ____________ ________ bei Frau Günster.
3. Du brauchst das Wort nicht im Wörterbuch zu suchen. Du kannst es doch ____________ .
4. Wenn Sie an diesem Termin nicht können, kann ich den 24.7. ____________ . Geht das bei Ihnen?
5. Wir fangen am besten gleich an. Darf ich ______ Ruhe ____________ .
6. Diese ____________ ist vertraulich.
7. Herr Dr. Lüders, ich hätte von Ihnen gerne einen ____________ über das Treffen.
8. Ich hätte eine ________ . Könnten Sie den Termin verschieben?

9. Das ist meine ____________. Ich weiß, dass man darüber auch anderer ____________ sein kann.

10. Was ____________ du, sollen wir das Angebot annehmen?

11. Ihre Argumente haben mich ______________.

12. Die Feuerwehr ____________ uns _____, das Gebäude sofort zu verlassen.

13. Haben wir die __________________, Herrn Dr. Reiter persönlich zu sprechen?

14. _________ Sie mir bitte noch ______________, ob Herr Weininger am Seminar teilnimmt?

15. Entschuldigen Sie, dass Sie die Mail bekommen haben, das war ein __________________________.

16. Können Sie bitte eine kurze __________________________ des Gutachtens schreiben?

misconception Missverständnis
to let s.o. know Bescheid geben
possibility/chance Möglichkeit
abstract/summary Zusammenfassung
to invite auffordern
to make sure/persuade assure überzeugen
opinion Meinung
meinen
Ansicht opinion/view

e. Ergänzen Sie. Achten Sie auf die korrekte Form.

0. Die Unternehmensführung hat beschlossen, den Forschungsetat zu kürzen.
1. Klaus h____ v____, im Sommer wieder nach Griechenland zu fahren.
2. Für die Betreuung der Gäste gab es viele ehrenamtliche f______________ Helfer.
3. H_____ ihr L_____, nach der Besprechung noch in den Biergarten zu gehen?
4. Das ist nicht aus Versehen passiert. Das hat sie m____ A__________ gemacht, um ihn zu ärgern.
5. Er hat die A__________, eine Weltreise zu machen, wenn er in Rente geht.
6. Der Betriebsrat w_____ erreichen, dass es keine betriebsbedingten Kündigungen gibt.

~~beschließen~~
wollen
Lust haben
vorhaben
freiwillig
Absicht
mit Absicht

8 Sprache und Ausdruck

a. **Ergänzen Sie. Achten Sie auf die korrekte Form.**

~~sprechen mit~~
beschreiben
schweigen
sprechen über
reden
sagen
fragen
fragen nach
zeigen
diskutieren
mitteilen
diskutieren über
rufen
rufen nach
antworten
antworten auf
sich unterhalten mit
sich unterhalten über

0. Simon wurde von seiner Lehrerin neben ein Mädchen gesetzt, weil er immer mit seinem Nachbarn gesprochen hat.
1. ● Können Sie mir bitte s________, wo ich Herrn Techmer finde?
   ■ Kommen Sie, ich z________ Ihnen, wo Sie ihn finden.
2. Er hat mir genau b____________, wie das Bild aussieht, das er kaufen möchte.
3. F________ du bitte, wann die nächste Sitzung ist?
4. Kannst du bitte n______ dem Weg f________, ich habe den Stadtplan vergessen.
5. Er hat die ganze Zeit g__________ und ich konnte überhaupt nichts dazu sagen.
6. Wir müssen noch ü______ den Zeitungsbericht s____________.
7. Sie hatte lange nichts gesagt, aber jetzt wollte sie nicht mehr sch__________ und berichten, was passiert ist.
8. Wir haben schon ü______ dieses Thema d____________, ich möchte darüber nicht mehr sprechen.
9. Es wird nicht d____________, ihr macht jetzt, was ich sage und zwar sofort!
10. Das Kind r______ verzweifelt n______ seiner Mutter, ich bringe die Kleine mal zur Information.
11. Ich r______ schon die ganze Zeit, könnt ihr mal a____________!
12. Er a____________ nie a____ die Fragen der Journalistin, er sagt, was er will.
13. Ich will noch nicht gehen, ich möchte m______ noch ein bisschen m____ der neuen Kollegin u____________.
14. Wir haben u____ ü______ das neue Buch von Christa Wolf u____________.
15. Kommen Sie nachher vorbei? Ich muss Ihnen noch etwas Wichtiges m____________.

b. Ergänzen Sie.

0. stammeln = sehr undeutlich sprechen, weil man Angst hat oder aufgeregt ist
1. ______________ = sehr leise sprechen
2. ______________ = sich heimlich und flüsternd unterhalten
3. ______________ = äußern, dass man mit etwas unzufrieden ist
4. ______________ = undeutlich sprechen, weil man den Mund beim Sprechen kaum bewegt
5. ______________ = Kummer oder Erleichterung mit einem Laut beim Ausatmen ausdrücken
6. ______________ = jemandem, der etwas nicht weiß, zuflüstern, was er sagen soll
7. ______________ = vor Schmerzen oder Anstrengung stöhnen
8. ______________ = viele Leute sprechen gleichzeitig leise

~~stammeln~~
jammern
ächzen
raunen
nuscheln
tuscheln
seufzen
flüstern
einsagen

c. Ergänzen Sie. Achten Sie auf die korrekte Form.

0. Die Nachbarinnen standen am Zaun und plauderten miteinander.
1. Unsere Tochter ______________ schon seit einer Stunde mit ihrer Freundin am Telefon.
2. Sabrina hat ______________, dass ihr Nachbar die Hausaufgaben nicht gemacht hat.
3. Er war beim Referat so aufgeregt, dass er anfing zu ______________.
4. Die Erzieherin empfahl den Eltern, dass ihr Kind eine Sprachtherapie machen soll, weil es ______________.
5. Er ______________ gern mit seinen Erfolgen, das mag ich nicht an ihm.
6. Er ______________ das Gedicht auswendig ______, ohne nervös zu sein.
7. Er ______________ immer über das Essen in der Kantine.
8. Er ______________ immer, wenn sie einen wichtigen Termin vergisst.

~~plaudern~~
stottern
prahlen
petzen
vortragen
lispeln
nörgeln
lästern
quasseln

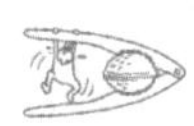

d. Ordnen Sie zu.

0. schwatzen / plaudern [a]
1. petzen [ ]
2. stottern [ ]
3. lispeln [ ]
4. prahlen [ ]
5. vortragen [ ]
6. quasseln / quatschen [ ]
7. meckern / motzen / nörgeln [ ]
8. lästern [ ]
9. tratschen [ ]
10. ermahnen [ ]

a. mit jemandem auf angenehme und freundliche Art sprechen, ohne etwas Wichtiges oder Ernstes zu sagen

b. beim Sprechen von „s" die Zähne mit der Zunge berühren, sodass das „s" wie ein „th" im Englischen klingt

c. beim Erzählen damit angeben, was man getan bzw. erreicht hat

d. mit vielen Pausen und häufigen Wiederholungen sprechen

e. vor Publikum etwas sagen

f. jemand anderem sagen, dass jemand etwas getan hat, was er nicht tun soll

g. über etwas schimpfen

h. jemand auffordern, etwas zu tun oder nicht zu tun

i. böse Bemerkungen über die Fehler von jemandem machen

j. über andere Menschen reden

k. lange über unwichtige Sachen reden

e. Ergänzen Sie. Achten Sie auf die korrekte Form.

~~schimpfen~~
kreischen
grölen
stöhnen
quengeln
befehlen
brüllen
jubeln

0. Ich muss jetzt nach Hause, sonst schimpft meine Mutter.
1. Der Verletzte __________ vor Schmerzen.
2. Als das Tor fiel, hörte man alle Leute in den Häusern __________.
3. Die Kleine __________ so lange, bis sie ein Eis bekam.
4. Der Mann __________ seinem Hund „Hierher!", aber der Hund kam nicht.
5. Bei dem Lärm muss man ja __________, um sich zu verständigen.
6. Der Sänger betrat die Bühne und die Mädchen __________ hysterisch.
7. Letzte Nacht __________ betrunkene Jugendliche auf der Straße.

Reaktionen

9

a. Wie gefällt es Ihnen? Kreuzen Sie an, ob die Antwort positiv oder negativ ist.

	positiv	negativ
0. Ich bin begeistert.	X	
1. Sehr gut.		
2. Na ja, es geht.		
3. Es ist schrecklich hier.		
4. Nicht so gut.		
5. Toll!		
6. Es ist sehr langweilig.		
7. Fantastisch!		

b. Was passt nicht?

0. Seine Reaktion war... positiv. – ~~gefallen.~~ – neutral. – negativ.
1. Er konnte seine Gefühle ... unterdrücken. – vorstellen. – zeigen. – verdrängen.
2. Sie konnte sich nicht ... entscheiden. – missfallen. – entschließen. – beherrschen.
3. Die Stimmung war ... gut. – grundsätzlich. – mittelmäßig. – schlecht.
4. Man kann eine Entscheidung ... bejahen. – bekannt geben. – verneinen. – auffordern.

10 Angaben zur Person

a. Ergänzen Sie das Anmeldeformular.

Geburtsdatum
Straße
Beruf
Hausnummer
~~Familienname~~
Unterschrift
Postleitzahl
Vorname
Wohnort (Stadt)
Land
E-Mail-Adresse
Telefonnummer
Nationalität

Ein anderes Wort für **Wohnort = Wohnsitz**
Unser zweiter **Wohnsitz** ist Zürich.

SPRACHSCHULE LINGUA

Anmeldung

Sommersprachkurs A2/1
01.08. – 31.08. Deutsch als Fremdsprache

Santos
⓪ Familienname

Maribell
① ____________

29.4.94
② ____________

spanisch
③ ____________

Giselastr.
④ ____________

104
⑤ ____________

81739
⑥ ____________

München
⑦ ____________

Deutschland
⑧ ____________

089/739665
⑨ ____________

maribell.santos@web.de
⑩ ____________

Studentin
⑪ ____________

Maribell Santos
⑫ ____________

b. Was passt nicht?

0. Familienstand: ledig – verheiratet – ~~geboren~~ – geschieden – verwitwet
1. Adresse: Straße – Faxnummer – Hausnummer – Ort – Postleitzahl
2. Name: Geburtsname – Vorname – Nachname – Familienstand
3. Geburtsdatum: Geburtstag – Geburtsjahr – Geburtsort – geboren am
4. Geschlecht: männlich – weiblich – verwandt

Tipp
Lernen Sie Nomen immer mit Artikel und Plural: *die Adresse, die Adressen (Pl.); der Reisepass, die Reisepässe (Pl.); das Kind, die Kinder (Pl.)* ...

c. **Ergänzen Sie. Achten Sie bei Verben auf die korrekte Form.**

- ● Wie ist Ihr (0) Name?
- ■ Mein Name ist Yerli. Asiye Yerli.
- ● Können Sie den Nachnamen bitte (1) ______________________?
- ■ Y-E-R-L-I.
- ● Woher (2) ___________ Sie?
- ■ Ich komme aus der Türkei. Ich (3) _______ seit sechs Monaten in Deutschland.
- ● Wann sind Sie (4) ____________?
- ■ Am 29.4.1984.
- ● Was ist Ihr (5) ________________?
- ■ Entschuldigung, ich (6) ____________ noch nicht so gut deutsch.
- ● Wo sind Sie geboren?
- ■ In Ankara.
- ● Haben Sie (7) __________?
- ■ Ja, ich habe eine (8) ____________. Sie ist vier Jahre (9) _____.
- ● Wie ist Ihre (10) ___________?
- ■ Ich (11) _________ im Märchenweg 5, 81739 München.
- ● Was sind Sie von Beruf?
- ■ Ich (12) _____ Programmiererin. Momentan (13) ____________ ich ____ Teamassistentin.
- ● Ich brauche dann noch Ihren (14) _______________.
- ■ Hier, bitte.
- ● Wenn Sie dann bitte hier unten (15) _______________________.

...

unterschreiben
Geburtsort
sein
Reisepass
leben
Adresse
kommen
Tochter
geboren
arbeiten als
~~Name~~
buchstabieren
alt
wohnen
Kinder
sprechen

Tipp
Nomen schreibt man groß: **A**dresse, **R**eisepass, **K**ind ...

Buchstabieren

Aa Be tCe De Ee eF Ge Ha Ii Jott
Ka eL eM eN Oo Pe Qu eR eS Te
Uu Vau We iX Ypsilon Zett

Ä buchstabiert man: A-Umlaut
Ö buchstabiert man: O-Umlaut
Ü buchstabiert man: U-Umlaut
ß buchstabiert man: Eszett

Tipp
Üben Sie, Ihren Namen zu buchstabieren.

In Österreich buchstabiert man J: Je *und* Q: Kwe.

d. Und Sie? Ergänzen Sie die Personalien.

Name	______	Vorname	______
Geburtsdatum	______	Geburtsort	______
Nationalität	______	Konfession	______
wohnhaft in	______	Postleitzahl	______
Straße	______	Hausnr.	______
Telefon (privat)	______	Tel. (geschäftlich/mobil)	______
Fax	______	E-Mail	______

e Konfession = *e Religion*
Zum Beispiel: katholisch, evangelisch, muslimisch (= islamisch), hinduistisch, buddhistisch ...

Tipp
Lernen Sie auch Wörter, die Sie persönlich brauchen oder interessieren. Zum Beispiel:
Wie heißt Ihr Land?
Wie ist Ihre Nationalität/Staatsangehörigkeit?
Wie ist Ihre Religion/Konfession? ...

11 Kosename, Spitzname, Geburtsname ...

Ergänzen Sie. Achten Sie auf die korrekte Form.

geborene
Nachname
Titel
nennen
Vorname
Spitzname
Initialen
Mädchenname
Geburtsname
~~Kosename~~
Zuname
aussprechen
Rufname

0. *Mein Schatz, Liebling, Engel, Spatz, Baby, Mausi, Süße* und *Zuckerschnecke* sind beliebte deutsche Kosenamen von Männern für Frauen.

1. In meinem Personalausweis, meinem Pass und meinem Führerschein steht als ______ Marion Inge, aber keiner nennt mich so. Mein ______ ist Marion.

2. Sie heißt Lea Braun. Vor ihrer Heirat hieß sie mit Nachnamen Mayer. Mayer ist ihr ______. Früher sagte man dazu ______. Dieses Wort ist heute nicht mehr üblich, da auch Männer bei der Heirat den ______ ihrer Frau annehmen können. Wenn man in Formularen den Geburtsnamen nennen soll, steht dort oft „______".

3. Auf den Servietten und der Bettwäsche unserer Großmutter sind die Buchstaben *EU* gestickt. Das sind die ______ meiner Großmutter. Sie hieß *Elly Umbreit.*

4. Er heißt Hans. In der Schule ______ ihn alle nur Hansi. Hansi ist sein ______ (*CH:* Übername).

5. Weißt du, wie man den Namen *Hueber* ________________?

6. Doktor phil. ist ein akademischer ________. Es gibt auch Adelstitel, wie z. B. Luitpold Prinz von Bayern, oder diplomatische Titel.

7. Ein anderes Wort für Nachname ist ___________.

Guten Tag, Herr Dr. Lüdenscheidt
Sprechen Sie Personen im Zweifelsfall immer mit ihrem Titel an: *Frau Professor Meyer, Herr Dr. Lüdenscheidt* ... Der Träger des Titels wird es Ihnen sagen, wenn er nicht mit Titel angesprochen werden möchte. In Mails oder Briefen ist es üblich, Titel in der Anschrift und der Anrede zu nennen. Man verwendet dabei aber nur den höchsten Titel. Also nicht *Professor Dr. Jacobi*, sondern nur *Professor Jacobi*. In Österreich werden Titel häufig benutzt: Man nennt dort z. B. auch den akademischen Grad *Magister* und *Ingenieur* (*Herr Magister Müller, Herr Ingenieur Semder* ...). Das ist in Deutschland und der Schweiz nicht üblich.

Dokumente und Formulare

12

Ergänzen Sie. Achten Sie auf die korrekte Form.

Arbeitsgenehmigung
Eheurkunde
Anmeldebestätigung
Teilnahmebestätigung
unterzeichnen
wie
Gebühr
Druckbuchstabe
führen
widerrufen
ändern
~~Anmeldeformular~~

1. ■ Wenn Sie dann bitte das Anmeldeformular ausfüllen. Schreiben Sie bitte in D________________. ● Hätten Sie einen Stift für mich?
2. ● Wir haben das Haus gekauft. Gestern haben wir den Vertrag beim Notar u________________. ■ Herzlichen Glückwunsch!
3. ■ Wie ist Ihr Name, bitte? ● Maria Fleischer. Fleischer w____ Metzger.
4. ● Sie bekommen keine A________________. Wir informieren Sie, falls Sie keinen Platz bekommen haben. ■ Ich brauche aber eine T________________ für die Krankenkasse, weil mir dann G__________ erstattet werden. ● Eine Teilnahmebestätigung bekommen Sie am Ende des Kurses.
5. ■ Mit Ihrer Aufenthaltsgenehmigung können Sie die A________________ beantragen.
6. ● Ist es möglich, meinen Doppelnamen *Müller-Gümbel* zu ä__________ und nur den Namen *Müller* zu f__________? ■ Sie können die Führung Ihres Doppelnamens jederzeit w__________. Sie müssen dazu nur die E__________ vorlegen und eine Gebühr entrichten.

e Eheurkunde = *e Heiratsurkunde*

13 Von *A* bis *Z*

a. Ordnen Sie die Redewendungen ihrer Bedeutung zu.

0. ein *X* für ein *U* vormachen [a]
1. von *A* bis *Z* [ ]
2. das *A* und *O* [ ]
3. wer *A* sagt, muss auch *B* sagen [ ]

~~a.~~ jemanden auf dumme Weise täuschen
b. wer etwas ankündigt, muss es auch tun
c. das Wichtigste, die Hauptsache
d. von Anfang bis Ende

b. Ergänzen Sie die Redewendung.

von A bis Z
wer A sagt, muss auch B sagen
~~ein X für ein U vormachen~~
das A und O

0. Du willst mir wohl ein X für ein U vormachen. Ich glaube nicht, dass du diesen Aufsatz selbst geschrieben hast.
1. Er hat gesagt, dass er nicht kommen konnte, weil er krank war und beim Arzt war. Diese Geschichte ist ____________ gelogen. Ich habe ihn am Nachmittag im Schwimmbad gesehen.
2. Regelmäßiges Vokabellernen und Übersetzen ist ____________, wenn du in Latein eine bessere Note bekommen willst.
3. Du hast gesagt, dass wir Ski fahren, wenn Laura ihre Hausaufgaben gemacht hat. Sie hat sie nicht gemacht. Jetzt fahren wir nicht Ski: ____________
____

14 Länder, Leute und Sprachen

a. Ergänzen Sie die Länder, die Bewohner und die Staatsangehörigkeit.

Frankreich
~~die Schweiz~~
Deutschland
die Niederlande
Italien
Großbritannien
Österreich
die USA
Japan

0. Er kommt aus der Schweiz. Er ist Schweizer.
Seine Mutter ist Schweizerin und sein Vater Schweizer.
Staatsangehörigkeit: schweizerisch.

1. Er kommt aus ____________. Er ist ____________.
Seine Mutter ist ____________ und sein Vater
____________.
Staatsangehörigkeit: ____________.

2. Er kommt aus ____________. Er ist ____________.
   Seine Mutter ist ____________ und sein Vater ____________.
   Staatsangehörigkeit: ____________.

3. Er kommt aus ____________. Er ist ____________.
   Seine Mutter ist ____________ und sein Vater ____________.
   Staatsangehörigkeit: ____________ .

4. Er kommt aus ______ ____________. Er ist ____________.
   Seine Mutter ist ____________ und sein Vater
   ____________.
   Staatsangehörigkeit: ____________.

5. Er kommt aus ____________. Er ist ____________.
   Seine Mutter ist ____________ und sein Vater ____________.
   Staatsangehörigkeit: ____________.

6. Er kommt aus ____________. Er ist ____________.
   Seine Mutter ist ____________ und sein Vater ____________.
   Staatsangehörigkeit: ____________.

7. Er kommt aus ____________. Er ist ____________.
   Seine Mutter ist ____________ und sein Vater ____________.
   Staatsangehörigkeit: ____________.

8. Er kommt aus ______ ______. Er ist ____________.
   Seine Mutter ist ____________ und sein Vater
   ____________.
   Staatsangehörigkeit: ____________.

Tipp
Länder haben meistens keinen Artikel:
Österreich, Deutschland, Italien, Liechtenstein, Russland ...
Länder mit Artikel:
die Schweiz, **die** Türkei, **der** Iran, **der** Irak, **die** USA *(Pl.)*, **die** Niederlande *(Pl.)*
Ich fahre **nach** Deutschland/Österreich/Frankreich ...
Aber: Ich fahre **in die** Schweiz / **in die** USA / **in die** Türkei / **in den** Iran ...

b. Wie heißen die Mitgliedsstaaten der Europäischen Union?

Slowenien
Bulgarien
Estland
Deutschland
Tschechien
Finnland
Luxemburg
~~Belgien~~
Großbritannien
Irland
Österreich
Lettland
Litauen
Frankreich
Malta
Niederlande
Griechenland
Polen
Portugal
Rumänien
Schweden
Slowakei
Dänemark
Spanien
Italien
Ungarn
Zypern

(Stand 2010)

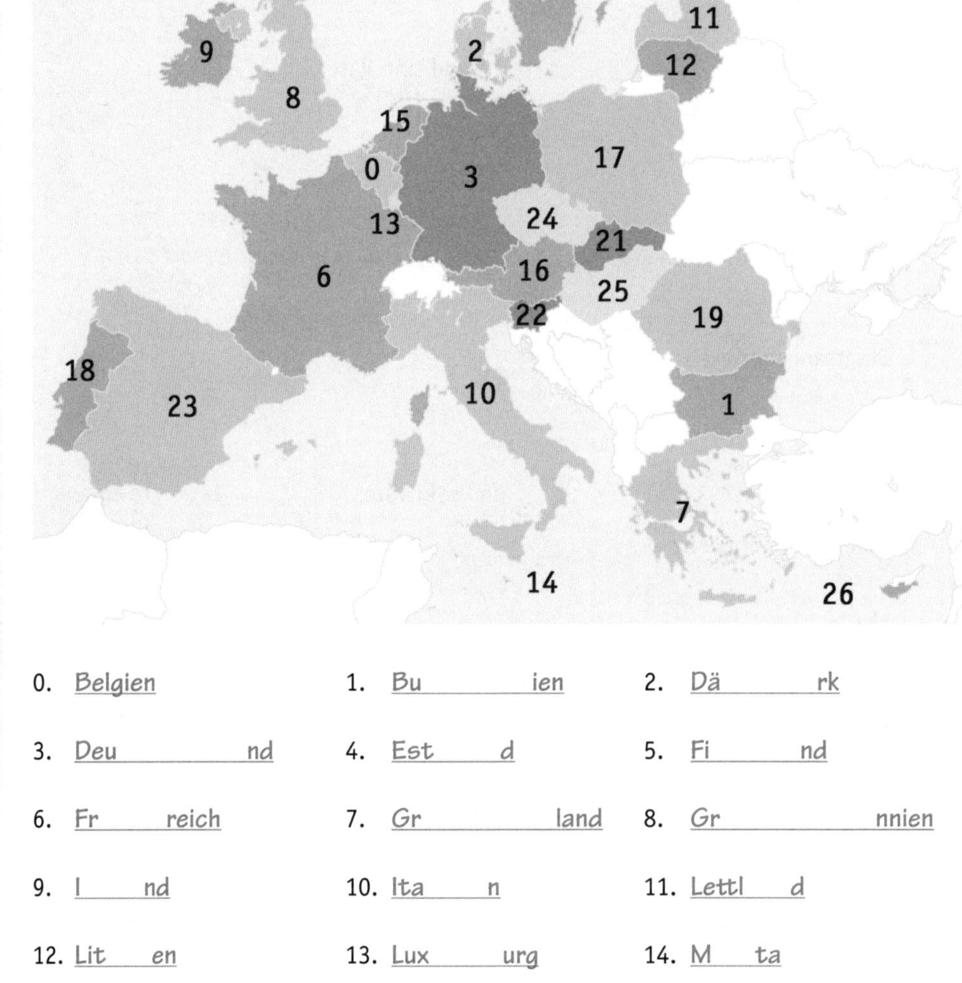

0. Belgien	1. Bu_____ien	2. Dä_____rk
3. Deu_____nd	4. Est_____d	5. Fi_____nd
6. Fr_____reich	7. Gr_____land	8. Gr_____nnien
9. I_____nd	10. Ita_____n	11. Lettl_____d
12. Lit_____en	13. Lux_____urg	14. M_____ta
15. Nie_____nde	16. Öste_____h	17. P_____n
18. Po_____al	19. Ru_____ien	20. Sch_____en
21. Slo_____ei	22. Slow_____n	23. Sp_____ien
24. Tsch_____ien	25. Un_____n	26. Zy_____n

c. Welche Ländern der Europäischen Union haben den Euro als Währung? *(Stand 2010)*

0. Belgien 1. D______d 2. F______d

3. F______h 4. G______d 5. I______d

6. I______n 7. L______g 8. N______e

9. Ö______h 10. P______l 11. S______n

d. Erkennen Sie die Sprachen?

Italienisch • Finnisch • Dänisch • Tschechisch • Polnisch • Niederländisch • Griechisch • ~~Spanisch~~ • Rumänisch • Französisch • Englisch

0. Buenos días! Spanisch
1. Dzień dobry! ______
2. Bună ziua! ______
3. Goedendag! ______
4. Goddag! ______
5. Kaliméra! ______
6. Dobrý den! ______
7. Hyvää päivää! ______
8. Hello! ______
9. Bonjour! ______
10. Buongiorno! ______

15 Kontinente

a. Ergänzen Sie die Kontinente.

Asien
~~Amerika~~
Europa
Afrika
Australien

0. Amerika
1. ____________
2. ____________
3. ____________
4. ____________

b. Ergänzen Sie die Adjektive.

0. Afrika afrikanisch
1. Amerika ____________
2. Asien ____________
3. Australien ____________
4. Europa ____________

c. Ergänzen Sie die Bewohner.

	Kontinent:	Bewohner:	Bewohnerin:
0.	Amerika	der Amerikaner	die Amerikanerin
1.	Asien	der Asiat	die ____________
2.	Afrika	der ____________	die Afrikanerin
3.	Europa	der ____________	die Europäerin
4.	Australien	der Australier	die ____________

DER MENSCH DER MENSCH DER MENSCH

B

DER MENSCH

1 Kindheit und Jugend

a. Ergänzen Sie mit dem unbestimmten Artikel.

~~der Schnuller~~
~~(CH: der Nuggi)~~
die Wiege
die Windel
der Teddy
das Töpfchen
der Kinderwagen

Das ist ...

0. ein Schnuller. 1. ________________. 2. ________________.

3. ________________. 4. ________________. 5. ________________.

b. Ergänzen Sie. Achten Sie bei Verben auf die korrekte Form.

Kindheit
Säugling
Kinderbetreuung
~~Neugeborene~~
stillen
abgewöhnen
Kleinkind
Märchen
Spielsachen
Stofftier
zornig
gruselig
wachsen
bauen
kämpfen
spielen

0. Die Hebamme kümmerte sich um das Neugeborene.
1. Die Mutter ____________ das hungrige Baby.
2. Es war schwierig, dem ____________ den Schnuller ________________.
3. Weil das Kind allergisch gegen Hausstaub ist, hat es nur ein ____________ im Bett.
4. Lorenz weinte ____________, weil er nicht laufen wollte.
5. Simon wohnt seit seiner ____________ in Waldperlach.
6. Man kann auch mit einem ____________ größere Reisen machen, wenn man sich dem Rhythmus des Kindes anpasst.
7. Wir waren in einem Familienhotel mit ________________.
8. Unsere Söhne spielten mit völlig unterschiedlichen ____________. David ________ gerne mit Lego. Simon ____________ lieber mit Schwertern und ____________ mit Ritterfiguren.
9. Wir haben unserem Sohn keine ____________ vorgelesen, weil er sie zu ____________ fand.
10. Die Jacke passt dir ja gar nicht mehr. Mensch, bist du ____________!

Tipp
So lernen Sie optimal:
Sprechen Sie neue Wörter beim Lernen: einmal leise, einmal laut, einmal leise ...
Sprechen und schreiben Sie neue Wörter: Sprechen + Schreiben = zwei Lernchancen.

c. **Was machen die Kinder? Ordnen Sie zu.**

Inlineskates fahren
~~Skateboard fahren~~
schaukeln
im Sandkasten spielen
rutschen
Dreirad fahren
Roller fahren
Schlittschuh laufen
wippen
Computer spielen
Karten spielen
Schlitten fahren

0. Skateboard fahren

1. ______________

2. ______________

3. ______________

4. ______________

5. ______________

6. ______________

7. ______________

8. ______________

9. ______________

10. ______________

11. ______________

Jugendherberge
malen
basteln
Jugendliche
Pubertät
Jugendamt
Heim
Babysitter
Tagesmutter
Krippenplatz
~~Kinderbetreuung~~
betreuen
minderjährig
volljährig
Teenager
Kindergarten
Kinderkrippe
Betreuer

d. Ergänzen Sie. Achten Sie auf die korrekte Form.

1. Es gibt unterschiedliche Möglichkeiten der Kinderbetreuung: Kinder von 0 bis 3 Jahren können eine K__________ besuchen.
2. Viele Eltern geben ihr Kind auch zu einer T__________, wenn sie keinen K__________ bekommen. Eine Tagesmutter b__________ in der Regel bis zu vier Kinder in ihrem eigenen Haushalt.
3. Der Sohn unserer Nachbarn ist ein guter B__________, sodass mein Mann und ich ab und zu mal zusammen ausgehen können.
4. Kinder im Alter von 3 bis 6 Jahren besuchen den K__________.
5. Unser Sohn hat im Kindergarten nicht gem______ und geb__________. Er hat lieber Fußball gespielt.
6. Kinder und Jugendliche unter 18 Jahren sind m__________. Jugendliche, die älter als 18 Jahre alt sind, sind v__________.
7. Der Jugendliche galt als schwer erziehbar. Das J__________ war für ihn zuständig und er lebte im H______.
8. Im Kinderheim gibt es zu wenig männliche B__________ für die Kinder.
9. Meine Tochter ist in der P__________ und momentan sehr anstrengend.
10. Diese extrem kurzen Röcke sind etwas für T__________. Das kann ich nicht im Büro anziehen.
11. Wir haben in London in einer J__________ übernachtet.
12. Die J__________ mussten ihre Personalausweise zeigen, bevor sie Bier kaufen konnten.

Alter

2 

Ergänzen Sie die Worterklärungen.

0. Die Lebenserwartung ist die Zeit, die ein Mensch wahrscheinlich leben wird.
1. Die ____________________ sind bei Frauen der Zeitraum, in dem die Menstruation allmählich aufhört.
2. Ein ________________ ist ein Heim, in dem alte und pflegebedürftige Menschen wohnen und betreut werden.
3. Wenn ein alter Mensch schwach und anfällig für Krankheiten ist, sagt man, er ist ________________.
4. Wenn ein Mensch aufgrund seines Alters geistige Schwächen hat, sagt man, er ist ________.
5. Die ________ ist das Geld, das jemand vom Staat bekommt, wenn er ein bestimmtes Alter erreicht hat, nicht mehr arbeitet und in die ______________________________ Beiträge eingezahlt hat.
6. Ein ____________ ist jemand, der altersbedingt nicht mehr arbeitet.
7. Ein __________________ ist jemand, der früher als normal in Rente geht, weil er krank ist.
8. Unser Opa lebt in einem _________________, weil er an Alzheimer erkrankt ist.

Rentenversicherung
Rentner (A: Pensionist)
senil
gebrechlich
Wechseljahre
~~Lebenserwartung~~
Frührentner (A: frühzeitiger Pensionist)
Altersheim
Pflegeheim
Rente

Höfliche Wörter für *alt*
Wenn man es positiv ausdrücken möchte, dass jemand alt ist, kann man sagen: eine **ältere** Frau / ein **älterer** Mann, eine **betagte** Frau / ein **betagter** Mann, er / sie **ist im fortgeschrittenen Alter.**

Leben und Tod

3 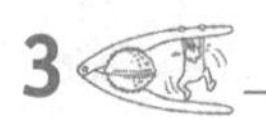

a. **Ergänzen Sie. Es gibt einen Lesetrick.**

0. An der Tür des Geschäftes hing ein Schild mit der Aufschrift: Wegen (llafsedoT) Todesfall geschlossen.
1. In der (egieznasedoT) ____________________ stand, dass die Beisetzung im engsten Familienkreis stattgefunden hat.
2. Bei dem schweren Verkehrsunfall gab es zwei (etoT) _______.
3. Unsere alte Nachbarin fuhr oft zum (fohdeirF) _____________, um das Grab ihres Mannes zu pflegen.
4. Der Todkranke lebte in einem (zipsoH) __________, da seine Angehörigen ihn nicht pflegen konnten.
5. Da die Todesursache nicht eindeutig war, ordnete die Kriminalpolizei eine (noitkudbO) _______________ an.

6. Der Verstorbene hatte sein ganzes Vermögen seiner Frau (tbrerev) ____________.
7. Es gab unter den Geschwistern Streitigkeiten wegen des (sebrE) _________.
8. Auf dem (nietsbarG) ________________ stand *Ruhe in Frieden*.
9. Die Freunde des Verstorbenen (netreilodnok) ______________________ den Hinterbliebenen.
10. Er ist an Krebs (nebrotseg) ________________.
11. Die Verstorbene hatte ein (tnematseT) ________________ gemacht, in dem stand, dass ihr Sohn das Haus (nebre) _________ sollte.
12. Das schwer erkrankte Tier wurde (trefälhcsegnie) ________________________.
13. Der Familienvater ist bei einem Motorradunfall (nemmokegmu) ____________________.
14. Die Obduktion sollte klären, ob der Mann (dromtsbleS) _________________ begangen hatte.
15. Wenn man einem Trauernden seine (emhanlietnA) ____________________ zum Tod eines Angehörigen aussprechen möchte, ist es üblich, „Herzliches (dielieB) ____________“ zu sagen.
16. Alle (netniew) _____________ bei der Beerdigung.

b. Ergänzen Sie.

Bestattungsinstitut
~~Grab~~
Hinterbliebene
Autopsie
Erbe
Beerdigung
Sarg
Trauer
Seele

0. Grab: Platz auf dem Friedhof, an dem ein Toter begraben ist
1. _______: Etwas, was eine Person nach ihrem Tod hinterlässt und andere Personen bekommen
2. ________: Teil des Menschen, der in religiöser Vorstellung unsterblich ist
3. ________________________________: Firma, die Tote beerdigt und sich um die notwendigen Formalitäten kümmert
4. __________________: Einen Verstorbenen im Rahmen einer Trauerfeier ins Grab legen
5. _________________________: Die Familienmitglieder des Toten
6. ___________: Seelischer Schmerz aufgrund des Todes eines Menschen
7. _______: Holzkasten, in dem Tote ins Grab gelegt werden
8. ______________: Untersuchung einer Leiche, um die Todesursache festzustellen

Kondolenzschreiben
Trauer und Beileid in Kondolenzbriefen oder Trauerkarten auszudrücken ist schwierig. Der Stil und Inhalt hängt von Ihrer Beziehung zum Verstorbenen und dessen Familie ab. Bei Todesfällen, die Sie nicht persönlich berühren, bei denen Sie aber den Angehörigen Ihre Anteilnahme aussprechen wollen, können Sie Standardformulierungen verwenden, wie:

- *Wir sind vom Tod Ihrer Frau sehr betroffen und fühlen uns in tiefer Trauer mit Ihnen verbunden.*
- *Zum Tode Ihres Vaters spreche ich Ihnen meine herzliche Anteilnahme aus.*
- *Der Tod Ihres Vaters erfüllt uns mit Trauer.*

Wenn Sie eine engere Beziehung zum Empfänger des Kondolenzschreibens haben, sollten Sie auf solche Floskeln eher verzichten und Ihre Trauer und Ihr Mitgefühl mit eigenen Worten äußern.

c. **Lesen Sie die Kondolenzkarten. Zu wem hatte Anja Dix eine persönlichere Beziehung? Kreuzen Sie an.**

1.

Lieber Herr Glaser,

ich habe heute in der Zeitung gelesen, dass Ihre Mutter am vergangenen Mittwoch gestorben ist. Ich möchte Ihnen auf diesem Wege mein aufrichtiges Beileid aussprechen und wünsche Ihnen die nötige Kraft, um mit diesem Verlust umzugehen.

Mit stillem Gruß
Anja Dix

☐

2.

Liebe Birgit,

über den Tod Deiner Mutter, von dem ich gestern gehört habe, bin ich sehr traurig. Es fällt mir schwer, tröstliche Worte für diesen Verlust zu finden. Ich weiß, dass Du Deine Mutter sehr vermissen wirst.
Ich wünsche Dir die nötige Kraft, um diesen schmerzlichen Verlust zu überwinden.
Falls Du meine Hilfe und meinen Beistand brauchst, melde Dich bei mir.
Ich bin in dieser schweren Zeit immer für Dich da.

Mit herzlicher Anteilnahme
Anja

☐

d. Ordnen Sie die Redewendungen ihrer Bedeutung zu.

todmüde = *sehr müde*
ebenso:
todernst
todschick
todsicher
todunglücklich

0. todmüde ins Bett fallen [a]
1. bis dass der Tod euch scheidet [ ]
2. du wirst dir noch den Tod holen [ ]
3. ich wäre tausend Tode gestorben [ ]
4. jemanden auf den Tod nicht ausstehen können [ ]
5. mit dem Tod ringen [ ]
6. aussehen wie der leibhaftige Tod [ ]
7. sich zu Tode langweilen [ ]

~~a.~~ sehr müde ins Bett fallen
b. sich sehr langweilen
c. jemanden absolut nicht leiden können
d. lebensgefährlich krank oder verletzt sein
e. sehr krank und blass aussehen
f. du wirst dich sehr stark erkälten
g. ich hätte panische Angst gehabt
h. sagt der Priester, bedeutet: die Ehe soll bis zum Tod des Partners dauern

4 Äußere Erscheinung

a. Wie sehen sie aus? Ergänzen Sie.

jung – alt
klein – groß
dick – dünn
~~**hässlich – schön**~~
lang – kurz

Tipp
Lernen Sie Adjektive immer mit dem Gegenteil:
hässlich ↔ schön
klein ↔ groß

0. schön – hässlich

1. ____________________

2. ____________________

3. ____________________

4. ____________________

Körperbau

Es ist kein Kompliment, wenn man über jemanden oder zu jemandem sagt:
*Er ist **dick**.* Bzw.: *Du bist **dick**.*
Freundlicher ausgedrückt sagt man:
*Frau Schneider ist etwas **übergewichtig**.* Oder: *Sie ist etwas **füllig** geworden.* Oder: *Sie ist **vollschlank**.*

Bei Männern kann man sagen:
*Er ist **kräftig**.* Oder: *Er hat eine **kräftige Statur**.* Oder: *Er ist etwas **korpulent**.*

Wenn jemand sehr dünn und mager ist, ist es höflich zu sagen:
*Sie ist sehr **schlank**.* Oder: *Sie ist **hager**.* Oder: *Du bist aber sehr **dünn** geworden.*
Negativ ausgedrückt wäre: *Sie ist **dürr**.*

b. Aussehen und Kleidung: Was passt nicht?

0. Sie ist sehr dünn. Sie ist ...
   schlank. – mager. – ~~vollschlank.~~ – hager.
1. Sie hat Übergewicht. Sie ist ...
   korpulent. – mollig. – übergewichtig. – dürr.
2. Er hat zugenommen. Er ist ...
   kräftig. – untergewichtig. – übergewichtig. – korpulent.
3. Sie ist Modell von Beruf. Sie ist ...
   attraktiv. – ungepflegt. – gut aussehend. – hübsch.
4. Er ist vom Körperbau her ...
   muskulös. – gepflegt. – breitschultrig. – kräftig.
5. Seine Kleidung ist ...
   schmutzig. – schmuddelig. – zerknittert. – elegant.
6. Seine Kleidung ist ...
   schick. – gammelig. – modisch. – elegant.

c. Gesicht und Haare: Was passt nicht?

0. Ein Gesicht kann ... sein.
   ~~lockig~~ – rundlich – oval – schmal
1. Die Gesichtsfarbe kann ... sein.
   rosig – kurz – blass – bleich
2. Die Haut kann ... sein.
   glatt – faltig – runzelig – strahlend
3. Ihre Haarfarbe ist ...
   blond. – braun. – schwarz. – bleich.
4. Ihre Haare sind ...
   kurz. – lang. – muskulös. – glatt.
5. Er hat einen ...
   Brille. – Bart. – Zopf. – Drei-Tage-Bart.
6. Sie hat ...
   einen Zopf. – eine Perücke. – einen Vollbart.

d. Ergänzen Sie das Gegenteil.

0. die Haare sind gekämmt ↔ die Haare sind (mtkämunge) ungekämmt
1. er ist zerzaust ↔ er ist (tug irfsietr) _____ __________
2. er hat schütteres Haar ↔ er hat (setidch) __________ / (llesvo) __________ Haar
3. die Frisur ist altbacken ↔ die Frisur ist (schidom) __________
4. ein gepflegtes Äußeres ↔ ein (legsetnupfge) __________ Äußeres
5. die Kleidung ist schmutzig ↔ die Kleidung ist (uasreb) __________
6. sie ist schlampig gekleidet ↔ sie ist (tnalege) __________ gekleidet

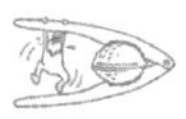

e. Ordnen Sie die Redewendungen den Umschreibungen zu.

Bei Verbindungen aus **Recht** *und* **Unrecht** *mit* haben, behalten, bekommen, geben *ist Groß- und Kleinschreibung korrekt:*
recht/Recht haben; **unrecht/Unrecht** haben …

0. Lass dir deshalb keine grauen Haare wachsen. [a]
1. Da stehen mir ja die Haare zu Berge! [ ]
2. Sie findet immer ein Haar in der Suppe. [ ]
3. Er lässt nie ein gutes Haar an ihr. [ ]
4. Ihr fresst mir noch die Haare vom Kopf. [ ]
5. Sie hat Haare auf den Zähnen. [ ]
6. Das ist doch haarsträubend. [ ]

a. ~~a.~~ Mach dir deshalb keine Sorgen.
b. Sie hat immer etwas zu kritisieren.
c. Sie sucht Streit und will immer recht haben.
d. Das ist unglaublich.
e. Ihr esst sehr viel.
f. Ich bin entsetzt über die Fehler, die gemacht wurden.
g. Er kritisiert sie immer.

7. Er kann niemandem ein Haar krümmen. [ ]
8. Aber das ist doch an den Haaren herbeigezogen! [ ]
9. Das wäre um ein Haar schiefgegangen. [ ]
10. Lass dir darüber mal keine grauen Haare wachsen. [ ]
11. Sie haben sich mal wieder in die Haare gekriegt. [ ]
12. Das ist doch Haarspalterei! [ ]

h. Das ist sehr unwahrscheinlich und gehört nicht unbedingt zur Sache.
i. Sie haben sich mal wieder miteinander gestritten.
j. Mach dir darüber mal keine allzu großen Sorgen.
k. Das hätte fast nicht geklappt.
l. Das ist doch ein Streit um unwichtige Details.
m. Er ist eine sehr gutmütiger Mensch.

Charakter und Eigenschaften

5 ____________

a. **Ergänzen Sie. Achten Sie auf die korrekte Form.**

0. Die Handarbeitslehrerin ist nicht beliebt, weil sie sehr streng ist.
1. Ich mag seine Freundin, sie ist wirklich sehr n______.
2. Mit der neuen Chefin kommt er nicht zurecht. Sie ist ihm zu d______________ und k______.
3. Wir sind mit dem Au-pair-Mädchen z______________: Es ist z______________ und sehr l______ zu den Kindern.
4. Susi glaubt, dass sie sehr hübsch und i______________ ist. Sie ist ganz schön ei______________.
5. David liebt seine Lehrerin. Sie ist sehr g______________, behandelt alle Schüler gleich und g______________ und ist immer g______ g______________.
6. Er ist wirklich g______________. Obwohl er viel verdient, kauft er bei Aldi die billigsten Lebensmittel.
7. Ulla arbeitet viel an ihrer Doktorarbeit. Sie ist wirklich f______________.
8. Er denkt nur an sich. Er ist e______________.
9. Die Mädchen fanden, dass der neue Mitschüler total c______ ist.
10. Er hat sie als b______ Kuh beschimpft.

eingebildet
zufrieden
blöd
nett
~~streng~~
fleißig
egoistisch
gerecht
distanziert
kalt
lieb
zuverlässig
geduldig
intelligent
cool
gut gelaunt
geizig

11. In dem Anzug wirkst du s______________.
12. Sie waren s______ auf den Erfolg ihres Sohnes.
13. Unser Nachbar ist jetzt 86 und mit dem Alter etwas k______________ geworden.
14. Ich bin n______________, wer seine Freundin ist.
15. Er hat die Stelle, auf die er sich beworben hatte, bekommen und war g______________.
16. Sie lacht selten. Sie ist ein e______________ Mensch.
17. Er kommt sicherlich noch, es ist nicht seine A______, unzuverlässig zu sein.
18. Die beiden sind sich vom T______ her sehr ähnlich.
19. David war vor dem Referat nicht n______________, sondern ganz e______________.
20. Ich mag ihn nicht besonders, weil er immer mit allem u______________ ist.

neugierig
stolz
komisch
seriös
entspannt
unzufrieden
Typ
Art
ernst
nervös
glücklich

b. Wie ist er? Ergänzen Sie das Gegenteil.

~~unfreundlich~~
unbeliebt
ruhig
traurig
kontaktfreudig
faul
optimistisch
klug
sensibel
rücksichtsvoll
pingelig
eingebildet
tolerant
höflich
ungeduldig
feige
frech
konservativ
vernünftig
interessant
passiv
lustig
gut
unsympathisch

0.	freundlich	↔	unfreundlich
1.	______	↔	unhöflich
2.	sympathisch	↔	______
3.	fleißig	↔	______
4.	______	↔	langweilig
5.	geduldig	↔	______
6.	______	↔	mutig
7.	______	↔	rücksichtslos
8.	beliebt	↔	______
9.	______	↔	nervös/aufgeregt
10.	______	↔	unvernünftig
11.	dumm	↔	______
12.	______	↔	intolerant
13.	fröhlich	↔	______
14.	______	↔	unsensibel
15.	______	↔	brav/artig
16.	______	↔	zurückhaltend
17.	______	↔	pessimistisch
18.	locker/lässig	↔	______
19.	bescheiden	↔	______
20.	______	↔	progressiv
21.	aktiv	↔	______
22.	______	↔	traurig
23.	______	↔	böse

c. Ergänzen Sie die fehlende Vokale.

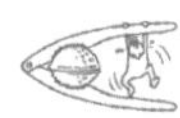

Kreativer Akademiker (34, 1,89),
___ttr___kt___v, h___m___rv___ll,
___pt___m___st___sch,
t___mp___r___m___ntv___ll, sucht
Dich: eine w___rmh___rz___g___,
sch___n___, s___lbstb___w___sst_
Frau, um gemeinsam das Leben zu
genießen. Ich freue mich auf
___rnst gemeinte Zuschriften
unter: Lebensglueck@net.de

Programmierer, 29/1,83/80
kg, w_tz_g, kr___t_v,
ch_rm_nt, vielseitig
_nt_r_ss___rt, sucht
__ttr_kt_v_ Sie mit
Humor, Herz und Verstand,
Raum München, Zuschrift
mit Bild erwünscht
ZA 59527 DIE
ILLUSTRIERTE,
81379 München

__ttr_kt_v_ bl_nd_ Ärztin,
t_ll_ Figur, sp_rtl_ch, 37 J.,
1,82, st_rk_r Charakter,
sucht tr_____n, _hrl_ch_n
Partner. Interessen: Oper,
Konzert, Kunst, Literatur,
Natur. Raum 4:
sternschnuppe@yuhuu.de

Wo finde ich dich? Liebe – und
sonst nichts. Ich, 32,
Gymnasiallehrerin, l_b_nd_g
und f_nt_s___voll, sucht dich,
w_rmh_rz_g und b_r_fl_ch
gefestigt. Raum Norddeutschland.
ZA 95670 Die Woche,
20079 Hamburg

d. Ordnen Sie zu.

0. Wie ist ihr neuer Freund? [a]
1. Was ist dein erster Eindruck von der Bewerberin? [ ]
2. Welche Eigenschaften sollte der Stellenbewerber mitbringen? [ ]
3. Sind Sie mit der Praktikantin zufrieden? [ ]
4. Was für ein Mensch ist er? [ ]
5. Mein Gott, sie streiten schon wieder! [ ]
6. Er spielt mit sechs Jahren schon so gut Klavier! Er hat wirklich Talent. [ ]

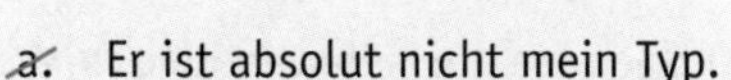

a. ~~a.~~ Er ist absolut nicht mein Typ.
b. Nein. Sie ist unzuverlässig und unfähig, Geschäftsbriefe ohne Fehler zu verfassen.
c. Für mich ist sie eine Persönlichkeit mit einer sehr positiven Ausstrahlung.
d. Ja, er ist sehr begabt. In seiner Familie haben alle eine musische Veranlagung.
e. Na ja, sie haben beide viel Temperament.
f. Das kann ich nicht sagen, ich habe ihn nur ganz kurz gesehen.
g. Er sollte erfahren, belastbar, vom Wohnort her flexibel und anpassungsfähig sein.

e. Markieren Sie positive und neutrale Eigenschaften mit + negative mit –.

0. feige [–]	1. fair [ ]	2. zufrieden [ ]
3. offen [ ]	4. eigenartig [ ]	5. verschlossen [ ]
6. vernünftig [ ]	7. bescheiden [ ]	8. aggressiv [ ]
9. selbstbewusst [ ]	10. liebenswürdig [ ]	11. arrogant [ ]
12. oberflächlich [ ]	13. launisch [ ]	14. frech [ ]
15. ordentlich [ ]	16. unkultiviert [ ]	17. unausgeglichen [ ]
18. egoistisch [ ]		

f. Ergänzen Sie die Adjektive.

~~dumm~~
stur
sanft
mutig
fleißig
schlau
frech

0. Er hat diese simple Aufgabe nicht lösen können? Mensch, der ist ja dumm wie Bohnenstroh!
1. Sie lässt sich nicht provozieren. Sie ist immer ________ wie ein Lamm.
2. Wenn er nicht will, will er nicht. Du kannst ihn nicht überreden. Er kann ______ sein wie ein Bock.
3. Er findet sicherlich einen Weg, das Problem zu umgehen. Er ist __________ wie ein Fuchs.
4. Er hat keine Angst gehabt und war _________ wie ein Löwe.
5. Ich finde, dass dieses Kind nicht genügend Respekt vor Erwachsenen hat. Es ist ________ wie Oskar.
6. Sie stellt sich jeden Morgen den Wecker um 5 Uhr, um zu arbeiten, bevor die Kinder wach sind. Sie ist ____________ wie eine Biene.

g. Ordnen Sie die Redewendung ihrer Bedeutung zu.

Pfennig = *Untereinheit der deutschen Währung* Mark, *die es vor dem Euro gab.*

100 Pfennig (Pf.) = *eine Mark*

sich in Geduld üben = *geduldig sein*

0. Das schaffst du schon. *Du bist ja nicht auf den Kopf gefallen.* [a]
1. Er verdient genug, *dreht* aber *jeden Pfennig dreimal um.* [ ]
2. ■ Was machen wir jetzt? ● Nichts. *Abwarten und Tee trinken.* Er wird sich schon melden. [ ]
3. Das darf doch nicht wahr sein. *Er benimmt sich wie ein Elefant im Porzellanladen.* [ ]
4. Ich finde, du musst das nicht kritisieren. Da kannst du ruhig mal *ein Auge zudrücken.* [ ]
5. Ich mag ihn. Er *hat das Herz auf dem rechten Fleck.* [ ]

~~a.~~ du bist ja nicht dumm
b. er benimmt sich plump und ungeschickt
c. er ist ein liebenswürdiger Mensch
d. wir üben uns in Geduld
e. nachsichtig sein und über etwas hinwegsehen
f. er ist sehr geizig und sparsam

Verhalten

6

a. Ergänzen Sie die Verben in der korrekten Form.

~~versprechen~~
teilen
sich einsetzen
versuchen
wollen
sich anstrengen
zögern

0. Versprich mir, dass du pünktlich nach Hause kommst.
1. ________ du die Schokolade bitte mit deinem Bruder.
2. Unser früherer Chef hat ______ immer für uns ______________.
3. Ich ______ ____________, ihr zu helfen, habe es aber nicht geschafft.
4. Die Mutter ______ unbedingt, dass ihr Sohn das Gymnasium besucht.
5. Du musst ______ in der Schule mehr ______________, wenn du nicht sitzen bleiben willst.
6. Sie __________ ein wenig, bevor sie Ja sagte.

b. Ergänzen Sie. Achten Sie auf die korrekte Form.

boshaft
knauserig
korrupt
blamieren
Feigling
~~sich trauen~~
Benehmen
peinlich
sich benehmen
Rücksicht
zurückhaltend
erbarmungslos
Kontakt

1. Er traute sich nicht, vom 3-Meter-Brett ins Wasser zu springen. Was für ein ____________!
2. Der Politiker steht unter Verdacht, __________ zu sein.
3. Sie grüßt nicht, wenn sie morgens kommt, so ein ____________ finde ich unmöglich!
4. Bitte Kinder, __________ ______ ordentlich und ____________ uns nicht!
5. Er freute sich über das Unglück und lächelte __________.
6. Ich habe ihm im Restaurant ein Glas Rotwein auf den Anzug geschüttet. Das war mir vielleicht ____________!
7. Er nahm keine ____________ auf seine Nachbarn und mähte seinen Rasen am Sonntagmorgen.
8. Sie war sehr schüchtern und __________________ und hatte Schwierigkeiten, neue ____________ zu knüpfen.
9. Er war ____________, sparte sein ganzes Geld und nutze andere __________________ aus.

sich verhalten
cholerisch
Gegensatz
sich verändern
großzügig
mangeln an
sich aufregen
Verhalten

10. Sie hat vor ihrem Sohn schlecht über ihre Schwiegertochter gesprochen. So ein ________________ finde ich unverschämt.
11. Er hat das ganze Kollegium ins Restaurant eingeladen, er war wirklich ________________.
12. Das Kind schrie ________________, weil es die Süßigkeiten an der Supermarktkasse haben wollte.
13. Sie _______ _______ heute über jede Kleinigkeit _____, sie ist total gereizt.
14. Er hat meines Erachtens keinen Fehler gemacht und _______ völlig korrekt ________________.
15. Im ________________ zu seiner Frau ist er eher ein ruhiger Typ.
16. Sie hat beruflich keinen Erfolg. Es _____________ ihr völlig ____ Ehrgeiz und Fleiß.
17. Seit seiner Scheidung hat _______ Klaus sehr ________________, findest du nicht?

c. **Wörter für *fragen*: Ergänzen Sie. Achten Sie auf die korrekte Form.**

0. (nletteb) betteln: *jemand andauernd und intensiv bitten*
   Simon bettelte so lange, bis er ein zweites Eis bekam.
1. (nerhob) ____________: *intensiv und immer wieder nachfragen*
   Er _____ so lange _____________, bis ich ihm das Geheimnis erzählt habe.
2. (nrehcöl) ____________: *jemandem immer wieder Fragen stellen*
   Unser kleiner Sohn ____________ uns momentan den ganzen Tag mit Fragen.
3. (mu tfnuksuA nettib)________________________________: *um Informationen bitten*
   Es gab keinen Schalter, an dem man ______________________________ konnte.
4. (negarfhcan) __________________: *sich erkundigen*
   Die Unterlagen sind noch nicht da. __________ Sie am besten morgen Nachmittag noch einmal _______.

d. Ergänzen Sie.

1. Es ist anstrengend, mit ihr zu zusammenzuarbeiten, weil man *jedes Wort auf die Goldwaage legen* muss.
   = man muss sehr genau überlegen, was man sagt, weil jemand sehr __________ ist
2. Die guten Ideen, die er präsentiert, sind nicht von ihm, *er schmückt sich mit fremden Federn.*
   = sagen, dass Leistungen einer anderen Person die eigenen Leistungen sind und damit __________
3. Er redet schon in der dritten Klasse davon, dass er auf das Gymnasium gehen wird, obwohl seine Noten mittelmäßig sind. Seine Eltern haben ihm *diesen Floh ins Ohr gesetzt.*
   = einen __________, der schwer oder gar nicht zu erfüllen ist
4. Du bist berufstätig und hast drei Kinder, da musst du in deinem Haushalt auch *fünf(e) gerade sein lassen!*
   = __________ und nicht ganz genau und perfekt bei etwas __________
5. Er hat beim Meeting *kein Blatt vor den Mund genommen* und gesagt, was ihn stört.
   = __________ seine Meinung __________
6. Du bist ganz schön *ins Fettnäpfchen getreten*. Du fragst, wie es seiner Frau geht, dabei ist er schon lange geschieden.
   = unabsichtlich etwas Falsches machen oder sagen und damit andere kränken, __________ oder verärgern.

beleidigen
~~überlegen~~
empfindlich
großzügig sein
angeben
Wunsch wecken
offen sagen

Gefühle und Einstellungen

7

a. Ergänzen Sie. Achten Sie auf die korrekte Form.

0. Ich hatte das Gefühl, dass mich jemand beobachtet.
1. Ich __________ __________, weil er mich angelogen hat.
2. Es regnet so. Ich würde heute __________ mit dem Auto als mit dem Fahrrad fahren.
3. Er kannte niemanden auf der Party und __________ __________ nicht __________.
4. Die __________ bei der Fußballweltmeisterschaft war super.
5. Warum hat er denn heute so schlechte __________?
6. Axel fährt __________ mit dem Zug.
7. Ich __________ es, im Stau zu stehen.
8. Mit großem __________ habe ich Ihre Stellenanzeige gelesen.
9. Wir __________, dass das Wetter bei dem Fest gut ist.
10. Sie ist immer sofort __________, wenn er mit einer anderen Frau spricht.

Interesse
hassen
eifersüchtig
hoffen
gern
sich ärgern
Stimmung
Laune
~~Gefühl~~
sich wohlfühlen
lieber

Spaß machen
sich fürchten
lachen
froh
mögen
sich freuen
sich freuen auf
sich freuen über
sich aufregen
angehen

11. Das ________ dich nichts ____! Halte dich da raus.
12. Ich ________ ________, weil wir das Fußballspiel gewonnen haben.
13. Er ________ ________ schon sehr ______ die Geburtstagsparty.
14. Ich hoffe, sie hat ________ ________ das Geschenk ____________.
15. Meine Kinder __________ keinen Brokkoli.
16. Die Schüler sind alle ________, wenn die Ferien beginnen.
17. Fußball spielen __________ den Jungs immer ________.
18. Alle haben über den Witz ____________.
19. Mein kleiner Sohn ______________ ________, wenn es ein Gewitter gibt.
20. Er bekam einen Strafzettel und _________ _______ fürchterlich darüber _____.

b. Ergänzen Sie die Nomen mit Artikel.

0. Ich *genieße* den Ausblick. — der Genuss
1. Er *toleriert* andere Meinungen. ______________________________
2. Ich *hasse* es zu bügeln. ______________________________
3. Ich *hoffe*, er ruft mich an. ______________________________
4. Sie war *verzweifelt*. ______________________________
5. Er *fürchtet sich* vor Hunden. ______________________________
6. Sie ist immer sehr *vorsichtig*. ______________________________
7. Das Kind war *ängstlich*. ______________________________
8. Sie war *eifersüchtig*. ______________________________
9. Ich bin *überrascht*. ______________________________
10. Ich *beneide* dich. ______________________________

c. Ergänzen Sie. Achten Sie auf die korrekte Form.

sicher sein
überzeugt sein
glauben
meiner Meinung nach
finden
Gedanke
annehmen
zweifeln
~~Zweifel haben~~

0. Ich habe Zweifel, ob die Entscheidung die richtige war.
1. Manchmal z________ ich an seinem Verstand.
2. Ich b___ mir nicht s________, ob er heute oder morgen Geburtstag hat.
3. Sie i___ ü__________, dass es richtig war, die Aktien zu verkaufen.
4. Ich g________, dass es heute noch ein Gewitter gibt.
5. M_______ M_________ n______ muss man nichts ändern.
6. Ich f_______, dass man sich das nicht gefallen lassen muss.
7. Ich n_______ a___, dass wir die Stelle dieses Jahr nicht mehr besetzen können.
8. Auf den G__________ wäre ich nie gekommen!

d. Ordnen Sie die Redewendung ihrer Bedeutung zu.

0. Du brauchst wegen der Absage nicht *Trübsal blasen*. Es gibt noch andere gute Arbeitsstellen. [a]
1. Du brauchst wegen einer schlechten Note doch nicht so *den Kopf hängen lassen*. [ ]
2. Ich bin *fix und fertig* von dem langen Flug. [ ]
3. Mir ist *ein Stein vom Herzen gefallen*, als er die Prüfung bestanden hat. [ ]
4. Es *fuchst* ihn, dass er den Termin vergessen hat. [ ]
5. Der Weg durch den Wald ist mir nachts nicht *geheuer*. [ ]
6. Ich hatte noch keinen Konflikt mit der neuen Chefin, aber ich *traue dem Frieden nicht*. [ ]

~~a.~~ traurig sein
b. sich über etwas ärgern
c. völlig erschöpft sein
d. etwas ist jemandem unheimlich
e. sehr erleichtert sein
f. misstrauisch sein, wenn alles scheinbar harmonisch ist und befürchten, dass es bald nicht mehr harmonisch sein wird
g. enttäuscht und mutlos sein

8 Denken und Wissen

a. Ergänzen Sie. Achten Sie auf die korrekte Form.

~~sich erinnern an~~
wissen
vergessen
einfallen
denken an
Idee
verstehen
sich merken
klar

0. Unsere Hochzeit werde ich nie vergessen, ich kann mich an alles ganz genau erinnern.
1. Mist, ich habe seinen Geburtstag ________________.
2. Ich muss die ganze Zeit ____ ihn ___________.
3. ■ Hast du eine _______, was wir ihm zum 50sten schenken können?
   ● Jetzt gerade nicht, aber mir ________ bestimmt was _____.
4. ● _______________ du, was wir machen sollen?
   ■ ______, warte kurz, ich helfe dir.
5. _________ du, dass das Treffen ausfällt?
6. Ich brauche einen Zettel, das kann ich _____ nicht alles ___________.

b. Ergänzen Sie. Achten Sie auf die korrekte Form.

behalten
sich überlegen
sich konzentrieren
begreifen
~~kapieren~~
Fantasie
einfallen
erfahren
erklären
nachdenken

0. Er hat alles so schnell erklärt, ich habe nichts kapiert.
1. Ich möchte _____ noch in Ruhe ________________, ob ich das machen will.
2. Ich habe durch Zufall ______________, dass die Stelle ausgeschrieben wird.
3. Die Nummer kann ich einfach nicht ______________, die schreibe ich mir lieber auf.
4. Bei dem Lärm kann man _______ nicht _______________________!
5. Das Mathethema hat er nicht _______________, das musst du ihm noch einmal ______________.
6. Axel erzählt den Kindern abends selbst erfundene Geschichten mit viel ______________.
7. Ich muss noch mal __________________, wie das Restaurant heißt. Im Moment ________ es mir nicht _____.

8. Seine ________________ in Mathematik sind hervorragend.
9. Ich habe keine __________, wann er kommt.
10. Er ist der Einzige, der ______ nicht _____ Fußball ___________________.
11. Er hat enormes __________ auf diesem Gebiet.
12. Ich _______ darüber nicht _____________, am besten Sie sprechen mit meiner Kollegin Frau Holzhausen.
13. Ich werde diesen Tag in guter ________________ behalten.
14. Zu diesem Thema _______ mir einfach nichts _____, was ich schreiben kann.
15. Ich habe ein ganz schlechtes ________________ für Namen.

einfallen
Kenntnisse (*Pl.*)
Ahnung
Bescheid wissen
Wissen
Erinnerung
Gedächtnis
sich interessieren für

c. **Ergänzen Sie. Achten Sie auf die korrekte Form.**

0. (nlebürg) grübeln: *lange und intensiv über etwas nachdenken*
   Axel hat lange gegrübelt, wo er die Brille liegen gelassen haben könnte.

1. (netar) ________: *jemandem etwas vorschlagen oder empfehlen*
   Ich _______ meiner Freundin ____________, die Arbeitsstelle anzunehmen.

2. (nlestär) ___________: *versuchen, etwas herauszufinden*
   Wir _________ gestern lange _______________, was der Satz bedeuten könnte.

3. (netürb) __________: *lange und intensiv über etwas nachdenken, um eine Lösung zu finden*
   David __________ schon fast eine Stunde über seinen Mathehausaufgaben.

4. (nehcerbrez fpoK ned hcis) ____:
   angestrengt über etwas nachdenken
   Ich _______________ _____ die ganze Zeit ____ __________ darüber, wie ich das Problem lösen könnte.

5. (nellafnie) ______________: *sich an jemanden oder etwas erinnern*
   Mir _______ ihr Name nicht mehr _____.

geringes
logisch
eingeschränktes
seit Langem
schlechtes
gut

d. Ergänzen Sie das Gegenteil.

0. Er hat ein *großes* Wissen. ↔ Er hat ein geringes Wissen.
1. Er hat ein *umfassendes* Wissen. ↔ Er hat ein ______________________ Wissen.
2. Ich kenne ihn *seit Kurzem*. ↔ Ich kenne ihn ____________________.
3. Ich kenne sie *kaum*. ↔ Ich kenne sie _____.
4. Sie hat ein *gutes* Gedächtnis. ↔ Sie hat ein ______________ Gedächtnis.
5. Das ist *absurd*. ↔ Das ist ___________.

kennen – können – wissen

Ich **kenne** ihn, wir haben zusammen studiert.
Ich kenne die Person, weil ich sie schon einmal kennengelernt oder gesehen habe.

Sie **kann** nicht schwimmen.
Sie hat es nicht gelernt.

Ich **weiß**, wann das passiert ist. / Ich **weiß**, wie man das macht.
Ich habe es mir gemerkt. / Ich habe es gelernt.

9 Ethik und Moral

a. Ergänzen Sie das Gegenteil.

0. moralisch ↔ unmoralisch
1. richtig ↔ ________________
2. schuldig ↔ ________________
3. gerecht ↔ ________________
4. ehrlich ↔ ________________
5. anständig ↔ ________________
6. treu ↔ ________________

b. Ergänzen Sie. Achten Sie auf die korrekte Form.

0. Versprich mir, dass du das Geheimnis für dich behältst.
1. Er erledigt seine Arbeit sehr zuverlässig und ________________.
2. Das ist nicht wahr, du ________.
3. Das Sprichwort *Lügen haben kurze Beine* bedeutet, dass ________ schnell erkannt werden.
4. Wenn etwas nicht funktioniert, schiebt er die ________ immer auf andere.
5. Seine ____________ Witze waren allen ____________.
6. ________ zu machen ist ____________.
7. Ich habe ______ wegen seines Verhaltens in Grund und Boden ____________.
8. Der Jugendliche ____________, dass er gestohlen hatte.
9. Die Diebe sind völlig ________________ am helllichten Tag in die Wohnung eingebrochen.
10. Ich glaube, er hat die Genehmigung bekommen, weil jemand ________________ war.

~~versprechen~~
obszön
peinlich
bereuen
skrupellos
lügen
sich schämen
Fehler
Lüge
Schuld
gewissenhaft
bestechlich
menschlich

gewissenhaft = *sorgfältig*
bestechlich = *korrupt*

Sexualität

10

Ergänzen Sie. Achten Sie auf die korrekte Form.

0. In dem Buch *Der Rest ist Schweigen* gibt es viele erotische Passagen.
1. Er war müde und hatte keine Lust, m____ ihr zu sch________.
2. Sie wusste, dass er eine B____________ zu seiner Praktikantin hat.
3. „Ich h____ dich l____", flüsterte er ihr ins Ohr.
4. Er st____________ sie z____________ und gab ihr einen Kuss.
5. Wir wussten, dass unser Chef eine A________ mit einer Kollegin hat.
6. H________________ werden in vielen Ländern immer noch diskriminiert.
7. Viele Kinder benutzen das Wort sch________ als Schimpfwort, ohne zu wissen, was es bedeutet.
8. In Deutschland können h________________ Paare heiraten.

Affäre
streicheln
schwul
Homosexuelle *(Pl.)*
homosexuell
Beziehung
lieb haben
zärtlich
schlafen mit
~~erotisch~~

Verlangen
Prostituierte
lesbisch
Homosexualität
Hure
Geschlecht
Missbrauch
Sex
leidenschaftlich
Stricher
Strichjunge

9. ■ Mama, was bedeutet I____________? ● Wenn eine Frau sich in eine Frau verliebt und mit ihr auch S____ haben möchte.
10. Er war ein I____________________________ Liebhaber.
11. H______________________ bedeutet, dass man sich in jemanden mit dem gleichen G______________ verliebt.
12. Im Film *Pretty Woman* spielt Julia Roberts eine P____________________.
13. Ein abschätziges Wort für Prostituierte ist H______.
14. Einen Mann, der als Prostituierter arbeitet, nennt man St____________ oder St________________.
15. In dem Internat gab es zahlreiche Fälle von sexuellem M________________ an Kindern.
16. Er hatte ein großes V______________ danach, sie wiederzusehen.

FAMILIE UND FREUNDE

1 Familie und Verwandte

Tipp
Weibliche (♀) Personen: Der Artikel ist feminin (die):
die Frau, **die** Freundin, **die** Tochter ...

Männliche (♂) Personen: Der Artikel ist maskulin (der):
der Mann, **der** Freund, **der** Sohn ...

Aber: **das** Baby, **das** Mädchen

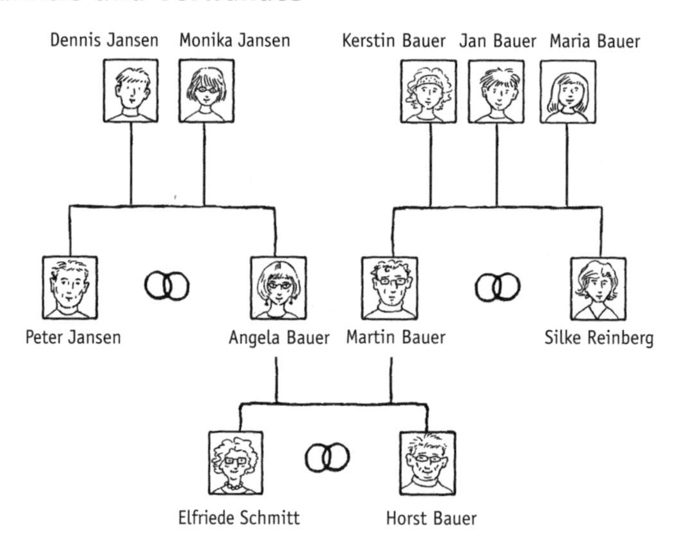

a. Ergänzen Sie Nomen und Artikel.

Schwager
Mutter
Ehefrau
Bruder
Vater
Tante
Sohn
Onkel
Nichte
~~Ehemann~~
Neffe
Großmutter
Schwester
Cousin
Tochter
Cousine
Schwägerin
Großvater

0. Peter ist der Ehemann von Angela.
1. Silke ist ____________ von Martin.
2. Horst ist ____________ von Monika.
3. Monika ist ____________ von Jan.
4. Silke ist ____________ von Maria.
5. Martin ist ____________ von Elfriede.
6. Jan ist ____________ von Dennis.
7. Maria ist ____________ von Kerstin.
8. Angela ist ____________ von Horst.
9. Elfriede ist ____________ von Kerstin.
10. Dennis ist ____________ von Monika.
11. Peter ist ____________ von Silke.
12. Martin ist ____________ von Dennis.
13. Angela ist ____________ von Jan.
14. Monika ist ____________ von Martin.
15. Jan ist ____________ von Angela.
16. Silke ist ____________ von Peter.
17. Horst ist ____________ von Martin.

b. Was passt? Kreuzen Sie an.

0. Das sind unsere … ☐ Familie. ☒ Eltern.
1. Das ist meine … ☐ Familie. ☐ Eltern.
2. Wir sind … ☐ Geschwister. ☐ Einzelkinder.
3. Das sind unsere … ☐ Verwandten. ☐ Großeltern.

Eltern und Kinder

2 ______

Ergänzen Sie. Achten Sie auf die korrekte Form.

1. Unsere Kinder sind in den Ferien immer bei Oma und ______.
2. Ich habe keine Geschwister, ich bin ein ______.
3. Toms Eltern sind über 60 und unglücklich, dass sie noch keine ______ haben.
4. Paul ist 50 und sagt zu seiner Mutter immer noch ______!
5. Zu ihrem 60. Geburtstag hatte sie die ganze ______ eingeladen.
6. Die Polizei informierte nach dem Unfall die ______.
7. Hurra, unser ______ ist da! Simon wurde am 18.7.2007 geboren.
8. Nicki ist ein sehr lebhaftes ______.
9. Wisst ihr schon, ob euer Baby ein Junge oder ein ______ wird?
10. Wird es ein Mädchen, dann nennen wir es Katharina. Wird es ein ______, dann nennen wir ihn David.
11. Bis zu welchem ______ gilt der Kindertarif?
12. Wir haben den gleichen Namen, sind aber nicht miteinander ______.
13. Die alte Frau kann nicht mehr alleine bleiben. Momentan wohnt eine Pflegerin aus Polen bei ihr und ______ für sie.
14. Meine brasilianische Freundin heißt mit Nachnamen Holzhausen. Ihre ______ stammen aus Deutschland.
15. Sie hat drei Kinder und sechs ______.

Mädchen
Enkel
sorgen
Alter
verwandt
Einzelkind
Kind
Enkelkinder
Verwandtschaft
Mutti
~~Oma~~
Opa
Junge (*A:* Bub)
Vorfahren
Angehörigen
Baby

3 Freunde und Bekannte

a. Ergänzen Sie. Achten Sie auf die korrekte Form.

Zufall
Freund
eng befreundet
Bekannte
~~melden~~
Umzug
Nachbar
Nachbarschaft
Freundschaft

An: fam_Richter@redwin.net
Kopie: Mayer.Klara@online.ms
Betreff: Hallo aus Bonn

Hi Lea,

entschuldige, dass ich mich erst jetzt bei Dir (0) melde. Der (1) U______ hat gut geklappt, aber es gibt noch viele Kisten, die ich auspacken muss. Wir haben uns schon einigermaßen in Stuttgart eingelebt. Stell Dir vor, ich habe durch (2) Z______ eine alte (3) B______ im Supermarkt getroffen, mit der ich am Gymnasium (4) e___ b______ war. Leon war am Anfang ein bisschen traurig, er hat seine (5) F______ vermisst. Aber die Kinder in seiner Klasse sind nett und er hat schon (6) F______ mit einem Klassenkameraden geschlossen. In der (7) N______ gibt es viele Kinder, sodass es Leon nachmittags nicht langweilig wird. Unsere (8) N______ haben auch Kinder und sind sehr sympathisch. Es wäre schön, wenn Ihr uns bald besuchen kommt.

Alles Liebe

Klara

b. Ergänzen Sie. Achten Sie auf die korrekte Form.

gefallen
Team
begegnen
gernhaben
Partner
~~Bekanntschaft~~
Partnerschaft
nicht leiden können
unterstützen

0. Hast du in deiner Bekanntschaft niemanden, der dir dabei helfen kann?
1. Er suchte für seine Praxis noch einen ________.
2. Zwischen deutschen und französischen Städten gibt es ________.
3. Ich bin nicht in ihn verliebt. Ich ______ ihn nur sehr ______.
4. Ich glaube, dass deine neue Freundin mich ______ ______ ______.
5. Wir arbeiten seit Jahren zusammen und sind ein gutes ______.
6. Ihr neuer Freund ist geizig. Das ________ mir nicht.
7. Seine Eltern ________ ihn finanziell, damit er sein Studium schnell abschließen kann.
8. Sind wir uns nicht schon einmal ________?

Persönliche Beziehungen

4 

Ergänzen Sie. Achten Sie auf die korrekte Form.

Konkurrent
gegenseitig
sich nahestehen
Beziehungen spielen lassen
miteinander auskommen
sich gutstellen
~~vertraut~~
Kontakte pflegen
zurechtkommen
einen Freundschaftsdienst erweisen
Mitleid
aushalten

0. Das ist eine Jugendliebe von mir. Wir sind immer noch sehr miteinander vertraut.

1. Er hat beruflichen Erfolg, weil er viel Zeit investiert, um K__________ zu p__________.

2. ■ Theo hilft ja schon wieder bei der Präsentation.
   ● Er bewirbt sich doch für die Assistentenstelle und muss s______ mit der Chefin g__________.

3. Er musste seine B__________ s__________ l__________, damit sein Sohn die Stelle bekam.

4. ■ K__________ ihr gut m__________ a______ oder gibt es Probleme?
   ● Es geht so. Mit dem letzten Praktikanten bin ich besser z__________.

5. Wir haben während des Studiums zusammengewohnt und s__________ u______ immer noch sehr n______.

6. Er hat mir den Kontakt vermittelt und mir damit e______ F__________ e__________.

7. Leider unterstützen sie sich nicht g__________. Sie behandeln sich nicht als Partner, sondern als K__________.

8. ■ Hast du kein M__________ mit ihm? Seine Frau hat ihn verlassen.
   ● Also ich frage mich eher, wie sie es so lange mit ihm a__________ hat.

5 Flirten

a. Sich kennenlernen und verabreden. Bilden Sie Sätze.

0. Haben wir uns nicht irgendwo schon mal gesehen?
wir • Haben • irgendwo • nicht • uns • schon • gesehen • mal

1. ______________________________.
Ich • dir • gebe • Telefonnummer • meine

2. ______________________________?
ich • Kann • anrufen • dich

3. ______________________________?
Hättest • Lust • Abend • du • Lust • heute • Kino • gehen • ins • zu

4. ______________________________?
wir • Wollen • etwas • machen • zusammen • Abend • heute

5. ______________________________.
hole • Ich • ab • dich

b. Komplimente machen. Finden Sie die Wortgrenzen und schreiben Sie die Sätze.

Dusiehstwirklichgutausdubistechtsüßichglaubeichträumeheutenachtvondir
duhastwunderschöneaugenduhasthumordeineneuefrisurstehtdirsehrgut

0. Du siehst wirklich gut aus.
1. ______________________________.
2. ______________________________.
3. ______________________________.
4. ______________________________.
5. ______________________________.

Flirten per SMS

6 

Was bedeuten die Abkürzungen. Finden Sie die Wortgrenzen und schreiben Sie.

0. akla = allesklar — Alles klar (?)
1. bb = bisbald ______
2. bidunowa = bistdunochwach? ______
3. BSE = binsoeinsam ______
4. bvid = binverliebtindich ______
5. DaD = denkandich ______
6. dd = drückdich ______
7. fümiein = fühlemicheinsam ______
8. G&K = grußundkuss ______
9. HaSe = habesehnsucht ______
10. hdl = habdichlieb ______
11. IVD = ichvermissedich ______
12. SGUTWS = schlafgutundträum wasschönes ______
13. SMS = schreibmirschnell ______
14. vd = vermissedich ______
15. wauDi = warteaufdich ______

Wenn Sie eine SMS schreiben, heißt das Verb **simsen**, **SMSen** oder **smsen**.
Der Artikel ist: **die** SMS, *der Plural lautet:* **SMS**

SMS-Tipps
SMS-Nachrichten sind in der Regel kurz. In der Regel toleriert der Empfänger Tippfehler, sprachliche Fehler sowie unvollständige Sätze und deutet sie nicht als mangelnde Wertschätzung gegenüber seiner Person. Trotzdem empfiehlt es sich, insbesondere geschäftliche Nachrichten sorgfältig zu verfassen und dabei auf Verständlichkeit zu achten. Lesen Sie den Text, der beim Schreiben aus dem Sichtfenster rückt, noch einmal durch, bevor Sie auf *Senden* drücken. Prüfen Sie dabei, ob sich der nachfolgende Text unmissverständlich auf den Anfang der SMS bezieht.
Bei SMS-Nachrichten werden häufig Abkürzungen und Emoticons verwendet. Oft sind sie von englischen Wörtern abgeleitet. Bei geschäftlichen Kurznachrichten sollten Sie auf Abkürzungen verzichten. Bei informellen, privaten Mitteilungen können Sie damit jedoch Zeit und Platz sparen. Allerdings sollten Sie sicher sein, dass der Adressat die Abkürzungen versteht.

7 Liebesbeziehungen

a. Prinz und Prinzessin: Wie ist die Reihenfolge im Märchen? Nummerieren Sie.

1	sich kennenlernen		heiraten
	sich verloben		Kinder bekommen
	sich verlieben		… sie lebten glücklich bis an ihr Lebensende.

b. Ergänzen Sie. Achten Sie auf die korrekte Form.

Liebe
küssen
Verhältnis
Liebespaar
Single
Verlobte
ledig
~~Paar~~
zusammenleben
verlobt
gernhaben
befreundet
zusammen sein
schmusen

0. Seit wann sind Udo und Lea ein Paar?
1. Wir sind nicht verheiratet, aber wir ________ ________.
2. Sind Sie verheiratet? Nein, ich bin ________.
3. Sie sind nicht verheiratet, aber ________.
4. Er ist vierzig und immer noch (ein) ________.
5. Wir sind kein ________, wir sind nur gut ________.
6. Er hat seit einem Jahr ein ________ mit seiner Sekretärin.
7. Glaubst du, dass er mit dieser Frau ________ ________? Die ist doch mindestens zwanzig Jahre jünger!
8. Sie ________ sich unter dem Mistelzweig.
9. Das ist romantische Musik, bei der man gut ________ kann.
10. Sie haben aus ________ geheiratet.
11. Ich bin nicht in ihn verliebt, ich ________ ihn aber sehr ________.

c. Ergänzen Sie.

~~Partner~~
Nachfolger
Notruf
gemeinsamen
verließ
Lebensgefährte
niemanden
geflüchtet
Liebhaber

LIEBHABER RUFT AUS KLEIDERSCHRANK POLIZEI

Aachen – Aus Angst vor dem (0) Ex-Partner seiner Freundin ist ein (1) ________ in Aachen in den Kleiderschrank (2) ________ und hat von dort per Handy die Polizei gerufen. Der frühere (3) ________ ________ der Frau hatte nach Polizeiangaben vom Donnerstag an die Wohnungstür gehämmert und seinen (4) ________ aufgefordert: „Komm raus, ich mach dich kalt." Kurzerhand suchte der Liebhaber nach einer (5) ________ Nacht mit seiner Freundin Zuflucht in dem Schrank, aus dem er dann flüsternd per (6) ________ die Ordnungshüter alarmierte. Die Polizisten trafen allerdings wenig später vor der Wohnung der Frau (7) ________ ________ mehr an. Der verängstigte Mann (8) ________ daraufhin das Möbelstück.

aus: Agence France Press, 24. Juni 2010

d. Ergänzen Sie. Achten Sie bei Verben auf die korrekte Form.

Verlobung
Verlobte
verführen
gehen mit
Beziehung
Sehnsucht
lieben
~~sich verlieben~~
Verhältnis
Zärtlichkeit
zusammen sein
einsam

0. Sie hat sich auf einer Party in ihn verliebt.
1. Er l________ sie, aber er traute sich nicht, es ihr zu sagen.
2. Er hat seit Jahren eine B________ mit seiner Sekretärin. Seine Frau weiß nichts von dem V________.
3. ■ Ich glaube, Susi g________ m________ Tim? Ich sehe sie immer zusammen.
   ● Ja, ich glaube auch, dass sie z________ s________.
4. Das Königshaus gab die V________ des Prinzen bekannt.
5. Das ist noch nicht seine Frau, das ist aber seine V________.
6. Sie sahen sich nur am Wochenende und sie fühlte sich oft sehr e________ und allein.
7. Er hatte große S________ nach ihr. Er rief sie jeden Tag an oder schrieb ihr eine SMS.
8. Er lächelte ihr zu und sie überlegte, wie sie ihn v________ könnte.
9. Sie sehnte sich nach Z________.

e. Ordnen Sie die Redewendungen ihrer Bedeutung zu.

0. sich verknallen [a]
1. jemandem den Kopf verdrehen [ ]
2. Feuer fangen [ ]
3. noch zu haben sein [ ]
4. jemandem schöne Augen machen [ ]

~~a.~~ sich verlieben
b. ledig sein
c. mit jemandem flirten, jemandem seine Verliebtheit zeigen
d. bewirken, dass sich jemand in einen verliebt
e. sich plötzlich in jemanden verlieben

f. Ergänzen Sie die Redewendung in der korrekten Form.

sich verknallen
den Kopf verdrehen
schöne Augen machen
noch zu haben sein
~~Feuer fangen~~

0. Er hat sie zum ersten Mal bei der Party eines Freundes gesehen und hat sofort Feuer gefangen.
1. Sie hat ihm mit ihrem Charme ____ ______ __________.
2. Er ________ ihr schon den ganzen Abend ________ ________, aber sie lässt ihn immer abblitzen.
3. Sie hat ______ in einen Jungen aus ihrer Klasse ________.
4. Er trägt keinen Ehering. Ich glaube, er ____ ______ ____ ________.

jemanden abblitzen lassen = *nicht auf einen Flirt eingehen*

8 Ehe

Lebensweg
Ehepaar
Frau
Ehepartner
Hochzeit
~~Ehe~~
verheiratet sein
Braut
Bräutigam
Gatte
Gattin
Frau
Mann
Kuss

a. Ergänzen Sie. Achten Sie auf die korrekte Form.

0. Sie hat zwei Kinder aus erster Ehe.
1. In dem Haus neben uns wohnt ein älteres ____________ mit einem Hund.
2. Sie _____ seit zwanzig Jahren __________________.
3. Die ________ trug zur ______________ ein weißes Kleid.
4. Der _______________ gab der Braut einen _______.
5. Zu dem Empfang waren auch die _________________ eingeladen.
6. Ich gratuliere Ihnen und Ihrem zukünftigen __________ ganz herzlich und wünsche Ihnen alles Gute für den gemeinsamen _______________.
7. Bist du dir sicher, dass das seine _______ ist?
8. „__________" ist ein anderes Wort für Ehefrau.
9. Ich glaube, ihr _______ ist schon in Rente.
10. Er hat seine _______ an der Uni kennengelernt.

b. Ordnen sie zu.

r Zeuge = *jemand der anwesend ist, wenn etwas geschieht oder gemacht wird*

0. Standesamt [a]
1. Polterabend [ ]
2. Junggeselle [ ]
3. Trauzeuge [ ]
4. Aufgebot [ ]
5. Strohwitwer [ ]
6. Flitterwochen [ ]
7. Heiratsantrag [ ]

- ~~a.~~ die Behörde, vor der man in Deutschland die Ehe schließt
- b. die ersten Wochen nach der Hochzeit, in denen die frisch Vermählten in der Regel eine Reise machen
- c. Mann, dessen Frau verreist ist
- d. Abend vor der Hochzeit, den man mit Freunden feiert. In der Regel wird an diesem Abend Geschirr zerschlagen. Das bringt Glück
- e. Mann, der noch nicht verheiratet ist
- f. das Angebot, jemanden zu heiraten
- g. jemand, der bei der Trauung als Zeuge anwesend sein muss
- h. das öffentliche Bekanntmachen der Eheschließung

Streit und Konflikte

9

a. Ergänzen Sie die Verben in der korrekten Form.

0. die Scheidung — Sie lassen sich dieses Jahr scheiden.
1. der Streit: — Er __________ sich oft mit seiner Frau.
2. die Lüge — Du sagst nicht die Wahrheit, du ________.
3. die Trennung — Sie haben sich __________.
4. die Beleidigung — Sie hat ihn oft __________.
5. die Diskussion — Sie müssen immer über alles __________.
6. die Hoffnung — Er ________, dass sie sich wieder vertragen.

b. Ergänzen Sie.

Trennung
Affäre
Hochzeitstag
verlassen
geschieden
~~Scheidung~~
treu

0. Sie wollte die Scheidung einreichen, weil ihr Mann untreu ist.
1. Er hatte Zweifel, ob seine Frau _______ war.
2. Er hatte sie wegen einer jüngeren Frau __________.
3. Die __________ der Eltern war für die Kinder schrecklich.
4. Er ist nicht ledig, er ist __________.
5. Sie war traurig und wütend. Ihr Mann hatte ihren __________ vergessen.
6. Sie vermutet, dass ihr Mann eine ________ mit seiner Praktikantin hatte.

Pünktlichkeit
Laut einer aktuellen Umfrage legen die Deutschen großen Wert auf Pünktlichkeit. Zwei Drittel werden demnach schon ärgerlich, wenn sie länger als fünf Minuten auf jemanden warten müssen. Schonfristen gibt es nicht. Auch ein bisschen zu spät ist zu spät.
Sehr viel früher zu einem Termin zu kommen, gilt jedoch auch als unhöflich. Höchstens zehn Minuten vor einem vereinbarten Termin zu erscheinen, ist akzeptabel.
Zu privaten Einladungen sollte man übrigens nie zu früh kommen. Denn vielleicht sind die Gastgeber dann noch bei den Vorbereitungen.

e Schonfrist = *hier: Zeitspanne, in der man das Zuspätkommen toleriert*

10 Scheidung und Trennung

Ergänzen Sie.

getrennt
Frauenheld
Unterhalt
Witwer
~~gescheitert~~
verheiratet
geschieden
Sorgerecht
~~Geliebter~~
Scheidungsanwalt

0. ■ Warum ist eure Ehe _gescheitert_? ● Weil meine Frau seit Jahren einen _Geliebten_ hat. Das habe ich nicht mehr ertragen.
1. ● Dieser Typ ist ein furchtbarer ____________. ■ Oh ja. Er ist nicht ____________, aber mehrmals ____________.
2. ● Ich brauche einen ____________. Können Sie mir einen guten Anwalt empfehlen?
3. ● Muss er ____________ für seine Ex-Frau zahlen? ■ Ja, muss er.
4. ● Wie ist das ____________ für die Kinder geregelt?
   ■ Im Normalfall gilt das gemeinsame Sorgerecht.
5. ● Sie sind nicht geschieden, aber sie leben seit Jahren ____________.
   ■ Wie komisch.
6. ● Ist er verheiratet?
   ■ Nein, er ist ____________. Seine Frau ist letztes Jahr gestorben.

11 Einladungen und Verabredungen

a. **Ordnen Sie zu.**

0. Wollen Sie gleich einen neuen Termin ausmachen? [a]
1. Guten Tag, mein Name ist Jansen. Ich bin mit Herrn Bräuer verabredet. [ ]
2. Warten wir noch auf die restlichen Teilnehmer? [ ]
3. Siehst du Frau Ludwig morgen? [ ]
4. Hast du eine Idee, was wir Frau Dix bei der Abschiedsfeier schenken können? [ ]
5. Wie viele Gäste werden zum Sommerfest erwartet? [ ]
6. Ich möchte dich für Samstag zu meiner Geburtstagsparty einladen. [ ]

~~a.~~ Nein, ich rufe Sie nächste Woche noch einmal an.
b. Das tut mir leid, aber da muss ich arbeiten.
c. Nein, über ein Geschenk habe ich noch nicht nachgedacht.
d. Herr Bräuer wartet am Empfang auf Sie.
e. Wir erwarten ca. 200 Personen.
f. Ja, wir wollen morgen zusammen essen gehen.
g. Nein, wir fangen gleich an.

b. Ergänzen Sie. Achten Sie bei Verben auf die korrekte Form.

0. An der Eingangstür hing ein Schild „Herzlich willkommen".
1. Wir ______________ euch auf der Rückfahrt von unserem Urlaub.
2. Vielen Dank für die ______________! Das Essen war wie immer ______________!
3. Wir können nicht zur ________ kommen. Wir haben __________.
4. Für die französischen ________ wurde ein Empfang mit bayerischem Essen organisiert.
5. ________ du ___ der Abschiedsfeier von Frau Beel?
6. Muss man zum ______________ wieder Teller und Besteck mitbringen?
7. Ich kann bei eurem Fest leider nur kurz ______________, weil ich heute Abend noch nach Zürich fliegen muss.
8. Wir müssen den Kindergeburtstag leider ____________, Laurin ist krank.
9. Sie konnte die Einladung zum Abendessen nicht ______________, weil sie schon bei einer anderen Party ______________ hatte.
10. Der Mann wollte ihr einen Drink ______________, aber sie __________ ___.

gehen ... zu
ablehnen
besuchen
annehmen
vorbeikommen
zusagen
Schulfest
Besuch
Feier
Gäste (Pl.)
ausgezeichnet
absagen
spendieren
Einladung
~~Herzlich willkommen~~

c. Nummerieren Sie die Sätze der Einladungskarte in der richtigen Reihenfolge.

EINLADUNG ZUM PIRATENFEST

a. Lieber Yannick,
b. Dein Simon
c. Bitte sag mir bald Bescheid, ob Du kommen kannst.
d. Die Party beginnt um 15 Uhr und endet um 19 Uhr.
e. ich möchte Dich ganz herzlich zu meinem 7. Geburtstag am 18.7. einladen.

Simon Mayer, Marktstr. 12, 71522 Backnang, Tel. 07191/61419, E-Mail: MayerB@gmx.de

0.	a
1.	
2.	
3.	
4.	

Verabredung
sich verabreden
mitbringen
kommen ... zu
zu Besuch sein
treffen
sich bedanken
sich verabschieden
~~klingeln~~
Treffen
Gastgeberin
Grüße bestellen
einen ausgeben
reinkommen

d. Ergänzen Sie. Achten Sie bei Verben auf die korrekte Form.

0. Axel, es hat geklingelt. Machst du bitte die Tür auf.
1. Guten Abend, __________ Sie doch ______.
2. Schade, dass Ihre Frau nicht kommen konnte. ______________ Sie ihr bitte ________ von mir.
3. Ich muss ______ noch von Frau Mayer ____________________ und ______ für das Geschenk ____________.
4. __________ wir uns am Fischbrunnen?
5. Die _________________ öffnete uns die Tür.
6. Die Schwiegereltern werden am Wochenende bei uns ___ ________ ______.
7. Vielen Dank für die Einladung. Das nächste Mal ________ ihr wieder mal __ uns.
8. Ich habe leider schon eine _______________.
9. Am besten wir ________________ _____ am Wochenende, sonst finden wir nie einen Termin.
10. Das __________ ist verschoben worden.
11. Nach dem Skifahren _____ immer einer aus unserer Clique ________ _____.
12. Sollen wir etwas für das Büfett ______________?

einen ausgeben = *eine Runde Getränke für andere bezahlen*

e. Bei einem Empfang. Wie heißen die Verben?

0. Darf ich Ihnen ein Glas Sekt (enbaniet) anbieten?
1. Darf ich Sie zu einem Glas Champagner (ladeinen) ____________?
2. Ich möchte mich gerne mit Herrn Stix (teralhunten) ______________.
3. Ich möchte noch kurz mit der neuen Mitarbeiterin (enchspre) ____________.
4. Du musst mir (zärelenh) ____________, wie die Präsentation angekommen ist.
5. Wir können morgen noch einmal über das Projekt (enred) ________.
6. Über dieses Thema sollten wir besser nicht (tiekuendisr) ______________.
7. Komm, lass uns ein bisschen über den Urlaub (ualpnred) ____________.
8. Ich kann an der Veranstaltung leider nicht (liethennem) ______________.

f. Was passt nicht?

0.	Wir feierten ...	~~ein Festessen.~~ – das Jubiläum. – die Konfirmation.
1.	Man kann eine Einladung ...	erhalten. – einladen. – verschicken.
2.	Man kann ein Fest ...	feiern. – geben. – bedanken.
3.	Ich muss das Geschenk noch ...	gratulieren. – einpacken. – auspacken.
4.	Man kann zum Geburtstag ...	schenken. – gratulieren. – alles Gute wünschen.
5.	Die Stimmung auf der Party war ...	locker. – feierlich. – ungezwungen.
6.	Die Begrüßung war etwas ...	steif. – formell. – glücklich.

Glückwünsche

12

a. Glückwunschkarte: Welche Wörter schreibt man groß?

sehr geehrter herr prof. dr. siebert,
ich möchte ihnen ganz herzlich zu
ihrem 40. geburtstag gratulieren.
ich wünsche ihnen alles gute, vor allem
glück und gesundheit und weiterhin
viel erfolg.

mit herzlichen grüßen
dr. manfred müller

Anredepronomen

Die Anredepronomen *du* und *ihr* sowie die Possessivartikel *dein* und *euer* kann man in Briefen und E-Mails kleinschreiben:
Ich möchte *dir/Dir* zum Geburtstag gratulieren.
Ich möchte *euch/Euch* zum Hochzeitstag gratulieren.

Die Höflichkeitsform *Sie* und *Ihr* schreibt man groß:
Ich möchte *Ihnen* zum Geburtstag gratulieren.
Vielen Dank für *Ihre* guten Wünsche.
Ich möchte *Sie* gerne einladen.

b. Ordnen Sie die Glückwünsche zu. Manche Lösungen kommen mehrmals vor.

Weihnachten
neues Jahr
Ostern
Geburtstag
Hochzeit
Geburt

0. Alles Gute zum/zur ... Geburtstag, Hochzeit, Geburt!
1. Herzlichen Glückwunsch zur ... ______________!
2. Schöne Feiertage! ______________
3. Guten Rutsch! ______________
4. Frohe ... ______________!
5. Alles Liebe zum ... ______________!
6. Meine Glückwünsche zum freudigen Ereignis! ______________

13 Korrespondenz allgemein

Was passt nicht?

0. eine Einladung: schreiben – bekommen – ~~antworten~~ – kriegen
1. auf eine Einladung: reagieren – antworten – danken – warten
2. ich schreibe mit: Brief – Kugelschreiber – Bleistift – Füller
3. ich brauche: einen Zettel – ein Blatt – Papier – eine Diskussion
4. ich schreibe: einen Brief – einen Brieffreund – eine Postkarte – eine Ansichtskarte
5. ich brauche für den Brief: eine Antwort – einen Briefumschlag – ein Kuvert
6. ich schicke dir: einen Zettel – eine E-Mail – einen Brief – eine SMS
7. er schreibt an: einen Brieffreund – eine Korrespondenz – eine Freundin – einen Kunden
8. sie schreibt den Brief: mit der Schreibmaschine – mit dem Computer – von Hand – mit dem Fax

KÖRPER UND KÖRPERPFLEGE

1 Der Körper

a. Wie heißen die Körperteile? Ergänzen Sie Nomen und Artikel.

Fuß
Hand
Kopf
Bauch
Rücken
Bein
Finger
Arm
Hals
Brust
Knie
Gesicht

der
der
der
der
der
der
der
~~die~~
die
das
das
das

1. *die* ______ 2. ______ 3. ______
4. ______ 5. ______ 6. ______
7. ______ 8. ______ 9. ______
10. ______ 11. ______ 12. ______

b. Ergänzen Sie den unbestimmten Artikel und die Pluralform.

0. *eine* Brust → *Brüste*
1. ____ Arm → ______
2. ____ Finger → ______
3. ____ Bein → ______
4. ____ Hand → ______
5. ____ Fuß → ______
6. ____ Ohr → ______
7. ____ Haar → ______

> **Tipp**
> *Der unbestimmte Artikel* (ein, eine, ein) *bildet keinen Plural:*
> Das ist **ein** Herz.
> Das sind Herzen.

c. Was gehört zusammen? Ordnen Sie zu.

0. Bein	a	~~a.~~ das Knie
1. Hand		b. die Lippe
2. Arm		c. der Zeh
3. Gesicht		d. der Ellenbogen
4. Fuß		e. der Nabel
5. Mund		f. die Stirn
6. Bauch		g. der Daumen

d. Welcher Begriff passt zu der Beschreibung?

die Taille
das Kinn
die Ferse
die Kehle
die Achsel
die Wade
~~die Schläfe~~
die Wange
die Hüfte
der (Ober)Schenkel
die Schulter

e Wange = *e Backe (ugs.)*

0. Die Schläfe ist eine Stelle seitlich am Kopf, die zwischen Auge und Ohr liegt.
1. ______________ sagt man zu einem Teil des Gesichts, der sich unterhalb des Mundes befindet.
2. ______________ sagt man zum vorderen Teil des Halses.
3. ______________ Mit diesem Körperteil sind die Arme verbunden.
4. ______________ ist ein Teil des menschlichen Gesichts, der zwischen Auge, Nase und Ohr liegt.
5. ______________ sagt man (bei schlanken Menschen) zu der schmaleren Stelle zwischen Oberkörper und Hüfte.
6. ______________ ist ein Teil des Körpers, der sich seitlich vom Gesäß befindet.
7. ______________ sagt man zu der Vertiefung zwischen Oberarm und Oberkörper.
8. ______________ sagt man zu dem Teil des Beines, das zwischen Knie und Hüfte liegt.
9. ______________ ist die durch einen großen Muskel gebildete hintere Seite des Unterschenkels beim Menschen.
10. ______________ ist der Name für den hinteren Teil des Fußes.

e. Ergänzen Sie die Wörter aus *d*.

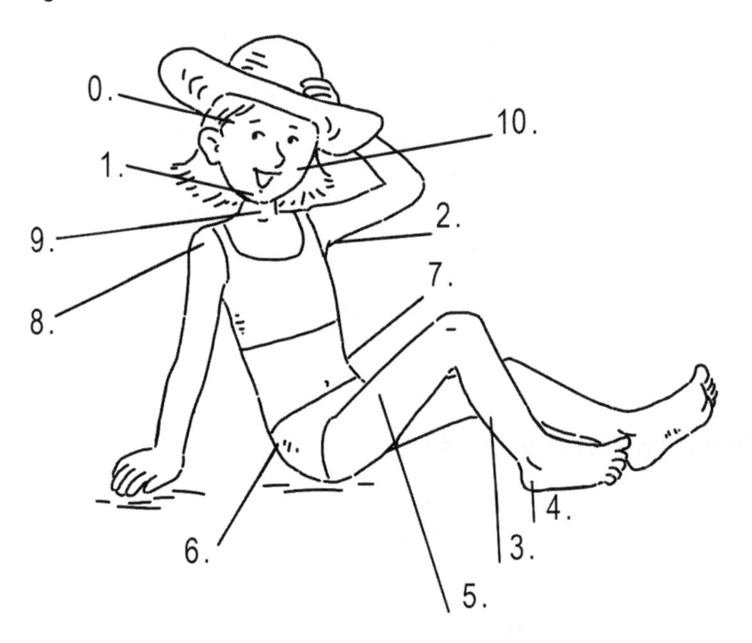

0. die Schläfe
1. ______________
2. ______________
3. ______________
4. ______________
5. ______________
6. ______________
7. ______________
8. ______________
9. ______________
10. ______________

Redewendungen

Im Deutschen gibt es, vor allem in der Umgangssprache, viele Redewendungen (Idiome) und es kommen ständig neue hinzu. Eine Redewendung ist eine Verbindung mehrerer Wörter zu einer festen Einheit, die kaum oder nicht zu verändern ist. Das wichtigste Merkmal dieser festen Wendung ist, dass sich ihre Bedeutung nicht oder nur teilweise aus der Bedeutung der einzelnen Bestandteile erkennen lässt. Auch wenn man weiß, was „Auge" und „werfen" bedeutet, kann man die Wendung „ein Auge auf etwas werfen" nicht daraus erschließen. Dies bedeutet nämlich im übertragenen Sinn, dass man „an etwas großen Gefallen findet".

Redewendungen rund um den Körper

2  ____________

a. Was bedeuten die Redewendungen?

0. zwei linke Hände haben [a]
1. auf eigenen Füßen stehen [ ]
2. jemanden auf den Arm nehmen [ ]
3. die Beine unter die Arme nehmen [ ]
4. jemanden um den Finger wickeln [ ]
5. Hals über Kopf [ ]
6. etw. auf die leichte Schulter nehmen [ ]
7. mit dem Rücken zur Wand stehen [ ]
8. den Kopf hängen lassen [ ]

- ~~a.~~ bei praktischer Tätigkeit ungeschickt sein
- b. traurig/mutlos sein
- c. Probleme / eine Gefahr unterschätzen
- d. sich über jdn. lustig machen
- e. wirtschaftlich unabhängig sein
- f. sich in einer schwierigen Lage befinden
- g. ohne nachzudenken / überstürzt
- h. bei jemandem alles erreichen können
- i. sich sehr beeilen / schnell laufen

b. Setzen Sie die Redewendungen aus *a.* ein. Achten Sie auf die korrekte Form.

0. Tom kann keinen Nagel gerade in die Wand schlagen. Er hat zwei linke Hände.
1. Lisa ist letzten Monat aus der Wohnung ihrer Eltern ausgezogen. Jetzt ________ sie ________________________.
2. Unser Zug fährt in 30 Minuten ab. Wir müssen ________________________ ________________________, damit wir ihn nicht verpassen.
3. Wenn wir nicht bald mehr Umsatz machen, müssen wir das Geschäft schließen. Im Moment ____________ wir ________________________.
4. Laura hat heute eine Fünf in der Mathe-Schulaufgabe herausbekommen. Sie ________ schon den ganzen Tag ________________________.
5. Als das Feuer in der Wohnung ausgebrochen ist, sind wir ________________ ________ aus dem Haus gerannt.
6. Mein Vater gibt meiner Schwester ständig sein neues Auto, obwohl er große Bedenken hat. Sie ____________ ihn jedes Mal ________________________.
7. Du solltest mit Husten und Schnupfen nicht zur Arbeit gehen. Wenn man eine Erkältung ____, kann schnell eine Lungenentzündung daraus werden.
8. Peters Humor ist manchmal etwas merkwürdig. Es macht ihm Spaß, andere Menschen ________________________________.

3 Das Gesicht

a. Wie heißen die Körperteile? Ergänzen Sie.

das Ohr
der Mund
das Haar
die Nase
das Auge

1\. 2. 3. 4. 5.

1\. ______________ 2. ______________

3\. ______________ 4. ______________

5\. ______________

b. Welche Verben passen?

kämmen
~~sehen~~
küssen
kauen
eincremen
föhnen
beißen
frisieren
lesen
weinen
riechen
sprechen
pudern
niesen

1\. das Auge: sehen, ______________

2\. die Nase: ______________

3\. der Mund: ______________

4\. die Zähne *(Pl.)*: ______________

5\. das Gesicht: ______________

6\. die Haare *(Pl.)*: ______________

alle Zähne = *s Gebiss*

Mit Augen, Ohren, Nase ...

4

Was bedeuten die folgenden Redewendungen? Kreuzen Sie an.

0. ein Auge auf jemanden werfen:
   - [X] a. Gefallen an einer Person/Sache finden
   - [ ] b. über etwas angenehm überrascht sein

1. ein Auge (beide Augen) zudrücken:
   - [ ] a. jemand über eine unangenehme Sache aufklären
   - [ ] b. über etwas sehr milde urteilen

2. jemandem ein Ohr leihen:
   - [ ] a. jemanden ständig um etwas bitten
   - [ ] b. jemandem zuhören

3. jemanden übers Ohr hauen:
   - [ ] a. sehr raffiniert sein
   - [ ] b. jemanden betrügen

4. die Nase voll haben:
   - [ ] a. keine Lust mehr haben, etwas zu tun
   - [ ] b. jemanden bewusst irreführen

5. den Mund voll nehmen:
   - [ ] a. jemandem verbieten, sich zu äußern
   - [ ] b. angeben, prahlen

6. nicht auf den Mund gefallen sein:
   - [ ] a. still sein / schweigen
   - [ ] b. in jeder Situation etwas Passendes sagen können

7. jemandem auf den Zahn fühlen:
   - [ ] a. jemanden geschickt ausfragen
   - [ ] b. in schwierigen Situationen tapfer sein

8. sich die Zähne an etwas/jemandem ausbeißen:
   - [ ] a. in schwierigen Situationen tapfer sein
   - [ ] b. an einer schwierigen Sache/Person scheitern

5 Organe

Wie heißen die Organe? Ergänzen Sie.

der Darm
das Herz
der Magen
die Lunge
die Leber

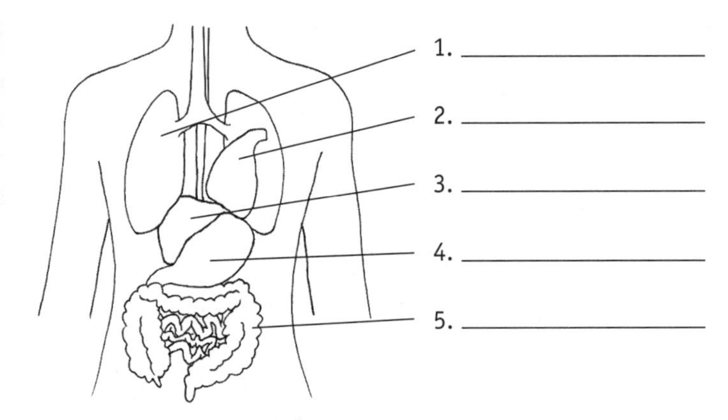

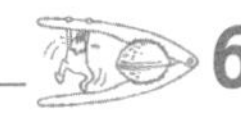

6 Körperteile und Organe

a. **Finden Sie die Begriffe und ergänzen Sie den bestimmten Artikel.**

s Gesäß =
r Hintern (ugs.),
r Po (ugs.),
r Arsch (vulgär)

0. schmaler Knochen im Oberkörper in Form eines Bogens (peipR): die Rippe
1. Organe im Körper, die Harn bilden *(Pl.)* (reeNin): ______
2. inneres Organ, in dem sich der Harn sammelt (aBels): ______
3. weibliches Geschlechtsorgan (eiSched): ______
4. männliches Geschlechtsorgan (eisPn): ______
5. alle Knochen des Körpers (ttelSke): ______
6. Teil des Körpers, auf dem man sitzt (ßäseG): ______
7. bewegliche Verbindung zwischen Knochen (enkGle): ______
8. Gewebe, das einem Körper die Bewegung ermöglicht (elkMus): ______
9. Verbindung zwischen Muskel und Knochen (nehSe): ______
10. bewegliches Organ im Mund (uneZg): ______
11. hinterer Teil des Halses (aNckne): ______

b. Was passt zusammen? Ergänzen Sie den bestimmten Artikel.

0.	der Finger	a)	______ Winkel	0.	h der Fingernagel
1.	______ Bauch	b)	______ Scheibe	1.	☐ ______
2.	______ Ohr	c)	______ Flügel	2.	☐ ______
3.	______ Ring	d)	______ Gelenk	3.	☐ ______
4.	______ Nase	e)	______ Läppchen	4.	☐ ______
5.	______ Hand	f)	______ Finger	5.	☐ ______
6.	______ Knie	g)	______ Nabel	6.	☐ ______
7.	______ Mund	h)	der Nagel	7.	☐ ______

Tipp
Der Artikel von zusammengesetzten Nomen richtet sich immer nach dem letzten Nomen:
der Kopf + **die** Form = **die** Kopfform
die Gäste + die Hand + **das** Tuch = **das** Gästehandtuch

Doppelt hält besser

7

Ergänzen Sie.

0. Ich habe das gebrauchte Auto auf Herz und Nieren geprüft. Es waren keine Mängel zu finden.
1. Du kannst Leonie und Marius nur zusammen einladen. Die beiden sind seit einem Monat ein Herz und eine ________.
2. Der neue Klingelton deines Handys geht mir durch Mark und _______.
3. Mein Vater liebt seinen Beruf. Er ist mit _______ und Seele Arzt.
4. Die Sendung über alternative Energien war sehr überzeugend. Alle Argumente, die der Autor aufzählte, hatten Hand und ______.
5. Thomas ist mit _______ und Haaren in Maria verliebt.
6. Ich mache diese Arbeit so oft, sie ist mir längst in Fleisch und ______ übergegangen.

Bein
Haut
Blut
Seele
Fuß
Leib
~~Herz~~

s Bein = *ein altes Wort für Knochen. In der Anatomie findet man daher viele Wortzusammensetzungen mit -bein, z. B. das Schlüsselbein, das Schienbein, das Nasenbein.*

r Leib *(geh.)* = *r Körper*

s Mark = *eine weiche Substanz im Innern von Knochen, z. B. s Knochenmark, s Rückenmark*

8 Vor dem Schlafengehen

Ergänzen Sie. Achten Sie bei Verben auf die korrekte Form.

(ein)mal müssen
Handtuch
müde
Zähne putzen
aufstehen
~~Bett~~
Toilette
träumen
waschen
Zahnbürste
einschlafen
Toilettenpapier
Schlaf

Es ist 21 Uhr und Peter soll ins Bett gehen. Er hat dazu keine Lust.

■ Es ist schon spät, Peter. Du musst jetzt ins (0) Bett. Du brauchst deinen (1) ________.

● Ich bin aber noch gar nicht (2) ________, Mama.

■ Du musst aber jetzt (3) ________________. Morgen früh ist Schule und du musst um 7 Uhr (4) ______________.

● Aber ich (5) ________ noch ______.

■ Dann steh auf und geh zur (6) ______________.

Fünf Minuten später ...

■ Peter, wo bleibst du?

● Ich bin auf dem Klo. Aber hier ist kein (7) ______________________.

■ Moment, ich hole dir eine Rolle aus dem Schrank.

● Ich muss auch noch (8) __________ __________.

■ Hier ist deine (9) ________________. Beeile dich jetzt bitte!

Fünf Minuten später ...

■ Peter !!!

● Mama, ich (10) __________ mir noch die Hände. Kannst du mir ein (11) ____________ bringen?

■ So, jetzt aber sofort ins Bett! Schlaf gut und (12) ________ was Schönes!

Wie geht es euch?

9 ______

Ergänzen Sie.

0.	Marie geht es nicht schlecht.	Es geht ihr gut.
1.	Timo ist nicht schwach.	Er ist ______.
2.	Leonie ist nicht ruhig.	Sie ist ______.
3.	Manuela ist nicht nervös.	Sie ist ______.
4.	Uschi fühlt sich nicht wohl.	Sie fühlt sich ______.
5.	Hannah ist nicht müde.	Sie ist ______.
6.	Mir ist nicht heiß.	Mir ist ______.
7.	Daniel ist nicht hungrig.	Er ist ______.
8.	Philip ist nicht fit.	Er ist ______.

kaputt
schlecht
kalt
entspannt
aufgeregt
stark/kräftig
~~gut~~
satt
munter

Luisa bekommt ein Kind

10 ______

Ergänzen Sie.

Letztes Jahr war Luisa zum ersten Mal (0) schwanger. Ihre (1) S______ verlief anfangs normal. Die ersten drei Monate ging es Luisa nicht gut, weil sie sehr unter Müdigkeit und (2) Ü______ litt. Sie brauchte viel (3) R______ und musste sich auch tagsüber oft (4) h______ Während der Schwangerschaft wurde Luisa von einer (5) H______ betreut. Luisa wollte ihr (6) B______ in einer speziellen Entbindungsklinik (7) z______ W______ b______. Sie hatte den Ablauf der Geburt genau geplant: Sobald die (8) W______ einsetzen würden, würde sie ihre Hebamme anrufen. Die Hebamme würde sie während der (9) E______ unterstützen. Nach der Geburt wollte Luisa nur kurze Zeit in der Klinik verbringen.
Aus diesem Plan wurde leider nichts. Im neunten (10) M______ traten Komplikationen auf, sodass Luisa und das (11) U______ in Gefahr waren. Sie musste nachts überstürzt in die Klinik und das Baby kam per (12) K______ zur Welt. Die Operation und die Aufregung haben Luisa viel (13) K______ gekostet: Sie musste noch zwei Wochen im Krankenhaus bleiben, um sich zu erholen.

Ungeborene
Monat
Hebamme
Wehen *(Pl.)*
zur Welt bringen
~~schwanger~~
Entbindung
Kaiserschnitt
Ruhe
Baby
Übelkeit
hinlegen
Schwangerschaft
Kraft

11 Behinderungen

a. Was gehört zusammen? Ordnen Sie zu.

taub = *gehörlos*

0. Wenn man nicht hören kann, ist man ... [a]
1. Wenn man nicht sehen kann, ist man ... [ ]
2. Wenn man nicht sprechen kann, ist man ... [ ]
3. Wenn man nicht hören und nicht sprechen kann, ist man ... [ ]
4. Jemand der im Rollstuhl sitzt, ist ... [ ]
5. Jemand der sehr schlecht sehen kann, ist ... [ ]

~~a.~~ taub
b. stumm
c. blind
d. sehbehindert
e. taubstumm
f. körperbehindert

b. Ordnen Sie zu.

0. 
1. 
2. 

3. 
4. 
5. 
6. 
7. 

[0] a. für Behinderte zugänglicher Schalter / zugängliche Kasse
[ ] b. für Behinderte zugängliche Tische in Restaurants
[ ] c. für Behinderte zugänglicher Aufzug
[ ] d. für Behinderte reservierte Parkplätze
[ ] e. für Behinderte zugängliche Toilette
[ ] f. für Behinderte zugängliches Zimmer
[ ] g. für Behinderte zugängliche Terrasse
[ ] h. für Behinderte zugängliche Dusche

Förderschulen
Für Kinder und Jugendliche, die in ihren Bildungs-, Entwicklungs- oder Lernmöglichkeiten schwer beeinträchtigt sind und deshalb als behindert gelten, gibt es in Deutschland spezielle Förderschulen (*auch:* Sonderschulen, *CH:* Spezialschulen). Man unterscheidet – je nach Art der Behinderung – u. a. Förderschulen für Blinde und Sehbehinderte, für Gehörlose und Schwerhörige, für Körperbehinderte, für Lernbehinderte, für geistig Behinderte, für Sprachbehinderte und Förderschulen für verhaltensauffällige Kinder. Seit einiger Zeit gibt es jedoch Bestrebungen, Kinder mit Behinderungen in Regelschulen zu integrieren.

Körperpflege muss sein!

12

Ergänzen Sie.

Laura fährt mit ihrer Klasse für eine Woche in eine Jugendherberge. Am Tag vor der Abreise kommt ihre Mutter ins Zimmer.

■ Hast du schon dein Waschzeug gepackt?

● Nee, was soll ich denn mitnehmen?

■ Hier ist dein (0) Kulturbeutel. Packe bitte deine (1) Z__________e, (2) Z__________a, (3) S______e, (4) S__________o und eine (5) B________e ein.

● Ja, Mama.

■ Außerdem brauchst du mindestens zwei (6) H__________r zum Abtrocknen und deinen (7) F______n, damit du nicht mit nassen Haaren nach draußen gehen musst. Dann würde ich auch noch ein paar Packungen (8) T__________r mitnehmen, falls du dir die Nase putzen musst.

● O. K., sonst noch etwas?

■ Und nimm (9) B________n oder (10) T__________s mit, falls du deine Tage bekommst. Und vergiss die (11) S__________e nicht, falls es heiß wird. Sonnencreme haben wir keine mehr, die musst du noch in der (12) D________e kaufen.

● Mama, das passt alles gar nicht mehr in meinen Kulturbeutel!

■ Dann nimm meinen, der ist größer.

● Danke, der ist super! Da passen auch noch mein (13) D__________t, mein (14) H________l und meine (15) H__________n rein. – Außerdem möchte ich auch noch etwas zum Schminken mitnehmen.

■ Gut, aber da muss ich nicht mehr dabei sein.

Viel Spaß beim Packen!

Föhn
Haargel
Binden *(Pl.)*
Taschentücher *(Pl.)*
(*CH:* Nastücher)
Handtücher *(Pl.)*
~~Kulturbeutel~~
Haarspangen *(Pl.)*
Drogerie
Bürste
Sonnencreme
Shampoo
Seife
Zahnpasta
Deodorant
Zahnbürste
Tampons *(Pl.)*

s Waschzeug *(ugs.)* = *e Toilettenartikel (Pl.)*

13 Beim Friseur

Ergänzen Sie.

r Friseur = *CH: r Coiffeur*

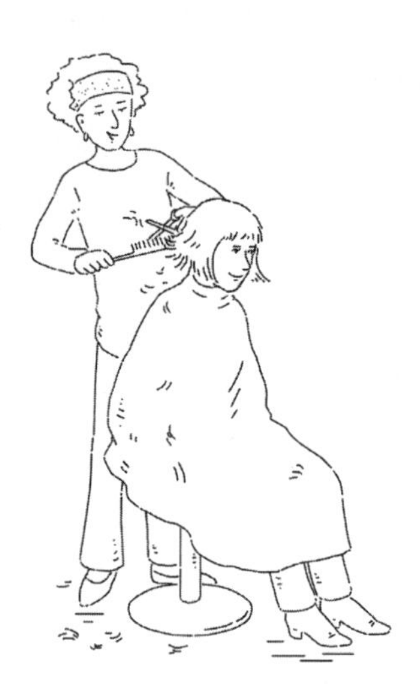

0. bürsten — die Bürste
1. kämmen — ______
2. ______ — die Frisur
3. föhnen — ______
4. ______ — der Schnitt
5. tönen — ______
6. ______ — die Farbe
7. ______ — die Rasur

14 Rund ums Schminken

a. Das Auge im Detail. Ergänzen Sie.

Augenbraue
Wimpern *(Pl.)*
Augenlid
Pupille
~~Augenwinkel~~
Lidfalte

1. ______
2. ______
3. ______
0. Augenwinkel
4. ______
5. ______

b. Rätsel: Finden Sie die Schminkutensilien und ergänzen Sie den bestimmten Artikel.

JAL • LACK • SCHE • ~~LID~~ • DER • ~~TEN~~ • AU • BRAU • STIFT • DECK • NA • ~~SCHAT~~ • GEL • WIM • MA • KA • STIFT • PERN • TU • GEN • PU • ROU • GE • KE- • STIFT • UP • PEN • AB • LIP • EN • STIFT

1. für die Augen: der Lidschatten, ______
2. für die Haut: ______
3. für die Lippen: ______
4. für die Fingernägel: ______

c. Ein Tages-Make-up

Finden Sie Wortgrenzen und schreiben Sie die Sätze.

Die Haut:

0. Tragen Sie zunächst eine Gesichtscreme auf.
   tragensiezunächsteinegesichtscremeauf

1. ____________________
   verteilensiedannmiteinemschwammflüssigesmake-upaufdemgesicht

2. ____________________
   verteilensiedanachpuderüberdasganzegesicht

Die Augen:

3. ____________________
   tragensiehellenlidschattenaufdasaugenlidauf

4. ____________________
   betonensiedanndielidfaltemiteinemdunkelbraunenlidschatten

5. ____________________
   zeichnensiedieaugenbrauenmiteinemdunklenaugenbrauenstiftnach

6. ____________________
   tragensiemehrmalsschwarzewimperntuscheauf

Die Wangen:

7. ____________________
   betonensiediewangenmitrouge

Die Lippen:

8. ____________________
   tragensieeinenpassendenlippenstiftauf

Kontaktlinsen
verkleinern
größer
Kurzsichtige
dezent
~~Brille~~
verstärkt
Form
kleiner
helle
Brillengestells
Entzündung
dunkle

dezent = *hier: nicht unangenehm auffallend*

d. Ergänzen Sie.

Schminktipps für Brillenträger

Wenn Sie eine (0) Brille tragen, sollten Sie beim Schminken der Augen einige Dinge beachten. Brillen für Weitsichtige machen das Auge größer, d. h., Sie sollten eher (1) __________ Farben anwenden, die das Auge optisch (2) __________. Benutzen Sie daher dunklen, matten Lidschatten. Tragen Sie nur (3) __________ Kajalstrich und Wimperntusche auf. Zu grelle Farben würden dazu führen, dass sich die vergrößernde Wirkung noch (4) __________. Brillen für (5) __________ machen die Augen optisch (6) __________. Sollten Sie eine solche Brille tragen, können alle Schmink-Techniken angewandt werden, die das Auge optisch (7) __________ erscheinen lassen. Besonders geeignet sind (8) __________, schimmernde Lidschatten.

Wichtig: Rouge sollte nur mit aufgesetzter Brille aufgetragen werden. Beim Schminken der Augen sind die Farbe und (9) __________ der Brillengläser und des (10) __________ zu beachten. Auch wenn Sie (11) __________ tragen, können Sie Ihre Augen schminken. Man sollte besonders vorsichtig sein, dass dabei keine Schminke unter die Kontaktlinse kommt, weil es sonst zu einer Reizung oder (12) __________ des Auges kommen kann.

Körper und Bewegung

15

Körperbewegung und Kommunikation
Bestimmte Bewegungen von Körper und Gesicht (Gestik und Mimik) drücken Reaktionen, Haltungen oder Emotionen, positive bzw. negative, aus und spielen bei der Kommunikation eine wichtige Rolle. Für diese Körperbewegungen gibt es Wortkombinationen (Kollokationen) aus Nomen und Verben, die sehr oft oder immer miteinander gebraucht werden. So hat z. B. die Wendung „eine Grimasse schneiden" die Bedeutung, dass man jemand durch übertriebene Gesichtsmimik zum Lachen bringen oder verärgern möchte.

Ordnen Sie zu.

runzeln • fletschen • zwinkern • ballen • verziehen • ~~schütteln~~ • rümpfen • zucken

Man kann ...

0. den Kopf schütteln, [a]
1. die Fäuste ____________, [ ]
2. keine Miene ____________, [ ]
3. die Zähne ____________, [ ]
4. die Nase ____________, [ ]
5. die Stirn ____________, [ ]
6. mit den Schultern ____________, [ ]
7. mit den Augen ____________, [ ]

- ~~a.~~ wenn man etwas verneinen möchte.
- b. wenn man einem Verbündeten ein Zeichen geben möchte.
- c. wenn man zeigen möchte, dass man etwas nicht weiß.
- d. wenn man etwas aus moralischen Gründen nicht gut findet.
- e. wenn man Aggression ausdrücken möchte.
- f. wenn man mit etwas nicht einverstanden ist.
- g. wenn man sich keine Gefühle anmerken lassen möchte.
- h. wenn man über etwas sehr verärgert ist.

Noch mehr Kollokationen
Hier finden Sie weitere Beispiele für Kollokationen aus Körperteilen und bestimmten Verben und die dazugehörige Bedeutung:
den Kopf hängen lassen – *mutlos sein*
mit dem Kopf nicken – *mit etwas einverstanden sein*
Augen und Ohren offen halten *(ugs.)* – *etwas aufmerksam verfolgen*
die Augenbrauen hochziehen – *Erstaunen/Missbilligung ausdrücken*
die Ohren spitzen – *aufmerksam zuhören/lauschen*
mit den Augen rollen – *zeigen, dass man von etwas genervt ist*
die Nase hoch tragen – *arrogant und eingebildet sein*
jemandem die Stirn bieten – *kein Angst vor jemandem haben; Widerstand leisten*
die Ohren steifhalten *(ugs.)* – *sich nicht unterkriegen lassen*
sich die Haare raufen – *vor Verzweiflung nicht wissen, was man tun soll; ratlos sein*

16 Mit *Herz* oder *Haar*?

Ergänzen Sie Wortzusammensetzungen mit *Herz* oder *Haar*. Achten Sie auf Groß- und Kleinschreibung und die korrekte Form.

-zerreißend
-sträubend
-haft
-scharf
-los
-ergreifend
-genau
~~-schnitt~~
-infarkt
-spalterei

0. Bei meinem Friseur kostet ein neuer Haarschnitt 32 Euro, das ist nicht sehr teuer.
1. Du willst mir doch nicht sagen, dass diese Geschichte wirklich wahr ist! Ich habe noch nie einen solch ____________ Unsinn gehört!
2. Der Patient ist auf der Intensivstation. Er hat heute Nacht einen ____________ erlitten.
3. Ich mag das Essen in der neuen Pizzeria. Es schmeckt ____________, weil der Koch viele italienische Kräuter benutzt.
4. Ich kann dir jetzt alle Einzelheiten über die Trennung von Petra und Jürgen sagen. Petra hat mir gestern Abend alles ____________ erzählt.
5. Ich habe Glück, dass ich nicht überfahren wurde. Gestern ist ein Auto ____________ an mir vorbeigerast.
6. Frau Munzig zeigt überhaupt keine Gefühle. Sie verhält sich allen Schülern gegenüber kalt und ____________.
7. Beim Anblick der toten Katze musste Lena ____________ weinen.
8. Sich wegen einer solchen Lappalie zu streiten, ist doch ____________!
9. Die Liebesgeschichte war so ____________, dass alle Zuhörer zu Tränen gerührt waren.

e Lappalie = *e Belanglosigkeit; e Kleinigkeit*

GESUNDHEIT UND KRANKHEIT

1 Medikamente und Co.

Was ist das? Üben Sie.

die Spritze
das Pflaster
~~der Rollstuhl~~
die Salbe
das Rezept
die Versicherungskarte
der Verband
das Thermometer
die Tabletten *(Pl.)*
die Tropfen *(Pl.)*
die Zäpfchen *(Pl.)*

0. ● Ist das eine Spritze?
   ■ Nein, das ist keine Spritze. Das ist ein Rollstuhl.
1. ● ______________ Verband?
   ■ ______________________________
2. ● ______________ Tabletten?
   ■ ______________________________
3. ● ______________ Thermometer?
   ■ ______________________________
4. ● ______________ Tropfen?
   ■ ______________________________
5. ● ______________ Rezept?
   ■ ______________________________
6. ● ______________ Pflaster?
   ■ ______________________________
7. ● ______________ Versicherungskarte?
   ■ ______________________________
8. ● ______________ Salbe?
   ■ ______________________________
9. ● ______________ Zäpfchen?
   ■ ______________________________
10. ● ______________ Rollstuhl?
    ■ ______________________________

Beim Hausarzt

2 ________

a. **Ergänzen Sie. Achten Sie bei den Verben auf die korrekte Form.**

- Guten Tag, Frau Schneider, was (0) fehlt Ihnen? Sie sehen (*A:* schauen) (1) ________ aus.
- Guten Tag, Herr Doktor Steffens, mir (2) ________ es sehr ________. Mir (3) _____ mein Hals _____, außerdem habe ich (4) ________ und muss ständig (5) ________.
- Haben Sie auch (6) ________?
- Ja, heute Morgen hatte ich 38,5 Grad.
- Machen Sie mal den Mund auf. – Ich sehe schon, Sie haben eine (7) ________ und eine starke Mandelentzündung. Ich gebe Ihnen ein (8) ________ für ein Antibiotikum. Nehmen Sie jeden Tag eine (9) ________ vor dem Mittagessen.
- Können Sie mir auch ein (10) ________ gegen den schlimmen (11) ________ verschreiben? Ich kann nachts kaum schlafen.
- Ich möchte zuerst die (12) ________ abhören. – Es ist kein krankhaftes Geräusch zu hören, das ist gut. Ich schreibe Ihnen einen Hustensaft auf, der sehr gut (13) ________. Brauchen Sie auch eine (14) ________?
- Ja, ich muss das Attest morgen meinem Arbeitgeber schicken. Wie lange bin denn (15) ________?
- Eine Woche, Sie sollten sich schonen, viel schlafen und viel trinken. Dann wird es Ihnen bald besser gehen. Wenn die (16) ________ nach drei Tagen nicht besser werden, kommen Sie bitte noch mal zu mir in die (17) ________. Das Rezept bekommen Sie bei meiner Sprechstundenhilfe. Gute Besserung!

krankschreiben
Sprechstunde
Beschwerden (*Pl.*)
Rezept
wirken
wehtun
Krankmeldung (*CH:* Arztzeugnis)
~~fehlen~~
Lungen (*Pl.*)
Husten
Fieber
Tablette
blass
schlecht gehen
Medikament
Schnupfen
husten
Erkältung

e Beschwerden (*nur Pl.*) = *körperliche Leiden*

Schmerzmittel
Quartal
Wartezimmer
Apotheke
Praxisgebühr
Vertretung
Versicherungskarte
(A: Krankenschein)
Praxis
~~Termin~~
Überweisung
Quittung

s Quartal = *s Vierteljahr (drei Monate eines Jahres)*

b. Ergänzen Sie.

● Guten Morgen. Ich habe einen (0) Termin, um 11 Uhr.

■ Guten Morgen, Herr Walter, waren Sie in diesem (1) Q__________ schon bei uns?

● Nein, noch nicht.

■ Dann brauche ich Ihre (2) V__________ und 10 Euro für die (3) P__________. – Hier ist Ihre (4) Q__________.

● Danke.

■ Nehmen Sie bitte kurz im (5) W__________ Platz.

...

● Ich brauche eine (6) Ü__________ zum Orthopäden, bitte. Können Sie mir einen empfehlen?

■ Leider ist Doktor Haller in Urlaub. Seine (7) V__________ macht Dr. Klein, der hat seine (8) P__________ in der Bauerstr. 7. Dr. Klein ist auch sehr gut. Rufen Sie rechtzeitig an und lassen Sie sich einen Termin vormerken.

● Wo gibt es hier in der Nähe eine (9) A__________? Ich möchte das (10) S__________, das mir Dr. Schmidt verschrieben hat, gleich holen.

■ Gleich um die Ecke ist die Barbara-Apotheke.

● Vielen Dank.

3 Fachärzte

a. Ordnen Sie zu.

0. Facharzt für Herzkrankheiten [a]
1. Nervenarzt [ ]
2. Hautarzt [ ]
3. Facharzt für innere Medizin [ ]
4. Frauenarzt [ ]
5. Röntgenarzt [ ]

~~a.~~ der Kardiologe
b. der Gynäkologe
c. der Radiologe
d. der Dermatologe
e. der Internist
f. der Neurologe

Tipp
Fremdwörter mit der Endung **-loge** *und* **-ist** *haben immer den Artikel* **der**:
der Psycho**loge**, **der** Neuro**loge** (*weibliche Form:* die Psychologin)
der Poliz**ist**, **der** Intern**ist** (*weibliche Form:* die Internistin)

b. Welcher Facharzt ist zuständig?

Chirurg
Kardiologe
HNO-Arzt
Frauenarzt
Hautarzt
Radiologe
~~Internist~~
Kinderarzt
Orthopäde
Urologe

Frau Meier leidet seit einer Woche an Magenschmerzen und Durchfall, außerdem musste sie sich mehrfach übergeben. Dazu kommt leichtes Fieber. Es besteht der Verdacht auf einen Magen-Darm-Virus.

Facharzt: (0) Internist

Herr Milberg hat Schmerzen in der Brust, die auch auf den linken Arm ausstrahlen. Das könnten Anzeichen für einen drohenden Herzinfarkt sein. Außerdem leidet er unter zu hohem Blutdruck und ihm ist häufig schwindelig.

Facharzt: (1) ________________

Petra möchte ihre Brust und Gebärmutter untersuchen lassen, um eine Krebserkrankung möglichst früh zu erkennen (Krebsvorsorge). Außerdem möchte sie sich die Antibabypille verschreiben lassen.

Facharzt: (2) ________________

Jochen leidet im Sommer an einer starken Allergie gegen Pollen. Er möchte untersuchen lassen, wogegen er allergisch ist und will eine Therapie gegen die Allergie machen.

Facharzt: (3) ________________

Die zehnjährige Julia hat einen juckenden Hautausschlag und Fieber. Es besteht der Verdacht auf eine Kinderkrankheit (Masern, Röteln).

Facharzt: (4) ________________

Herr Rihm hat seit Wochen starke Schmerzen in den Knien. Er kann kaum noch die Treppe hochlaufen und nachts nur mit starken Medikamenten schlafen.

Facharzt: (5) ________________

Herr Mattern muss seit einiger Zeit nachts aufstehen und zur Toilette gehen. Er hat ständig Harndrang und Beschwerden beim Wasserlassen.

Facharzt: (6) ________________

Peter hatte einen Unfall mit dem Fahrrad und hat sich am Bein verletzt. Peter wird ins Krankenhaus (*A/CH:* Spital) eingeliefert. Anhand einer Röntgenaufnahme soll festgestellt werden, ob das Bein nur verstaucht oder gebrochen ist.

Facharzt: (7) ________________

Anhand der Röntgenaufnahme wird festgestellt, dass ein Bruch vorliegt und Peter operiert werden muss.

Facharzt: (8) ________________

Manuela hört auf einem Ohr schlechter. Außerdem hat sie manchmal ein Geräusch in den Ohren.

Facharzt: (9) ________________

Hausarzt und Facharzt

Hausärzte sind Ärzte, die meistens in einer eigenen Praxis arbeiten. In Deutschland sind ca. 37 Prozent der Ärzte Hausärzte. Der Hausarzt ist für den Patienten bei Gesundheitsproblemen die erste Stelle, an die er sich wenden kann bzw. muss, weil die Krankenkassen das so vorschreiben. Weil bei dem Verhältnis zwischen Hausarzt und Patient das Vertrauen eine große Rolle spielt, nennt man ihn auch Familienarzt. Ideal ist es, wenn der Arzt die Lebens- und Krankengeschichte des Patienten schon länger kennt. Aufgrund dieser Kenntnisse findet der Hausarzt bei medizinischen Problemen manchmal einen besseren Zugang zu den Patienten als ein Facharzt.

Wenn spezielle oder schwerere Gesundheitsprobleme auftauchen, stellt der Hausarzt eine Überweisung zu einem Facharzt (Spezialisten) oder eine Einweisung in ein Krankenhaus aus. Fachärzte gibt es für unterschiedliche Gebiete. Für manche Spezialisten verwenden wir fast ausschließlich die deutschen Bezeichnungen, z. B. HNO-Arzt (Facharzt für Hals-, Nasen-, Ohrenkrankheiten), Augenarzt, Zahnarzt, Kinderarzt. Für andere Fachärzte benutzt man fast nur die lateinischen Namen, z. B. bei Orthopäden, Psychologen, Chirurgen oder Urologen. Bei einigen Spezialisten sind sowohl deutsche als auch lateinische Bezeichnungen gebräuchlich.

4 Beim Zahnarzt

Finden Sie Wortgrenzen und schreiben Sie die Sätze.

0. Letzte Woche war Peter beim Zahnarzt.
   letztewochewarpeterbeimzahnarzt
1. ______
   erhatteeinlochimzahnundstarkezahnschmerzen
2. ______
   derzahnarztstelltekariesfest
3. ______
   peterfragte:„kannichbitteeinebetäubungbekommen"
4. ______
   derzahnarztgabpetereineinjektionundbohrtedenzahnauf
5. ______
   dannbekamderzahneinekunststofffüllung
6. ______
   derzahnarztsagte:„dumusstdeinezähnebesserpflegen"
7. ______
   „deinzahnfleischistentzündetundduhastzahnbelag"
8. ______
   „dubekommsteinenterminfüreineprofessionellezahnreinigung"
9. ______
   „außerdemsolltestdudeinezähnemitzahnseidereinigen"
10. ______
   petersagte:„ichwerdemiraucheineelektrischezahnbürstekaufen"

Wortfeld Medizin

5  ______

Wie heißt das Nomen und welchen Artikel hat es?

0. impfen – *die Impfung*
1. anstecken – ______
2. untersuchen – ______
3. bluten – ______
4. behandeln – ______
5. heilen – ______
6. sich entzünden – ______
7. wirken – ______
8. retten – ______
9. verletzen – ______
10. sich verbrennen – ______
11. versichern – ______
12. sich erkälten – ______
13. verstauchen – ______
14. bekämpfen – ______
15. überweisen – ______
16. prellen – ______

Tipp
Wörter mit der Endung **-ung** *haben immer den Artikel* **die**:
die Vertretung, die Abteilung

sich erkälten = *A: sich verkühlen*

Hals- und Beinbruch!
Wenn man jemandem *Hals- und Beinbruch!* wünscht, dann wünscht man ihm viel Glück bei einer schwierigen oder gefährlichen Aufgabe. Es gibt zwei unterschiedliche Erklärungen, woher diese Redewendung stammen könnte. Es könnte eine Veränderung des ursprünglich aus dem Jiddischen stammenden Ausspruchs *hazlóche un bróche* (= Glück und Segen) sein, der aus Unverständnis verändert wurde. Die Wunschformel könnte aber auch auf die Vorstellung zurückgehen, dass man das Schicksal überlisten kann: Man wünscht etwa Schlechtes und hofft, dass das Gegenteil davon passiert.

6 Im Krankenhaus

a. Ergänzen Sie. Achten Sie bei Verben auf die korrekte Form.

Gripppe
Wunde
Aids
Verbandszeug
Klinik
Unfallstation
Infektion
Bericht
erbrechen
nähen
Besuchszeit
Operation
~~Krankenkasse (A: Krankenkassa)~~
verbinden
die Temperatur messen
verletzt sein

s Symptom = *s Anzeichen*

0. ● Bei welcher Krankenkasse sind Sie versichert?
   ■ Ich bin bei der DAK.
1. Die Symptome, die Frau Gabriel zeigt, machen mir Sorgen. Es könnte sich um A_______ handeln.
2. Der Junge i_____ v__________. Wo ist hier die U__________________?
3. Der Patient hat eine schwere G__________, er muss eine Infusion bekommen.
4. ● Sie werden heute aus der K__________ entlassen, Herr Müller.
   ■ Bekomme ich noch einen B__________ für meinen Hausarzt?
5. Würden Sie bitte das Krankenzimmer verlassen? Die B______________ endet um 19.00 Uhr.
6. Die O______________ von Herrn Meier ist für morgen um 9 Uhr geplant.
7. ● Was fehlt Ihnen denn?
   ■ Mir ist schlecht und ich musste mehrere Male e______________.
8. ● Ich habe starkes Halsweh.
   ■ Sie haben eine I______________ der Mandeln.
9. ● Die W__________ am Arm ist sehr großflächig.
   ■ Ja, wir sollten sie v______________.
10. ● Ich habe mich in die Hand geschnitten.
    ■ Der Schnitt ist tief und muss g__________ werden.
11. ● Schwester, holen Sie bitte das V__________________, wir brauchen Pflaster und Spray zum Desinfizieren.
    ■ Ja, sofort, Dr. Schlecker.
12. Bei dem Patienten in Zimmer 8 muss noch d_____ T______________ g______________ werden.

Aids = (Abk. für Acquired Immune Deficiency Syndrome) ist eine übertragbare, oft tödlich verlaufende Erkrankung des Immunsystems, die die Abwehrkräfte schwächt. Schützen kann man sich dagegen, indem man z. B. beim Geschlechtsverkehr Kondome benutzt.

b. Finden Sie die Begriffe und ergänzen Sie den bestimmten Artikel.

r Krankenpfleger = *Mann, der beruflich kranke Menschen pflegt*

0. Bestimmung einer Krankheit:
   (iagseDno) die Diagnose
1. Abteilung eines Krankenhauses (*A/CH:* Spitals):
   (aStniot) ________________
2. das Gegenteil von stationär:
   (butanlam) ____________
3. Arzt, der mit dem Krankenwagen zu einem Unfall kommt:
   (tarNozt) ________________
4. Frau, die beruflich kranke Menschen pflegt:
   (kenKranterschwes) ______________________________
5. der regelmäßige Besuch eines Arztes bei den Patienten in einer Klinik:
   (siVite) ______________
6. ein schlafähnlicher Zustand, in den der Patient vor einer Operation gebracht wird:
   (koNaser) ________________
7. die langsame Einführung einer Flüssigkeit in eine Vene mithilfe eines Schlauches:
   (fuInonis) ________________

Noch mehr Medizinisches

7

Was passt? Achten Sie bei Verben auf die korrekte Form.

0. Herr Schmidt kann nicht mehr selbst atmen. Er wird künstlich beatmet.
1. Er ist nicht mehr bewusstlos. Er ist wieder __________________________.
2. Er liegt nicht mehr im Koma. Er ist __________________________________.
3. Herr Leiner ist nicht gestorben. Er hat ____________.
4. Die Pilze waren nicht genießbar. Sie waren _________.
5. Ihr Zustand hat sich nicht verbessert. Er hat sich ____________________.
6. Sina ist nicht bei Bewusstsein. Sie ist _____________________________.
7. Peter ist nicht mehr in der Klinik. Er ________________________.
8. Lisa hat keine roten Wangen. Sie ist _________.
9. Thomas hat nicht gegessen. Er ist ____________.
10. Den Tumor kann man nicht operieren. Er ist ______________.

~~künstlich~~
zu sich kommen
inoperabel
aus dem Koma aufwachen
überleben
giftig
verschlechtern
nüchtern
in Ohnmacht fallen
entlassen werden
bleich

8 Wortfamilie *krank*

Ergänzen Sie. Achten Sie auf die korrekte Form.

kränkeln
krankhaft
kränklich
gekränkt sein
erkrankt sein
krankfeiern
sich kranklachen
sich krankärgern
~~liebeskrank~~
kranken

0. Timo kann nicht mehr essen und schlafen, seit er Simone kennt. Er ist liebeskrank.
1. Der Grund für die Trennung von Paul und Maria war seine ______________ Eifersucht.
2. Herr Müller kommt sechs Wochen nicht zur Arbeit. Er ist ernsthaft ______________.
3. Der Film gestern war total lustig, ich habe ______ ______________.
4. Richards Eltern sind besorgt, weil er nicht richtig gesund wird. Er ______________ ständig.
5. Über diese unverschämte Bemerkung meines Chefs habe ich ______ ______________.
6. Weil Sara so ein ______________ Kind ist, darf sie nicht oft zum Schwimmen.
7. Gerd ______ sehr ______________ darüber, dass er nicht zum Geburtstag seines Freundes eingeladen wurde.
8. Das Projekt ______________ daran, dass niemand sich verantwortlich fühlt.
9. Manuel ist schon wieder nicht zur Arbeit gekommen. Wenn er weiter ______________, dann wird er irgendwann entlassen.

Schmerz interkulturell

In verschiedenen Kulturen werden seelische Schmerzen und Sorgen mit bestimmten Organen in Verbindung gebracht, wobei sich die Organe von Kultur zu Kultur unterscheiden. Dies lässt sich gut an Redewendungen in den verschiedenen Sprachen belegen. Im Deutschen spricht man z. B. bei schlimmen Ereignissen davon, dass *einem etwas an die Nieren geht*, d. h. seelisch sehr mitnimmt. Diese Redewendung geht darauf zurück, dass die Nieren früher als Sitz des Lebens empfunden wurden. Auch das Herz spielt bei Leid und Schmerz in der deutschen Sprache eine große Rolle (*es zerreißt mir das Herz*). Im Türkischen übernimmt dagegen die Leber die Funktion, dieses Organ ist zuständig für Schmerz oder Mitleid mit anderen. Wenn einem Türken z. B. *die Leber brennt*, dann leidet er unter großen, vor allem seelischen Schmerzen oder wenn *seine Leber zerstückelt* wird, dann trauert er sehr. Gerade beim Arzt oder im Krankenhaus kann dies zu interkulturellen Missverständnissen führen, wenn Ärzte Redewendungen aus anderen Sprachen im wörtlichen Sinne verstehen.

Rund um den Schmerz

9

a. Ergänzen Sie. Achten Sie auf die korrekte Form.

schmerzhaft
~~schmerzlich~~
schmerzlos
schmerzen
schmerzstillend
Schmerzensgeld
schmerzempfindlich
schmerzverzerrt

0. Die Trennung von seiner Frau war für Günther eine sehr schmerzliche Erfahrung.
1. Der Patient lag mit ______________________ Gesicht in seinem Bett.
2. Die Trennung von Patrick verlief kurz und ______________.
3. Der Zahnarzt muss Daniel eine Narkose geben, weil er so ______________________ ist.
4. Der Tod unseres Hundes ____________ mich sehr.
5. Die ______________ Wunde ließ Nora nicht einschlafen.
6. Für die Nacht bekommen Sie ein ______________________ Medikament.
7. Nach dem Unfall bekam Herr Möller von der Versicherung ______________________.

kurz und schmerzlos = *rasch, ohne Umstände*

b. Welches Symbol passt?

0. 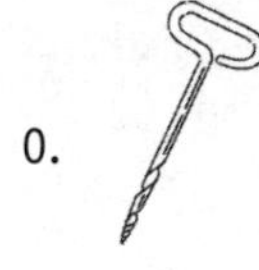

1. 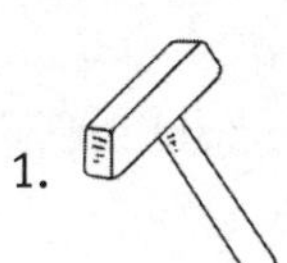

2. 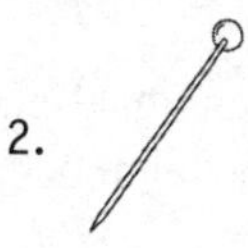

3. 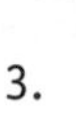 

4. 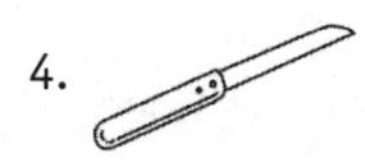

5. 

~~a.~~ bohrender Schmerz
b. stechender Schmerz
c. klopfender Schmerz
d. brennender Schmerz
e. schneidender Schmerz
f. pulsierender Schmerz

10 Die Packungsbeilage

Zu Risiken und Nebenwirkungen lesen Sie die Packungsbeilage und fragen Sie Ihren Arzt oder Apotheker, so heißt es immer dann im Fernsehen, wenn für ein Medikament Werbung gemacht wird. Die Packungsbeilage wird auch *Beipackzettel*, *Gebrauchsinformation*, *Patienteninformation* oder umgangssprachlich *Waschzettel* genannt und muss bei allen Arzneimitteln mit beigelegt sein. Das ist innerhalb der Europäischen Union gesetzlich vorgeschrieben. Der Zweck der Packungsbeilage ist es, den Verbraucher darüber zu informieren, gegen welche Beschwerden das Arzneimittel hilft und wie es korrekt einzunehmen ist. Die Packungsbeilage sollte allgemein verständlich und gut lesbar geschrieben sein – dies ist leider nicht immer der Fall: Zwar lesen 72 % der Patienten diese Informationen, aber nur die Hälfte davon versteht, was dort angegeben ist.

a. **Ergänzen Sie.**

Anwendungsdauer
Nebenwirkungen *(Pl.)*
Anwendungsart
Wechselwirkungen *(Pl.)*
Dosierung
Darreichungsform
~~Anwendungsgebiete~~ *(Pl.)*
Gegenanzeigen *(Pl.)*
Verfallsdatum

0. Anwendungsgebiete: Angabe, gegen welche Krankheiten oder Beschwerden das Arzneimittel hilft

1. ______________________: bezeichnet die Art, in der das Medikament zubereitet ist, z. B. flüssig (Saft), fest (Tablette, Kapsel) oder halbfest (Zäpfchen).

2. ______________________: Bei gleichzeitiger Einnahme von mehreren Medikamenten kann die Wirkung des einzelnen Medikaments stärker oder schwächer werden oder es wirkt überhaupt nicht mehr; das Gleiche gilt beim gleichzeitigen Einnehmen von manchen Arzneimitteln mit Alkohol.

3. ______________________: Neben der Hauptwirkung eines Arzneimittels kann es zu körperlichen Reaktionen kommen, die nicht beabsichtigt und für den Patienten unangenehm oder schädlich sind.

4. ______________________: Eine Situation, die gegen die Einnahme eines Medikaments spricht, da der erwartete Schaden höher als der Nutzen eingeschätzt wird (z. B. dürfen während einer Schwangerschaft bestimmte Arzneimittel nicht eingenommen werden, da sie das ungeborene Kind schädigen können).

5. ______________________: wie und unter welchen Bedingungen ein Arzneimittel eingenommen werden sollte.

6. ________________: Die Menge eines Medikaments, die der Patient im Rahmen einer Therapie einnehmen soll.

7. ______________________: Das vom Hersteller angegebene Datum, bis wann das Arzneimittel aufzubrauchen ist.

8. ______________________: wie lange ein Arzneimittel eingenommen werden sollte.

b. Ergänzen Sie die Begriffe aus *a*.

Gebrauchsinformation: Information für den Anwender
Xilaforcum® 125 mg
Granulat zur Herstellung einer Suspension zum Einnehmen
Wirkstoff: Eleramixin

Lesen Sie die gesamte Packungsbeilage sorgfältig durch, bevor Sie mit dem Einnehmen dieses Arzneimittels beginnen.
- Heben Sie die Packungsbeilage auf. Vielleicht möchten Sie diese später nochmals lesen.
- Wenn Sie weitere Fragen haben, wenden Sie sich bitte an Ihren Arzt oder Apotheker.
- Wenn eine der aufgeführten Nebenwirkungen Sie erheblich beeinträchtigt oder Sie Nebenwirkungen bemerken, die nicht in dieser Gebrauchsinformation angegeben sind, informieren Sie bitte ihren Arzt oder Apotheker.

1. ______________________

Xilaforcum® 125 mg ist ein Antibiotikum. Es wird angewendet bei Infektionen, die durch Xilaforcum-empfindliche Erreger verursacht sind:

- Infektionen der oberen Atemwege einschließlich Hals- und Ohreninfektionen
- Infektionen der unteren Atemwege: Bronchitis, Lungenentzündung
- Infektionen der Nieren

2. ______________________

Xilaforcum® 125 mg gibt es als Granulat zur Herstellung einer Suspension oder als Kapsel mit 125 mg Wirkstoffgehalt.

3. ______________________

Xilaforcum® 125 mg darf nicht eingenommen werden, wenn Sie überempfindlich (allergisch) gegen den Wirkstoff Eleramixin oder gegen andere Bestandteile von Xilaforcum sind.

Von Kindern unter 3 Monaten, da bisher keine ausreichenden Erfahrungen vorliegen.

Schwangerschaft und Stillzeit
Der Wirkstoff geht in die Muttermilch über. Während der Stillzeit sollten Sie Xilaforcum® 125 mg nur nach strenger Nutzen-Risiko-Abschätzung durch den behandelnden Arzt einnehmen. Der gestillte Säugling sollte auf Symptome wie Bauchschmerzen, Durchfall oder Erbrechen hin beobachtet werden.

s Granulat = *chemische Substanz in Form von Körnern, z. B. bei Waschmitteln*

e Suspension = *Begriff aus der Chemie. Bezeichnet die Aufschwemmung sehr fein verteilter fester Stoffe in einer Flüssigkeit*

4. ______________________ mit anderen Arzneimitteln

Bitte informieren Sie Ihren Arzt, wenn Sie andere Arzneimittel einnehmen, auch wenn es sich nicht um verschreibungspflichtige Arzneimittel handelt.

Kontrazeptiva (Pille)

Die Sicherheit der Empfängnisverhütung durch orale Kontrazeptiva (Pille) bei gleichzeitiger Anwendung von Xilaforcum® 125 mg ist in Frage gestellt. Daher sollten Sie während der Behandlung mit Xilaforcum andere Methoden der Empfängnisverhütung zusätzlich anwenden.

5. ____________

Nehmen Sie Xilaforcum® 125 mg immer genau nach der Anweisung des Arztes ein. Falls vom Arzt nicht anders verordnet, ist die übliche Dosis:

- bei Kindern bis 5 Jahre täglich 20 mg Xilaforcum® 125 mg pro Kilogramm Körpergewicht, aufgeteilt in 2 Tagesgaben
- Erwachsene und Kinder über 12 Jahre: 2 Messlöffel Suspension (entspricht 250 mg Xilaforcum® 125 mg)

6. __________________

Xilaforcum® 125 mg soll im Abstand von 12 Stunden eingenommen werden. Die Einnahme sollte kurz nach einer Mahlzeit erfolgen, da der Wirkstoff dann am besten vom Körper aufgenommen werden kann.

7. _____________________

Die Dauer der Behandlung (normalerweise 7 bis 10 Tage) richtet sich nach der Schwere und dem Verlauf der Erkrankung. Die Behandlung sollte mindestens noch 2 Tage weitergeführt werden, nachdem die Symptome abgeklungen sind.

8. ___________________

Wie alle Arzneimittel kann Xilaforcum® 125 mg Nebenwirkungen haben, die aber nicht bei jedem auftreten müssen.

Erkrankungen des Nervensystems

Kopfschmerzen, Schwindel

Erkrankungen des Magen-Darm-Traktes

Übelkeit, Erbrechen, Bauchschmerzen, Durchfall

9. __________________

Das Datum der Haltbarkeit ist auf dem Etikett des Arzneimittels angegeben. Nach diesem Verfallsdatum darf das Arzneimittel nicht mehr angewendet werden.

Xilaforcum® 125 mg ist nach Zubereitung 10 Tage haltbar, wenn es im Kühlschrank aufbewahrt wird. Danach dürfen die Reste der Suspension nicht mehr verwendet werden.

Alkohol und Drogen

11

Drogen

In der Alltagssprache sind Drogen Stoffe, die zu einem Rauschzustand und zu einer Abhängigkeit (Sucht) führen können. Zu den Drogen zählt man Nikotin (in Tabakwaren) und Alkohol, Designerdrogen wie Ecstasy und andere Stoffe wie z. B. Haschisch/Marihuana, Heroin, LSD, Kokain und Crack. Auch durch die regelmäßige Einnahme mancher Medikamente kann man abhängig werden.

Häufig werden Drogen in harte Drogen (z. B. Kokain) und weiche Drogen (z. B. Haschisch) eingeteilt. Diese Einteilung ist schwierig: Von manchen harten Drogen wird man nicht unbedingt stark körperlich abhängig, während sogenannte weiche Drogen manche Konsumenten auch süchtig machen können, wenn sie eine entsprechende persönliche Veranlagung haben.

a. **Wie heißen die Begriffe?**

0. jemand, der vom Alkohol abhängig ist: Alkoholiker
1. ein anderes Wort für Alkoholiker: __________
2. das Gegenteil von betrunken/ alkoholisiert: __________
3. ein anderes Wort für Droge: __________
4. ein anderes Wort für Süchtige: __________
5. ein anderes Wort für nikotinabhängig: __________
6. jemand, der mit Drogen handelt: __________
7. ein Aufenthalt in einer Klinik, um Drogensucht zu bekämpfen: __________
8. ein Drogenersatz, der von Ärzten verschrieben wird: __________
9. eine Anlaufstelle für Süchtige, Suchtgefährdete: __________

~~Alkoholiker~~
Trinker
Methadon
Suchtmittel
nikotinsüchtig
Drogendealer
nüchtern
Drogenberatungsstelle
Entziehungskur
Drogenabhängige

b. Ordnen Sie zu.

umgangssprachlich:

0. zu tief ins Glas schauen [a]
1. eine Schnapsleiche [ ]
2. ein Promillesünder [ ]
3. ein Schluckspecht [ ]
4. blau sein [ ]
5. einen Kater haben [ ]
6. vorglühen [ ]
7. jemanden abfüllen [ ]
8. sich einen genehmigen [ ]
9. einen sitzen haben [ ]
10. einen heben [ ]
11. einen Brummschädel haben [ ]

~~a.~~ zu viel Alkohol trinken
b. betrunken sein
c. Alkohol trinken
d. Alkohol trinken
e. betrunken sein
f. ein Betrunkener, der schläft
g. jemand, der oft viel Alkohol trinkt
h. schon vor dem Besuch einer Party/Disko Alkoholisches trinken
i. Übelkeit und Kopfschmerzen nach zu viel Alkoholkonsum
j. jemanden betrunken machen
k. jemand, der Auto fährt, obwohl er Alkohol getrunken hat
l. Kopfschmerzen nach zu viel Alkoholkonsum haben

c. Bilden Sie Sätze. Achten Sie auf die korrekte Form.

beschwipst sein *(ugs.)*
~~sternhagelvoll sein~~ *(ugs.)*
sturzbetrunken sein *(ugs.)*
angesäuselt sein *(ugs.)*
voll sein wie eine Granate *(vulg.)*
stockbesoffen sein *(vulg.)*
angeheitert sein *(ugs.)*
hackedicht sein *(vulg.)*
benebelt sein *(ugs.)*
angeduselt sein *(ugs.)*
schwer getankt haben *(ugs.)*

Paul hat in einer Bar sehr viel Bier und Schnaps konsumiert und ist völlig betrunken. Wie kann man umgangssprachlich noch sagen:

0. Paul ist sternhagelvoll.
1. Paul ____________________
2. Paul ____________________
3. Paul ____________________
4. Paul ____________________
5. Paul ____________________

Lena hat zwei kleine Gläser Sekt getrunken und ist leicht angetrunken. In der Umgangssprache kann man es auch so ausdrücken:

6. Lena ____________________
7. Lena ____________________
8. Lena ____________________
9. Lena ____________________
10. Lena ____________________

Rauchen

12

Welche Wörter sind hier versteckt?

	A	B	C	D	E	F	G	H	I	J	K	L
1	S	Y	I	Z	I	G	A	R	E	T	T	E
2	C	U	S	A	Y	L	S	N	O	A	W	F
3	H	I	T	N	I	M	C	M	R	B	H	E
4	A	T	R	Z	T	T	H	R	S	A	R	U
5	C	O	E	U	R	R	E	G	H	K	W	E
6	H	Q	I	E	C	X	N	F	I	M	F	R
7	T	F	C	N	Q	Z	B	D	K	U	Q	Z
8	E	B	H	D	G	E	E	C	H	E	E	E
9	L	P	H	E	E	J	C	Q	V	N	Y	U
10	T	K	O	N	X	G	H	B	U	Z	T	G
11	A	P	L	U	R	H	E	I	C	E	J	A
12	N	I	Z	I	G	A	R	R	E	V	N	D

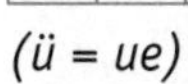
(ü = ue)

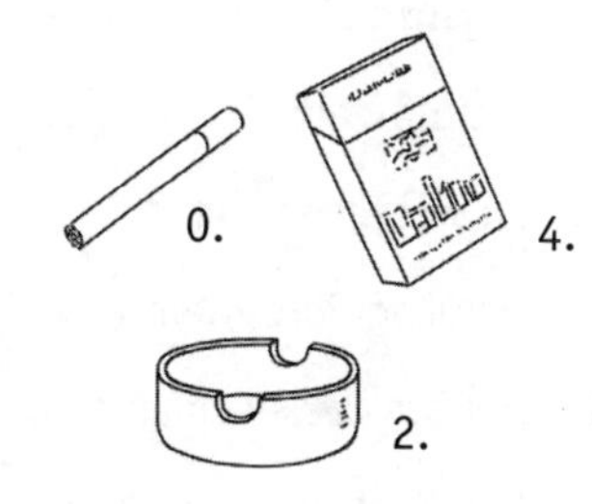

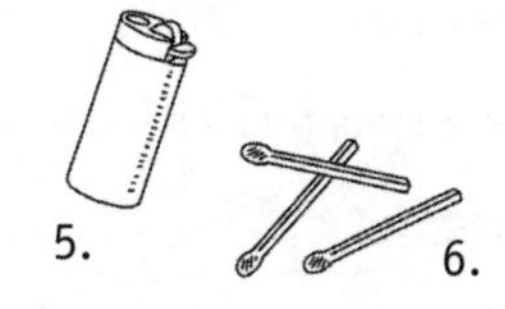

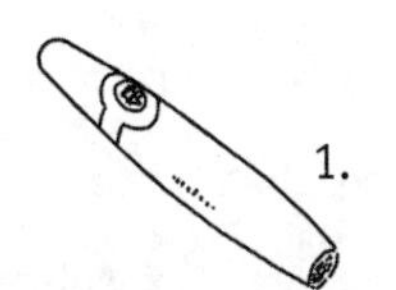

0. kleine Rolle Tabak, die in Papier eingewickelt ist und die man raucht: Zigarette
1. Rolle aus braunen Tabakblättern, die man raucht: ____________
2. Gefäß für die Reste von Zigaretten: ____________
3. Pflanze, die Nikotin enthält: ____________
4. anderes Wort für Packung: ____________
5. Gerät, das Benzin/Gas enthält, mit dem man Zigaretten anzündet: ____________
6. anderes Ding, mit dem man Zigaretten anzündet (*A/CH:* Zündholz): ____________
7. das Gegenteil von eine Zigarette „ausmachen“: ____________

13 Gesunde Lebensweise

a. Ergänzen Sie. Achten Sie auf die korrekte Form.

abnehmen
gesund
ungesund
fit
gefährden
schädlich
fettarm
~~Fastfood~~
vegetarisch
Diät
Kräutertee

0. Viele Kinder sind zu dick, weil sie ständig nur Fastfood essen.
1. Zu viel Zucker ist s__________ für die Zähne und schlecht für die Figur.
2. Ich mag Putenfleisch, weil es f__________ ist.
3. Auf Zigarettenschachteln steht: Rauchen g__________ Ihre Gesundheit.
4. Viel Bewegung an der frischen Luft ist sehr g__________.
5. Ich mag kein Fleisch – ich bevorzuge v__________ Essen.
6. Viele Frauen machen im Frühling eine D______, damit sie am Strand im Bikini gut aussehen.
7. Fettreiches Essen ist auf Dauer u__________ und macht dick.
8. Seit meine Nachbarin regelmäßig Sport treibt, ist sie schlank und f____.
9. Bei einer Diät sollte man viel Wasser oder K__________ trinken.
10. A__________ wollen viele Menschen, aber nur wenige schaffen es, dauerhaft ihr Gewicht zu reduzieren.

b. Was passt zusammen? Ergänzen Sie den bestimmten Artikel.

~~Sauna~~
Hallenbad
Fitnessstudio
Yoga
Park
Berge

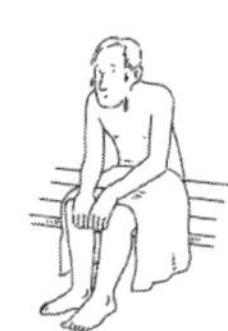

0. schwitzen: die Sauna

1. trainieren: __________

2. schwimmen: __________

3. joggen: __________

4. sich entspannen: __________

5. wandern: __________

F

WAHRNEHMUNG UND AKTIVITÄTEN

1 Sehen

~~sehen~~
schauen
hinschauen/hinsehen
zuschauen
anschauen/ansehen
wegschauen
schlecht
blind

a. Ergänzen Sie. Achten Sie auf die korrekte Form.

0. Es ist so dunkel, man kann die Hand nicht vor den Augen sehen.
1. Die alte Dame sieht nur noch wenig, sie ist fast ________.
2. Erst links und dann rechts ____________, dann wieder links, und wenn kein Auto kommt, dann die Straße überqueren.
3. Ich habe ____________________, als die Wunde meines Sohnes genäht wurde.
4. Wollen wir das Fußballspiel heute Abend im Biergarten ________________ ____________?
5. Ich __________ bei dem Turnier in der Allianz-Arena ___, mein Sohn ist Torwart.
6. Ich kann nicht __________________ /______________, wenn mir Blut abgenommen wird.
7. Das kann ich ohne Brille ______________ lesen.

~~merken~~
beobachten
erkennen
bemerken
gaffen
aufpassen
wahrnehmen
betrachten

gaffen *(abwertend)* = *neugierig und mit dummem Gesichtsausdruck bei etwas zuschauen*

b. Ergänzen Sie. Achten Sie bei Verben auf die richtige Form.

0. Wenn du an der Melone riechst, merkst du, ob sie reif ist.
1. Ich habe überhaupt nicht be__________, dass mir der Geldbeutel gestohlen wurde.
2. P______ a____, da kommt ein Auto!
3. Ich habe das Gefühl, dass uns jemand be______________.
4. Er be________________ das Gemälde sehr lange.
5. Bei dem Unfall standen alle herum und ga__________, aber keiner hat Erste Hilfe geleistet.
6. Du meinst, er hat zugenommen? Ich habe keine Veränderung wa__________________.
7. Er hat sich so verändert, ich habe ihn wirklich nicht er__________.

8. Morgen wollen wir Schloss Neuschwanstein be______________.
9. Ich habe immer das Gefühl, er schaut mich nicht an, weil er stark sch________.
10. Alle Kinder standen um den Ferrari herum und be______________ das Auto.
11. Das Gelände wird mit Videokameras ü______________.
12. Er hat eine Sechs bekommen, weil er in der Prüfung beim Nachbarn ge______________ hat.
13. Die Verletzung war nur auf dem Röntgenbild s______________.
14. Ich möchte bitte ein Zimmer mit B________ aufs Meer.
15. Das Wasser ist ganz k______. Man sieht die Fische schwimmen.
16. Man konnte den Bruch auf dem Röntgenbild d______________ sehen.

sichtbar
besichtigen
schielen
spicken
klar
bestaunen
Blick
deutlich
überwachen

deutlich sehen = *gut sehen*

Hören

2

a. Ergänzen Sie die Verben in der korrekten Form.

0. Du kannst dir das Lied auf meinem MP3-Player anhören!
1. Hörst du, wie der Kuckuck ________?
2. Du musst lauter sprechen, sie ______________ dich sonst nicht, sie ist ein bisschen schwerhörig.
3. ________ bitte genau ____, dann verstehst du, was ich sage.
4. Wenn du genau ______________, hörst du, wie die jungen Vögel im Nest schreien.
5. Ich konnte nicht einschlafen, weil mein Nachbar die ganze Nacht laut Musik __________ hat.
6. Sie kann seit ihrer Geburt nicht hören. Sie ist ________.

hören
~~anhören~~
zuhören
hinhören
taub
verstehen
rufen

Fehler beim Sprechen

Wenn Sie jemanden bitten, Sie beim Sprechen zu korrigieren, kann dies das Gespräch stören. Trotzdem wollen Sie, dass Ihre Fehler verbessert werden, damit Sie diese in Zukunft nicht mehr machen. Tipp: Bitten Sie Ihren Gesprächspartner, sich die Fehler zu merken oder eventuell zu notieren, damit er Sie später darauf hinweisen kann.

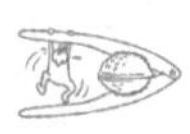

lauschen
~~Krach~~
heiser
ruhig
Lärm
Hörgerät
laut
still
schwerhörig
Ton
Stimme
leise
klingeln
klingen (*CH:* tönen)
Ruhe
läuten
schlecht
gut
Geräusch
Gehörschutz

b. Ergänzen Sie. Achten Sie auf die korrekte Form.

0. Machst du bitte das Fenster zu, ich kann bei dem Krach nicht einschlafen.
1. Auf der Party war die Musik total l_____. Ich habe Kopfschmerzen und bin h_______ vom Reden.
2. An den L_____ habe ich mich noch nicht gewöhnt. Wo ich früher gewohnt habe, gab es kaum Verkehr und es war sehr r_______.
3. Sprich lauter, Opa ist s________________. Er hat zwar ein H____________, aber er benutzt es nicht.
4. Können Sie den T____ bitte etwas lauter stellen, hier hinten hört man fast nichts.
5. Macht ihr mal die Musik l________. Die Nachbarn haben sich schon beschwert.
6. Seid ihr bitte mal s_______. Ich möchte telefonieren.
7. Das Telefon k___________. Gehst du mal bitte ran.
8. In der Ferne hörte man die Glocken l_________.
9. Der Motor k________ (*CH:* t_______) nicht gut. Ich glaube, der Wagen muss in die Werkstatt.
10. Ihre S_________ ist wunderschön. Ich glaube, sie singt in einem Chor.
11. Hast du das G____________ gehört? Was ist denn das?
12. Der Lehrer rief: „R______, bitte!"
13. Ich kann dich nicht g____ hören. Die Verbindung ist ganz sch___________.
14. Er wollte wissen, was seine Eltern sagten, und l______________ an der Tür.
15. Die Bauarbeiter trugen einen G__________________ gegen den Lärm.

Fühlen, schmecken, riechen ...

3

a. Wie heißt das Wort?

0. Babys entdecken die Welt, indem sie alles (sfanasen) anfassen (*A:* (naiergnef) angreifen).
1. Überall stehen Schilder: „Bitte nicht (hrbeüren) ______."
2. Der Kuchen ist lecker, den musst du (riepobren) ______.
3. Das Parfüm (tchrie) ______ wirklich (tug) ______.
4. Igitt, hier (nkstit) ______ es nach Abgasen!
5. (Flhü) ______ mal, wie weich der Stoff ist.
6. (Süstpr) ______ du, wie das kleine Häschen vor Angst zittert?
7. Das Essen in unserer Kantine (mckschet) ______ sehr gut.
8. Die Rosen (ftneud) ______ wunderbar.
9. Er hat starken Schnupfen und kann kaum noch durch die Nase (entam) ______.
10. Ich habe gestern Nacht etwas Schreckliches (egäutrtm) ______.
11. Im Bad (tierch) ______ es (anch) ______ Schimmel. Mach bitte immer das Fenster auf, wenn du geduscht hast.
12. Hier riecht es (schimko) ______. Ich (etflü) ______ erst einmal das ganze Haus.

b. Wie heißen die Nomen?

0. *fühlen:* Ich glaube, das Essen war nicht mehr gut. Ich habe ein komisches Gefühl im Magen.
1. *sehen:* Es ist neblig. Die ______ ist sehr schlecht.
2. *riechen:* Der ______ im Keller ist ja schrecklich.
3. *atmen:* Holen Sie tief ______ und atmen Sie dann langsam aus.
4. *stinken:* Der Müll wurde seit Tagen nicht abgeholt. Der ______ in den Straßen ist fürchterlich.
5. *schmecken:* Bier hat einen bitteren ______. Das mag ich nicht.
6. *träumen:* Ich hatte einen schrecklichen ______.
7. *duften:* Kann ich ein anderes Parfüm probieren? Dieser ______ ist mir zu süß.
8. *berühren:* Vermeiden Sie jede ______ der Wunde.

4 Körperbewegung und Körperstellungen

a. Ergänzen Sie die Verben in der korrekten Form.

laufen
springen
sich bewegen
gehen
hüpfen
~~bücken~~
rennen
wandern

0. Sie hat Rückenschmerzen und kann sich nicht gut bücken.
1. Die Teilnehmer des Marathons sind gestern durch das Brandenburger Tor ______________.
2. Die Kinder _________ zu Fuß zur Schule.
3. Am Wochenende fahren wir oft in die Berge und _____________.
4. Ich habe Angst, dass der Hund über den Zaun ____________.
5. Ich bin die ganze Zeit am Schreibtisch gesessen, jetzt muss ich _______ mal ______________.
6. Schau mal, da _________ ein kleiner Frosch.
7. Komm, wir müssen ___________, sonst fährt uns der Bus vor der Nase weg.

b. Ergänzen Sie. Achten Sie bei Verben auf die korrekte Form.

sitzen
Platz nehmen
stellen
aufstehen
~~liegen~~
sich hinlegen
legen
hängen
hängen
sich hinsetzen
hocken
stehen
stecken
knien
stecken

0. Axel, deine Brille liegt neben dem Computer.
1. Er __________ sein Portemonnaie immer in die Hosentasche.
2. _________ du mir bitte die Unterlagen auf den Schreibtisch?
3. Ich habe die Jacke an die Garderobe _____________. Sie hat eben noch dort ______________, jetzt ist sie weg.
4. ____________ du das Wörterbuch bitte wieder in den Bücherschrank.
5. Oma ist müde. Sie möchte _______ ein bisschen _______________, seid bitte nicht so laut.
6. ● Wo darf ich _______ ________________?
   ■ ___________ Sie doch bitte hier _________.
7. Entschuldigung, Sie müssen leider ________________. Der Platz ist reserviert.
8. Der Zug war total voll. Ich musste die ganze Fahrt über ___________.
9. Guck mal, auf dem Baum _________ ein Papagei.
10. Gestern Nacht hat der Haustürschlüssel im Schloss ______________.
11. Simon _________ schon seit zehn Minuten in der Wiese und beobachtet eine Schnecke.
12. Er __________ auf dem Boden, um den Hund zu streicheln.

hocken

knien

c. So bewegen sich Tiere. Ergänzen Sie. Achten Sie auf die korrekte Form.

0. Der Fisch 

1. Der Vogel __________ / __________.

2. Der Vogel __________.

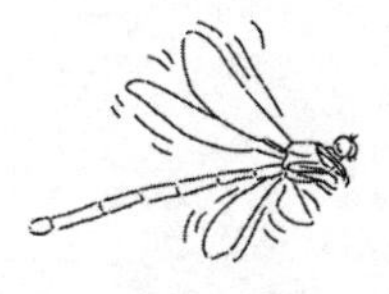

galoppieren
schweben
traben

3. Die Libelle __________.

4. Das Pferd __________.

5. Das Pferd __________.

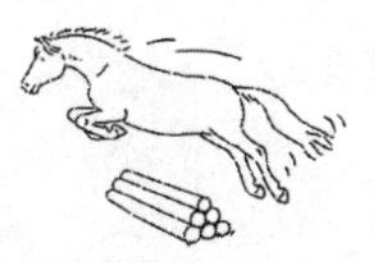

kriechen
schreiten
stolzieren
sich schlängeln
springen

6. Das Pferd __________.

7. Der Pfau __________ / __________.

8. Die Schlange __________ / __________ __________.

schleichen
krabbeln
hoppeln
hüpfen

9. Der Käfer __________.

10. Der Hase __________ / __________.

11. Die Katze __________.

buddeln
graben
stapfen
laufen
rennen
trampeln

12. Der Elefant __________ / __________.

13. Der Hund __________ / __________.

14. Der Hund __________ / __________.

5 Aktivitäten allgemein – ein Spottgedicht

s Spottgedicht = *Gedicht, in dem jmd. oder etw. verspottet wird*

verspotten = *sich lustig machen über*

auf der grünen Flur = *auf den grünen Feldern*

r Wagen *(veraltet)* = *s Auto*

helle *(veraltet)* = *hell*

blitzeschnelle *(veraltet für* blitzschnell) = *sehr schnell*

r Jüngling *(veraltet)* = *ein fast erwachsener junger Mann*

emporwirbeln = *schnell und drehend nach oben bewegen*

mächtig = *sehr*

r Hering = *silberfarbener Fisch, der gern gegessen wird*

Dunkel war´s der Mond schien helle (Volksgut)

Dunkel war´s der Mond (0) schien helle,
Schnee (1) lag auf der grünen Flur,
als ein Wagen blitzeschnelle
langsam um die Ecke (2) fuhr.

Drinnen (3) saßen stehend Leute,
schweigend ins Gespräch vertieft,
als ein totgeschoss`ner Hase
auf der Sandbank Schlittschuh (4) lief.

Und ein blondgelockter Jüngling
mit kohlrabenschwarzem Haar
(5) saß auf einer blauen Bank,
die rot angestrichen war.

Von der regennassen Straße
wirbelte der Staub empor
und der Junge bei der Hitze
mächtig an den Ohren (6) fror.

Beide Hände in den Taschen
(7) hielt er sich die Augen zu,
denn er konnte nicht ertragen,
wie nach Hering (8) roch die Kuh.

Dunkel war´s der Mond schien helle ist ein bekanntes Spottgedicht, von dem es verschiedene Varianten gibt. Man weiß nicht, wer der Verfasser ist. Es wird u. a. vermutet, dass es um 1850 entstand und aus dem sächsischen Volksmund stammt.

Ergänzen Sie die Verben aus dem Gedicht.

	Präteritum	Infinitiv	Präsens
0.	schien	scheinen	der Mond scheint
1.	lag	________	Schnee ________ auf den Feldern
2.	fuhr	________	ein Wagen ________
3.	saßen	________	drinnen ________ Leute
4.	lief	________	der Hase ________ Schlittschuh
5.	saß	________	der Junge ________ auf einer Bank
6.	fror	________	der Junge ________ an den Ohren
7.	hielt ... zu	________	er ________ sich die Augen __
8.	roch	________	die Kuh ________ nach Hering

Tätigkeiten

6 ________

a. **Was passt nicht?**

Man kann ...

0.	... einen Ball:	werfen – fangen – ~~hängen~~ – festhalten
1.	... eine Tür:	winken – öffnen – aufhalten – schließen
2.	... ein Papier:	wegschmeißen – aufheben – ausmachen – fallen lassen
3.	... ein Taschentuch:	wegwerfen – mischen – benutzen – mitnehmen
4.	... eine Flasche:	schütteln – füllen – aufkleben – ausleeren
5.	... etwas in eine Dose:	füllen – schütten – binden – (rein)stecken
6.	... einen Kinderwagen:	schieben – tragen – einwerfen – festhalten
7.	... einen Handwagen:	binden – ziehen – reparieren – ausleihen
8.	... Schuhe:	putzen – binden – anprobieren – schieben
9.	... (sollte aber nicht) einen Gegner beim Fußball:	tun – stoßen – treten – festhalten

b. Beim Abendessen. Ergänzen Sie die Verben in der richtigen Form.

essen • machen • benutzen • einschenken • geben • bringen
nehmen • ~~decken~~ • aufpassen • schneiden • holen • aufschneiden
gießen • treten • abwischen • kontrollieren • schießen

● (0) Deckt ihr bitte den Tisch. David, (1) h____ st du bitte Apfelsaft aus dem Keller und (2) b____ g Axel auch ein Bier mit.

...

■ Mama, ich will die Salami selber (3) auf________ en?

total = *hier: sehr*

● Ja, pass aber auf, dass du dich nicht (4) sch________ st, das Messer ist total scharf.

◆ (5) G____ st du mir bitte das Brot? ... Simon, hast du deine Hausaufgaben (6) ge______ t?

▲ Ja, Mama hat sie auch schon (7) k__________ t. Ich habe heute in der Schule auch vier Tore (8) ge________ en.

◆ Super!

● David, (9) n____ m auch Brot und iss nicht nur Wurst.

■ Ich will mir selber Saft (10) ei________ en.

● Ja, (11) p_____ aber a____, du (12) g______ t schon wieder daneben. ... Simon, (13) be______ t du bitte eine Serviette. Du hast schon wieder den Mund am Ärmel (14) ab________ t.

▲ David (15) t____ tt mich unter dem Tisch.

◆ Kann man abends nicht mal in Ruhe (16) e____ en! ...

c. **Welche Vorsilbe passt? Manche Vorsilben passen mehrmals.**

~~fest~~ • an- • an- • ein- • weg- • weg- • los- • ab- • ab- • ab- • auf- • zu- • rein- • rein- • (he)raus-

0. Du musst das im Protokoll festhalten.
1. Wir bleiben diesen Sommer zu Hause. Wir werden nicht ______fahren.
2. Sie können das Päckchen auch bei mir ____geben, ich gebe es meinem Nachbarn.
3. Die Kinder mussten viel von der Tafel ____schreiben.
4. Kannst du mir bitte den Brief (in den Briefkasten) ______werfen.
5. Ich hole dich um sieben Uhr ____.
6. Mach die Tür zu, sonst läuft die Katze noch ______.
7. Können wir ein bisschen früher ______fahren. Ich habe Angst, dass wir zu spät kommen.
8. Bei dem Test musst du nichts schreiben, du musst nur die richtige Lösung ____kreuzen.
9. Kommen Sie doch ________, die anderen werden gleich kommen.
10. Ich mache das Garagentor auf, dann kannst du das Auto ________fahren.
11. Was muss ich jetzt ____klicken?
12. Die Kinder kommen gleich aus dem Schulhaus ______________. Es hat schon geläutet.
13. Machst du bitte die Fenster ____, wenn du gehst?
14. Stehst du bitte ______, die ältere Dame möchte sich hinsetzen.

Tipp: Getrennt- und Zusammenschreibung
Verbindungen aus Adjektiv und Verb schreibt man bei nicht wörtlicher Bedeutung zusammen.

im Protokoll festhalten = im Protokoll notieren
aber: *den Hund fest halten (gut halten, sonst läuft er weg)*

7 Geräte benutzen

a. Welche Wörter bedeuten *anmachen*, welche *ausmachen*? Ordnen Sie zu.

~~einschalten~~
abschalten
ausschalten
abstellen
anstellen
anschalten

anmachen	*ausmachen*
einschalten	______
______	______
______	______

b. Ergänzen Sie. Achten Sie bei Verben auf die korrekte Form.

~~programmieren~~
ausmachen
installieren
drücken
festziehen
einstellen
angehen
anmachen
abstellen
ausstecken
starten
einstecken
drehen
abstellen

1. ● Wie kann man die Spülmaschine programmieren?
   ■ D______ Sie zuerst diese Taste. Dann s______ Sie e______, in wie vielen Stunden das Programm s______ soll.
2. ● Ich glaube, der Kopierer ist kaputt.
   ■ Hast du schon den Stecker e______. Der Hausmeister st______ in den Ferien immer alle elektrischen Geräte a______.
3. ● Wie g______ das Radio ______?
   ■ Du musst den linken Knopf nach rechts d______.
4. ● Könntest du die Heizung an______. Es ist furchtbar kalt hier.
   ■ Ich glaube die Heizung ist im Sommer ab______, aber ich probiere es mal.
5. M______ du bitte das Licht a______, wenn du gehst.
6. Kannst du bitte das Radio ab______, ich möchte telefonieren.
7. Der Hausmeister soll bitte bei allen Stühlen die Schrauben noch einmal f______. Es sind einige locker.
8. Ich muss das neue Programm noch auf dem Computer i______.

WOHNEN UND HAUSARBEIT

1 Rund ums Wohnen

a. **Ergänzen Sie. Achten Sie auf die korrekte Form.**

Pflegeheim
Heimweh
Haus
Altersheim
Balkon
umziehen
(*A:* übersiedeln)
hell
Garten
Mieten (*Pl.*)
~~Wohngemeinschaft~~
Apartment
Studentenwohnheime (*Pl.*)
Fenster (*Pl.*)

Marie wohnt seit Juni in einer (0) Wohngemeinschaft mit anderen Studenten. Zunächst hat sie ein (1) A__________ für sich alleine gesucht, aber die (2) M______ in München sind sehr hoch. Auch in den (3) S________________ war nichts frei. Maries Zimmer hat große (4) F________ und ist sehr (5) h_____. Vielleicht wird sie bald in eine andere WG (6) u_________, wenn sie ein Zimmer mit (7) B_______ findet.

Frau Schmitt ist über 80 Jahre alt und lebt jetzt in einem (8) A__________. Es ist ihr sehr schwer gefallen, ihr (9) H_____ und ihren (10) G_______ zu verlassen. Sie hat oft (11) H________ nach ihrer alten Umgebung. Frau Schmitt ist seit einiger Zeit krank und kann sich nicht mehr selbst versorgen. Falls sich ihr Zustand weiter verschlechtern sollte, kann sie in das (12) P__________ umziehen, das zu dem Altersheim gehört.

Zimmer
Platz
Nebenkosten (*Pl.*)
Untermiete
Erdgeschoss
teuer
Schule
Lage
Eigentumswohnung
Mietshaus
Hof
Aussicht
Terrasse
vermietet
Küche

Familie Gassmann hat sich eine (13) E________________ in Augsburg gekauft. Die (14) L_____ der Wohnung ist gut, in der Nähe gibt es ein Einkaufszentrum und die Kinder haben es nicht weit zur (15) S_______. Vorher hatte die Familie eine Wohnung in einem (16) M__________, die sehr (17) t______ war. Es gab oft Ärger mit den Nachbarn, wenn die Kinder im (18) H____ spielten und Lärm machten. Nun ist Familie Gassmann zufrieden, denn ihre neue Wohnung liegt im (19) E____________ und hat eine große (20) T_________ zum Spielen.

Frau Mayer wohnt in einer großen Altbauwohnung in München-Schwabing. Weil ihr die Wohnung allein zu groß war, hat sie eine Frau zur (21) U___________ gesucht. Sie (22) v__________ ein großes (23) Z________ an Luisa, eine brasilianische Studentin. Das Zimmer kostet inklusive (24) N____________ 350 Euro im Monat, die (25) K______ und das Bad kann Luisa mitbenutzen. Luisa hat viel (26) P______ in ihrem Zimmer und von ihrem Balkon hat sie eine schöne (27) A_________ auf den Englischen Garten.

Herr Hermann ist (28) H__________ in einer Schule. Seine Wohnung ist (29) m__________ und gehört zur Schule. Sie liegt direkt neben dem Schulgebäude und ist sehr (30) b__________, aber ein bisschen zu (31) d__________. Herr Hermann sieht die Vorteile: Er hat es nicht weit zu seinem Arbeitsplatz und in seinem (32) V__________ steht, dass die Miete nicht erhöht werden darf.

Familie Braun hat sich ein altes Bauernhaus auf dem Land gekauft. Der (33) U__________ von der Stadt in ein kleines Dorf fällt Frau Braun nicht leicht. Die Familie möchte das Haus (34) r__________ und (35) a__________. Herr Braun ist selbstständig und möchte sein (36) B__________ im Haus haben. Außerdem wird der (37) K__________ ausgebaut. Neben dem Haus soll eine neue (38) G__________ gebaut werden. Auch der (39) S__________ soll zum Wohnraum werden. Der Umbau dauert ein halbes Jahr. Im Juni wird Familie Braun in ihr neues Haus (40) e__________.

renovieren
möbliert
ausbauen
Vertrag
Speicher
dunkel
Umzug (*A:* Übersiedlung)
billig
Hausmeister (*CH:* Abwart)
Büro
Garage
einziehen
Keller

e WG = *Abk. für Wohngemeinschaft*

b. Wie heißen die Verben?

0. die Miete mieten
1. der Bau __________
2. der Verkauf __________
3. die Einrichtung __________
4. die Heizung __________
5. die Wohnung __________
6. die Kündigung __________
7. die Besichtigung __________
8. der Umzug __________
9. die Kosten __________

umziehen = *A: übersiedeln*

c. Wie heißt das Gegenteil?

0. Die Wohnung ist *modern* eingerichtet. ↔ Die Wohnung ist altmodisch eingerichtet.
1. Das Zimmer ist *möbliert*. ↔ Das Zimmer ist __________.
2. Das Haus ist *alt*. ↔ Das Haus ist __________.
3. Das Apartment ist *groß*. ↔ Das Apartment ist __________.
4. Das Zimmer ist *ungemütlich*. ↔ Das Zimmer ist __________.
5. Der Keller ist *voll*. ↔ Der Keller ist __________.
6. Der Gang ist *sauber*. ↔ Der Gang ist __________.
7. Die Lage ist *laut*. ↔ Die Lage ist __________.

ruhig
unmöbliert
leer
klein
neu
~~altmodisch~~
gemütlich
schmutzig

schmutzig = *dreckig (ugs.)*

d. Ergänzen Sie Begriffe und den bestimmten Artikel. Es gibt einen Lesetrick.

0. Geldsumme, die man als Sicherheit beim Vermieter hinterlegen muss: (noitauK) die Kaution
1. Person, die z. B. ein Haus für jemand anderen verkauft oder vermietet: (relkaM) ______
2. Person, die in der Nähe von jemand wohnt: (rabhcaN) ______
3. Person, die z. B. eine Wohnung vermietet: (reteimreV) ______
4. ein anderes Wort für Stockwerk: (egatE) ______
5. kleiner Ort am Rand einer größeren Stadt: (troroV) ______
6. ein anderes Wort für Stadtmitte: (murtneZ) ______
7. sehr hohes Gebäude mit vielen Stockwerken: (suashcoH) ______

e. Finden Sie die Wortgrenzen und schreiben Sie Sätze.

0. Im Norden von München gibt es viele Sozialwohnungen.
imnordenvonmünchengibtesvielesozialwohnungen

1. ______

familiebraunbesitzteinezweitwohnunginberlin

2. ______

indennebenkostensindheizung,wasserundhausreinigungenthalten

3. ______

denmietvertragmüssenmieterundvermieterunterschreiben

4. ______

inunseremwohnblockwohnenvielefamilienmitkindern

5. ______

liegtihrewohnunginderinnenstadtoderamstadtrand

6. ______

zumeigenenhauskannmanaucheigenheimsagen

Wohnungsanzeigen

2 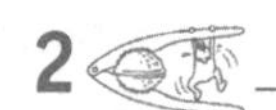

Kennen Sie die Abkürzungen?

0. ZKB Zimmer, Küche, Bad
1. EBK ______________________
2. NK ______________________
3. Park. ______________________
4. TG ______________________
5. EG ______________________
6. DG ______________________
7. 1. OG ______________________
8. 2 MM KT ______________________
9. HZ ______________________
10. Blk. ______________________
11. ab sof. ______________________
12 v. priv. ______________________
13. inkl. ______________________
14. Wfl. ______________________
15. DHH ______________________

Dachgeschoss
~~Zimmer, Küche, Bad~~
Parkett
Erdgeschoss
erstes Obergeschoss
Heizung
Balkon
von privat
Tiefgarage
inklusive
Wohnfläche
Doppelhaushälfte
Einbauküche
zwei Monatsmieten Kaution
ab sofort
Nebenkosten

Wohnung oder Apartment
In Deutschland, Österreich und der Schweiz wird die Anzahl der Aufenthalts- und Schlafzimmer zusammengezählt, wenn man die Größe einer Wohnung angibt. So besteht eine Drei-Zimmer-Wohnung beispielsweise aus einem Wohnzimmer, einem Schlafzimmer und einem Arbeits- oder Kinderzimmer. Eine Küche und ein Badezimmer gehören als Standard immer dazu. Als Apartment wird allgemein eine Ein-Zimmer-Wohnung bezeichnet, zu der eine kleine Küche bzw. eine Kochnische und ein Bad gehören.

3 Ich suche eine Wohnung

MÜNCHEN SCHWABING,
2 ZKB, 65 m², 3. OG, EBK, Park.,
FBH, ab sof. v. priv. zu verm.,
650,– + NK/KT

Ergänzen Sie.

Dusche
weit
besichtigen
Einbauküche
Geschäfte (Pl.)
Toilette
Nebenkosten (Pl.)
Kaution
~~Anzeige (CH: die Annonce)~~
zeigen
Wohnung
Ecke
Lift
Nebenstraßen (Pl.)
ruhig
Nähe
liegen
Fußbodenheizung

r Block = *rechteckige mit Häusern bebaute Fläche, die von vier Straßen begrenzt wird*

- ● Guten Tag, mein Name ist Annette Bauer. Ich rufe wegen der (0) Anzeige in der Abendzeitung an. Ist die (1) ______ noch frei?
- ■ Ja, sie ist noch frei.
- ● Wo in Schwabing liegt die Wohnung genau?
- ■ Die Wohnung liegt in der Agnesstraße 6, (2) ______ Zentnerstraße.
- ● Ist die Lage (3) ______?
- ■ Ja, sehr ruhig. Beide Straßen sind (4) ______ in einem reinen Wohngebiet.
- ● Gibt es Einkaufsmöglichkeiten in der (5) ______?
- ■ Ja, die Hohenzollernstraße ist nicht (6) ______ weg. Dort finden Sie viele (7) ______. Im nächsten Block gibt es ein großes Kaufhaus. Die Wohnlage ist sehr komfortabel.
- ● Gibt es in dem Haus einen (8) ______?
- ■ Nein, leider nicht. Es ist eine Altbauwohnung ohne Aufzug.
- ● Hat die Wohnung eine separate (9) ______?
- ■ Nein, das WC ist mit im Badezimmer.
- ● Gibt es im Bad eine Badewanne oder nur eine (10) ______?
- ■ Die Wohnung hat ein Bad mit Badewanne.
- ● Was bedeutet die Abkürzung FBH in der Anzeige?
- ■ Im Wohnzimmer und im Bad gibt es eine (11) ______.
- ● Wie hoch ist die (12) ______?
- ■ Die üblichen zwei Monatsmieten. Zusätzlich ist eine Ablösesumme in Höhe von 1500 Euro für die (13) ______ zu zahlen.
- ● Wie hoch sind die (14) ______?
- ■ Die (15) ______ zurzeit bei 200 Euro monatlich.
- ● Könnte ich die Wohnung (16) ______?
- ■ Ja, morgen ab 18 Uhr kann ich Ihnen die Wohnung (17) ______.
- ● Gut, ich komme dann nach der Arbeit vorbei, so um 18:30 Uhr.
- ■ O. K., dann bis morgen, Frau Bauer.

Ein Haus

4 ______

a. Ergänzen Sie.

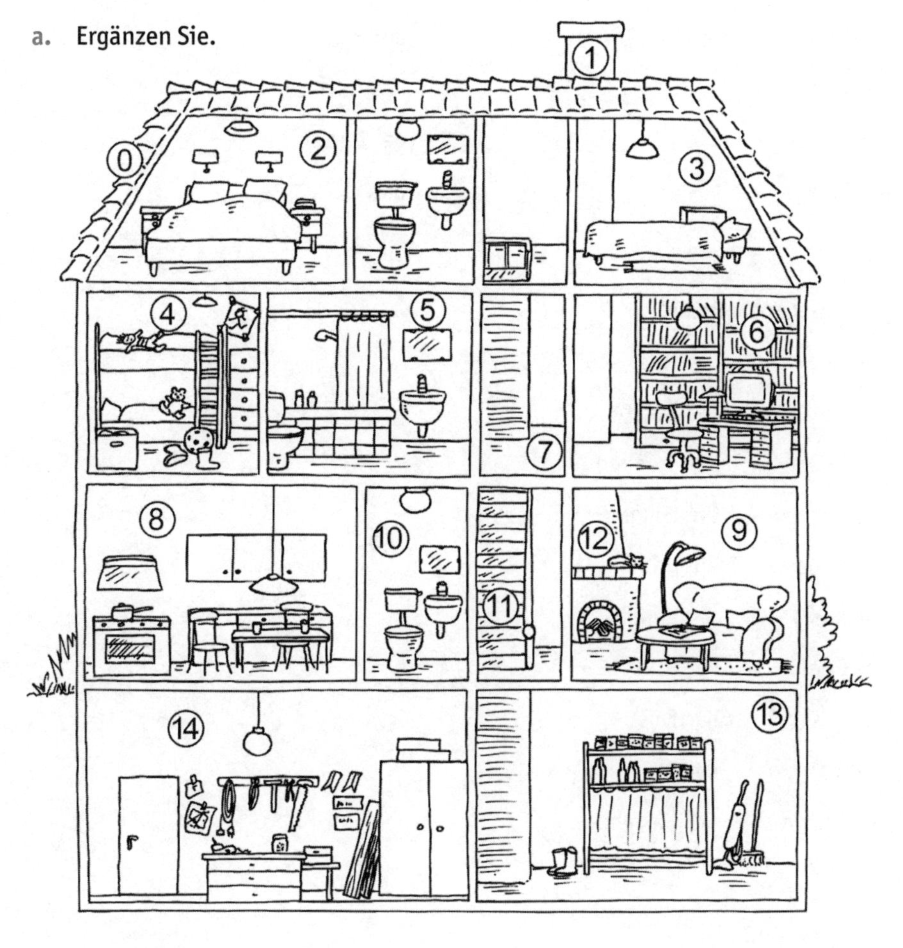

~~das Dach~~
das Arbeitszimmer
das Wohnzimmer
(*A:* die Stube)
der Kamin
das Bad
der Schornstein
das Gästezimmer
das Kinderzimmer
das Treppenhaus
(*A:* das Stiegenhaus)
die Küche
das WC
die Treppe
(*A:* die Stiege)
der Keller
der Hobbyraum
das Schlafzimmer

Dachgeschoss	0. das Dach	1. ______
	2. ______	3. ______
1. Stock	4. ______	5. ______
	6. ______	7. ______
Erdgeschoss (*CH:* Parterre)	8. ______	9. ______
	10. ______	11. ______
	12. ______	
Keller	13. ______	14. ______

s WC; e Toilette = *s Klo (ugs.)*

b. Wie heißt der Plural?

0. das Zimmer – die Zimmer			1. der Raum – ______	
2. das Bad – ______			3. das Dach – ______	
4. der Eingang – ______			5. der Garten – ______	
6. die Garage – ______			7. das WC – ______	

c. Was passt zusammen?

-~~klinke~~
-zaun
-griff
-anlage
-geländer
-boden
-decke
-tür
-kasten
-schlüssel

0. die Tür — die Türklinke
1. das Fenster — der Fenster______
2. die Treppe — das Treppen______
3. das Zimmer — die Zimmer______
4. das Haus — die Haus______
5. das Klima — die Klima______
6. der Brief — der Brief______
7. der Fuß — der Fuß______
8. die Wohnung — der Wohnungs______
9. der Garten — der Garten______

5 Wir kaufen Möbel

Ergänzen Sie die Nomen und den unbestimmten Artikel.

Bett
~~Tisch~~
Stühle *(Pl.)*
(*A:* Sessel)
Herd
Kühlschrank
(*A:* Eiskasten)
Sofa
Uhr
Teppich
Schrank
(*A/CH:* Kasten)

Wir sind in eine andere Wohnung umgezogen und brauchen neue Möbel. Wir fahren zu einem Möbelgeschäft und kaufen ein. Wir brauchen (0) einen Tisch, vier (1) S_____e, (2) _____ K_____k und (3) _____ H___d für die Küche. Für das Wohnzimmer kaufen wir (4) _____ T_____h, (5) _____ U___r und (6) _____ S___a. Für das Schlafzimmer brauchen wir (7) _____ S_____k und (8) _____ B___t. Das wird teuer!

s Sofa = e *Couch*

Im Wohnzimmer

6 _____

a. Ergänzen Sie Nomen und Artikel.

Vorhang • Tisch • Sessel (*CH:* der Fauteuil) • Teppich • Sofa
Regal • ~~Fernseher~~ • Bild • Pflanze • Lampe • Klavier • Kissen

~~der~~ • der • der • der • der • die • die • das • das • das • das • das

0. der Fernseher
1. _____
2. _____
3. _____
4. _____
5. _____
6. _____
7. _____
8. _____
9. _____
10. _____
11. _____

b. Was ist das? Ergänzen Sie den unbestimmten Artikel.

0. ein offener Kasten an einem Möbelstück, den man herausziehen kann:
   (deSchlabu) eine Schublade
1. ein kleiner Schrank mit Schubladen, in dem man Sachen aufbewahren kann:
   (omKdemo) ____________
2. ein Schrank für Geschirr:
   (ttüfBe) ____________
3. Papier oder Gewebe, das an die Wände von Zimmern geklebt wird:
   (epteTa) ____________
4. Teil des Stuhls, der den Rücken des Sitzenden stützt:
   (enLhe) ____________
5. Vorhang aus leichtem Stoff für die Fenster:
   (nearGdi) ____________

e Gardine = *A: r Store*

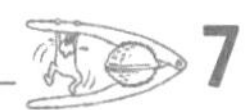

7 Redewendungen: Haus und Einrichtung

a. Ordnen Sie zu.

0. ganz aus dem Häuschen sein [a]
1. etwas unter Dach und Fach bringen [ ]
2. etwas unter den Tisch fallen lassen [ ]
3. auf dem Teppich bleiben [ ]
4. etwas unter den Teppich kehren [ ]
5. reinen Tisch machen [ ]
6. mit der Tür ins Haus fallen [ ]
7. weg vom Fenster sein [ ]
8. in Teufels Küche kommen [ ]
9. vor der eigenen Tür kehren [ ]

a. ~~a.~~ vor Freude sehr aufgeregt sein
b. sich um die eigenen Schwächen oder Fehler kümmern
c. eine Sache nicht offen ansprechen
d. etwas zu einem Abschluss bringen
e. etwas unberücksichtigt lassen
f. nicht mehr gefragt sein
g. in sehr große Schwierigkeiten kommen
h. klare Verhältnisse schaffen
i. ohne zu zögern ein Anliegen vorbringen
j. eine Sache nicht übertreiben

b. Ersetzen Sie das kursiv Gedruckte durch Redewendungen aus *a*.

0. Papa, entschuldige, dass ich (*ohne zu zögern mein Anliegen vorbringe*) mit der Tür ins Haus falle, aber ich brauche heute Abend ganz dringend dein Auto.

1. Gott sei Dank hat meine Tochter ihre schriftlichen Prüfungen (*zu einem erfolgreichen Abschluss gebracht*) ______________________________ ____________.

2. Paula war (*sehr aufgeregt vor Freude*) ____________________ ____________, als sie die tollen Geschenke ihrer Eltern sah.

3. Wenn man sich heutzutage nicht ständig weiterbildet, (*ist*) _____ man im Job ganz schnell (*nicht mehr gefragt*) ______________________.

4. Ich mag es nicht, wenn sich unsere Nachbarin über unsere Kinder beschwert. Sie soll (*sich um ihre eigenen Fehler kümmern*) ____________________________ __________, denn ihr Sohn ist auch ziemlich laut und frech.

5. Du hast doch erst vor einem halben Jahr eine Lohnerhöhung bekommen. Ich an deiner Stelle würde (*die Sache nicht übertreiben*) ________________________ ___________ und nicht schon wieder mehr Geld verlangen.

6. Wenn Matthias weiterhin so oft die Schule schwänzt, wird er (*in sehr große Schwierigkeiten kommen*) ____________________________________.

7. Paul ist nicht in der Lage, über den Streit zu sprechen. Er will die Sache wieder (*nicht offen ansprechen*) ____________________________________.

8. Ich bin mit der Arbeit meiner Haushaltshilfe überhaupt nicht zufrieden. Heute werde ich (*klare Verhältnisse schaffen*) ____________________________ und ihr kündigen.

9. Liebe Teilnehmer, der Tag war lange und wir sind alle müde. Wir beenden daher die Diskussion und lassen den letzten Punkt (*unberücksichtigt*) ______________ __________________.

8 Morgens im Bad

a. Ergänzen Sie die Nomen und den bestimmten Artikel in der korrekten Form.

der Föhn
~~die Seife~~
die Creme
das Shampoo
der Kamm
der Rasierer
der Nagellack
das Handtuch
das Waschbecken (*CH:* das Lavabo)
der Spiegel
die Nagelfeile

Am Morgen ist Papa verärgert, denn das Bad ist nicht aufgeräumt: „Was ist mit (0) der Seife hier?" Lisa: „Die gehört mir. Lass die Sachen bitte liegen. Ich möchte gleich ein Bad nehmen. Ich brauche (1) ____________ , um mir die Haare zu waschen. Mit (2) ____________ rasiere ich mir danach die Beine. (3) ____________ brauche ich, um mich nach dem Baden abzutrocknen. Mit (4) ____________ kämme ich meine nassen Haare durch, danach nehme ich (5) ____________ , um meine Haare zu trocknen. Mit (6) ____________ feile ich meine Fingernägel schön in Form. Anschließend verwende ich (7) ____________ , um meine Nägel zu lackieren. Danach creme ich mein Gesicht mit (8) ____________ ein. Dann bin ich bereit für den Tag."

Papa: „Beeil dich und räum dann bitte all diese Dinge auf. Bitte putze auch (9) ____________ und (10) ____________ . Deine Mutter und ich müssen auch noch duschen und wir mögen es gerne, wenn alles aufgeräumt und sauber ist."

b. Was findet man im Bad? Ergänzen Sie den bestimmten Artikel.

0.	das	Klo *(ugs.)*	+	die	Bürste	=	die	Klobürste *(ugs.)*
1.	____	Schaum	+	____	Bad	=	____	Schaumbad
2.	____	Wäsche	+	____	Korb	=	____	Wäschekorb
3.	____	Haar	+	____	Spray	=	____	Haarspray
4.	____	Puder	+	____	Dose	=	____	Puderdose
5.	____	Nagel	+	____	Schere	=	____	Nagelschere
6.	____	Bad	+	____	Vorleger	=	____	Badvorleger
7.	____	Toilette	+	____	Papier	=	____	Toilettenpapier
8.	____	Dusche	+	____	Vorhang	=	____	Duschvorhang

In der Küche

9 ______

a. **Ordnen Sie zu.**

der Elektroherd
das Spülbecken
die Spülmaschine
~~die Kaffeemaschine~~
die Mikrowelle
der Kühlschrank
(*A:* der Eiskasten)
das Geschirr
der Wasserhahn
der Esstisch
der Küchenstuhl
das Regal
das Besteck

0. *die Kaffeemaschine*
1. ______
2. ______
3. ______
4. ______
5. ______
6. ______
7. ______
8. ______
9. ______
10. ______
11. ______

Tisch decken
(*CH:* tischen)
Türschloss
Müll
~~aufmachen~~
laut
warm
offen
ausmachen
dunkel
leiser
anmachen
zumachen
geklopft
abschließen
(*A:* absperren)
Schlüssel

b. Familie Doll in der Küche. Ergänzen Sie.

- ● Sarah, kannst du bitte das Fenster (0) aufmachen? In der Küche ist es zu (1) ________.
- ■ Das Fenster ist doch schon (2) ________.
- ● Tim, würdest du bitte das Radio (3) ________________? Es ist hier viel zu (4) ______.
- ◆ Ich mache das Radio gleich (5) __________. Ich möchte dieses Lied noch hören, Mama.
- ● Sarah, kannst du bitte das Licht (6) ______________? In der Küche ist es zu (7) ________.
- ● Fred, die Hintertür ist noch auf. Würdest du sie bitte (8) ____________ und auch gleich (9) __________________?
- ▲ Ja, sofort. Wo ist denn der (10) ______________?
- ● Der Schlüssel steckt im (11) ________________, Fred.
- ■ Mama, es hat gerade an der Haustür (12) ______________. Soll ich öffnen?
- ● Nein, ich gehe schon. Ich nehme gleich den (13) _______ mit nach draußen.
- ▲ Maria, wann gibt's denn Abendessen?
- ● In einer halben Stunde. Ihr könnt schon mal den (14) ________ __________.

Weitere Einrichtungsgegenstände

10  ______

Ergänzen Sie.

0. ● Entschuldigung, wo hängt meine Jacke?
   ■ Ihre Jacke hängt am Kleiderständer neben dem Ausgang.
1. Wir müssen das Bett neu beziehen. Bringst du mir bitte einen frischen Bezug und ein neues ______?
2. ● Wo ist denn mein Haustürschlüssel?
   ■ Der hängt am ______ im Flur.
3. Schaltest du bitte den ______ aus, der Kuchen ist fertig.
4. Wenn meine Eltern zu Besuch kommen, nehmen wir das Kaffeeservice aus Meißner ______.
5. Mir ist kalt, bist du so nett und bringst mir die ______, bitte?
6. ● Wo kann ich den Schirm ablegen?
   ■ Hier, neben der Haustür steht ein ______.
7. Holst du bitte das Fleisch aus dem ______, es muss noch auftauen.
8. Kannst du bitte Wasser im ______ heiß machen, ich würde mir gerne einen Tee kochen.
9. ● Wo sind meine Schuhe?
   ■ Die stehen draußen auf dem ______.
10. ● Hat jemand meinen Mantel gesehen?
    ■ Dein Mantel hängt am ______ im Flur.
11. Lisa, wenn die Milch kocht, nimmst du den Topf von der ______ und rührst das Puddingpulver ein.
12. Ich habe mir eine Stereoanlage mit großen ______ gekauft.

Betttuch
(*A:* Leintuch)
Wolldecke
Herdplatte
Backofen
Wasserkocher
Gefrierschrank
Porzellan
Lautsprecher *(Pl.)*
Kleiderhaken
~~Kleiderständer~~
Schirmständer
Türvorleger
Schlüsselbrett

r Bezug = *A: r Überzug*

Tipp: Drei gleiche Buchstaben
Treffen bei zusammengesetzten Wörtern drei gleiche Buchstaben aufeinander, schreibt man alle drei. Zur besseren Lesbarkeit kann ein Bindestrich gesetzt werden:
Be**ttt**uch / Be**tt-T**uch, Kunststo**fff**lasche / Kunststo**ff-F**lasche
usw.

11 Elektrizität und Heizung

~~Verlängerungskabel~~
Stecker
Licht
Ofen
Strom
Mehrfachstecker
Gas
Öl
Kohle
Steckdose
Kabel
Holz
Zentralheizung
Elektrogerät

a. Ordnen Sie zu und ergänzen Sie den bestimmten Artikel.

1. **Elektrizität:**

das Verlängerungskabel, ______________________

____

____

2. **Heizung:**

____

____

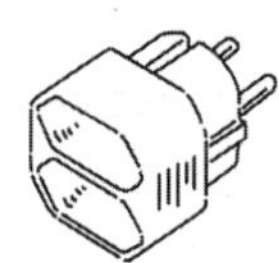

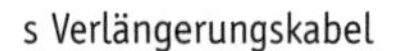

s Verlängerungskabel r Mehrfachstecker

b. Was passt nicht?

Man kann ...

0. das Licht:

   einschalten (*A:* aufdrehen / *CH:* anzünden) – anmachen – ~~brennen~~

1. die Stehlampe:

   ausschalten (*A:* abdrehen / *CH:* ablöschen) – ausmachen – heizen

2. eine Glühbirne:

   drücken – (r)einschrauben – auswechseln

3. den Schalter:

   berühren – schließen – drücken

4. eine Neonröhre:

   auswechseln – erneuern – aufschließen

5. einen Lampenschirm:

   abstauben – kehren – abwischen

Arbeiten im Haushalt

12 ______

a. **Ordnen Sie zu.**

~~Staub saugen~~
fegen (A: kehren)
Wäsche aufhängen
kochen
backen
abstauben / Staub wischen
(ab)spülen
abtrocknen
bügeln
Schuhe putzen
Betten machen
Boden wischen

0. Staub saugen

1. ______

2. ______

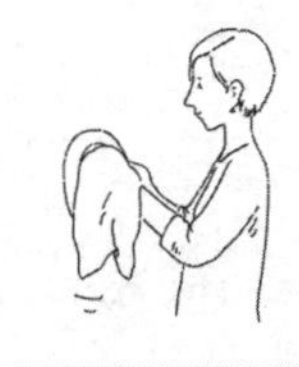

3. ______

4. ______

5. ______ ______

6. ______ ______

7. ______

8. ______

9. ______

10. ______

11. ______

b. Bilden Sie Sätze.

Bitten an die neue Reinigungsfrau.

e Kehrschaufel

0. Bitte machen Sie Ordnung in allen Kinderzimmern.
   Ordnung machen • in allen Kinderzimmern • Sie

1. ______________________________
   ____
   die Tische • abwischen • Sie • mit dem weichen Putzlappen

2. ______________________________
   ____
   mit der Scheuerbürste • die Fensterbänke • Sie • sauber machen

3. ______________________________
   ____
   Sie • putzen • im Schlafzimmer • mit dem neuen Putzmittel • die Fußböden

4. ______________________________
   ____
   mit diesem Staubsauger • Sie • die neuen Teppiche • saugen

5. ______________________________
   Sie • alle Schuhe • mit diesem Schuhputzzeug • putzen

6. ______________________________
   ____
   das silberne Besteck • abtrocknen • Sie • mit dem Geschirrtuch

7. ______________________________
   das Gemüse • einfrieren • Sie • in der Gefriertruhe

8. ______________________________
   die Suppe • Sie • aufwärmen • in der Mikrowelle • meinem Mann

9. ______________________________
   ____
   in die Abstellkammer • Sie • die Kehrschaufel • den Putzeimer • und • stellen

c. **Wäsche waschen. Ergänzen Sie.**

~~Wäsche~~ • Bügeleisen • bügeln • Schrank (A: Kasten) • Wäschetrockner
Wäscheständer • Wäscheleine • schleudert • Waschmaschine

Maria muss sehr viel (0) Wäsche waschen. Jeden Tag läuft ihre

(1) ______________ mindestens ein Mal. Ihre Waschmaschine ist ganz

neu und (2) ______________ so gut, dass die Wäsche fast trocken aus der

Maschine kommt. Bei gutem Wetter hängt Maria die Wäsche zum Trocknen an der

(3) ______________ im Hof auf. Wenn es regnet, dann hängen die feuchten

Kleider auf dem (4) ______________ im Bad. Handtücher und Bettwäsche

steckt sie in den (5) ______________, denn das geht am schnellsten.

Einen Teil der trockenen Wäsche legt sie zusammen und räumt sie gleich in den

(6) ______________. Die Hemden und Blusen muss sie leider (7) ______________. Maria

hat sich dafür ein modernes (8) ______________ gekauft, aber es kostet immer

noch viel Zeit.

Haushalt
Aktuelle Statistiken zeigen, dass auch heute noch Frauen wesentlich mehr Zeit mit Hausarbeit verbringen als Männer. In einer Studie, die Mitte der 90er-Jahre gemacht wurde, zeigte sich, dass 30 % der befragten Frauen zwischen 21 und 40 Stunden pro Woche für Hausarbeit aufwenden, während nur 12 % der befragten Männer so viele Stunden mit Kochen, Putzen und Bettenmachen usw. verbringen. Diese Ergebnisse machen eine hohe Belastung der Frauen durch Hausarbeit deutlich, vor allem, weil es das oben beschriebene Modell der Partnerschaft mit einem berufstätigen „Versorger" und einer „Nur-Hausfrau" in Deutschland heutzutage weit weniger häufig gibt als vor 30 Jahren. Die höhere Belastung der Frauen durch Hausarbeit ist – Untersuchungen zufolge – auch dann vorhanden, wenn beide Lebenspartner ähnlich viele Stunden außer Haus arbeiten und einen vergleichbaren Ausbildungsgrad haben, d. h., Frauen von heute müssen oft Beruf, Haushalt und Kindererziehung miteinander vereinbaren.

13 Müll trennen und entsorgen

Ergänzen Sie.

Wertstoffsäcke *(Pl.)*
Sperrmüll
Verbrennungsanlage
Sammelbehälter *(Pl.)*
Wertstoffhof
Altglas
Wertstoffcontainer
Müll
Mülltrennung
Mülltonnen *(Pl.)*
(*CH:* Abfallcontainer)
Altpapier
Kompost
Abfall
Gartenabfälle *(Pl.)*
Mülleimer
(*A:* Mistkübel / *CH:* Abfallcontainer)
Wiederverwertung
Müllabfuhr

erzeugen = *produzieren*

Die Deutschen sind Weltmeister im Mülltrennen

Für viele Deutsche ist das Trennen von (0) Müll ein Ausdruck von Umweltbewusstsein. Doch was tun die Menschen eigentlich konkret für die Umwelt? Bei Umfragen nennen 65 Prozent an erster Stelle die Mülltrennung. Aber diese (1) M__________g ist nicht immer so einfach. Es gibt (2) M__________n in verschiedenen Farben: die blaue Tonne ist für (3) A__________r und Pappe, die braune Biotonne ist für (4) K__________t und die graue Restmülltonne ist für anderen (5) A__________l. Dieser sogenannte Restmüll wird meistens in eine (6) V__________e gebracht. In die braune Biotonne dürfen nur ungekochte Obst- und Gemüsereste und (7) G__________e geworfen werden. Das Sammeln von Verpackungen ist innerhalb Deutschlands unterschiedlich geregelt. In vielen Städten und Gemeinden sammelt man Plastik und Blechdosen in speziellen gelben (8) W__________en, die regelmäßig von der (9) M__________r abgeholt werden. In Städten wie München muss der umweltbewusste Bürger den Verpackungsmüll selbst zum (10) W__________r bringen. Auch für (11) A__________s gibt es dort Container, in denen Glas nach Farben sortiert wird: für braunes, grünes und farbloses Glas sind verschiedene (12) S__________r da. Wenn man alte Elektrogeräte oder Möbel entsorgen möchte, dann bringt man sie mit dem Auto zum (13) W__________f. In kleineren Orten gibt es ein bis zwei Mal im Jahr Termine, an dem dieser (14) S__________l von der Gemeinde mit Lastwagen abgeholt wird. Die Mülltrennung ist kompliziert, aber wenn man nicht jeden Abfall in den (15) M__________r wirft, sondern den Müll trennt, werden die Umwelt und das Klima geschont. So wurde 2008 mit der (16) W__________g gebrauchter Verkaufsverpackungen der Ausstoß des Klimagases Kohlendioxid um 1,4 Millionen Tonnen verringert. Das ist in etwa die Menge, die 630 000 Kleinwagen in einem Jahr erzeugen.

UMWELT UND NATUR

1 Geografie und Geologie – allgemeine Begriffe

Ergänzen Sie. Achten Sie auf die korrekte Form.

~~Erde~~ • südlich • Äquator • Schicht • Halbkugel • Gestein • Kilometer
Erdkern • Erdkruste • Erdmantel • Metall • waagerecht • Mineral • Welt • Mine
Nordpol • Längengrad • Breitengrad • Gebiet • Kontinent

1. Die Erde besteht aus drei Schichten: Die äußere Sch________, die E________, ist dünn (zwischen 8 und 64 K________) und aus hartem Gestein.
   Der darunterliegende E________ besteht aus heißem, flüssigem G________. Das Erdinnere heißt E________ und besteht teils aus flüssigem, teils aus festem M________.
2. Der Ä________ teilt die Erde in zwei Hälften, die obere Hälfte nennt man nördliche H________, die untere s________ Halbkugel.
3. Es gibt fünf K________: Afrika, Amerika, Europa, Asien und Australien.
4. Es ist der Traum vieler Menschen, einmal eine Reise um die ganze W________ zu machen.
5. B________ und Längengrade sind gedachte Linien, mit denen man die Erdkugel unterteilt.
   Die Breitengrade verlaufen w________ rund um die Erde, die L________ verlaufen senkrecht vom N________ zum Südpol.
6. Mein Sohn sammelt M________.
   In Rio Marina gibt es eine alte M________, in der man nach Steinen suchen kann.
7. In diesem G________ gibt es jedes Jahr Überschwemmungen.

Eselsbrücken für den Geografieunterricht

Baltische Staaten
Die baltischen Staaten von Norden nach Süden sind: **E**stland, **L**ettland, **L**itauen. Das kann man sich damit merken, dass die Staaten in alphabetischer Reihenfolge stehen.

Nebenflüsse der Donau
Isar, Iller, Lech und Inn
fließen rechts zur Donau hin.
Wörnitz, Altmühl, Naab und Regen
kommen ihr von links entgegen.

Donau
Inn von Süden, Ilz von Nord,
treffen sich am gleichen Ort.
Mit der Donau geht´s bergab,
zum Schwarzen Meer hinab.

Himmelsrichtung • Kompass • Gebirge (A: Berge (Pl.)) • Wüste • Gletscher
Norden • Süden • Vulkan • Vulkanausbruch • Orkan • Naturkatastrophe
Verwüstung • Eis • Erdbeben • Lava • Westen • Osten

8. Der K__________ zeigt die Himmelsrichtung an.

9. Kinder lernen die H____________________ mit folgendem Merkspruch:
   Die Sonne geht im O______ auf, im S______ nimmt sie ihren Lauf,
   im W________ wird sie untergehen, im N________ ist sie nie zu sehen.

10. G____________ sind große Massen von E___ im hohen Gebirge oder an den Polen.

11. Fast ein Achtel des Landgebietes der Erde ist W_______.

12. Bei einem V____________________ tritt L_____, Gas und Asche aus dem Erdinneren hervor.
    Die meisten V__________ sind vor sehr langer Zeit ausgebrochen und haben G__________ geformt.

13. E__________ sind N____________________, die Wissenschaftler äußerst selten zuverlässig vorhersagen können.

14. O________ richten meist extrem große V________________ an.

r Orkan = *starker Sturm*

Tipp
Bei Himmelsrichtungen ist der Artikel immer maskulin: *der Norden, der Süden, der Westen, der Osten*

Eselsbrücken für den Geologieunterricht

Stalagmiten und Stalaktiten
Mithilfe der gleichen Buchstaben kann man sich gut merken:
Stalagmiten stehen auf dem Untergrund.
Stalaktiten hängen von der Decke.

Bestandteile des Granits
Feldspat, Quarz und Glimmer
hat der Granit immer.

2 Deutschland

a. Deutschlandquiz. Sehen Sie sich die Karte an und ergänzen Sie.

0. Das Bundesland Thüringen liegt nördlich von Bayern.
1. Das Bundesland Baden-Württemberg liegt ____________ ______ Hessen.
2. Mecklenburg-Vorpommern liegt ____________ ______ Schleswig-Holstein.
3. Das Bundesland Thüringen liegt ____________ ______ Sachsen.
4. Die Bundesländer Nordrhein-Westfalen, Rheinland-Pfalz und das Saarland liegen ____ ____________ ______ Deutschland.
5. Das Bundesland Berlin liegen ____ ____________ ______ Deutschland.
6. Schleswig-Holstein und Hamburg liegen ____ ____________ ______ Deutschland.
7. Bayern und Baden-Württemberg liegen ____ ____________ ______ Deutschland.
8. Das Saarland liegt ____________________ von Baden-Württemberg.
9. ________________ von Sachsen-Anhalt liegt Sachsen.
10. Das Bundesland Bremen liegt ________________ von Hamburg.

östlich von
~~nördlich von~~
westlich von
südlich von
im Osten von
im Norden von
im Süden von
im Westen von
südwestlich
südöstlich
nordwestlich

b. Bundesländer und Landeshauptstädte. Ergänzen Sie die Bundesländer.

	Bundesland	Landeshauptstadt
0.	Baden-Württemberg	Stuttgart
1.	____________	München
2.	____________	Berlin
3.	____________	Potsdam
4.	____________	Bremen
5.	____________	Hamburg
6.	____________	Wiesbaden
7.	____________	Schwerin
8.	____________	Hannover
9.	____________	Düsseldorf
10.	____________	Mainz
11.	____________	Saarbrücken
12.	____________	Dresden
13.	____________	Magdeburg
14.	____________	Kiel
15.	____________	Erfurt

3 Österreich

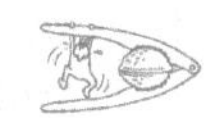

a. Sehen Sie sich die Karte an und ergänzen Sie die Vokale.

Österreich liegt in Mitteleuropa. Südlich von Deutschland und nördlich von Italien.

Es hat neun Bundesländer: (0) W i e n; (1) N __ __ d __ r __ st __ rr __ __ ch, (2) das B __ rg __ __ l __ nd, (3) die St __ __ __ rm __ rk, (4) __ b __ r __ st __ rr __ __ ch, (5) S __ lzb __ rg, (6) T __ r __ l, (7) V __ r __ rlb __ rg und (8) K __ rnt __ n.

b. Ergänzen Sie.

Störche (*Pl.*)
Berg
~~Bundesland~~
Hauptstadt
Seen (*Pl.*)
Komponist
flachste
Mais (*A:* Kukuruz)
beliebtes
Weihnachtslied

r Dom = *große Kirche*
s Wahrzeichen = *etwas, an dem man die Stadt sofort erkennt*
r Prater = *großer Park mit bekanntem Vergnügungspark*

Wien ist das kleinste (0) Bundesland Österreichs. Die Wahrzeichen der (1) ________________ Wien sind der Stephansdom und das Riesenrad im Prater.

Das Burgenland ist das (2) ____________ Bundesland. Typisch für das Burgenland sind die vielen (3) __________ und der (4) ______.

Kärnten ist das südlichste Bundesland. Es ist wegen seiner (5) _______ und der Berge ein (6) ____________ Urlaubsziel (*CH:* Ferienziel).

Die Landeshauptstadt heißt wie das Bundesland: Salzburg. Der berühmte (7) ______________ Wolfgang Amadeus Mozart wurde hier geboren. Auch das bekannte (8) ______________________ „Stille Nacht" kommt aus dieser Stadt.

Der höchste (9) _______ Österreichs ist der Großglockner. Er liegt im Bundesland Tirol.

Die Schweiz

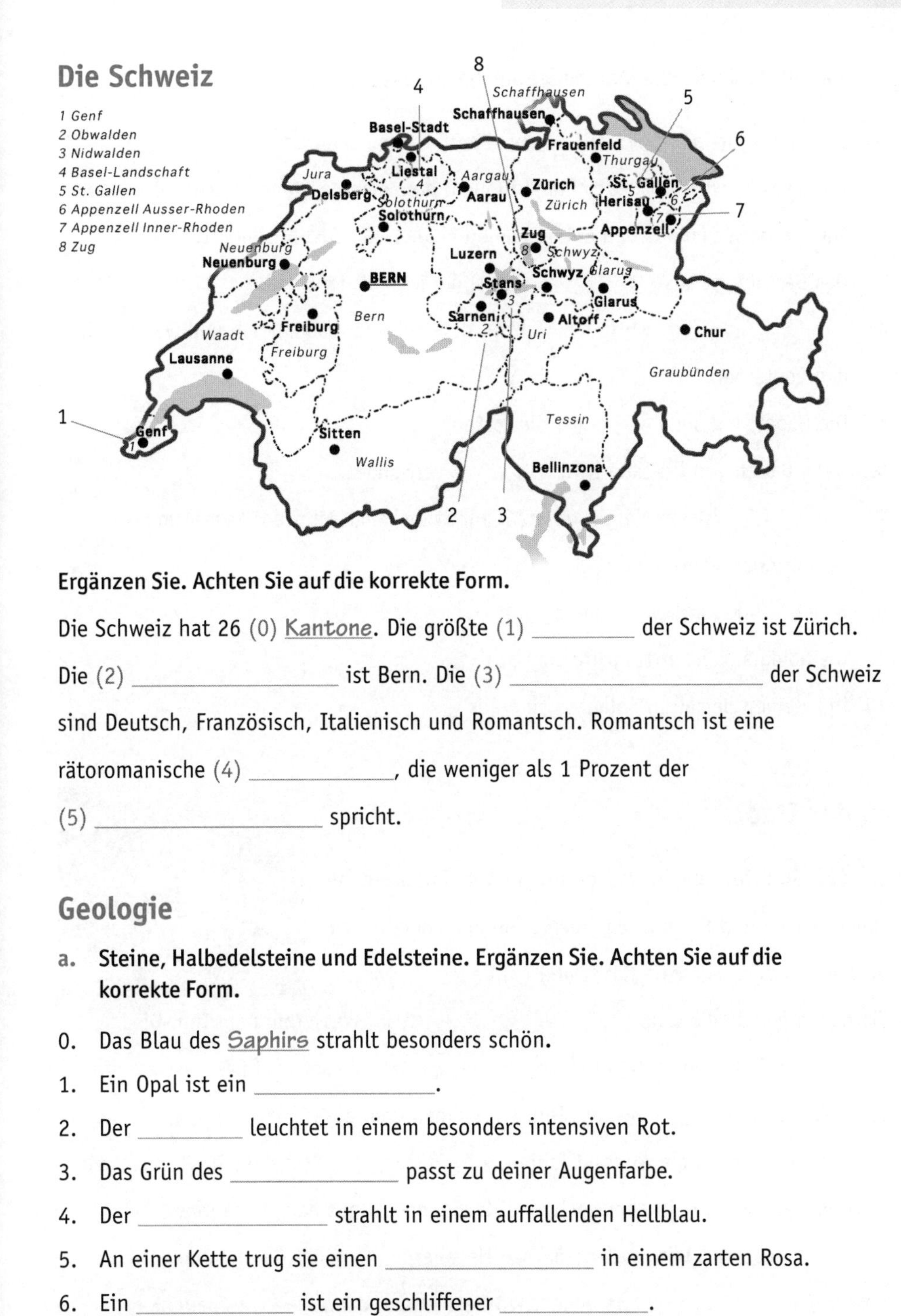

4

Hauptstadt
~~Kanton~~
Sprache
Stadt
Bevölkerung
Amtssprache

Ergänzen Sie. Achten Sie auf die korrekte Form.

Die Schweiz hat 26 (0) Kantone. Die größte (1) ________ der Schweiz ist Zürich. Die (2) ________________ ist Bern. Die (3) ____________________ der Schweiz sind Deutsch, Französisch, Italienisch und Romantsch. Romantsch ist eine rätoromanische (4) ____________, die weniger als 1 Prozent der (5) __________________ spricht.

s Bundesland = *CH: r Kanton*

Geologie

5

a. Steine, Halbedelsteine und Edelsteine. Ergänzen Sie. Achten Sie auf die korrekte Form.

0. Das Blau des Saphirs strahlt besonders schön.
1. Ein Opal ist ein ______________.
2. Der ________ leuchtet in einem besonders intensiven Rot.
3. Das Grün des ______________ passt zu deiner Augenfarbe.
4. Der _______________ strahlt in einem auffallenden Hellblau.
5. An einer Kette trug sie einen _________________ in einem zarten Rosa.
6. Ein ____________ ist ein geschliffener ____________.
7. ______________ ist versteinertes Harz.
8. Die Statue war aus weißem __________.
9. Ammoniten sind ______________, die man häufig finden kann.
10. Die Steinplatte um die Spüle ist aus schwarzglänzendem __________.

~~Saphir~~
Aquamarin
Rubin
Edelstein
Smaragd
Rosenquarz
Diamant
Granit
Fossil
Bernstein
Brillant
Marmor

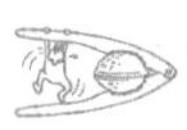

b. Metalle. Ergänzen Sie. Achten Sie auf die korrekte Form.

Silber
~~Gold~~
Eisen
Blei
Kupfer
Aluminium
Zinn
Stahl
Messing
abbauen
Platin

1. Ihr Ehering ist aus Gold mit einem silberfarbenen Streifen aus __________.
2. An Silvester ist es in Deutschland Brauch, dass man geschmolzenes ________ ins Wasser gießt und aus den entstandenen Figuren die Zukunft deutet.
3. Das Besteck ist aus __________, das spüle ich mit der Hand.
4. ______________ werfe ich nicht in den Müll, das sammle ich und werfe es in den Container.
5. Die Nägel sind aus _________, die rosten.
6. Beim Bauen von Brücken wird ________ verwendet.
7. __________ ist ein Metall, das z. B. für Stromkabel, Münzen, Kessel und Regenrinnen verwendet wird.
8. Früher wurde auf Elba Eisenerz ____________.
9. Die goldglänzenden Türgriffe sind aus ___________.
10. Die kleinen bemalten Soldaten sind aus _______.

6 In der Stadt

a. Eine Stadtführung in Wasserburg am Inn. Ergänzen Sie.

Fußgängerzone
Stadt
Krieg
Aussicht
Fluss
erreichen
-platz
-kirche
Rathaus
-museum
besichtigen
begrüßen
Einwohner
~~Stadtführung~~
Brücke
Tor

Meine Damen und Herren, ich möchte Sie ganz herzlich zu unserer heutigen (0) Stadtführung (1) be________en. Sie haben gerade die schönste (2) A__________t auf Wasserburg am Inn. Die (3) St____t hat rund 11 000 (4) Ein__________er. Wie Sie sehen, fließt fast um die ganze Stadt ein (5) F____ss, der Inn. Wir werden über die (6) B________e, die Sie hier unten sehen, in die Altstadt fahren. Wir (7) er__________en die Stadt durch ein historisches (8) T__r, in dem noch eine Kanonenkugel aus dem 30-jährigen (9) K_____g steckt. Wir werden am (10) Heiserer p______z halten und durch die (11) Fu________________ne gehen. Wir besichtigen dann die (12) Frauenk____________e und das (13) R__________s. Sie haben anschließend Zeit, das (14) Heimatmu__________m zu (15) be______________en.

b. In Berlin. Ergänzen Sie.

- ● Du kannst nach Potsdam fahren und dir (0) Schloss Sanssouci (1) __________. Du kannst dort auch eine alte (2) ______ besichtigen, in der immer noch Mehl gemahlen wird.
- ■ Das ist eine gute Idee für morgen, heute Vormittag wollen die Kinder das Brandenburger (3) ____ und den (4) __________ besichtigen und auf den (5) __________ rauffahren. Am Nachmittag gehen wir dann in den (6) ____.
- ● Das schafft ihr nicht an einem Vormittag. Vor dem Reichstag muss man immer (7) ________ ________!

Mühle
Zoo
Reichstag
Schlange stehen
~~Schloss~~
anschauen
Tor
Fernsehturm

Der Reichstag

Der Reichstag mit seiner gläsernen Kuppel ist eine der meistbesuchten Sehenswürdigkeiten Berlins. Das Gebäude ist Sitz des deutschen Parlaments, dem Deutschen Bundestag, und ein Symbol deutscher Geschichte. Die Wurzeln des Baus liegen im Kaiserreich. Gebaut wurde der Reichstag von 1884 bis 1894. 1918 wurde die erste demokratische Republik von dort ausgerufen. Auch das Ende der Weimarer Republik ist mit dem Reichstag verbunden. 1933 brannte der Reichstag und die Nationalsozialisten nahmen dies als Vorwand, um politische Gegner ins Gefängnis zu bringen. Gegen Ende des 2. Weltkrieges wurde um das Gebäude erbittert gekämpft. Am 30. April 1945 hissten russische Soldaten auf dem zerstörten Reichstag die Rote Fahne, was das Ende des 2. Weltkrieges in Berlin bedeutete. Lange führte die Mauer, die Deutschland teilte, direkt am Gebäude vorbei. Auch die Wiedervereinigung in der Nacht zum 3. Oktober 1990 wurde am Reichstag gefeiert.

c. Am Stadtrand. Ergänzen Sie. Achten Sie auf die korrekte Form.

- ● Wir (0) wohnen jetzt in Waldperlach, das ist ein (1) __________ am (2) __________ von München. In die (3) __________ braucht man von dort ungefähr 45 Minuten mit öffentlichen (4) __________. Wir sind hier hergezogen, weil wir im (5) ________ kein Haus mit Garten gefunden haben. Wir wohnen fast direkt an der (6) __________. Ein paar hundert Meter weiter ist es schon richtig (7) ________.
- ■ Wir leben jetzt richtig (8) __________, in Grafing. Stell dir vor, durch unseren Garten fließt sogar ein kleiner (9) ______. In der (10) __________ gibt es Felder und (11) ________. Es ist dort wirklich idyllisch.

~~wohnen~~
Innenstadt
Verkehrsmittel
auf dem Land
Zentrum
Stadtviertel
Bach
Stadtrand
ländlich
Wiese
Stadtgrenze
Umgebung

d. Rhein, Ruhr und Donau. Ergänzen Sie. Achten Sie auf die korrekte Form.

flach
Luft
~~Industrie~~
oben
eben
steil
Kohle
Ufer
schmutzig
Fels
Fluss
Burg
Schiff
Weg
entlang
Landschaft

r Smog = *Abgase, Rauch oder Nebel über Großstädten oder Gebieten mit viel Industrie*

e Sage = *sehr alte Erzählung von Helden, Kämpfen oder ungewöhnlichen Ereignissen*

Im Ruhrgebiet gibt es viel (0) Industrie. Die Landschaft ist meistens (1) e______ und (2) f______. Früher wurde dort viel (3) K______ gefördert und Stahl produziert und die Luft in den Industriegebieten war (4) sch______. Heute ist die (5) L______ wieder sauber und es gibt keinen Smog mehr.

Der Rhein ist der größte (6) F______ Deutschlands. An seinem (7) U______ gibt es einen berühmten (8) st______ Felsen. In einer alten Sage wird erzählt, dass auf dem (9) F______ eine junge schöne Frau saß, die Loreley, die ihre langen, blonden Haare kämmte und sang. Die Schiffer schauten deshalb nach (10) o______ und nicht auf den Fluss und viele (11) Sch______ sanken.

Ich fahre gerne mit dem Fahrrad an der Donau (12) e______, die meisten (13) W______ sind dort eben. Die (14) L______ ist wunderschön. Es gibt viele (15) B______, die man besichtigen kann.

In den Bergen

7 ______

a. Ergänzen Sie.

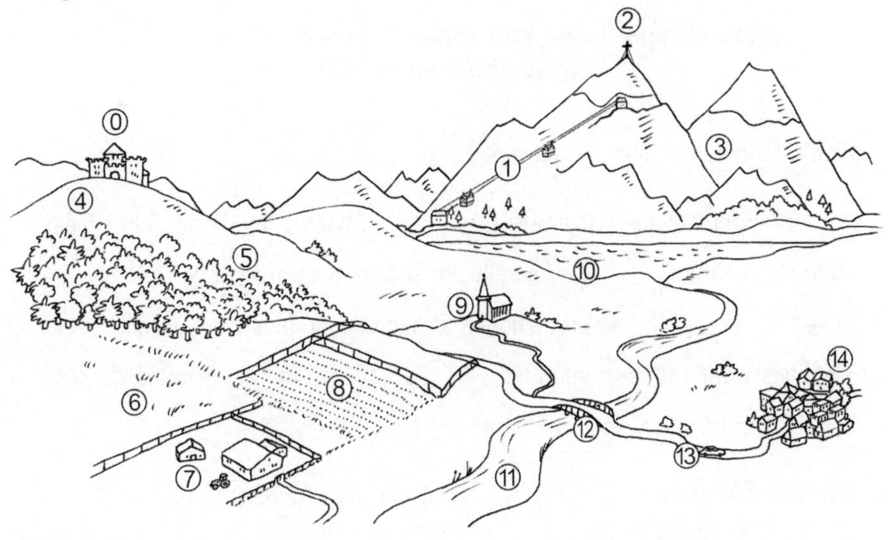

~~die Burg~~
das Gebirge
der See
die Straße
das Dorf
der Bauernhof
der Wald
die Wiese
der Fluss
der Hügel
das Feld / der Acker
die Brücke
das Gipfelkreuz
die Seilbahn
die Kirche

0. *die Burg*
1. ______
2. ______
3. ______
4. ______
5. ______
6. ______
7. ______
8. ______
9. ______
10. ______
11. ______
12. ______
13. ______
14. ______

8 Am Meer und am Fluss

a. Sommerferien. Ergänzen Sie. Achten Sie auf die korrekte Form.

Ebbe • Klippe • Insel • kalt • Strand • Küste • ~~Sommerferien~~ Meer • Nordsee • Bucht

dieses Jahr = *A: heuer*

- ● Wohin fahrt Ihr in den (0) Sommerferien?
- ■ Wir fahren im Sommer immer ans (1) ______. Wir wollen dieses Jahr wieder nach Elba. Die (2) ______ gefällt uns sehr gut, es gibt an der (3) ______ viele (4) ______ mit schönen Stränden zum Baden. An unserem Lieblingsstrand gibt es sogar eine (5) ______, von der man ins Wasser springen kann. Und wohin wollt Ihr?
- ● Wir fahren an die (6) ______, auf die Insel Amrum.
- ■ Das Wasser wäre mir dort zum Schwimmen zu (7) ______!
- ● Wir schwimmen auch nicht oft. Wir machen gerne bei (8) ______ Wanderungen am (9) ______.

b. Am Fluss. Ergänzen Sie.

Kanal • Innenstadt • ~~Stadtteil~~ • Grünfläche • Park • gefährlich • Nähe • Ufer

- ● Na, wie gefällt es euch in München?
- ■ Super. Wir wohnen in einem (0) Stadtteil in der (1) ______ des Englischen Gartens, das ist ein wunderschöner alter (2) ______, eine riesige (3) ______ mitten in der Stadt. Ich arbeite in der (4) ______ und kann in der Mittagspause ans (5) ______ der Isar gehen. Du, da gibt es einen (6) ______, an dem kann man sogar Wellenreiten. Allerdings ist das ziemlich (7) ______.

Pflanzen

9 ____________

a. Der Löwenzahn. Ordnen Sie zu.

3. ____________
2. ____________
4. ____________
5. ____________
1. ____________
6. ____________
0. die Wurzel

das Blatt
der Stängel
~~die Wurzel~~
der Samen
die Knospe
die Blüte
die Erde

b. Ein Baum. Ordnen Sie zu.

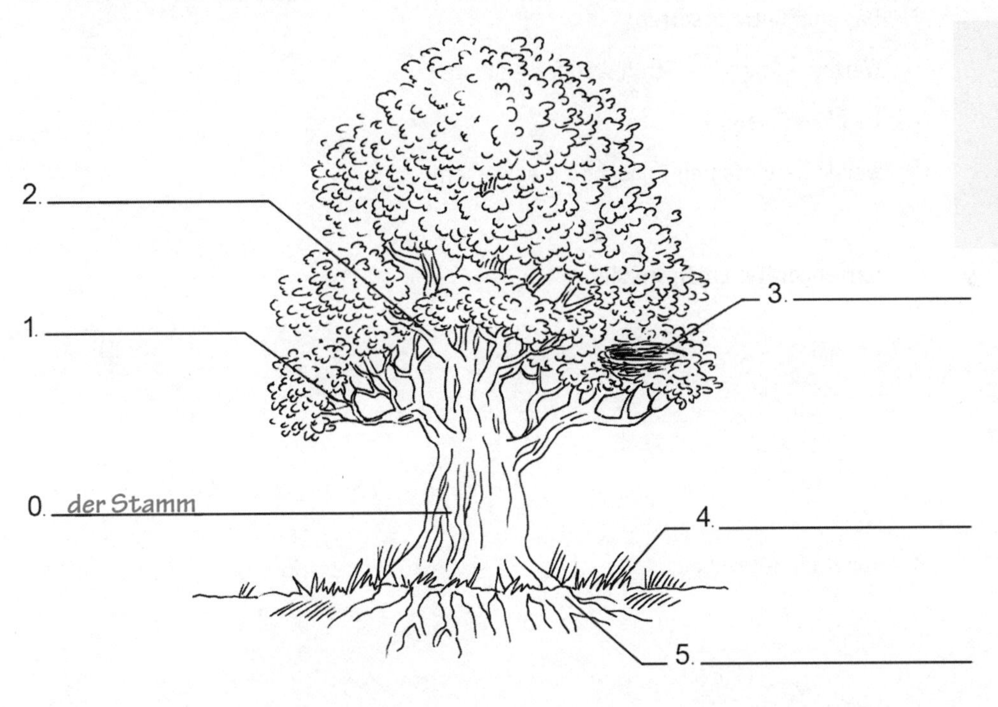

der Zweig
der Ast
die Wurzel
das Gras
~~der Stamm~~
das Nest

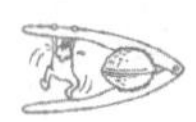

c. Pflanzen und Bäume. Was passt nicht?

0. Den Rasen kann man:

   säen – gießen – düngen – mähen – ~~verblühen~~

1. Einen Blumenstrauß kann man:

   binden (lassen) – mähen – pflücken – kaufen – verschenken

2. Einen Baum kann man:

   pflanzen – schneiden – pflücken – fällen – setzen

3. Eine Blume kann:

   wachsen – blühen – verblühen – ernten – (ver)welken

4. Getreide (*CH:* Korn) kann man:

   säen – ernten – düngen – fällen – spritzen – anbauen

5. Ein Beet kann man:

   umgraben – umtopfen – jäten – hacken – düngen

6. Das sind Getreidesorten:

   Weizen – Roggen – Stroh – Hafer – Gerste

7. Heu kann man:

   wenden – einfahren – machen – bewässern

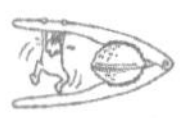

d. Gartengeräte. Ergänzen Sie.

der Rasenmäher
die Gartenschere
~~der Rasensprenger~~
die Gießkanne
der Spaten
die Hacke

0. der Rasensprenger 1. ____________ 2. ____________

3. ____________ 4. ____________ 5. ____________

e. Ergänzen Sie. Achten Sie auf die korrekte Form.

0. Könntest du bitte meine Pflanzen gießen, wenn ich im Urlaub (*CH:* in den Ferien) bin?
1. In den ________________ im Botanischen Garten gibt es eine Schmetterlingsausstellung.
2. Hältst du bitte am ________________ an. Ich möchte noch einen Strauß ________ kaufen.
3. Ich schenke ihr keinen Strauß Blumen, sondern eine ________________, weil sie morgen in Urlaub fährt.
4. Der __________ hat ja riesige Stacheln!
5. In die ________________ habe ich Geranien gepflanzt.
6. Ich sollte mal wieder ____________ jäten, aber immer wenn ich Zeit habe, regnet es.
7. Warte, ich möchte die Lilien noch in die ______ stellen.
8. Edelweiß und Enzian darfst du nicht ____________, diese Pflanzen sind geschützt.
9. Komm, wirf den __________ weg, der ist doch schon ____________.
10. David geht gerne in den Wald, um ________ zu sammeln.
11. Ich kaufe meine Balkonblumen immer in der ______________.
12. Wenn du die ____________ im Herbst pflanzt, blühen die ____________ und __________ im Frühjahr.
13. Deine Pflanzen sind sehr schön! Was für einen __________ benutzt du?

~~Pflanze~~
Strauß
Blumenladen
Topfpflanze
Gewächshaus
pflücken
Kaktus
Vase
Unkraut
verwelken
Zwiebel
Narzisse
Rose
Tulpe
Gärtnerei
Balkonkasten
Dünger
Pilz (*A:* Schwammerl)

r Kaktus → *Pl.:* e Kakteen

s Edelweiß

r Enzian

e Narzisse

e Lilie

e Rose

e Tulpe

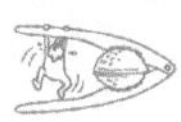

mähen
~~fressen~~
entsorgen
einsammeln
gießen
umgraben
bauen
kombinieren
streuen
locken
kriechen
eingraben
wirken

f. Ergänzen Sie. Achten Sie auf die korrekte Form.

Das hilft gegen Schnecken:

Schnecken (0) fressen am liebsten frisch gepflanztes Gemüse und zarte Blumen. Was hilft gegen diese Plage?

- (1) __________ Sie nur morgens.
- (2) __________ Sie benachbarte Wiesen und Rasen häufig.
- (3) __________ Sie die Beete erst nach dem ersten Frost ____.
- (4) __________ Sie Schneckenkorn.
- (5) __________ Sie die Schnecken _____ und (6) __________ Sie sie, denn tote Schnecken locken weitere Schnecken an.
- (7) __________ Sie Schneckenzäune um die Beete. (Die Schnecken können nicht über die speziellen Metallbleche (8) __________.)
- Bierfallen – Dosen oder Becher mit Bier im Boden (9) __________ – (10) __________ auch. Diese Methode (11) __________ allerdings auch Schnecken aus der Umgebung in Ihren Garten.
- Eine einzige wirksame Methode gibt es nicht, (12) __________ Sie am besten mehrere Methoden.

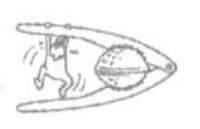

g. Bäume. Ordnen Sie zu.

die Birke
~~die Rotbuche~~
der Spitzahorn
die Fichte
die Eiche
die Kastanie
die Kiefer
die Lärche
die Linde

0. die Rotbuche

1. __________

2. __________

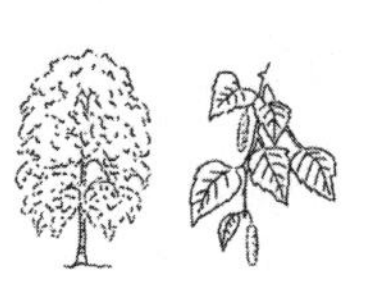

3. __________

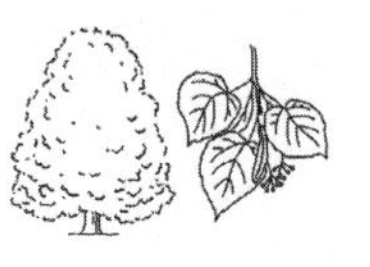
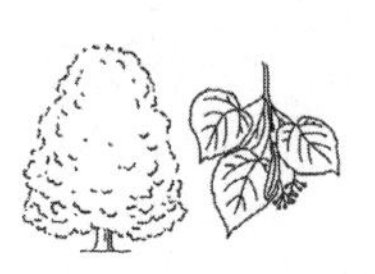

4. __________

5. __________

6. __________

7. __________

8. __________

h. Ergänzen Sie. Achten Sie auf die korrekte Form.

1. Die Rotbuche ist der häufigste Laubbaum in Deutschland. Ihre dreikantigen Früchte heißen ______________.
2. Kopfweiden wachsen oft an den __________ von Bächen, Flüssen und Seen. Aus ihren Zweigen werden __________ geflochten.
3. Bei den Germanen gab es in jedem Dorf eine __________. Dort fanden Versammlungen und Feste statt und es war der Gerichtsort.
4. Die __________ der Birke ist weiß. Sie hat lange, __________ herunterhängende __________. Ihre __________ heißen Kätzchen.
5. Die Lärche ist der einzige ______________, der im Herbst seine Nadeln abwirft. Ihr ________ wird gerne zum Bauen verwendet, da es unempfindlich gegen Nässe ist.
6. Ein ________, z. B. die Buche, hat einen dicken Stamm. Ein ____________, wie die Haselnuss, hat mehrere dicke Äste, die aus dem __________ wachsen.
7. In meinem __________ wächst ein Holunder__________. Aus den __________ kann man leckeren Sirup machen und aus den gekochten __________ Saft, der gegen Erkältung und Fieber hilft.
8. Unser Hase versteckt sich gern im ____________.
9. Wir haben eine __________ gepflanzt, damit man von der Straße nicht in unseren Garten schauen kann.
10. Die __________ der Weißtanne sind weich und haben auf der Unterseite zwei silberne Streifen.
11. Das ________ der Ahornbäume färbt sich im Herbst besonders schön.
12. An der Nordseite meines Gartens habe ich verschiedene __________ gepflanzt, die wachsen im ____________ gut.
13. ____________ und Weißtannen kann man einfach voneinander unterscheiden. Bei der Fichte hängen die __________ nach unten. Bei der ______________ stehen die Zapfen aufrecht am _____.

Ufer
~~Laubbaum~~
Buchecker
Rinde
Korb
Zweig
Linde
Nadelbaum
dünn
Baum
Frucht
Strauch
Boden
Holz

e Kopfweide

s Gebüsch = *mehrere Büsche, die dicht nebeneinander stehen*

e Hecke = *Sträucher, die so gepflanzt sind, dass sie einen Zaun bilden*

Schatten
Garten
Blüte
Gebüsch
-busch
Beere
Weißtanne
Farn
Laub
Zapfen
Ast
Hecke
Fichte
Nadel

r Holunder

r Farn

10 Landwirtschaft

a. Auf dem Bauernhof. Ergänzen Sie.

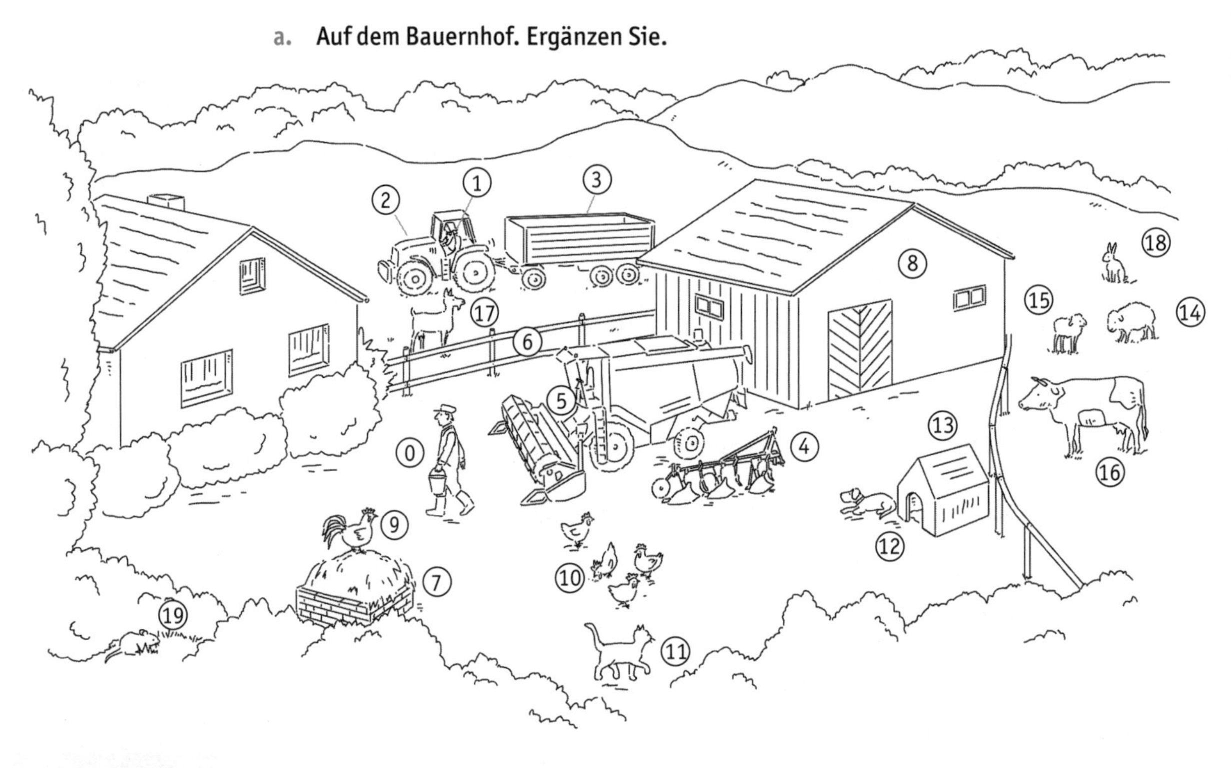

der Traktor
der Anhänger
der Hahn
der Pflug
der Mähdrescher
die Hennen (*Pl.*)
die Katze
der Hund
die Hundehütte
das Schaf
die Kuh
das Lamm
die Ziege
der Hase
die Maus
~~der Bauer / der Landwirt~~
die Bäuerin / die Landwirtin
der Zaun
der Misthaufen
die Scheune

0. der Bauer / der Landwirt
1. ____________
2. ____________
3. ____________
4. ____________
5. ____________
6. ____________
7. ____________
8. ____________
9. ____________
10. ____________
11. ____________
12. ____________
13. ____________
14. ____________
15. ____________
16. ____________
17. ____________
18. ____________
19. ____________

b. Wie heißen die Tierfamilien? Ergänzen Sie mit dem bestimmten Artikel.

Küken
(A: Kücken)
Kater
Kalb
Stute
~~Katze / Kätzin~~
Hengst
Hund / Rüde
Sau
Henne
Ferkel
Kuh
Hahn
Fohlen
Welpe
Eber
Stier
Hündin
Kätzchen

Die Katzenfamilie

1. ♀: die Katze / die Kätzin

♂: ______

Tierkind: ______

Die Hundefamilie

2. ♀: ______

♂: ______

Tierkind: ______

Die Pferdefamilie

3. ♀: ______

♂: ______

Tierkind: ______

Die Schweinefamilie

4. ♀: ______

♂: ______

Tierkind: ______

Die Hühnerfamilie

5. ♀: ______

♂: ______

Tierkind: ______

Die Rinderfamilie

6. ♀: ______

♂: ______

Tierkind: ______

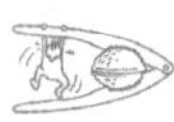

c. Die „Sprache" der Tiere. Ergänzen Sie in der korrekten Form.

blöken
~~bellen~~
grunzen
miauen
meckern
gackern
schreien
krähen
summen
muhen
schnattern

0. Der Hund bellt „wau, wau".
1. Die Katze ________ „miau, miau".
2. Der Esel ____________ „iah, iah".
3. Das Schaf ________ „bäh, bäh".
4. Die Ziege ____________ „meck, meck".
5. Der Hahn ________ „kikeriki, kikeriki".
6. Die Ente ________________ „quak, quak".
7. Die Kuh _______ „muh, muh".
8. Das Schwein __________ „oink, oink".
9. Das Huhn ____________ „gack, gack".
10. Die Biene _________ „summ, summ".

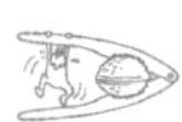

d. Ergänzen Sie. Achten Sie auf die korrekte Form.

Schwanz
~~Fell~~
Kralle
Feder
Schnabel
Geweih
Mähne
Pfote
Schnauze

0. Das Fell der Katze ist sehr weich.
1. Die ____________ der Katze sind scharf.
2. Die __________ des Hahns sind bunt.
3. Der Hund hat sich seine ________ verletzt.
4. Der Hund freut sich und wedelt mit dem ____________.
5. Das Pferd hat eine lange, weiße _________.
6. Die _____________ der Ratte ist spitz.
7. Die Hühner picken mit ihren _______________ nach Futter.
8. Der kapitale Hirsch hat ein mächtiges __________.

e Ratte

r Hirsch

Tiere

11

a. Wo sind die Tiere. Ergänzen Sie.

Stall
~~Hundekorb~~
Bau
Zoo / Tiergarten / Tierpark
Wald
Weide
Koppel
Teich / Aquarium
Nationalpark
Loch
Käfig

0. Der Hund liegt im Hundekorb.
1. Das Pferd steht im ________.
2. Das Pferd ist auf der __________.
3. Der Vogel sitzt im ________.
4. Die Kuh steht auf der ________.
5. Die Maus schlüpft in ihr _______.
6. Der Fuchs liegt in seinem ______.
7. Der Fisch schwimmt im ________________________.
8. Der Elefant lebt im ____.
9. Der Wolf lebt im ___________________.
10. Das Wild lebt im _______.

b. Hier stimmt doch was nicht! Streichen Sie den Fehler durch.

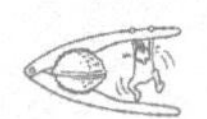

0. Hühner, Gänse, ~~Hasen~~, Schildkröten und Schlangen legen Eier.
1. Auf dem Geflügelhof gibt es Hühner, Papageien, Enten, Gänse und Puten.
2. In den Schweizer Bergen gibt es Tiger, Rehe, Hirsche, Hasen und Gämsen.
3. Die Kinder füttern die Schwäne, Enten, Krokodile und Gänse mit altem Brot.
4. Vögel haben einen Schnabel, Federn, Flügel und Flossen.
5. Der Bauer züchtet Rinder, Schweine, Schafe und Meerschweinchen.
6. Die Bäuerin melkt die Rehe, Kühe, Schafe und Ziegen.
7. Kaninchen, Wölfe und Adler sind vom Aussterben bedroht.
8. Der Jäger schießt Hasen, Rehe, Delfine und Hirsche.
9. Die Kinder können im Zoo die Löwen, die Schafe und die Ziegen streicheln.
10. Der Angler hat eine Forelle, einen Karpfen und einen Wal gefangen.
11. Der Karpfen, die Forelle und der Goldfisch sind Speisefische.
12. Katzen jagen Mäuse, Vögel und Frösche.
13. Nutztiere werden zum Schlachten und Streicheln gezüchtet.
14. Gorillas, Seeigel und Seepferdchen sind Meerestiere.
15. Die Jagd nach Bären, Wölfen und Kaninchen ist verboten.

s Meerschweinchen

s Reh

fischen = *angeln*

c. Ergänzen Sie. Achten Sie auf die korrekte Form.

Haustier
Hamster
zahm
~~bissig~~
Taube
Eichhörnchen
Amsel
Leine
Meise
Specht

zahm ↔ wild

0. An der Tür steht ein Schild: Achtung bissiger Hund!
1. Können Sie Ihren Hund bitte an die L______ nehmen?
2. Die Rehe im Wildpark sind z______ und fressen aus der Hand.
3. Hunde, Katzen, Vögel, Hasen, Kaninchen, H______, Meerschweinchen, Mäuse und Fische sind beliebte H______.
4. In unserem Garten gibt es viele M______ und A______. Manchmal kommt sogar ein S______.
5. Wir haben zwei Ei______ im Garten.
6. Man darf die T______ in der Stadt nicht füttern.

r Hamster

s Eichhörnchen

Tierische Schimpfwörter

Geschimpft wird in allen Kulturen, wenn auch mit unterschiedlichen sprachlichen Mitteln. Schimpfen ist ein Ventil, um Ärger abzulassen – ob man sich nun mit dem Hammer auf den Finger geklopft oder sich mit seinem Chef gestritten hat. Im Deutschen kommt der Wortschatz fürs Schimpfen aus vielen Bereichen des täglichen Lebens, auch bestimmte Tiere werden gerne genommen, wenn man seinem Ärger Luft machen möchte. So kann man z. B. einen faulen oder dummen Mann als „alten Esel" bezeichnen, einen selbstverliebten Mann als „eitlen Pfau" und einen Mann, der keine Manieren hat, als „Wildschwein". Zu einer hinterlistigen Frau, die keine Skrupel kennt, kann man „falsche Schlange" sagen, zu einer sehr langsamen Frau „lahme Ente" und zu einer unausstehlichen, ständig meckernden Frau „Zicke". Ein sehr ängstlicher Mensch wird schon mal als „Angsthase" bezeichnet und Kinder, die sehr schmutzig sind, als „Dreckspatzen" oder „Schmutzfinken".

Gut überlegen sollte man sich das Verwenden solcher Schimpfwörter in der direkten Kommunikation – gerade als Nicht-Muttersprachler will Schimpfen gelernt sein!

d. Insekten. Ergänzen Sie. Achten Sie auf die korrekte Form.

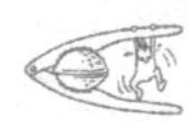

1. Insekten haben sechs Beine, __________ haben acht Beine.
2. Nur das Weibchen der ______________ sticht. Es saugt bei einer Blutmahlzeit das Doppelte seines Körpergewichts an Blut.
3. Bienen und Schmetterlinge haben zwei Paar ________, Mücken und _________ nur ein Paar.
4. _______________ sind sehr nützliche Insekten, da sie sich von Blattläusen ernähren. Schon die Larve des Marienkäfers frisst in ihrem vierwöchigen Leben 400 _______.
5. __________ legen eine Duftspur, um zu ihrem ______ zurückzufinden.
6. ___________ wurden früher bekämpft, weil sie ganze _______ kahl fraßen. Heute sind sie selten.
7. ____________ sind die größten heimischen Wespen, die bis zu 3,5 cm lang werden. Sie werden gefürchtet, obwohl sie nicht so aggressiv sind wie andere Wespen.
8. Die _______ macht aus dem gesammelten ________ Honig.
9. _________ sind gelb-schwarze Insekten, die ihre Nester aus Papier bauen. Ihr _______ ist sehr schmerzhaft. Da aber der _________ im Gegensatz zur Biene keinen Widerhaken hat, bleibt er nicht in der Haut stecken.
10. Der _________________ legt seine Eier auf einer Pflanze ab. Aus den _______ schlüpfen Raupen. Die kleinen Raupen fressen Blätter, wachsen und häuten sich mehrmals. Nach mehreren Wochen hört die _______ auf zu fressen, hängt sich an einen Stängel und _____________ sich langsam in eine _______. Aus ihr __________ der Schmetterling.

~~Insekt~~
Flügel
Ameise
Spinne
Marienkäfer
Stechmücke (A: Gelse)
Baum
Nektar
Fliege
Maikäfer
Hornisse
Nest
Biene
verwandeln
Wespe
Raupe
schlüpfen
Stachel
Puppe
Ei
Stich
Laus
Schmetterling

r Marienkäfer

e Ameise

r Maikäfer

12 Redewendungen: Tiere

a. Tiere aus Haus und Hof. Ordnen Sie zu.

0. den Stier bei den Hörnern packen [a]
1. das beste Pferd im Stall sein [ ]
2. die Katze aus dem Sack lassen [ ]
3. Schwein haben [ ]
4. aufs falsche Pferd setzen [ ]
5. nach jmdm./etwas kräht kein Hahn [ ]
6. wie Hund und Katz(e) sein [ ]
7. jmdm. gehen die Pferde durch [ ]
8. eine Gänsehaut haben/bekommen [ ]

~~a.~~ in einer schwierigen Lage entschlossen handeln
b. eine Sache falsch einschätzen und entsprechend handeln
c. ein Geheimnis preisgeben
d. der leistungsstärkste Mitarbeiter sein
e. Glück haben
f. zwei Personen leben in ständigem Streit
g. jmd./etwas ist so bedeutungslos, dass man ihm keine Aufmerksamkeit schenkt
h. jmdm./jmdn. schaudert vor Entsetzen/Angst/Kälte / jmdm. läuft es kalt über den Rücken
i. jmd. verliert die Kontrolle

b. Welche Redewendungen aus *a.* passen?

0. Als ich gestern bei meinem Chef war, (*habe ich entschlossen gehandelt*) habe ich den Stier bei den Hörnern gepackt und nach einer Gehaltserhöhung gefragt.
1. Ich habe letzte Woche im Lotto 5000 Euro gewonnen. Da habe ich wirklich (*Glück gehabt*) ______________________.
2. Ich hätte Frau Müller nicht einstellen sollen, sie ist als Mitarbeiterin nicht zu gebrauchen. (*Ich habe ihre Fähigkeiten falsch eingeschätzt.*) ______________________ ______________________.
3. Herr Müller und sein Nachbar (*streiten ständig*) ______________________ ______________________.
4. Peter fängt immer an zu streiten, wenn er zu viel Alkohol getrunken hat. (*Er verliert dann leicht die Kontrolle.*) ______________________ ______________________.
5. Herr Krause wird ausgezeichnet, weil er (*der Mitarbeiter ist, der im Betrieb die meiste Leistung bringt*) ______________________ ______.
6. Christine hat mir gestern endlich erzählt, dass Sie ein Kind erwartet. (*Sie hat ihr Geheimnis endlich preisgegeben.*) ______________________ ______________________.
7. Der Krimi war so gruselig, dass (*mir/mich vor Angst schauderte*) ich ständig ______________________.
8. Die Sonne schien, aber der Wind war so kalt, dass (*mir/mich vor Kälte schauderte*) ich ______________________.

c. Was gehört zusammen?

0. Auch ein blindes Huhn findet ... [a]
1. Paul ist ein Wolf ... [ ]
2. Er bringt seine Schäfchen ... [ ]
3. Sie wagt sich in die Höhle ... [ ]
4. Sie schlägt zwei Fliegen ... [ ]
5. Lisa hat einen Frosch ... [ ]
6. Manuel benimmt sich wie der Elefant ... [ ]
7. Vater macht aus einer Mücke ... [ ]
8. Das pfeifen die Spatzen ... [ ]
9. Er setzt seiner Mutter einen Floh ... [ ]
10. Ihm ist eine Laus ... [ ]

a. einmal ein Korn.
b. mit einer Klappe.
c. ins Ohr.
d. von den Dächern.
e. im Schafspelz.
f. im Porzellanladen.
g. im Hals.
h. über die Leber gelaufen.
i. des Löwen.
j. ins Trockene.
k. einen Elefanten.

d. Wie könnte man das mit Redewendungen aus *c.* sagen?

0. Mein Vater regt sich immer über jede Kleinigkeit furchtbar auf.
   Mein Vater macht aus jeder Mücke einen Elefanten.
1. Ich bekomme heute den ganzen Tag schon keinen Ton heraus.
   ____
2. Petra traut sich, zu ihrem äußerst strengen Chef ins Büro zu gehen.
   ____
3. Markus hat den ganzen Tag schon sehr schlechte Laune.
   ____
4. Mein Onkel hat sein Geld gut angelegt und hat keine finanziellen Sorgen.
   ____
5. Klaus kränkt mit seinem groben Verhalten andere Menschen.
   ____
6. Unser Chef gibt sich immer sehr friedliebend, hat aber keine guten Absichten.
   ____
7. Dass Lisa einen neuen Freund hat, weiß mittlerweile jeder in der Stadt.
   ____

13 Jahreszeiten, Monate, Tageszeiten

a. Ein Kinderlied. Ergänzen Sie.

Es war eine Mutter
Es war eine Mutter, die hatte vier Kinder:
den Frühling, den Sommer, den Herbst und den Winter.

Der (lihüFrng) (0) Frühling bringt Blumen,

der (remoSm) (1) __________ den Klee,

der (brestH) (2) __________ bringt die Trauben,

der (nitreW) (3) __________ den Schnee.

b. Ergänzen Sie. Achten Sie auf die korrekte Form.

~~Jahreszeit~~
frisch
warm
bunt
Tau
Sonne
Regen
gefrieren
hitzefrei
Temperaturen
Sommer
heiß
kühl
sonnig
Reif
Nebel
Wind
angenehm
kühl
früh

Jede (0) Jahreszeit ist anders. Im Frühling ist es morgens meist noch (1) k_____ und (2) f_______ und man sieht den (3) T____ auf den Wiesen. Am Nachmittag ist es dann (4) s________ und warm. Die Blumen beginnen zu blühen. Ich mag besonders die Krokusse, die Tulpen und die Narzissen. Der (5) R_______ im Frühling macht mir nichts aus, weil es danach so gut riecht.

Im (6) S_________ ist es oft schön (7) w______.
Man kann nach der Arbeit ins Schwimmbad gehen oder an einen See fahren und sich in die (8) S_______ legen. Wenn es sehr (9) h______ ist, haben die Schüler (10) h_____________, das kommt aber selten vor.

Im Herbst gibt es morgens (11) N_______ und auf den Pflanzen liegt (12) R_____. Am Nachmittag können die (13) T________________ noch sehr (14) a____________ sein, und wenn der (15) W______ weht, lassen die Kinder gerne Drachen steigen. Am Abend wird es allerdings sehr (16) f______ dunkel und (17) k______. Nachts kann es manchmal schon (18) g____________. Ich gehe im Herbst besonders gern im Wald spazieren, weil die Blätter dann so schön (19) b______ sind. Es macht auch Spaß, Pilze und Kastanien zu sammeln.

Im Winter sind die (20) T______ kurz und die (21) N__________ lang. An Tagen, an denen es nur (22) n______, kalt und grau ist, mag ich den Winter nicht. Wenn es aber schneit, viel (23) Sch______ liegt, die Sonne scheint und ich Schlitten und Ski fahren kann, liebe ich den Winter. Auch auf das Schlittschuhlaufen im Eisstadion oder auf einem (24) S____ freue ich mich im Winter.

See
Nacht
Tag
nass
Schnee

c. Ein Kindergedicht. Ergänzen Sie.

Im Januar beginnt das Jahr

Im (1) (raunaJ) __________ beginnt das Jahr.

Im (2) (raurbeF) ____________ ist Fasching da.

Im (3) (zräM) _______ die Frühlingssonne lacht.

Im (4) (lirpA) ________ das Wetter Ärger macht.

Im (5) (iaM) _____ die schönen Blumen blühen.

Im (6) (inuJ) _______ wir ins Schwimmbad ziehen.

Im (7) (iluJ) _______ ist der Sommer da.

Im (8) (tsuguA) __________ gibt's Ferien mit Papa.

Im (9) (rebmetpeS) ________________ gibt es reife Früchte.

Im (10) (rebotkO) ____________ steigen Drachen in die Lüfte.

Im (11) (rebmevoN) ______________ graue Nebel wallen.

Im (12) (rebmezeD) ______________ die Schneeflocken fallen.

r Januar = *A: der Jänner*
r Februar = *A: r Feber*
r Fasching = *r Karneval*

Tipp
Monate
Der Artikel ist immer maskulin: **der** Januar, **der** Februar, **der** März ...

d. **Ergänzen Sie die Tageszeiten.**

~~der Morgen • morgens~~
der Abend • abends
der Vormittag • vormittags
die Nacht • nachts
der Mittag • mittags
der Nachmittag • nachmittags

am Morgen = *in der Früh*

morgens = *jeden Morgen*

0. der Morgen, morgens

1. ______

2. ______

3. ______

4. ______

5. ______

14 Wetter und Klima

a. **Die Wetterkarte. Ordnen Sie zu.**

Schnee
Regen
~~heiter~~
Regenschauer
bewölkt
Nebel
Schneeregen
Gewitter

0. heiter

1.  ______

2.  ______

3.  ______

4.  ______

5.  ______

6.  ______

7. 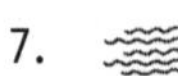 ______

b. Ergänzen Sie. Achten Sie auf die richtige Form.

0. Komm trink noch etwas. Bei der Hitze muss man viel trinken.
1. ● Nimm einen Schirm mit. Im W______ haben sie Regen v______. ■ Ach was, es ist keine Wolke am H______.
2. ● Wie ist das W______ bei euch? ■ G______. Die Sonne sch______. Es ist h______. Ich muss jeden Tag den Garten gießen, weil es so t______ ist.
   ● Wirklich? Bei uns ist das Wetter sch______.
3. Komm lass uns nach Hause gehen. Es g______ ein Gewitter. Da hinten sind ganz dunkle W______.
4. ● Warum hört man den D______ nach dem B______?
   ■ Weil Schall langsamer ist als Licht.
5. Im Sch______ ist es an______, wenn ich mich in die S______ lege, bekomme ich sofort einen Sonnenbrand.
6. ● Wann haben die Kinder hitzefrei?
   ■ Der Schulleiter kann hitzefrei geben, wenn das Th______ im Schatten morgens zwischen 10 und 11 Uhr mehr als 25 G______ anzeigt.
7. Jetzt komm aus dem Wasser! Du f______ doch, deine Lippen sind schon ganz blau.
8. Mist, es r______ und ich habe keinen Regenschirm dabei.
9. Wenn es w______ ist, können wir doch den neuen Drachen ausprobieren.

Blitz
gut
Wetter
heiß
scheußlich
scheinen
Wetterbericht
Himmel
~~Hitze~~
vorhersagen
trocken
Sonne
geben
Thermometer
Schatten
frieren
Grad
windig
Donner
angenehm
regnen
Wolke

c. Ergänzen Sie. Achten Sie auf die richtige Form.

1. ● Lies mal die Wettervorhersage vor. ■ Ein ______ bringt ______ Wetter. Nur gelegentlich ______, vor allem im Süden zum Teil kräftige ______, gebietsweise auch Gewitter.
2. ● Mama, was ist ein Barometer?
   ■ Damit misst man den ______. Wenn er ______, wird das Wetter schlechter und wenn er ______, wird es schön.
3. Morgens ist das Wetter ______ und ______, im Tagesverlauf soll es ______.
4. Am Meer gibt es im Herbst oft ______.
5. Es ______, jetzt fahren keine Schiffe.
6. Bei dem ______ hat es gehagelt.

wechselhaft
~~Wettervorhersage~~
Sturm
Luftdruck
Tief
trübe
Sonnenschein
stürmen
Schauer
fallen
Unwetter
steigen
regnerisch
aufheitern

s Tief ↔ s Hoch

d. Eis und Schnee. Ergänzen Sie. Achten Sie auf die richtige Form.

glatt
Kälte
Frost
schneien
Wetterprognose
Glatteis
zufrieren
mild
werden
tauen
kalt
minus
schippen
~~Schnee~~
Salz
Lawine
Schneeglöckchen
ununterbrochen
Hagel
hageln
Gebiet
unter Null

sich erkälten =
A: sich verkühlen

1. ● Wart ihr dieses Jahr Skifahren?
   ■ Ja, aber es gab sehr wenig Schnee, der Winter war viel zu ______.
2. ● Du musst die Blumen reinstellen. Laut ______ soll es heute Nacht ______ geben. Drei Grad ______ ______.
   ■ Ja, mach ich gleich.
3. ● Ich komme etwas später. Es hat heute Nacht ______ und die Straßen sind ______.
   ■ Ja, bei uns ist auch überall ______. Ich habe schon ______ gestreut.
4. ● Bei der ______ musst du Mütze und Handschuhe anziehen, du erkältest dich noch.
5. ● Der See ist ______, wir können doch Schlittschuh laufen.
   ■ Ich glaube, das ist momentan verboten, weil es ______.
6. ● Wie ______ das Wetter am Wochenende? ■ Es soll schneien.
7. ● Wie ______ ist es? ■ Es sind ______ 12 Grad. Dieses Jahr haben wir wirklich einen strengen Winter.
8. ● Ich muss noch Schnee ______. Es hat die letzte Nacht ______ geschneit.
9. ● Schau mal, mitten im Schnee blühen die ______.
10. ● Du kannst hier nicht Snowboard fahren, das ______ ist wegen ______ gesperrt.
11. ● Der ______ hat mein ganzes Blumenbeet kaputtgemacht.
    ■ Oje! Bei uns hat es nicht ______.

s Schneeglöckchen

e. Ergänzen Sie.

Es (0) (ltpfeötr) tröpfelt, es (1) (ngetre) ______, es (2) (etüschtt) ______, es (3) (entdorn) ______ und es (4) (btztli) ______,
und alle Kinder gehen schnell ins Haus.
Dann kommt die liebe (5) (onSne) ______ raus,
und alle Kinder gehen wieder aus dem Haus. *(traditioneller Kinderreim)*

f. Was passt nicht?

0. Am Himmel sieht man: die Sonne – den Mond – die Sterne – ~~den Schatten~~
1. Das Klima ist: bewölkt – trocken – mild – feucht – tropisch
2. Der Wind: weht – bläst – gefriert – pfeift
3. Es ist: schön – eisig – sonnig – heiter – warm
4. Die Temperaturen: fallen – stürmen – steigen – sinken
5. Es ist: nass – feucht – trocken – schwül
6. Es gibt: Orkan – Niederschläge – Regenschauer – Regengüsse
7. Pass auf, es ist: glatt – rutschig – spiegelglatt – diesig
8. Es ist: neblig – bewölkt – bedeckt – wolkig

REISEN UND VERKEHR

I

1 Verkehrsmittel

Lastwagen (*CH:* Camion)
Zug
Straßenbahn (*CH:* Tram)
Schiff
Fähre
Flugzeug
U-Bahn
~~Motorrad~~
Hubschrauber
Bus
Fahrrad (*CH:* Velo)
Auto
Taxi
Roller
Mofa / Moped

a. Ordnen Sie zu. Ergänzen Sie den bestimmten Artikel.

0. das Motorrad

1. ______________________

2. ______________________

3. ______________________

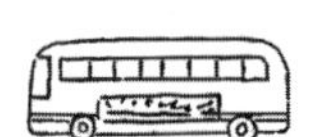

4. ______________________

5. ______________________

6. ______________________

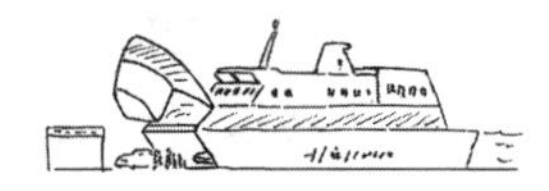

7. ______________________

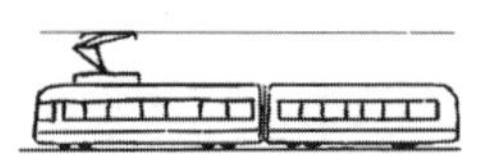

8. ______________________

9. ______________________

s Tandem

10. ______________________

11. ______________________

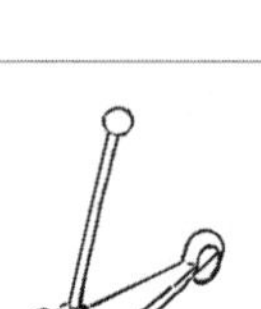

r Heißluftballon

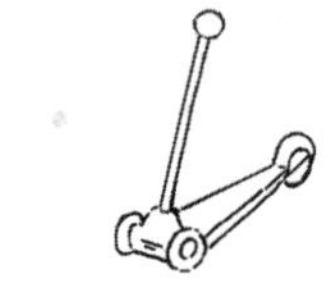

12. ______________________

13. ______________________

e Rakete

14. ______________________

b. Ergänzen Sie den Plural.

0. das Moped / das Mofa – viele Mopeds / Mofas
1. der Lastwagen – einige ______
2. das Leihauto – ein paar ______
3. der Reisebus – manche ______
4. das Boot – wenige ______
5. der Schnellzug – viele ______
6. der Roller – einige ______
7. das Fahrrad – mehrere ______
8. der Pkw – ein paar ______
9. die Maschine – wenige ______

s Flugzeug = *e Maschine; r Flieger (ugs.)*

Pkw = *Abk. für Personenkraftwagen*

r Hubschrauber = *r Helikopter*

c. Ordnen Sie zu.

Was bewegt sich ...

1. auf der Erde?	2. in der Luft?	3. auf dem Wasser?
der Sattelschlepper		

~~der Sattelschlepper~~
das Kanu
der Heißluftballon
das Floß
der Frachter
der Kahn
der Helikopter
der Segelflieger
die Rakete
der Düsenjäger
der Airbus
das Mofa / Moped
das Tandem
der Wohnwagen
der Dampfer
der Öltanker
die Jacht
der ICE
der Schlitten
die Seilbahn
der Lkw

Verkehr, verkehren, verkehrt

Verkehr bedeutet im eigentlichen Sinn, dass Personen, Sachen, Fahrzeuge oder Nachrichten auf dafür bestimmten Wegen befördert werden: Straßenverkehr, Güterverkehr, Fremdenverkehr, Funkverkehr. In übertragener Bedeutung gibt es das Wort *Geschlechtsverkehr* als Synonym für Sex: Sex haben = *Geschlechtsverkehr haben*. Mit der Redewendung *etwas aus dem Verkehr ziehen* ist gemeint, dass es nicht erlaubt ist, etwas weiter zu verwenden: *Diese Maschine wurde aus dem Verkehr gezogen*. Das Verb *verkehren* (verkehrte, verkehrt) bedeutet – meist in Verbindung mit einer Umstandsangabe – im konkreten Sinn, dass öffentliche Verkehrsmittel regelmäßig auf einer bestimmten Strecke fahren: *Der Zug verkehrt nur an Werktagen. Der Bus verkehrt alle 15 Minuten*. In übertragenem Sinn wird *verkehren* allgemein für *Kontakt miteinander haben* gebraucht *Wir verkehren nur geschäftlich miteinander* oder um auszudrücken, dass jemand irgendwo häufig zu Gast ist *In diesem Lokal verkehren überwiegend Studenten*. Das Adjektiv *verkehrt* ist ein anderer Ausdruck für *falsch*: *Das ist die verkehrte Richtung! Er hat den Pullover verkehrt herum angezogen* (die vordere Seite nach hinten oder die Innenseite nach außen).

Lkw = *Abk. für Lastkraftwagen*

ICE = *Abk. für Inter City Express*

2 Zu Fuß unterwegs

a. **Ich bin fremd hier. Ergänzen Sie. Achten Sie auf die korrekte Form.**

wohin
Fußgängerampel
geradeaus
~~Gegend~~
nicht von hier sein
abbiegen
Auskunft
suchen
weit
Stadtplan
am schnellsten
laufen
rechts
überqueren

● Entschuldigung, kennen Sie sich hier in der (0) *Gegend* aus?

▲ Nein, tut mir leid, ich (1) _____ __________ ______ _______.

● Entschuldigung, ich brauche eine (2) _______________. Sind Sie von hier?

■ Ja, (3) __________ wollen Sie denn?

● Ich (4) __________ den Biergarten beim Chinesischen Turm. Wie (5) ________ ist das von hier?

■ Nicht sehr weit. Haben Sie einen (6) _________________, dann zeige ich Ihnen, wie Sie (7) ______ ___________________ dort hinkommen.

● Ja, hier.

■ Schauen Sie. Sie (8) ____________ die Adalbertstraße immer geradeaus Richtung Universität, bis Sie zur Ludwigstraße kommen. Dann biegen Sie (9) __________ ab. Nach wenigen Metern sehen Sie eine (10) ____________________________. Dort (11) ___________________ Sie die Ludwigstraße. Rechts sehen Sie dann den Brunnen auf dem Professor-Huber-Platz. Dort (12) ____________ Sie links ____ in die Veterinärstraße. Die laufen Sie immer (13) _________________, bis Sie zum Eingang des Englischen Gartens kommen.

Biergarten
verirren
am besten
finden
Ortskenntnis
fremd
bleiben
lange
Brücke
fahren
zu Fuß

● Wie (14) __________ brauche ich bis dahin?

■ Ungefähr 10 Minuten. Sie müssen dann immer nur auf dem Hauptweg (15) _____________, der führt über die (16) ____________ des Stadtbachs und biegt dann nach links ab. Falls Sie sich (17) _______________ sollten, fragen Sie (18) ____ ___________ im Park noch mal nach dem Weg.

● Kann ich auch mit öffentlichen Verkehrsmitteln dorthin (19) ____________?

■ Nein, von hier aus ist es besser, (20) ____ ________ zu gehen.

● Danke, dass Sie mir den Weg so genau erklärt haben. Ich glaube, jetzt werde ich den Chinesischen Turm (21) ____________. Gut, wenn man jemanden mit (22) _______________________ trifft.

■ Kein Problem. Ich bin auch immer dankbar, wenn mir jemand in einer (23) ______________ Stadt weiterhilft. Auf Wiedersehen und viel Spaß im (24) ___________________.

● Auf Wiedersehen.

Mit dem Auto unterwegs

3

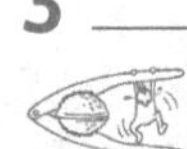

a. Das Auto. Ordnen Sie zu und ergänzen Sie den bestimmten Artikel.

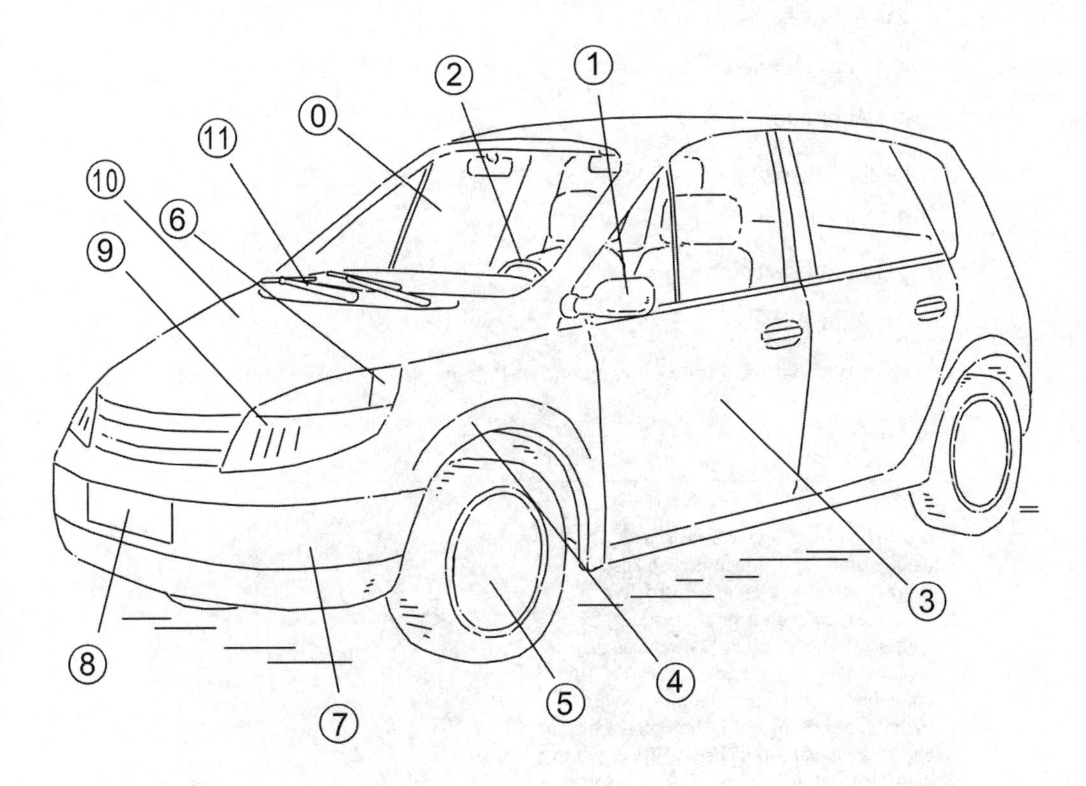

0. *die Windschutzscheibe*
1. ______
2. ______
3. ______
4. ______
5. ______
6. ______
7. ______
8. ______
9. ______
10. ______
11. ______

Scheibenwischer
~~Windschutzscheibe~~
Seitenspiegel
Kotflügel
Lenkrad
Fahrertür
Felge
Motorhaube
Stoßstange
Nummernschild
Scheinwerfer
Blinker

s Nummernschild =
s Autokennzeichen

b. Notieren Sie die Reihenfolge.

__ das Auto kaufen

0. das Auto aussuchen

__ das Auto reparieren lassen

__ das Auto fahren

__ nach zwei Jahren das Auto zum TÜV bringen

__ nach 15 Jahren das Auto verschrotten

__ das Auto versichern

__ das Auto zulassen

__ nach fünf Jahren einen Motorschaden haben

TÜV

Der TÜV (= *Technischer Überwachungsverein*) ist dafür zuständig, den technischen Zustand von Fahrzeugen (und anderen industriellen Produkten) zu überwachen. Es ist gesetzlich vorgeschrieben, dass ein Kraftfahrzeughalter sein Kraftfahrzeug alle zwei Jahre vom TÜV überprüfen lassen muss. Bei dieser sog. Hauptuntersuchung (*HU*) wird untersucht, ob ein Fahrzeug verkehrssicher ist. Ist das Auto bei dieser HU technisch ohne Mängel, bekommt es eine neue TÜV-Plakette für weitere zwei Jahre. Diese Plakette befindet sich auf dem hinteren Kennzeichen. Den Termin für die nächste HU kann man auch dort sehen: Die Zahl in der Mitte der Plakette zeigt das Jahr (2012) und die oberste Zahl im äußeren Kreis bezeichnet den Monat (Dezember) der nächsten HU. Auch im Kraftfahrzeugschein wird der Termin für die nächste TÜV-Untersuchung vermerkt. Der Kraftfahrzeughalter bekommt keine

Aufforderung für diese Untersuchung, sondern muss diesen Termin selbstständig wahrnehmen. Hat ein Fahrzeug schwerwiegende Mängel, die man nicht mehr reparieren kann, und bekommt daher keine TÜV-Plakette mehr, darf man es auf deutschen Straßen nicht mehr fahren und „es wird aus dem Verkehr gezogen".

c. Welche Situation passt zum Bild?

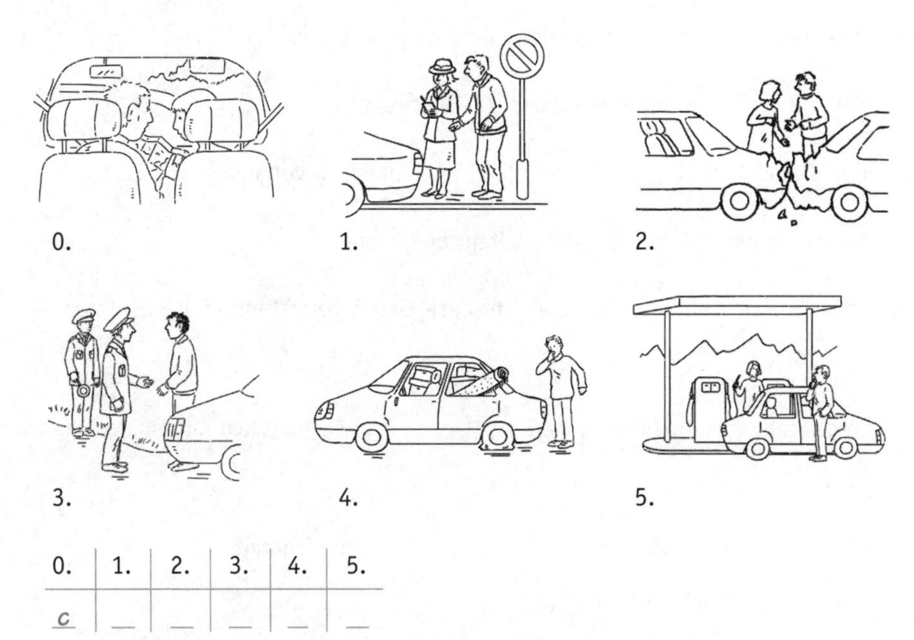
0. 1. 2.
3. 4. 5.

0.	1.	2.	3.	4.	5.
c	__	__	__	__	__

a) ● Verkehrskontrolle. Kann ich bitte Ihre Papiere sehen?
■ Ja, hier ist mein Führerschein.
● Sie sind viel zu schnell gefahren, dafür werden Sie ein Bußgeld zahlen müssen.

r Führerschein = *CH: r Führerausweis*

b) ● Sie sind schuld an dem Unfall!
■ Wenn Sie nicht so stark gebremst hätten, wären wir nicht zusammengestoßen!
● Ich glaube, wir rufen besser die Polizei.

e Polizei = *A: e Gendamerie*

c) ● Mist, wegen der Umleitung haben wir uns verfahren!
■ Schau mal, auf der Straßenkarte sieht man, dass wir auch die Bundesstraße 10 nach Stuttgart nehmen können.

d) ● Sie parken im Parkverbot.
■ Ich habe nur kurz gehalten. Sie müssen mir doch nicht gleich einen Strafzettel geben!

parken = *CH: parkieren*
s Parkverbot = *CH: s Parkierverbot*
r Strafzettel = *CH: e Busse*

e) ● Soll ich volltanken?
■ Nein, tanke nur für 20 Euro. Gleich hinter der österreichischen Grenze ist eine Tankstelle, da ist das Benzin viel billiger.

f) ● Oh je, der Reifen ist kaputt und ich habe kein Ersatzrad dabei! Hoffentlich gibt es hier in der Nähe eine Reparaturwerkstatt.

Umweg
regeln
Ausfahrt
Kreuzung
Leihwagen
Privatauto
stehen bleiben
Parkhaus
Parkplätze (*Pl.*)
Gehweg
Tunnel
Kurve
~~anschnallen~~
überholen
Fahrradweg
Gurt
Ampel
behindern
Umleitung

d. Im Straßenverkehr. Ergänzen Sie. Achten Sie auf die korrekte Form.

0. Halt! Nicht losfahren, ich bin noch nicht angeschnallt!
1. Hast du das Schild nicht gesehen? Man darf hier nicht ü_______________!
2. Herr Müller fuhr zu schnell in die K_______ und kam von der Straße ab.
3. Kannst du mir mit dem G______ helfen, er klemmt.
4. Es ist besser, wenn du das Licht anmachst. Gleich kommt ein unbeleuchteter T________.
5. In der Innenstadt bekommt man nie P_______________. Ich fahre lieber gleich ins P____________.
6. ● Fährst du mit deinem P_______________ zu der Tagung?
   ■ Nein, ich nehme mir einen L_______________.
7. Kannst du mich bis zur nächsten K____________ mitnehmen? Dort ist die U-Bahn-Station.
8. Du kannst hier nicht s_________ __________. Auf dem G__________ darf man nicht parken.
9. Stopp! Die A________ ist gerade auf Rot gesprungen.
10. Bei der nächsten A____________ müssen wir die Autobahn verlassen.
11. Ampeln r_________ den Verkehr.
12. Wie soll man hier mit dem Fahrrad (*CH:* Velo) durchkommen? Der F_______________ ist wieder komplett mit Autos zugeparkt.
13. Sie b_____________ den Verkehr, Sie fahren viel zu langsam.
14. ● Schau mal, da vorne ist ein Schild „U_______________".
    ■ Da müssen wir wohl einen U________ fahren.

r Gehweg = *r Bürgersteig; CH: s Trottoir*

e Ampel = *CH: s Lichtsignal*

r Fahrradweg = *CH: r Veloweg*

15. An dieser Kreuzung gilt rechts vor links, d. h., die Fahrzeuge, die von rechts kommen, haben V__________.

16. Im Radio kam gerade die Nachricht, dass auf der A8 schon wieder ein St______ von zehn Kilometern Länge ist. Da ist immer noch diese große B__________.

17. Frau Lange konnte gerade noch rechtzeitig b__________, als das Kind auf die F__________ lief.

18. Vorsicht, da stehen Kinder am F____________________, die wollen die Straße überqueren.

19. Kennst du eine günstige A____________________? Für meinen Umzug brauche ich einen Lkw.

20. Die Straße nach Gauting ist wegen eines Unfalls g__________. Kennst du eine andere S__________?

21. ● Die Polizei s__________ gestern Nacht einen Porsche, der auf der Landstraße viel zu schnell unterwegs war.
    ■ Der Fahrer hat wohl die G______________________________ übersehen!

22. Hast du das blaue S__________ mit dem weißen Pfeil gesehen? In zwei Kilometern kommt die A__________ zur Autobahn.

23. Ich kann im Moment die F__________ nicht wechseln. Auf der Überholspur ist zu viel los.

24. ● Wie viel B__________ verbraucht dein Auto?
    ■ Ich tanke kein Benzin. Ich habe einen Bus mit D____________________, der braucht 10 Liter auf 100 Kilometer.

25. Können wir bei der nächsten R______________ von der Autobahn runterfahren?

26. Im Urlaub hatten wir einen M____________________. Wir mussten unser Auto bis zur nächsten Tankstelle s__________.

Raststätte
Autovermietung
gesperrt
Strecke
stoppen
Geschwindigkeits-beschränkung
bremsen
Stau
Fußgängerüberweg
Vorfahrt
Dieselmotor
Fahrbahn
Motorschaden
Schild
Fahrspur
Auffahrt
Baustelle
schieben
Benzin

e Vorfahrt = *A: r Vorrang; CH: r Vortritt*

r Fußgängerüberweg = *r Zebrastreifen*

e. In der Fahrstunde. Ergänzen Sie.

einlegen
aufstellen
anschalten
schalten
kommen
anlegen
stecken
anlassen
einreihen
~~einsteigen~~
schauen
geben
treten
beschleunigen
abstellen
anfordern
aufhalten
setzen

0. ins Fahrzeug einsteigen
1. den Sicherheitsgurt ___________
2. den Zündschlüssel ins Zündschloss ___________
3. den Motor ___________
4. den ersten Gang ___________
5. über die linke Schulter ___________, ob die Fahrbahn frei ist
6. links den Blinker ___________
7. langsam die Kupplung ___________ lassen und wenig Gas ___________
8. in den fließenden Verkehr ___________
9. an der roten Ampel die Kupplung ___________ und das Bremspedal drücken
10. bei grün wieder in den ersten Gang ___________ und losfahren
11. langsam ___________ und in den zweiten Gang hochschalten

...

12. bei einer Panne das Auto auf dem Pannenstreifen ___________
13. die Warnblinkanlage ___________
14. in einem Sicherheitsabstand das Warndreieck (*A:* Pannendreieck) ___________
15. per Handy oder Notrufsäule Hilfe ___________
16. sich nicht auf der Fahrbahn sondern hinter der Leitplanke ___________

f. Häufig verwendete Abkürzungen. Ordnen Sie zu.

0. TÜV	a	
1. ADAC		
2. AU		
3. KAT		
4. km/h		
5. KFZ-Vers.		
6. PS		

~~a.~~ Technischer Überwachungsverein
b. Katalysator
c. Kilometer pro Stunde
d. Allgemeiner Deutscher Automobilclub
e. Kraftfahrzeugversicherung
f. Pferdestärke(n)
g. Abgasuntersuchung

g. Wichtige Verkehrszeichen. Ordnen Sie zu.

Vorfahrt gewähren
~~Gefahrenstelle~~
Sackgasse
Kreuzung oder Einmündung mit Vorfahrt von rechts
Kurve rechts
Autobahnkreuz oder Autobahndreieck
Schleuder- oder Rutschgefahr bei Nässe oder Schmutz
Fußgänger
Halt! Vorfahrt gewähren
Vorrang des Gegenverkehrs
vorgeschriebene Fahrtrichtung rechts
Einbahnstraße
absolutes Halteverbot
zulässige Höchstgeschwindigkeit (60)
Überholverbot für Kraftfahrzeuge aller Art
Verbot der Einfahrt

0. *Gefahrenstelle* 

1. ______________ 

2. ______________ 

3. ______________ 

4. ______________ 

5. ______________ 

6. ______________ 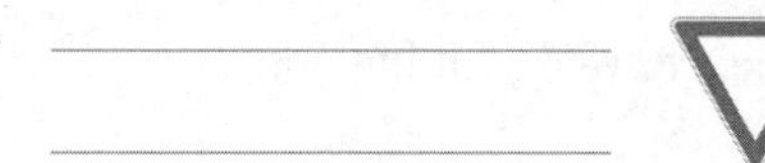

7. ______________ 

8. ______________  

9. ______________

10. ______________ 

11. ______________ 

12. ______________ 

13. ______________ 

14. ______________ 

15. ______________ 

h. Auch das kann im Straßenverkehr passieren! Ergänzen Sie die Vokale.

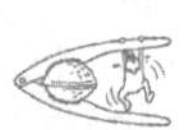

0. R*e*i*f*e*n*p*a*nn*e*
1. M_ss_nk_r_mb_l_ge
2. R_d_rf_ll_
3. Bl_chsch_d_n
4. Z_llk_ntr_ll_
5. V_rk_hrs_nf_ll
6. F_hr_rfl_cht
7. _lk_h_lk_ntr_ll_

4 Mit öffentlichen Verkehrsmitteln unterwegs

aussteigen
verpassen
Station
Haltestelle
~~öffentlich~~
Anschluss
fahren
Richtung
nehmen
Straßenbahn (*CH:* Tram)
verkehren
kosten
Einzelfahrkarte
Ticket
Fahrkartenautomat (*CH:* Billetautomat)
zurück
Fahrkarte (*CH:* Billet)
Verbindung
kriegen
nach Hause
platt
stempeln

r Kiosk = *A: e Trafik*

a. **Wie komme ich zu dir? Ergänzen Sie. Achten Sie auf die korrekte Form.**

● Thomas, ich möchte mit (0) öffentlichen Verkehrsmitteln zu deiner Party kommen. Wie (1) ________ ich da am besten?

■ Du (2) ________ zuerst die (3) ________ der Linie 27, Richtung Schwanseestraße. Du steigst an der (4) ________ Nordbad ein und fährst fünf (5) ________ bis zur Schellingstraße. Dort steigst du um in den Bus 154, (6) ________ Giselastraße. Wenn du dich beeilst, hast du gleich (7) ________. Solltest du den Bus (8) ________, ist das nicht so schlimm, die Linie 154 (9) ________ bis 20 Uhr alle sieben Minuten. Mit dem Bus fährst du dann bis zur Haltestelle Universität. Dort (10) ________ du ____ und gehst nach links. Ich wohne in der Schellingstraße 15, im dritten Stock.

● Komme ich abends mit Bus und Straßenbahn auch wieder (11) ________ ________?

■ Ja, aber abends ist die (12) ________ schlechter, weil der Bus nur alle 20 Minuten fährt. Du (13) ________ aber auf jeden Fall einen Anschluss bis 24 Uhr.

● Was für eine (14) ________ brauche ich, wenn ich hin und (15) ________ mit den Öffentlichen fahre?

■ Du kaufst dir am besten eine blaue Streifenkarte, entweder am Kiosk oder am (16) ________. Für eine einfache Fahrt (17) ________ du zwei Streifen ab, d. h., du musst im Bus das (18) ________ nicht noch mal entwerten. Für den Rückweg brauchst du noch mal zwei Streifen.

● Wie viel (19) ________ denn eine Streifenkarte?

■ 12 Euro. Es sind zehn Streifen auf jeder Karte.

● Das ist aber teuer! Gibt es denn auch (20) ________?

■ Ja, da kostet eine 2,50 Euro.

● Dann nehme ich lieber zwei Einzelfahrkarten. Normalerweise bin ich in München nur mit dem Rad unterwegs, aber leider ist mein Reifen (21) ________.

b. In der Stadt unterwegs. Ergänzen Sie.

1. In öffentlichen Verkehrsmitteln hängt oft ein Schild mit der Aufschrift:
Während der ________ den __________ bitte nicht ansprechen.

Fahrer • Fahrt
~~Aufschrift~~

2. Liebe _______________, die __________ hat wegen eines technischen Defekts 15 Minuten _________________. Sie können auch auf andere öffentliche _______________________ ausweichen.

Verspätung
Verkehrsmittel
Fahrgäste *(Pl.)*
U-Bahn

3. Unsere _______________________ beginnt laut _____________ in fünf Minuten. Wir werden Ihnen einige bedeutende ____________________-_____________ Münchens zeigen. Unsere ________________ wird wieder der Karlsplatz sein. Hier können Sie im Anschluss auch Postkarten und _______________ kaufen.

Sehenswürdigkeiten *(Pl.)*
Endstation
Fahrplan
Stadtrundfahrt
Souvenirs *(Pl.)*

4. Liebe Fahrgäste, bitte beachten Sie folgende _______________: Die Straßenbahnlinie 27, Richtung ___________________ ist wegen eines Unfalls auf der Strecke außer Betrieb. Es wurde ein ___________________________ eingerichtet: Der _____ 27 hält gegenüber.

Bus
Schienenersatzverkehr
Durchsage
Hauptbahnhof

5. Wenn man sich eine ________________ für die öffentlichen Verkehrsmittel kauft, kann man den ganzen Tag beliebig viele _____________ innerhalb dieser grünen _______ fahren. Kauf dir besser ein Ticket, denn wenn man in München beim ______________________ erwischt wird, kostet es 40 Euro Strafe.

Strecken *(Pl.)*
Tageskarte
Schwarzfahren
Zone

6. ● Wie komme ich in München zum _______________? ■ Sie fahren zuerst mit der U-Bahn bis zum Hauptbahnhof. Dort müssen Sie in die ________, Linie 8, _______________. Für diese Fahrt ist es notwendig, acht Streifen von Ihrer blauen Streifenkarte zu _____________, d. h., es kostet Sie ca. neun Euro. Das ist nicht gerade billig, aber eine Fahrt mit dem ______ kostet ca. 50 Euro!

stempeln
umsteigen
S-Bahn
Flughafen
Taxi

7. ● Möchtest du mit der U-Bahn fahren oder soll ich dir ein Taxi ________?
■ Bitte ruf beim ______________ am Nordbad an und bestell mir ein Taxi. Ich möchte so spät nicht mit öffentlichen Verkehrsmitteln _______________ sein, lieber bezahle ich im Taxi den ______________________.

Taxistand
unterwegs
Nachtzuschlag
rufen

5 In der Touristeninformation

Ergänzen Sie. Achten Sie auf die korrekte Form.

buchen
Treffpunkt
Beratung
pauschal
Termin
~~Stadtplan~~
Sehenswürdigkeiten *(Pl.)*
Prospekt
sehenswert
Reiseführer
besichtigen
Gruppe
Führung
Reiseleiter
Denkmäler *(Pl.)*

- ● Guten Morgen, haben Sie einen (0) Stadtplan von München?
- ■ Ja, bitte schön.
- ● Sind da auch alle (1) ______________________ eingezeichnet?
- ■ Ja, sehen Sie, alle wichtigen (2) ______________ und Plätze sind mit einem blauen Punkt markiert. Außerdem habe ich hier noch einen (3) ______________, in dem Sie weitere Informationen finden.
- ● Ich habe in meinem (4) ______________ gelesen, dass Schloss Neuschwanstein sehr (5) ______________ sein soll. Wann kann man das Schloss (6) ______________?
- ■ Wir organisieren Fahrten zum Schloss. Sie fahren mit einer (7) __________ anderer Touristen mit einem Reisebus dorthin. Vor Ort bekommen Sie dann die (8) __________ eines (9) ______________ und erfahren Interessantes über das Schloss und das Leben König Ludwigs II.
- ● Ist eine solche Fahrt sehr teuer?
- ■ Die Fahrt kostet inklusive Führung und Verpflegung (10) ______________ 100 Euro.
- ● Dann würde ich eine solche Fahrt gerne (11) __________. Wann ist der nächste (12) __________?
- ■ Der nächste Bus geht übermorgen um 9 Uhr. Der (13) ______________ ist Viertel vor neun hier vor dem Fremdenverkehrsbüro.
- ● Vielen Dank für die freundliche (14) ______________.
- ■ Gern geschehen. Einen schönen Aufenthalt in München.

Mit der Bahn unterwegs

6 ____________

a. Am Schalter. Wie heißen die Wörter?

0. ● Guten Tag, ich brauche eine (tekarFahr) Fahrkarte nach Karlsruhe.
1. ■ Wann wollen Sie denn (enreis) ____________?
2. ● Heute Nachmittag, (ba) ____ 14 Uhr.
3. ■ (faEinch) ______________ oder hin und zurück?
4. ● Hin- und Rückfahrt in der zweiten (slKase) ____________, bitte. Gibt es eine direkte (ungbindVer) __________________ nach Karlsruhe oder muss ich (steumenig) __________________?
5. ■ Ein ICE fährt um 15 Uhr in München ab und geht bis Stuttgart. Dort hätten Sie 15 Minuten später (schlAnuss) __________________ mit einem InterRegio. Für den ICE müssen Sie einen (schlZuag) ________________ bezahlen. Ein durchgehender (guZ) ______ ist der Intercity, der geht um 15.45 Uhr ab München.
6. ● Dann nehme ich die (rteekdi) ______________ Verbindung um 15.45 Uhr.
7. ■ Möchten Sie einen Sitzplatz (renviereser) ______________________?
8. ● Ja, gerne. Wenn möglich, im (teiAbl) ____________.
9. ■ Raucher oder (chtrauNierch) ________________________?
10. ● Nichtraucher, bitte.
11. ■ Da habe ich leider nur noch (Ptzelä) ____________ im Großraumwagen.
12. ● Gut, dann reservieren Sie mir dort ein Platz, bitte.
13. ■ Sie haben einen Fensterplatz in (engWa) ___________ 25, der befindet sich gleich hinter dem Speisewagen.
14. ● An welchem (ahBnigste) __________________ fährt der Zug ab?
15. ■ An (eiGls) __________ 16.
16. ● Vielen Dank, ich muss gleich los, mein Gepäck holen, damit ich den Zug (ichnkpütl) __________________ erwische.
17. ■ Falls Sie diesen Zug (säenumver) __________________, geht um 16.45 Uhr der nächste Zug nach Karlsruhe. Gute (seiRe) __________.

r Bahnsteig = *CH: r/s Perron*

erwischen *(ugs.)* = *erreichen*

versäumen = *verpassen*

b. Rund ums Bahnfahren. Wie heißen die Wörter?

~~AUF~~ • NER • ~~ENT~~
WAG • ~~HALT~~ • NEN
GON • SCHIE • RE
SCHLAF • WA • TOUR
GEN • TE • WAR
SAAL • SCHAFF

0. kurze Unterbrechung einer Reise oder Fahrt: Aufenthalt
1. ein anderes Wort für Eisenbahnwagen: ____________
2. die beiden langen, schmalen Stücke aus Stahl, auf denen Eisenbahnen fahren: ____________
3. ein anderes Wort für *zurück*: ____________
4. ein Eisenbahnwagen mit Betten: ____________
5. der Raum in einem Bahnhof, in dem Reisende warten können: ____________
6. jemand, der beruflich in Zügen Fahrkarten verkauft und kontrolliert: ____________

r Schaffner =
CH: r Kondukteur

c. Gepäck. Ergänzen Sie. Achten Sie bei Verben auf die korrekte Form.

suchen
einpacken
auspacken
verlieren
Kosmetikkoffer
Fundbüro
liegen lassen
Gepäck
Rucksack
~~Koffer~~
Schließfach
abholen
Gepäckaufbewahrung
transportieren

0. ● Kannst du bitte den Koffer zum Bahnsteig tragen. Er ist mir zu schwer.
   ■ Lass uns doch einen Kofferkuli nehmen, das ist einfacher.
1. ● Haben Sie G__________ zum Aufgeben?
   ■ Ja, eine Reisetasche und einen R__________.
2. ● Ich habe meine Tasche im Zug l__________ __________!
   ■ Oje, hoffentlich hat sie jemand im F__________ abgegeben.
3. ● Ich möchte meine schwere Tasche nicht zwei Stunden herumtragen, bis mein Zug fährt. ■ Dann nimm dir doch ein S__________ oder gib die Tasche an der G__________ ab.
4. ● Hast du meinen Lippenstift gesehen?
   ■ Ja, der ist hier im K__________.
5. ● Ich s__________ meinen braunen Pullover.
   ■ Den habe ich e__________, er ist in der Reisetasche.
6. ● Ich glaube, ich habe meinen Schlüssel v__________!
   ■ Lass uns den Rucksack a__________, vielleicht hast du ihn dort hineingesteckt.
7. ● Kannst du mich vom Bahnhof a__________? Ich kann so viel Gepäck nicht in der U-Bahn t__________.
   ■ Ja, ich komme mit dem Auto und hole dich.

r Kofferkuli =
CH: r Gepäckrolli

Redewendungen rund um den Begriff *Zug*

7 

a. Ordnen Sie zu.

0. dieser Zug ist abgefahren [a]
1. kein schöner Zug von jemandem sein [ ]
2. Zug um Zug [ ]
3. auf den fahrenden Zug aufspringen [ ]
4. etwas in vollen Zügen genießen [ ]
5. in den letzten Zügen liegen [ ]
6. im falschen Zug sitzen *(ugs.)* [ ]
7. zum Zuge kommen [ ]

~~a.~~ man kann an einer Sache nichts mehr ändern
b. sich irren
c. sich einem Erfolg versprechenden Trend anschließen
e. nach und nach; schrittweise
f. bald sterben müssen; bald am Ende sein
g. etwas sehr ausgiebig genießen
h. nicht sehr freundlich von jemandem sein
i. entscheidend aktiv werden können

b. Ersetzen Sie das kursiv Gedruckte durch Redewendungen.

0. Leider kann ich mich um diese Stelle nicht mehr bewerben. (*Die Sache lässt sich leider nicht mehr ändern.*) Der Zug ist abgefahren.
1. Ich habe in letzter Zeit viel gearbeitet, ich werde meinen Urlaub (*sehr ausgiebig genießen*) ______________________.
2. Wir werden die Reformen (*schrittweise*) ______________ durchsetzen, auch wenn es Widerstand dagegen gibt.
3. Herr Müller, haben Sie ein wenig Geduld. Beim nächsten Projekt werden auch Sie (*aktiv werden können*) ______________.
4. Dass Martin immer so schlecht über seine Kollegen redet, (*ist nicht sehr freundlich von ihm*) ______________________.
5. Wenn Peter glaubt, er könne in meiner Wohnung machen, was er will, dann (*irrt er sich*) ______________________.
6. Die Firma (*wird bald am Ende sein*) ______________________ ________, denn es wurden bereits mehr als die Hälfte der Mitarbeiter entlassen.
7. Sobald bestimmte Aktien im Wert steigen, (*schließen sich viele Anleger dem Erfolg versprechenden Trend an*) ______________________ ______________________

8 Mit dem Flugzeug unterwegs

a. Am Check-in-Schalter. Ergänzen Sie.

Sicherheitskontrolle
~~Flug~~
Pass
Gepäck
Handgepäck
Band
Aufpreis
Terminal
Bordkarte
Gate
Sommerferien
Passagiere *(Pl.)*

s Gate = *r Flugsteig*

● Guten Morgen, ich bin auf den (0) Flug nach Berlin um 8.30 Uhr gebucht.

■ Ihren (1) _______, bitte. Danke. Haben Sie (2) ___________ zum Aufgeben?

● Ja, einen Koffer. Die Computertasche ist (3) ________________.

■ Legen Sie den Koffer auf das (4) _______, bitte. – Der Koffer wiegt mehr als 20 Kilo. Für das Übergepäck müssen Sie einen (5) _____________ zahlen.

● Das habe ich mir schon gedacht.

■ Hier ist Ihre (6) _______________. Das Boarding beginnt in 40 Minuten.

● An welches (7) _______ muss ich?

■ Sie müssen an Gate A12 in (8) ______________ 2. Gehen Sie rechtzeitig zur (9) _________________________________. In Bayern beginnen die (10) _____________________, es werden viele (11) ________________ anstehen.

● Vielen Dank für die Information. Auf Wiedersehen.

■ Einen angenehmen Flug!

b. Abfliegen und ankommen. Wie heißt das Verb?

e Reservierung = *CH: e Reservation*

0. Reise – reisen
1. Abflug – ____________________
2. Ankunft – ____________________
3. Reservierung – ____________________
4. Landung – ____________________
5. Information – ____________________
6. Verspätung – ____________________
7. Buchung – ____________________
8. Start – ____________________
9. Abfahrt – ____________________
10. Plan – ____________________
11. Beratung – ____________________

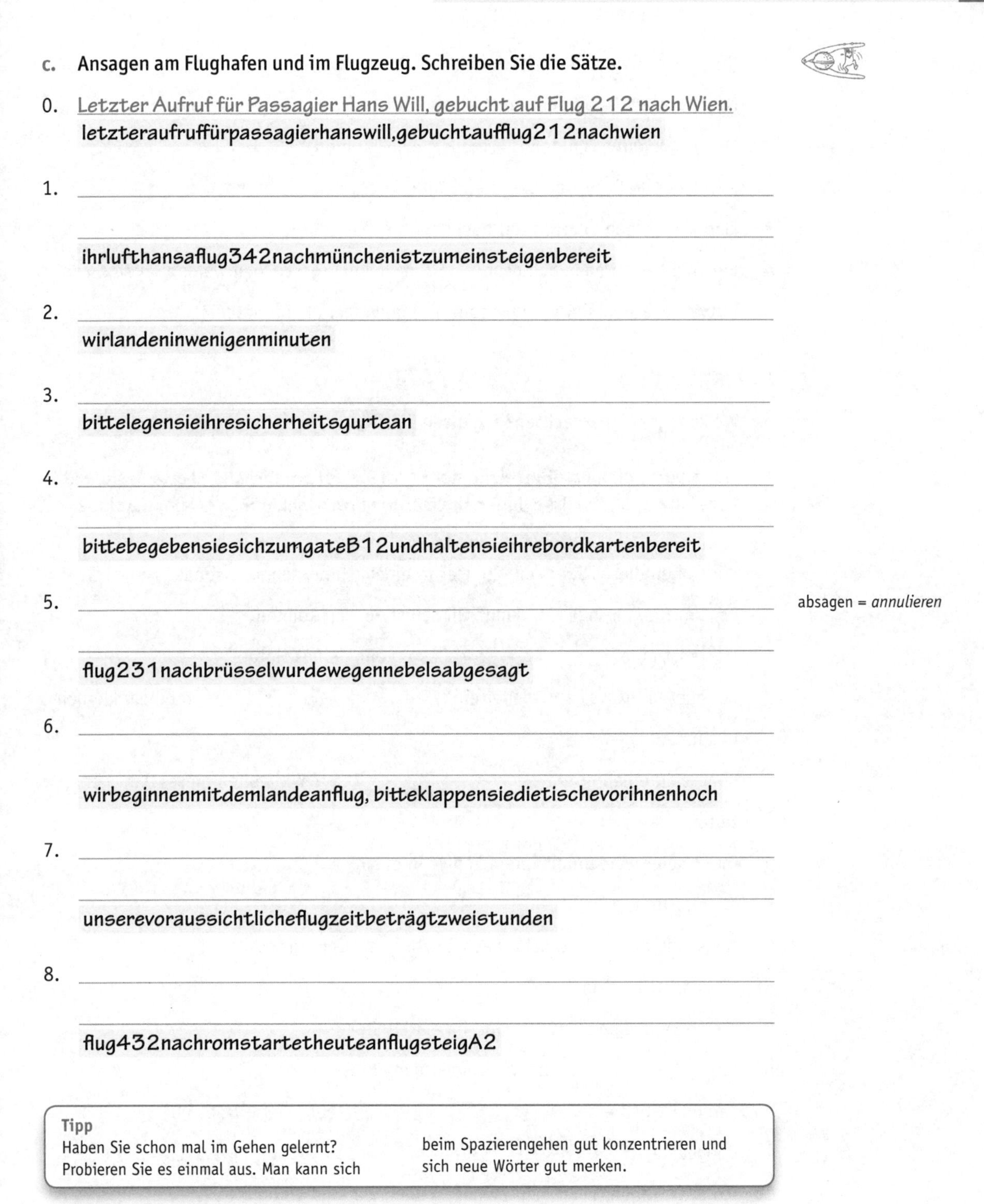

c. Ansagen am Flughafen und im Flugzeug. Schreiben Sie die Sätze.

0. Letzter Aufruf für Passagier Hans Will, gebucht auf Flug 212 nach Wien.
letzteraufrufürpassagierhanswill,gebuchtaufflug212nachwien

1. ______________________________

ihrlufthansaflug342nachmünchenistzumeinsteigenbereit

2. ______________________________
wirlandeninwenigenminuten

3. ______________________________
bittelegensieihresicherheitsgurtean

4. ______________________________

bittebegebensiesichzumgateB12undhaltensieihrebordkartenbereit

5. ______________________________

flug231nachbrüsselwurdewegennebelsabgesagt

absagen = *annulieren*

6. ______________________________

wirbeginnenmitdemlandeanflug, bitteklappensiedietischevorihnenhoch

7. ______________________________

unserevoraussichtlicheflugzeitbeträgtzweistunden

8. ______________________________

flug432nachromstartetheuteanflugsteigA2

Tipp
Haben Sie schon mal im Gehen gelernt? Probieren Sie es einmal aus. Man kann sich beim Spazierengehen gut konzentrieren und sich neue Wörter gut merken.

d. Rund ums Fliegen. Was passt nicht?

0. Man kann am Flughafen: einchecken – auschecken – ~~campen~~
1. Man kann Waren: mieten – verzollen – deklarieren
2. Man kann im Duty-free-Shop: einkaufen – bezahlen – reservieren
3. Man kann einen Charterflug: buchen – landen – stornieren
4. Ein Flug kann wegen Schlechtwetter: ausfallen – gestrichen werden – vergessen
5. Duty-free-Waren sind: eilig – zollfrei – günstiger als im Geschäft

9 Reiseplanung

a. Wo kann man übernachten? Ergänzen Sie.

Zelt • Übernachtung • Einzelzimmer • Motel • untergebracht • ~~Ferienwohnung~~
Pension • ausgebucht • Jugendherberge • Fremdenzimmer • Campingplatz

0. Wir wollen dieses Jahr kein Zimmer in einem Hotel nehmen, sondern eine Ferienwohnung buchen, damit wir selbst kochen können.
1. ● Was ist eine ______? ■ Das ist ein kleines Hotel.
2. Wir mieten dieses Jahr wieder ein ______ in einem kleinen Gasthof.
3. Kennst du einen guten ______? Wir wollen dieses Jahr gerne zelten.
4. Die Schüler werden mit ihrem Lehrer in einer ______ übernachten.
5. Ich kenne an der Autobahn nach Salzburg ein sehr gutes ______.
6. Was kostet bei Ihnen eine ______ mit Frühstück?
7. Die Gäste aus Deutschland sind im ersten Stock ______.
8. Das ______ ist undicht. Wir werden ganz nass!
9. Kann ich auch ein ______ haben oder gibt es nur Doppelzimmer?
10. Ich kann Ihnen leider kein Zimmer geben, wir sind völlig ______.

b. Was macht ihr in den Ferien? Ordnen Sie zu.

0. Was macht ihr dieses Jahr (*A:* heuer) in den Ferien?
1. Macht ihr wieder Urlaub auf der Insel Amrum?
2. Planst du, deinen Urlaub wieder in Frankreich zu verbringen?
3. Wie lange fährst du im Sommer in (*A:* auf) Urlaub?
4. Habt ihr eure Reise wieder im Reisebüro gebucht?
5. Wollt ihr in den Ferien wieder Radtouren im Elsass machen?
6. Hast du in den Ferien einen Leihwagen gemietet?
7. Wollt ihr an Ostern wieder in Österreich wandern gehen?
8. Verreist du über Weihnachten oder bleibst du in München?
9. Wie lange hast du an Ostern frei?

a. Ich fahre im Juli zwei Wochen weg.
b. Nein, ein Leihwagen war zu teuer. Ich bin per Autostopp/Anhalter gereist.
c. Ja, wir haben uns dafür extra gute Fahrräder gekauft.
d. Wir fahren dieses Jahr nach Italien, in eine Ferienanlage am Meer.
e. Nein, die Wanderungen in den Bergen waren mir letztes Jahr zu anstrengend.
f. Ja, ich habe ein Hotel in Nizza gebucht.
g. Nein, Amrum ist während der Saison zu teuer.
h. Nein, wir haben dieses Mal ein Hotel im Internet gesucht.
i. Gar nicht. Ich muss arbeiten und kann erst im Mai in Urlaub gehen.
j. Ich bleibe an Weihnachten zu Hause und verreise erst in der Nachsaison.

0.	1.	2.	3.	4.	5.	6.	7.	8.	9.
d									

Die Deutschen sind Reiseweltmeister

Nach einer Studie aus dem Jahr 2008 sind die Deutschen Reiseweltmeister, und das obwohl die Einkommen kaum gestiegen und die Ausgaben höher geworden sind. Die Umsätze der Reiseindustrie stiegen 2008 um vier Prozent auf rund 63,5 Milliarden Euro. Spanien, Italien und Österreich sind die beliebtesten Reiseziele der Bundesbürger. Auch in die Türkei und nach Ägypten reisen die Deutschen wieder verstärkt. Mehr als 20 Prozent aller Reiseausgaben wurden für Fernreisen außerhalb Europas getätigt, und das obwohl die Klimadiskussion in Deutschland weiter anhält. In der Beliebtheit stiegen auch Kreuzfahrten, Städtereisen und Wellness-Reisen. Die früher so beliebten Pauschalreisen konnten dagegen nicht zulegen, sondern stagnierten.

10 Im Hotel

a. Anruf im Hotel. Ergänzen Sie.

**Kreditkarten (*Pl.*) • ~~Zimmer~~ • Zimmerschlüssel • bleiben • Doppelzimmer
Rezeption • Halbpension • Badewanne • Frühstück • Buffet • reservieren**

● Guten Tag, mein Name ist Harald Wolf. Ich würde gerne ein (0) Zimmer buchen.

■ Gerne. Wie viele Nächte wollen Sie (1) ____________.

● Wir sind eine Woche in Hamburg, also sieben Nächte.

■ Möchten Sie ein Einzelzimmer oder ein (2) ____________________?

● Ein Doppelzimmer bitte, wenn möglich mit (3) ________________.

■ Das ist kein Problem. Wollen Sie das Zimmer mit oder ohne (4) ______________ buchen?

● Mit Frühstück. Ist es möglich, gleich (5) ___________________ mitzubuchen?

■ Ja, natürlich. Wir bieten abends ein (6) __________ mit kalten und warmen Speisen an.

● Prima. (7) __________________ Sie uns das Zimmer mit Halbpension bitte in der Zeit vom 23. bis zum 30. November. Wir kommen am Anreisetag erst am Abend in Hamburg an.

■ Das ist kein Problem. Unsere (8) _______________ ist 24 Stunden täglich geöffnet. Sie können Ihren (9) _________________________ dort jederzeit abholen.

● Nehmen Sie auch (10) ____________________?

■ Wir akzeptieren selbstverständlich alle gängigen Kreditkarten.

● Sehr gut. Vielen Dank und bis bald!

b. Leben im Hotel. Ergänzen Sie.

Swimmingpool • Vollpension • Empfangshalle • Hotelbar • Zimmerservice
Minibar • Daten *(Pl.)* • ~~stören~~ • Meldezettel • Sterne *(Pl.)* • Lift • Hotelgarage
Frühstücksraum • Speisesaal • Gepäckträger • Nachricht • Aussichtsterrasse

0. An der Zimmertür hing ein Schild: „Bitte nicht stören"
1 Beim Einchecken müssen Sie einen ____________________ ausfüllen, auf dem Ihre persönlichen __________ und Ihre Kreditkartennummer einzutragen sind.
2. ● Wie viele ___________ hat dieses Hotel?
   ■ Es gehört mit fünf Sternen zur höchsten Kategorie.
3. ● Kannst du mir bitte ein Wasser aus der _____________ geben?
   ■ Lass uns lieber einkaufen gehen, die Getränke sind hier so teuer.
4. Ruf mal bitte den ______________________ an, ich hätte gerne ein Gericht aus der Hotelküche.
5. ● Ich habe noch Lust auf einen Drink.
   ■ Lass uns doch an die ______________ gehen.
6. ● Sollen wir die Treppe nehmen oder den _______?
   ■ Den Lift, meine Tasche ist schwer.
7. Das Frühstück wird von 7 – 11 Uhr im _________________________ serviert.
8. ● Wo finde ich die Rezeption?
   ■ In der _______________________ gleich rechts.
9. Wenn Sie ____________________ gebucht haben, können Sie im __________________ Ihr Mittagessen einnehmen.
10. Unser _____________________ wird Ihre Koffer aufs Zimmer bringen.
11. Kann ich bei Ihnen eine ________________ für meinen Mann hinterlassen?
12. Das Hotel bietet viel Luxus: Von der ______________________________ kann man die Berge sehen und es gibt einen großen ______________________ mit Wellnessbereich.
13. ● Würden Sie meinen Wagen in der ____________________ parken, bitte?
    ■ Natürlich, unser Fahrer wird sich darum kümmern.

11 Mit dem Schiff unterwegs

a. Ordnen Sie die Gewässer der Größe nach. Ergänzen Sie den bestimmten Artikel.

Bach
Strom
Meer
Fluss

1. ______________________
2. ______________________
3. ______________________
4. ______________________

b. Finden Sie die Begriffe.

PI • HEIT • SEE • REE • KREUZ • KA • JÜ • ~~HA~~ • AN • TE • LEUCHT • SA
KA • FAHRT • DER • KRANK • RAT • ~~FEN~~ • KER • NAL • TURM • GIER • PAS

0. Platz, an dem Schiffe Passagiere und Ladung an Bord nehmen können: Hafen
1. schwerer Haken, der an einer Kette ins Wasser gelassen wird und verhindert, dass ein Schiff sich im Wasser fortbewegt: ________
2. ein geschlossener Raum auf einem Schiff, in dem man isst und schläft: ________
3. Reise auf einem schönen Schiff, bei der man in verschiedenen Häfen von Bord geht und Ausflüge an Land macht: ________________
4. jemand, der Schiffe zum Transport von Waren oder Passagieren besitzt: ________
5. schlechtes Gefühl im Magen, wenn man auf einem Schiff fährt: ________________
6. gerader, meist künstlich angelegter Graben mit Wasser, auf dem Schiffe fahren können: ________
7. Mann, der auf dem Meer fremde Schiffe überfällt und ausraubt: ________
8. jemand, der mit dem Schiff reist: ______________
9. ein Bauwerk an der Küste, an dessen Lichtsignalen sich Schiffe orientieren können: ______________

Berufe: Tourismus, Hotel und Verkehr 12

a. Ergänzen Sie die Vokale.

0. der Portier
1. das Z_mm_rm_dch_n
2. der Sch_ffn_r
3. die Z_gb_gl__t_r_n
4. die R__s_l__t_r_n
5. der P_l_t
6. die St_w_rd_ss
7. der K_p_t_n
8. der M_tr_s_
9. der L_k_m_t_vf_hr_r
10. der H_t_lp_g_
11. der Z_mm_rk_lln_r
12. der G_p_cktr_g_r
13. der St_w_rd
14. der Fl_gl_ts_
15. das B_d_np_rs_n_l

b. Wie heißen die Berufe aus *a.*?

0. Wie nennt man den Kommandant eines Schiffes oder den Pilot eines großen Verkehrsflugzeugs?
   Kapitän
1. Wie heißt jemand, der beruflich als Seemann auf einem Schiff arbeitet?
   ____
2. Wie nennt man jemanden, der am Flughafen die Flugzeuge dirigiert?
   ____
3. Wie heißt jemand, der abends an der Hotelbar Drinks für die Gäste zubereitet?
   ____
4. Wie nennt man eine Frau, die sich um die Passagiere im Flugzeug kümmert?
   ____
5. Wie kann man noch zu dem Beruf *Pförtner* sagen?
   ____
6. Wie nennt man eine Frau, die in einem Hotel die Betten macht, aufräumt usw.?
   ____
7. Wie sagt man zu einem Mann, der ein Flugzeug oder einen Hubschrauber steuert?
   ____
8. Wie heißt ein Mann, der den Gästen in einem Hotel das Essen und die Getränke aufs Zimmer bringt?
   ____

13 Visum und Einreise

a. Wie beantrage ich ein Visum? Notieren Sie die Reihenfolge.

__ einreisen

__ ausreisen

_0._ die Adresse der Botschaft suchen

__ das Visum wird ausgestellt / das Visum bekommen

__ das Visum wird verlängert

__ das Visum läuft ab

__ zur Botschaft gehen

__ das Visum beantragen

b. Was passt nicht?

0. eine Aufenthaltserlaubnis: beantragen – ~~suchen~~ – bekommen – verlängern
1. die Aufenthaltserlaubnis ist: gültig – abgelaufen – weggelaufen – beantragt
2. das Visum wird: abgeschlossen – ausgestellt – verlängert – erteilt
3. an der Grenze: ausreisen – bestätigen – einreisen – halt machen
4. eine Arbeitsgenehmigung: erhalten – abschließen – besitzen – ausstellen
5. einen Reisepass: beantragen – zeigen – verzollen – kontrollieren
6. einen Personalausweis: verlieren – zeigen – ausreisen – kontrollieren
7. der Pass ist: gültig – abgelaufen – verlängert worden – möglich
8. Asyl: erhalten – beantragen – verlieren – suchen
9. eine Einreisegenehmigung: bekommen – erhalten – beantragen – schmuggeln

r Personalausweis = *CH: e Identitätskarte*

schmuggeln = *Waren heimlich und ohne offizielle Erlaubnis in ein Land einführen oder aus einem Land ausführen, ohne Zoll zu bezahlen*

Das Schengener Abkommen

Das Schengener Abkommen ermöglicht, dass sich Menschen und Waren leichter in den europäischen Ländern bewegen können. Statt zwischen den Staaten wird nun strenger an den Außengrenzen der Europäischen Union kontrolliert. An den früheren Grenzen gibt es nur noch Kontrollen von verdächtigen Personen und Fahrzeugen, um zu verhindern, dass z. B. Verbrecher, Drogenhändler oder Terroristen die Grenzen passieren. Auch Staaten, die nicht in der Europäischen Union sind, wie z. B. die Schweiz, haben das Abkommen unterzeichnet.

c. Ergänzen Sie. Achten Sie auf die korrekte Form.

1. An der ~~Staatsgrenze~~ zwischen Österreich und Deutschland gibt es keine ______ mehr.
2. Er wollte zu viele Zigaretten aus Tschechien ______ und musste ______ bezahlen.
3. Der ______ kontrollierte den Koffer nach illegal eingeführten ______.
4. Das Gegenteil von ausländisch heißt ______.
5. Ihr ______ ist schon seit über einem Jahr abgelaufen!
6. Das Visum ist bis zum 31. 12. 2012 ______.
7. Bei der Einreise bekam ich einen ______ in meinen Pass.
8. Die Vereinten Nationen kümmern sich um Menschen, die aus Kriegsgebieten ______.
9. Die ______ haben schnell Deutsch gelernt.
10. Unser Nachbar will mit seiner Familie nach Australien ______.
11. Im In- und ______ trauerten die Menschen um den toten Politiker.
12. Bewirb dich um ein Stipendium, es ist besser, wenn man nicht nur im ______, sondern auch im Ausland studiert hat.
13. Politiker benutzen normalerweise nicht das Wort ______. Sie sprechen von ausländischen Mitbürgern oder ______ Arbeitnehmern.
14. Ihre Pässe bitte. – Danke. Gute ______.
15. Das Wort ______ kann diskriminierend wirken, es ist besser, wenn man von Asylbewerbern spricht.
16. Personenkontrolle. Können Sie sich ______?
17. Wie viel Bargeld kann ich von Deutschland in ein anderes Land ______?
18. Das Gegenteil von exportieren heißt ______.
19. In Ungarn gilt eine andere ______, ich muss an der Grenze noch Geld ______.
20. ● Welche ______ haben Sie?
    ■ Hier sind meine ______, ich bin Pole.

Stempel
~~Staatsgrenze~~
auswandern
Waren *(Pl.)*
Einwanderer *(Pl.)*
inländisch
Zoll
Ausweis
fliehen
gültig
Passkontrollen *(Pl.)*
einführen
Zollbeamte
Papiere *(Pl.)*
Währung
wechseln
importieren
ausführen
Asylant
ausweisen
Weiterreise
Inland
Staatsangehörigkeit
Ausländer
Ausland
ausländisch

wechseln = *umtauschen*

14 Wortfeld *gehen*

a. Andere Wörter für *schnell gehen* und *langsam gehen*. Ordnen Sie zu.

hasten
~~bummeln~~
eilen
humpeln
schlendern
hetzen / sich abhetzen
schlurfen
rasen
torkeln
sausen
rennen
waten
watscheln
flitzen
stürmen
joggen

1. *langsam gehen:*	2. *schnell gehen:*
bummeln	______
______	______
______	______
______	______
______	______
______	______
______	______
	______
	______

b. Setzen Sie Verben aus *a.* in der korrekten Form ein.

0. Ich mag es, am Sonntag in der Innenstadt zu bummeln und mir Schaufenster anzuschauen.
1. Peter hat sich bei seinem Fahrradsturz so schwer am Bein verletzt, dass er nur ganz langsam nach Hause ______ konnte.
2. Nach dem starken Regen war der Weg überschwemmt, sodass wir nur barfuß durch die tiefen Pfützen ______ konnten.
3. Herr Müller war letzte Nacht so betrunken, dass er laut singend durch die Straßen ______.
4. Obwohl ich mich total ______ habe, habe ich doch meinen Zug verpasst.
5. Mein Freund und ich ______ mehrere Stunden durch die Innenstadt und genossen unseren freien Tag.
6. Frau Müller war aufgrund ihres Übergewichts so schwerfällig, dass sie ______ wie eine Ente.
7. Als es klingelte, ______ mein Großvater in seinen Pantoffeln ganz gemächlich zur Tür.
8. Peter geht am liebsten im Olympiapark ______, weil es dort so schön ruhig ist.

ESSEN UND TRINKEN
ESSEN UND TRIN
SSEN UND TRINKEN ESSEN UND TRINK

J

ESSEN UND TRINKEN

1 Obst und Gemüse

a. **Ordnen Sie zu.**

~~der Apfel~~
die Tomate
(*A:* der Paradeiser)
die Himbeere
die Apfelsine / die Orange
die Banane
die Birne
die Karotte / die Möhre
(*CH:* das Rüebli)
die Zwiebel
der Mais
die Kartoffel
(*A:* der Erdapfel)
die Kirsche
die Erdbeere
die Gurke
die Melone
der/die Paprika
die Bohne
(*A:* die Fisole)
die Pflaume
(*A:* die Zwetschke)
die Mandarine
der Blumenkohl
(*A:* der Karfiol)
das Radieschen
die Trauben (*Pl.*)
der Salat

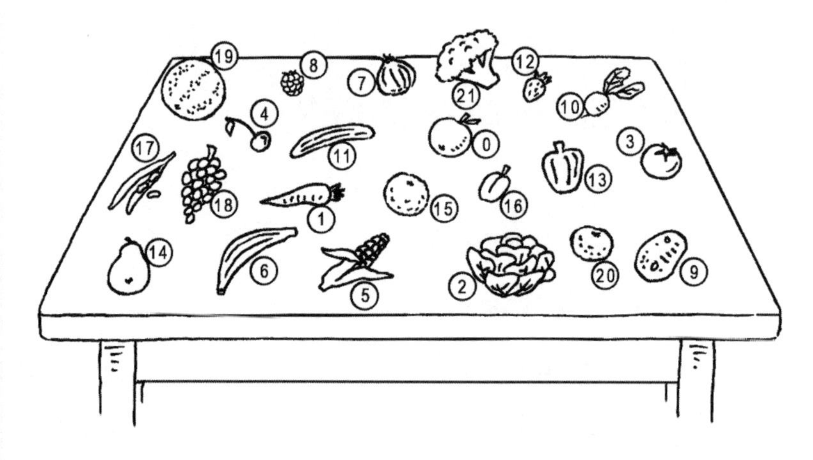

Obst	Gemüse
0. der Apfel	1. ________
4. ________	2. ________
6. ________	3. ________
8. ________	5. ________
12. ________	7. ________
14. ________	9. ________
15. ________ ________	10. ________
16. ________	11. ________
18. ________	13. ________
19. ________	17. ________
20. ________	21. ________

b. **Was kommt in eine ...? Streichen Sie jeweils zwei Fehler.**

1. Für meine Gemüsesuppe brauche ich ~~Zitronen~~, Karotten, Brokkoli, Erbsen, Bohnen, Lauch und Gries.
2. Für einen gemischten Salat kann man Gurken, Quark, Tomaten, Oliven, Kopfsalat, Radieschen, Nüsse, Schnittlauch und hart gekochte Eier nehmen.
3. In den Obstsalat kommen Äpfel, Birnen, Mehl, Trauben, Bananen, Pilze, Erdbeeren und Ananas.
4. Auf eine Gemüsepizza lege ich Schwarzbrot, Tomaten, Pilze, Paprika, Zucchini, Auberginen und Salami.
5. Für meinen Obstkuchen muss ich noch Knoblauch, Bananen, Kiwis, Mandarinen, Sahne, Aprikosen und Pfirsiche schneiden.

r Pilz = *A: s Schwammerl*

Frühstück

2

a. **Frühstück international. Ergänzen Sie.**

Laura und Özlem unterhalten sich.

Joghurt
~~Frühstück~~
Tomaten *(Pl.)*
Milchkaffee
Brot
Zucker
Marmelade
Ei
Kaffee
Tasse
Feigen *(Pl.)*
Vollkornbrötchen *(Pl.)*

● Wie hat dir das Essen in Deutschland geschmeckt?

■ Das deutsche (0) Frühstück fand ich toll. Ich habe jeden Morgen eine Schüssel Müsli mit Obst und (1) ____________ und eine Scheibe (2) ________ mit Butter und (3) ______________ gegessen. Dazu gab es immer ein gekochtes (4) ____. Getrunken habe ich eine Tasse (5) __________ mit Milch und (6) __________ und ein Glas Orangensaft. Das war lecker! Wie hat dir das türkische Frühstück geschmeckt?

● Auch sehr gut. Ich habe morgens immer eine (7) ________ Tee getrunken. Dazu gab es Weißbrot mit Schafskäse, (8) ____________ und Oliven. Besonders fein war auch das frische Obst, zum Beispiel die reifen Melonen und die süßen (9) __________. Nun freue ich mich aber wieder darauf, (10) __________________________ zu essen und am Morgen meinen (11) __________________ zu trinken.

Tipp
Nach Maß-, Mengen- oder Gewichtsangaben steht das Nomen ohne Artikel (= Nullartikel):
Eine Tasse Kaffee, bitte.
Gibst du mir eine Schüssel Müsli?
Ich hätte gerne ein Kilo Hackfleisch.

b. Frühstück bei Familie Schmidt. Wie heißen die Wörter?

■ Mama, ich habe (0) (urDst) Durst. Kannst du mir bitte ein (1) (laGs) ______ Milch einschenken?

● Hier bitte.

▲ Mami, ich habe (2) (erHugn) ____________. Schneidest du mir eine (3) (Schbeie) ______________ Brot ab, bitte.

● Bitte schön.

● Martha, kannst du mir eine (4) (sasTe) __________ Kaffee einschenken?

● Gerne.

■ Mama, ich brauche die (5) (negariMar) __________________ für mein Brötchen.

● Die liegt neben deinem Teller.

● Martha, kannst du mir das (6) (zSla) ________ für mein Ei reichen?

● Hier bitte.

■ Mami, ich sehe den Käse, aber wo ist die (7) (urWst) __________?

● Die ist noch im Kühlschrank.

▲ Mama, hast du unsere (8) (sentePaubro) ______________________ schon gemacht?

● Ich möchte jetzt auch gerne (9) (ückenühfrst) ____________________!

■ Aber wir sind schon spät dran.

● Hier ist Geld. Kauft euch in der Schule ein (10) (ndSaichw) ________________.

■ Danke! Tschüs!

● Martha, hoffentlich kaufen sich die Kinder tatsächlich belegte Brötchen und nicht irgendwelche (11) (igenkeitSüß) ______________________.

● Das wäre nicht so schlimm. Ich achte normalerweise sehr auf gesunde (12) (ungnäErhr) __________________, mit viel Obst und Gemüse. Da können sie in der Pause auch mal etwas Süßes naschen.

● Ich esse heute in der (13) (netiKan) ______________ zu Mittag. Wann gibt es denn (14) (esAbsenend) ____________________?

● Um sieben. Ich mache eine leckere (15) (upSpe) __________.

● Da freu ich mich schon drauf!

Getränke und Essen

3

a. **Kaltes und Warmes. Ordnen Sie zu. Ergänzen Sie den bestimmten Artikel.**

Brot • Auflauf • Kaffee • ~~Saft~~ • Tee • Bonbon • Bier • Reis • Mineralwasser
Nudeln *(Pl.)* • Wein • Suppe • Kuchen • Pizza • Torte • Limonade • Cola • Fruchteis
Kakao / heiße Schokolade

1. kalte Getränke:

der Saft, ______

______

______

2. warme Getränke:

______

______

______

3. kaltes Essen:

______

______

______

4. warmes Essen:

______

______

______

r Auflauf = *überbackene Speise aus Nudeln, Gemüse, Reis oder Kartoffeln*

Brötchen oder Semmeln?
Es gibt verschiedene Wörter für das Wort *Brötchen*: In Österreich und Bayern, z. B. in München, sagt man normalerweise *Semmeln*. In manchen Teilen Süddeutschlands, wie z. B. in Stuttgart und Umgebung, heißen die Brötchen *Breedle* oder *Weggle*. In Rheinland-Pfalz sagt man auch *Weck* dazu. In Berlin sind Brötchen wiederum *Schrippen*. In der Schweiz nennt man Brötchen *Brötli* oder *Bürli*.

b. Lebensmittel. Ergänzen Sie den Artikel.

1. Fleisch: der Braten – ______ Kotelett – ______ Hackfleisch – ______ Speck – ______ Schnitzel
2. Fisch: ______ Forelle – ______ Hering – ______ Lachs – ______ Thunfisch – ______ Fischstäbchen
3. Geflügel: ______ Huhn – ______ Pute – ______ Gans – ______ Truthahn – ______ Ente
4. Wurst: ______ Schinken – ______ Salami – ______ Wiener Würstchen – ______ Leberwurst
5. Milchprodukte: ______ Joghurt – ______ Quark – ______ Sahne – ______ Hartkäse
6. Backwaren: ______ Brötchen – ______ Vollkornbrot – ______ Gebäck – ______ Croissant
7. Wild: ______ Hirsch – ______ Reh – ______ Wildschwein
8. Kräuter: ______ Schnittlauch – ______ Petersilie – ______ Basilikum – ______ Rosmarin – ______ Dill

c. Gewürze. Ergänzen Sie.

Chili
Salz
Muskatnuss
Paprika
Curry
~~Zimt~~
Nelken *(Pl.)*
Lorbeerblätter *(Pl.)*

0. In den Kuchenteig kommt außer Zucker, Eier und Mehl auch noch Zimt.
1. Wenn du die Soße besonders scharf haben willst, musst du Ch______ zugeben.
2. Der Koch ist wohl verliebt, an der Suppe ist viel zu viel S______.
3. Damit der Kartoffelbrei besonders gut schmeckt, gebe ich geriebene M______________ dazu.
4. In den Glühwein muss man neben Zitrone und Orange auch ein paar N__________ geben.
5. Für einen würzigen Geschmack gehören in ein Sauerkraut auch zwei L____________________.
6. In Indien kocht man viele Soßen mit C________.
7. Das ungarische Gulasch würzt man mit viel süßem P__________.

d. Was möchten Sie? Ergänzen Sie.

Pfeffer
Zucker
Speck
Fleisch
Beilage
Senf
~~Ketchup~~
Essig

0. ● Möchten Sie Majonäse oder (0) Ketchup zu Ihren Pommes?
   ■ Ketchup, bitte.
1. ● Möchten Sie Süßstoff oder (1) __________ zu Ihrem Kaffee?
   ■ Danke, nichts.
2. ● Möchten Sie Ihr Rührei mit oder ohne (2) __________?
   ■ Ohne, bitte.
3. ● Möchten Sie als (3) __________ Reis oder Kartoffeln?
   ■ Reis, bitte.
4. ● Möchten Sie als Hauptspeise (4) __________ oder den Fisch?
   ■ Den Fisch, bitte.
5. ● Soll ich Ihnen noch Salz und (5) __________ für die Suppe bringen?
   ■ Ja, bitte.
6. ● Brauchen Sie noch (6) __________ und Öl zu Ihrem Salat?
   ■ Nein, der Salat ist gut so.
7. ● Möchten Sie süßen oder scharfen (7) __________ zu Ihrer Bratwurst?
   ■ Den scharfen, bitte.

Tipp
Bei unbestimmten Mengen steht das Nomen ohne Artikel (= Nullartikel):
Ich trinke Tee mit **Zucker**.
Ich esse Pommes mit **Ketchup**.
Können Sie mir **Salz** bringen?

e. Finden Sie die Wortgrenzen und schreiben Sie Sätze.

0. Kannst du mir bitte noch ein bisschen Wein nachschenken?
   kannstdumirbittenocheinbisschenweinnachschenken
1. ____________________
   ichmöchtegernedasdessertversuchen
2. ____________________
   indermensaschmecktdasessennichtgut
3. ____________________
   meinetochterverträgtnurleichtekost
4. ____________________
   ____
   beimsekttrinkenhebtmandiegläserundsagt„zumwohl“
5. ____________________
   ____
   dasgemeinsamemittagessenbeginntmanmitdenworten„gutenappetit“

4 Im Restaurant

a. **Ergänzen Sie. Achten Sie auf die korrekte Form.**

Appetit
gedünstet
Menü
wählen
Schweinebraten
Nachspeise
Sahne
trocken
~~Platz~~
reserviert
bar
Speisekarte
Rechnung
bestellen
Weißwein
Pfeffer
Weinkarte
auswählen
Öl
Wasser
ganz
bezahlen
machen

- Entschuldigen Sie bitte, ist dieser (0) Platz noch frei?
- Tut mir leid, dieser Tisch ist (1) __________. Aber der Tisch daneben ist noch frei.
- Danke schön. Könnte ich bitte die (2) __________ haben. Ich möchte etwas essen.
- Hier, bitte. Möchten Sie schon etwas zu trinken (3) __________?
- Ich hätte gerne ein Glas (4) __________. Haben Sie eine (5) __________?
- Natürlich, Sie können bei uns aus über 50 Weinen (6) __________.
- Dann hätte ich gerne den (7) __________ Riesling und ein Glas (8) __________, bitte.
- Mit oder ohne Kohlensäure?
- Ein (9) ______ normales Leitungswasser, bitte.
- Was haben Sie (10) __________? 
- Ich hätte gerne das (11) ______, bitte.
  Als Vorspeise die (12) __________ Forelle und als Hauptgang den (13) __________ mit Knödeln und Salat.
- Was kann ich Ihnen als (14) __________ bringen?
- Ein gemischtes Eis mit (15) ______.

- ■ Hier Ihre Hauptspeise. Guten (16) ___________!
- ● Entschuldigung, könnten Sie mit bitte Salz und (17) ___________ bringen?
- ■ Hier, bitte.
- ● Für den Salat brauche ich noch Essig und (18) ___.
- ■ Kommt sofort.

- ● Ich möchte gerne (19) _____________, bitte.
- ■ Ihre (20) _____________ kommt sofort.
- ● Kann ich bei Ihnen mit Kreditkarte zahlen?
- ■ Nein, nur in (21) _____. Das (22) _________ 15,60 €.
- ● Hier, bitte. Stimmt so.
- ■ Vielen Dank.

fade
~~besetzt~~
getrennt
satt
dunkel
Selbstbedienung
kalt
sauer
fett
warm

b. **Wie heißt das Gegenteil? Achten Sie auf die korrekte Form.**

0. ● Ist der Platz hier *frei*?
   ■ Tut mir leid, der Platz ist besetzt.

1. ● Geht das *zusammen*?
   ■ Nein, wir zahlen ______________.

2. ● Bist du noch *hungrig*?
   ■ Nein, ich bin _______.

3. ● Möchten Sie auch ein *helles* Bier?
   ■ Nein, ich hätte gerne ein ____________.

4. ● Sind diese Tische *mit Bedienung*?
   ■ Nein, hier ist __________________________.

5. ● Ist der Fisch *gut gewürzt*?
   ■ Nein, er schmeckt _______.

6. ● Ist die Suppe noch *heiß*?
   ■ Nein, sie ist schon ganz _______.

7. ● Schmecken die Früchte *süß*?
   ■ Nein, sie sind ganz _________.

8. ● Ist das Steak schön *mager*?
   ■ Nein, es ist ziemlich _______.

9. ● Ist das Bier schön *kühl*?
   ■ Nein, es ist schon ganz _______.

Trinkgeld

In Deutschland können Sie der Bedienung in Cafés und Restaurants ein Trinkgeld geben, Sie müssen aber nicht. Trinkgeld gibt man, wenn man mit dem Service zufrieden war. Üblich ist es, 10 % der Rechnungssumme zusätzlich zu zahlen oder die Rechnung aufzurunden. Aufrunden heißt, dass eine Summe in die nächstgrößere runde Zahl verwandelt wird. Beispiel: Die Bedienung sagt: „Das macht zusammen 17,90 €." Der Gast gibt ihr einen 20-Euro-Schein und sagt: „Stimmt so." Nicht üblich ist es, in Lokalen das Trinkgeld auf dem Tisch liegen zu lassen.
Auch Taxifahrern, Friseuren und Zimmerpersonal in Hotels gibt man häufig Trinkgeld. In Österreich heißt Trinkgeld *Schmatt* oder *Schmattes*. In Lokalen gibt man 10 % der Rechnungssumme *Schmatt*, in Wiener Kaffeehäusern bis zu 15 %. In der Schweiz ist in Lokalen ein Bedienungsgeld von 15 % im Preis enthalten. Ein Trinkgeld ist nicht notwendig, die Bedienung freut sich aber, wenn Sie die Rechnung aufrunden.

Speisekarte

5 ______

Ergänzen Sie. Achten Sie auf die korrekte Form.

Speisen

Vorspeisen

Gulaschsuppe	4,50 €
Kartoffelsuppe mit (0) Würstchen	6,00 €
Gemischter (1) S______	5,50 €
(2) T______ Hawaii	6,50 €

Hauptgerichte

(3) S______ mit Tomatensoße	7,50 €
Schnitzel vom Schwein mit (4) P______ und Salat	9,50 €
Schweinebraten mit (5) K______ und Blaukraut	9,50 €
Rindersteak mit (6) B______ und Salat	12,50 €
Gulasch mit (7) R______ und Salat	8,50 €
Kalbsbraten mit (8) N______ und Gemüse	13,40 €

Spezialitäten

Gebratene (9) E______ mit Semmelknödeln und Blaukraut	14,50 €
(10) F______ blau mit Salzkartoffeln und Gemüse	12,40 €
(11) H______ vom Grill mit Kartoffelsalat	8,80 €
Putengeschnetzeltes mit (12) K______ und Salat	10,30 €

Nachspeisen

Gemischtes (13) E______ (3 Kugeln)	4,00 €
(14) V______eis mit heißen Himbeeren	4,50 €
Obstsalat aus frischen (15) F______	5,50 €
ein Stück Kuchen oder (16) T______	3,00 €
mit Sahne	3,50 €

Früchte *(Pl.)*
Kartoffelbrei
Ente
Forelle
~~Würstchen~~
Salat
Vanille
Hähnchen
Toast
Torte
Spaghetti
Pommes *(Pl.)*
Knödel *(Pl.)*
Bratkartoffeln *(Pl.)*
Nudeln *(Pl.)*
Reis
Eis

6 Verschiedene Gaststätten

~~Biergarten~~
Lokal
Restaurant
Kneipe
Raststätte
Kantine
Café
Bar
Theke
Stammtisch
Barhocker
Imbiss-Stand
Gasthaus

0. In München ist es im Sommer besonders schön, weil man bis in den Abend hinein draußen im Biergarten sitzen kann.
1. Peter kennt in der Stadt ein teures französisches ________________, in dem man am Abend sehr gute Menüs bekommt.
2. Ich treffe mich mit meinen Freunden immer in der ___________ um die Ecke auf ein Bier.
3. In unserer Firma gibt es eine ____________, die auch vegetarische Speisen anbietet.
4. ● Neben der Disco ist eine _____, in der man ausgezeichnete Cocktails bekommt.
   ■ Ja, aber man sitzt dort schlecht, weil die ______________ so unbequem sind.
5. Kennst du das _______ Schwabing? Dort gibt es italienische Kaffeespezialitäten.
6. Am Stadtrand von München gibt es ein bayerisches ______________, in dem man günstig leckeren Schweinebraten essen kann.
7. Wenn du während der Fahrt eine Pause machen willst, kannst du an einer Autobahn-________________ anhalten.
8. Kannst du mir ein gutes ________ in der Umgebung empfehlen, wo ich zum Mittagessen hingehen kann?
9. Unser Fußballverein trifft sich jede Woche am Samstagabend zum ________________ in der Gaststätte „Zum alten Wirt".
10. Neben unserer Schule gibt es jetzt einen ____________________. Dort kann man in der Pause billig Currywurst und Pommes essen.
11. ● Sollen wir uns einen Sitzplatz im Lokal suchen?
    ■ Nein, ich möchte meinen Espresso im Stehen an der ________ trinken.

s Café =
A: -s Kaffeehaus

s Gasthaus =
A (Wien): s Beisel

r Stammtisch = *meist größerer Tisch in einem Lokal, in dem sich bestimmte Gäste regelmäßig treffen*

e Theke = *ein hoher, schmaler Tisch in einem Lokal oder einer Bar, an dem man im Stehen oder manchmal auch im Sitzen bedient wird*

Essen gehen

Normalerweise kann sich ein Gast seinen Tisch in einem Lokal oder einer Gaststätte selbst aussuchen – Ausnahmen sind exklusivere Restaurants, in denen man einen Platz zugewiesen bekommt. In einfachen Kneipen ist es möglich, sich zu anderen Gästen mit an den Tisch zu setzen. Man fragt aber vorher höflich: „Ist dieser Platz noch frei?" oder „Darf ich mich zu Ihnen setzen?" In den meisten Gaststätten in Deutschland ist das Rauchen verboten: Manche Lokale bieten spezielle Räume für Raucher an, letztlich hängt es vom Bundesland ab, wie streng das Rauchverbot gehandhabt wird. Eines der ersten Dinge, die der Kellner bzw. die Bedienung fragt, ist, was der Gast trinken möchte, meist schon, wenn die Speisekarte überreicht wird. Wenn man zahlen möchte, sagt man zur Bedienung: „Die Rechnung, bitte." oder „Ich möchte gerne zahlen."

Redewendungen: Lebensmittel

7 

a. **Ordnen Sie zu.**

0. um den heißen Brei herumreden [a]
1. etwas für ein Butterbrot hergeben [ ]
2. viele Köche verderben den Brei [ ]
3. jemandem etwas aufs Butterbrot schmieren [ ]
4. etwas ist das Salz in der Suppe [ ]
5. eine harte Nuss zu knacken haben [ ]
6. weggehen wie warme Semmeln [ ]
7. in den sauren Apfel beißen müssen [ ]
8. jemanden behandeln wie ein rohes Ei [ ]
9. eine Extrawurst gebraten haben wollen [ ]
10. weder Fisch noch Fleisch sein [ ]
11. jemandem reinen Wein einschenken [ ]

~~a.~~ über etwas reden, ohne auf das Wichtigste einzugehen
b. jemandem etwas Unangenehmes immer wieder vorhalten
c. etwas ist das eigentlich Interessante an einer Sache
d. nichts Eindeutiges, Bestimmbares sein
e. wenn zu viele Leute bei einer Sache mitentscheiden, kommt nichts Gutes dabei heraus
f. jemanden sehr vorsichtig behandeln
g. etwas Unangenehmes tun müssen
h. sehr begehrt sein
i. eine schwierige Aufgabe zu lösen haben
j. jemandem die Wahrheit über etwas Unangenehmes sagen
k. etwas für einen sehr geringen Gegenwert weggeben
l. bevorzugt werden wollen

b. **Welche Redewendung aus *a*. passt? Achten Sie auf die korrekte Form.**

0. Michael hat bei unserem Streit gestern so viel gesagt, aber auf die wichtigsten Punkte ist er nie eingegangen. Er <u>redete</u> dauernd <u>um den heißen Brei herum.</u>

1. Lisa will immer, dass sie in der Klasse bevorzugt wird.
   Sie ______ immer ______________________________

2. In der letzten Prüfung hatte ich eine Aufgabe, die sehr schwierig war.
   Da ________ ich ______________________________

3. Wenn bei unserem neuen Projekt ein gutes Ergebnis herauskommen soll, wäre es besser, wenn nicht zu viele Leute mitarbeiten.
   ____

4. Unsere neuen Uhren sind bei den Kunden sehr begehrt.
   Sie ______________________________________

5. Ich musste mein altes Auto ______________________________
   __________, ich habe nur 500 Euro dafür bekommen.

6. Wir müssen den Mitarbeitern endlich sagen, dass es dieses Jahr kein Weihnachtsgeld geben wird.
   Wir müssen ________ endlich ______________________________

7. Letzte Woche hatte mein Mann die unangenehme Aufgabe, das Bad zu putzen.
   Diese Woche werde ich wohl ______________________________
   ____

8. Maria ist immer sehr empfindlich und verträgt keinerlei Kritik. Man muss sie
   ____

9. Unsere Verhandlungspartner wollen sich auf kein eindeutiges Angebot festlegen.
   Ihre Vorschläge ______________________________

Tipp
Alkoholische Getränke haben meistens den Artikel **der**: **der** Wein, **der** Sekt …
Aber: **das** Bier.

Alkohol

8

Suchen Sie neun alkoholische Getränke. Ergänzen Sie den Artikel.

	A	B	C	D	E	F	G	H	I	J	K	L
1	D	M	H	C	T	L	L	W	O	D	K	A
2	Y	C	I	O	P	H	C	I	O	T	T	Q
3	L	Z	K	C	O	W	H	I	S	K	Y	S
4	I	C	H	K	I	Y	S	E	U	G	C	J
5	K	Q	G	T	L	L	S	E	K	T	R	I
6	Ö	C	H	A	M	P	A	G	N	E	R	Q
7	R	X	P	I	F	Y	I	U	I	Y	H	W
8	I	R	J	L	G	K	K	L	P	P	U	E
9	U	L	D	P	B	I	E	R	Z	Q	B	I
10	J	I	S	C	H	N	A	P	S	H	A	N
11	G	P	M	X	F	X	J	B	B	B	B	E
12	R	X	S	B	I	E	Q	F	H	B	L	G

der Schnaps ______ ______

______ ______ ______

______ ______ ______

Deutschland = Land des Bieres

In Bezug auf das beliebte Getränk Bier hat Deutschland einige Superlative zu bieten. Es gibt in Deutschland ca. 5000 verschiedene Biersorten und 1200 Brauereien, d. h., jede dritte Brauerei der Welt steht auf deutschem Boden. Jede Region innerhalb Deutschlands bevorzugt geschmacklich andere Biersorten: Im Norden trinkt man gerne herbere Biere, z. B. Pils, im Süden eher Helles oder Weizenbier, im Rheinland genießt man vor allem Kölsch und Alt (dunkles Bier aus Düsseldorf) und in Berlin eine Berliner Weiße mit Schuss (ein leichtes, helles Weizenbier, gesüßt mit einem Schuss Sirup). Neben den regionalen Unterschieden gibt es Jahreszeiten, in denen einige Bierspezialitäten besonders gerne getrunken werden. Im Sommer z. B. ist in den Biergärten das Radler (süddt.), zu dem man in Norddeutschland „Alsterwasser" sagt, sehr beliebt: das Getränk besteht je zur Hälfte aus hellem Bier und Zitronenlimonade. In Bayern gibt es während der Fastenzeit (die Zeit zwischen Fasching und Ostern) das sogenannte „Starkbier", ein dunkles, malzhaltiges Bier mit einem hohen Alkoholgehalt. Alle deutschen Brauereien halten sich bis heute an das deutsche Reinheitsgebot aus dem Jahre 1516, das besagt, dass zum Bierbrauen nur Hopfen, Malz und Wasser (dass Hefepilze die alkoholische Gärung bewirken, war damals noch nicht bekannt) verwendet werden dürfen, auch wenn die EU mittlerweile erlaubt, dass auf dem deutschen Markt auch Biere angeboten werden, die Zusatzstoffe verwenden. Die Deutschen sind aber nicht nur Spitzenreiter im Herstellen von Bier, sondern auch beim Konsumieren dieses Getränks. Statistisch gesehen hat 1997 jeder Deutsche ca. 131 Liter Bier getrunken, das ist Platz 2 hinter den Tschechen, die mit 160 Litern pro Kopf die Statistik anführten. Prost!

9 Das schmeckt mir nicht!

a. **Ergänzen Sie.**

reif
knusprig
~~sauer~~
zäh
faulig
bitter
trocken
salzig
scharf
hart
roh
weich

total (*ugs.*) = *sehr*

0. Igitt! Bei der Milch ist das Haltbarkeitsdatum abgelaufen: Sie ist schon sauer!
1. Die Brötchen schmecken nicht, sie sind ganz ________ und nicht ________.
2. Dieses Bier mag ich nicht, es ist mir zu ________.
3. Pass auf, die Peperoni sind total ________.
4. Der Kuchen meiner Schwiegermutter ist immer etwas ________.
5. Herr Ober, die Soße ist zu ________ und das Fleisch ist ______.
6. Die Pfirsiche schmecken nicht, sie sind noch nicht ______.
7. Herr Ober, mein Frühstücksei ist viel zu ______ gekocht.
8. Nimm einen anderen Beutel Orangen. In dem hier ist schon eine ________.
9. Ich mag das Gemüse nicht gekocht, sondern lieber ______. Da hat es mehr Vitamine.

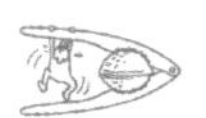

b. **Essgenuss? Finden Sie die Begriffe.**

0. Du ernährst dich viel zu einseitig, wenn du ständig (itäD) Diät machst.
1. Mein Kind bekommt keine fertige (ungbynaBahr) ________________, ich koche lieber selbst.
2. Wenn ich zum Einkaufen in der Stadt bin, gehe ich nicht groß essen, sondern nehme nur einen kleinen (bilmss) __________ ein.
3. ● Soll ich uns in der Bäckerei einen (naSck) ________ holen?
   ■ Nein, ich muss abnehmen.
4. Ich mag bald nicht mehr in diesen Supermarkt gehen, weil dort alle (mitungNahrstel) ____________________ so teuer geworden sind.
5. ● Soll ich diesen (eikäWchse) ______________ kaufen?
   ■ Nein, kauf lieber den Hartkäse, der schmeckt besser.
6. Diese Flasche (tweRoin) ___________ muss ich wegschütten, der Wein hat einen starken Korkgeschmack.
7. ● Sollen wir heute beim Italiener (eness henge) ________ ________?
   ■ Nein, beim Griechen schmeckt das Essen besser.
8. ● Wie lange ist dieser Joghurt (barltha) __________?
   ■ Das Haltbarkeitsdatum ist vorgestern abgelaufen.

Rund ums Kochen

10 ____________

a. **Rezept für einen griechischen Salat. Ergänzen Sie die Verben.**

Einen Kopfsalat (0) waschen und die Blätter trocken schleudern. Drei Tomaten und einen Bund Radieschen waschen, (1) p________ und in Stücke (2) schn________. Eine Salatgurke (3) sch________ und in Scheiben schneiden. Eine rote Zwiebel in Streifen schneiden. 200 Gramm Schafskäse klein (4) w________. Die Zutaten in einer Salatschüssel (5) m________ und eine Handvoll schwarze Oliven (6) z________. Aus vier Esslöffeln Olivenöl und zwei Esslöffeln Essig eine Salatsauce (7) a________. Mit Salz, Pfeffer, Senf und Schnittlauch kräftig (8) w________. Die Salatsauce vorsichtig mit dem Salat mischen und mit Weißbrot (9) s________.

würfeln
schneiden
anrühren
mischen
~~waschen~~
würzen
servieren
schälen
putzen
zugeben

b. **Rezept für Spaghetti mit Gemüsesoße. Ergänzen Sie.**

Zutaten: Ein (0) Liter Gemüsebrühe – zwei mittelgroße gelbe und grüne Zucchini in (1) ________ – eine (2) ________ Lauch in Ringen; eine große Karotte in Scheiben – eine große Zwiebel, in (3) ________ geschnitten – ein halbes (4) ________ Tomaten, grob (5) ________ – eine kleine (6) ________ Sellerie, in Streifen geschnitten – drei Knoblauch-(7)________, in Scheiben – ein (8) ________ Olivenöl – Salz, Pfeffer, frischer Schnittlauch, frische Petersilie, ein Pfund (9) ________, 200 Gramm Hartkäse, (10) ________.

Zubereitung: Die Zwiebeln, den Sellerie, den Knoblauch und die Karotten mit Olivenöl (11) ________. Dann die Zucchini, den Lauch und die Tomaten (12) ________. Das angedünstete Gemüse mit der Gemüsebrühe (13) ________, den Rosmarin darüberstreuen und ca. 10 Minuten kochen. In der Zwischenzeit die Spaghetti in ausreichend Wasser (14) ________. Die Gemüsesoße mit Salz und Pfeffer (15) ________, die Nudeln zugeben. Auf Tellern (16) ________ und mit Petersilie, Schnittlauch und Käse (17) ________.

Dazu passt ein trockener Weißwein oder ein kühles Bier.

Knolle
gerieben
anrichten
kochen
aufgießen
~~Liter~~
Scheiben *(Pl.)*
Pfund
Stange
Streifen *(Pl.)*
Zehen *(Pl.)*
gewürfelt
Esslöffel
Spaghetti
anbraten
zugeben
würzen
bestreuen

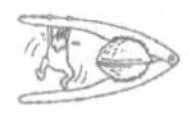

c. **Zubereitung von Speisen. Welche Wörter passen?**

schlagen • rühren • panieren

0. Du musst die Sahne so lange schlagen, bis sie steif ist.

frittieren • garnieren • servieren

1. Die Schokoladenstreusel und die Kekse nehme ich, um die Torte zu

_______________.

umrühren • einrühren • rühren

2. Auszug aus einem Rezept für Pudding: Zuerst die Milch aufkochen und dann das Puddingpulver _______________.

aufwärmen • kühlen • einfrieren

3. Dein Essen ist im Kühlschrank. Du kannst es dir in der Mikrowelle

_______________.

auftauen • schälen • backen • frittieren • anmachen • kneten

4. Wir mögen keine tiefgefrorenen Pommes. Wir _____________ frische Kartoffeln, schneiden sie und _______________ sie dann in heißem Fett.

schmoren = *etwas kurze Zeit braten und dann zugedeckt mit wenig Flüssigkeit gar werden lassen*

schmoren • dünsten • grillen

5. Im Sommer _____________ wir immer im Garten. Das Fleisch schmeckt dann besonders gut.

gekocht • gebraten • gebacken

6. Ich liebe den selbst _______________ Kuchen meiner Oma. Er schmeckt sehr lecker.

überbacken • garen • dünsten

7. Der Auflauf schmeckt am besten, wenn er mit ganz viel Käse _______________ wird.

raspeln = *etwas mit einer Raspel / Reibe stark zerkleinern*

schnippeln *(ugs.)* = *klein schneiden*

raspeln • schnippeln *(ugs.)* • binden

8. Damit die Soße etwas dickflüssiger wird, sollte man sie mit Sahne und Mehl

_____________.

Portionen

11

Ergänzen Sie.

1. Ich hätte gerne zwei Kugeln Eis in der W________ / im B________.
2. Ich nehme ein G_____ / eine F________ Wein
3. Bitte eine kleine/große P________ Spaghetti.
4. Bitte eine Kinderp________
5. Trink einen Sch________, das tut dir gut.
6. Ich nehme eine T______ / ein K________ Kaffee.
7. Bitte bringen Sie mir ein St______ Sachertorte.

Waffel
~~Kugeln~~ *(Pl.)*
Tasse
Becher
Schluck
-portion
Kännchen
Portion
Stück
Flasche
Glas

Einladungen

12

a. **Einladung zum Essen. Was sagt man wann?**

0. Wenn man gemeinsam das Essen beginnt: Guten Appetit!
1. Wenn man die Gläser hebt und anstößt: ________________
2. Wenn man sich verabschiedet: ________________

____

Vielen Dank für die Einladung.
~~Guten Appetit!~~
Zum Wohl!
Es hat sehr gut geschmeckt.
Prost!

Was man bei einer Einladung nicht vergessen sollte

Wenn man bei anderen Personen in ihr Haus zum Essen eingeladen wird, ist es üblich, entweder einen Strauß Blumen oder eine Flasche Wein bzw. Sekt als Gastgeschenk mitzubringen. Man sollte pünktlich oder höchstens 10 – 15 Minuten später bei seinen Gastgebern ankommen, zu früh zu kommen, gilt eher als unhöflich. Bei Tisch wartet man, bis alle Anwesenden etwas auf dem Teller haben und die Gastgeber mit dem Essen beginnen. Es ist üblich, dass man sich zuvor gegenseitig „Guten Appetit." wünscht.

Mündlich oder schriftlich einladen?

Bei bestimmten festlichen Anlässen ist die schriftliche Einladung gegenüber der mündlichen die höflichere Variante: Die Gäste haben genügend Zeit, um zu- oder abzusagen und kennen alle wichtigen Details. Auch dem Gastgeber bietet die schriftliche Einladung Vorteile: Sie können in Ruhe über Form und Inhalt der Einladung nachdenken und die Gästeliste zusammenstellen. Von der Art der Feier und Ihren persönlichen Vorlieben hängt es ab, welche Einladungskarten Sie kaufen oder selbst entwerfen: lustige oder ernsthafte, kreativ-fantasievolle oder eher schlichte. Die Form der Karte und der Tonfall der Einladung – das sind wichtige erste Eindrücke für Ihre künftigen Gäste, welche Art von Feier sie erwartet.

Tipp

Informieren Sie Ihre Gäste möglichst genau über die geplante Feier. So ersparen Sie sich und Ihren Gästen unter Umständen peinliche Situationen wie etwa unpassende Kleidung.

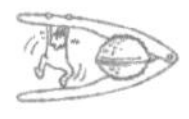

b. **Einladung zum Kaffee. Ergänzen Sie.**

Süßstoff • Vase • Gedeck • Dessertteller • ~~Kaffeeservice~~
Aschenbecher • Porzellan • Kuchengabel • Deckel

0. Heute kommen unsere Schwiegereltern zum Kaffee. Dann werde ich das gute Kaffeeservice aufdecken.
1. Kann ich zu meiner Torte bitte eine K_______________ haben?
2. Kann ich hier rauchen? Nein, das ist eine Nichtraucherwohnung, aber auf dem Balkon steht ein A_______________.
3. Für die Nachspeise kannst du die D_______________ benutzen.
4. ● Ich mag keinen Zucker im Kaffee. Haben Sie auch S_______________?
   ■ Die Dose steht neben den Kaffeelöffeln.
5. Peter, kannst du bitte noch ein G_______________ auflegen, Thomas bringt seine Freundin zum Kaffeetrinken mit.
6. Hat jemand den D_______________ der Zuckerdose gesehen? Ich möchte sie gerne in den Schrank räumen.
7. Vielen Dank für die schönen Blumen. Ich werde sie gleich in eine V_______________ stellen.
8. Ich habe von meinen Großeltern Essgeschirr aus feinem Meißner P_______________ geerbt.

Checkliste für schriftliche Einladungen

- Anlass der Feier (Hochzeit, Geburtstag, Wohnungseinweihung, Party etc.)?
- Zeit (Wochentag, Datum, Uhrzeit, Dauer)?
- Ort der Feier (zu Hause, im Restaurant)?
- Art der Feier (gemütliches Beisammensein, Essen, Grillparty)?
- Sind auch Begleitpersonen eingeladen?
- Beteiligung der Gäste erwünscht (Essen, Getränke, Musik)?
- Benachrichtigung erwünscht? Ein entsprechender Hinweis wie z. B. der Vermerk *u. A. w. g. (= um Antwort wird gebeten)* oder die Angabe der Telefonnummer zeigt, dass eine Zu- oder Absage erbeten wird.
- Bestimmte Kleidung erwünscht?

Geschirr, Besteck und sonstige Haushaltsartikel

13

a. **Ordnen Sie zu.**

das Weinglas
die Kaffeetasse
der Fleischteller
die Weinflasche
die Gabel
das Milchkännchen
die Zuckerdose
die Pfeffermühle
der Salzstreuer
die Kaffeekanne
der Löffel
die Salatschüssel
die Untertasse
~~das Messer~~
die Suppenschüssel
der Topf
der Korkenzieher
der Kochlöffel
der Teekessel
die Pfanne
der Dosenöffner
der Suppenteller

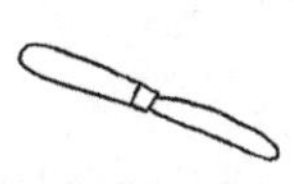

0. *das Messer* 1. ________ 2. ________

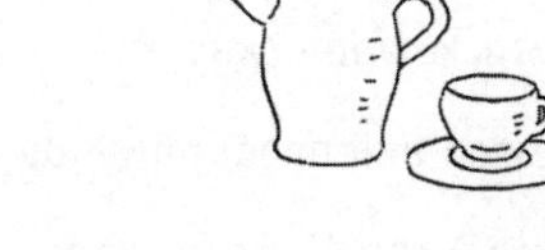

3. ________ 5. ________ 8. ________
4. ________ 6. ________ 9. ________
7. ________

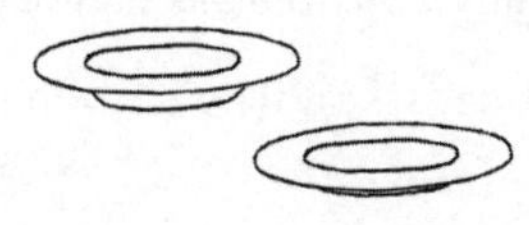
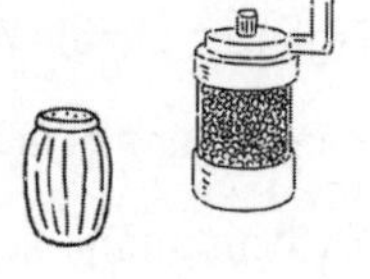

10. ________ 11. ________ 13. ________
12. ________ 14. ________

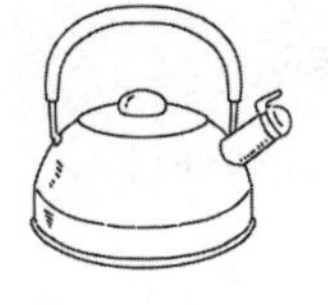

15. ________ 16. ________ 18. ________
17. ________

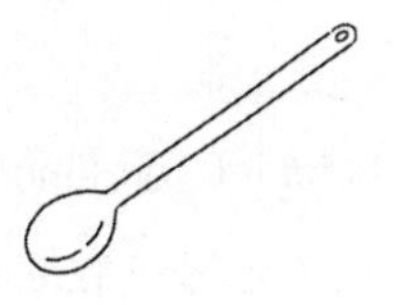

19. ________ 20. ________ 21. ________

 14 Wortfeld *essen*

a. **So kann man essen. Welcher Begriff passt?**

~~naschen~~
tafeln
schlemmen
verdrücken
kosten
mampfen
schlingen
knabbern
fressen
schmatzen

kosten = *probieren*

0. naschen: von etwas, das man sehr gerne mag, ein bisschen essen
1. ________________: sehr geräuschvoll essen
2. ________________: etwas sehr Gutes und meist Teures essen und genießen
3. ________________: eine große Menge von etwas essen
4. ________________: eine kleine Menge von etwas essen oder trinken, um zu prüfen, wie es schmeckt
5. ________________: kleine Stücke von etwas essen
6. ________________: etwas essen und dabei mit vollen Backen kauen
7. ________________: etwas sehr schnell essen, ohne gut zu kauen
8. ________________: sagt man, wenn Tiere Nahrung zu sich nehmen
9. ________________: an einer festlichen Tafel essen und trinken

b. **Ergänzen Sie die Wörter aus *a*. Achten Sie auf die korrekte Form.**

0. Immer wenn Mama nicht da ist, nasche ich von den Bonbons, die im Küchenschrank liegen.
1. Ich habe dir schon ein paar Mal gesagt: ____________ nicht so beim Essen! Ich mag dieses Geräusch nicht hören.
2. Vor dem Fernseher ____________ Peter am liebsten Erdnüsse und Salzstangen.
3. Affen ____________ am liebsten Bananen.
4. Die Kinder ____________ gestern voll Genuss den Apfelkuchen.
5. Er ____________ den Wein und fand, dass er ungenießbar war.
6. ____________ doch das Mittagessen nicht so hinunter, nachher liegt es dir wieder schwer im Magen!
7. Wir waren am Wochenende in diesem teuren spanischen Restaurant und ____________ drei Stunden lang.
8. Beim letzten Kindergeburtstag ____________ die Gäste drei Kuchen, Muffins, drei Tafeln Schokolade und eine große Packung Eis.
9. Die ganze Familie saß an dem festlich gedeckten Tisch und ____________ ausgiebig.

GESCHÄFTE UND EINKAUFEN

1 Geschäfte

a. Ergänzen Sie. Achten Sie bei Verben auf die korrekte Form.

Supermarkt
Wurst
mitnehmen
kaufen
brauchen
Obststand
mögen
~~Metzger (A: Fleischhauer)~~
Bäcker
Brötchen (*Pl.*) (*A:* Semmeln; *CH:* Brötli)
Apotheke
Gemüse
Kiosk (*A:* in der Trafik)

s Hackfleisch = *A: s Faschierte*
sonntags = *jeden Sonntag*

● Kaufst du das Hackfleisch beim (0) Metzger? Das Fleisch ist dort nicht so fett wie im (1) S__________.

■ O. K. Soll ich auch noch (2) W______ mitbringen?

● Ja, (3) n______ m_____, was du (4) m______.

■ Soll ich auch noch (5) G________ und Obst (6) k________?

● Ja, hol doch bitte Äpfel und Bananen am (7) O__________.

■ (8) B__________ wir noch Brot oder (9) B__________?

● Nein, der (10) B________ hat doch sonntags auf.

■ Gehst du in die (11) A__________ und holst die Medikamente für Oma?

● Ja, und die Zeitung?

■ Die hole ich am (12) K______.

b. Ergänzen Sie.

> **Tipp**
> *Wochentage haben immer den Artikel* **der**: **der** Montag, **der** Dienstag ...

r Samstag = *r Sonnabend*

0. der (tagoMn) Montag – montags
1. der (tensDiag) ____________________
2. der (wochttMi) ____________________
3. der (ersnnDotag) ____________________
4. der (tageiFr) ____________________
5. der (tagmsSa) ____________________
6. der (abSoennd) ____________________
7. der (nntagSo) ____________________
8. der (ochWengat) ____________________
9. der (taerkWg) ____________________
10. der (reFiegat) ____________________

c. Ergänzen Sie.

1. Im Reformhaus oder im ______________________ findest du mehr Sojaprodukte als im Supermarkt.
2. Gemüse kaufe ich oft auf dem ________ oder am Obststand.
3. In dieser ____________ gibt es sonntags vormittags frische Brötchen.
4. Die Torte habe ich in der ________________ gekauft.
5. Es gibt in der Innenstadt immer weniger kleine ______________.
6. Wenn du mehr Auswahl willst, können wir in ein _____________ gehen.
7. Ich muss noch Sonnencreme in der _____________ kaufen.
8. Das Briefpapier habe ich im _________________________________ gekauft.
9. Er bestellt selten Bücher im ____________, er geht lieber in eine ______________.

~~Reformhaus~~
Naturkostladen
Bäckerei
Konditorei
Markt
Drogerie
Buchhandlung
Kaufhaus
Geschäfte (Pl.)
Internet
Schreibwarengeschäft (*CH:* Papeterie)

s Geschäft = *r Laden*
s Kaufhaus = *s Warenhaus*

Tipp
Verbindungen aus Wochentag und Tageszeit schreibt man meistens zusammen:
am Sonntagmorgen, am Mittwochnachmittag, dienstagabends ...
Aber: *sonntags vormittags, montags nachmittags ...*

d. Ergänzen Sie. Es gibt einen Lesetrick.

0. Gebrauchte und wertvolle alte Bücher kauft man im (tairauqitnA) Antiquariat.
1. Möbel und andere Einrichtungsgegenstände kauft man im (tfähcsegleböM) ____________________.
2. Dieses Porzellan kann ich nur im (tfähcsegnerawstlahsuaH) ________________________________ nachkaufen.
3. Es gibt kaum noch (etfähcsegotoF) ________________, die meisten Leute kaufen Kameras im (nedalkinortkelE) ________________.
4. Puzzles, Lego und Gesellschaftsspiele kann man im (tfähcsegnerawleipS) __________________________ kaufen.
5. Ich schaue mir gerne die Schuhe in Schaufenstern von (netfähcseghuhcS) ______________________ an.

6. Wanderschuhe kaufe ich lieber im (tfähcsegtropS) ________________ als in der (gnulietbatropS) ________________ eines Kaufhauses. Dort ist die Beratung besser.
7. Ich kaufe Kleider gerne in kleinen Modegeschäften und (neuqitouB) ____________.
8. Diesen Wein habe ich direkt beim (rezniW) ________ gekauft, den gibt es nicht in der (gnuldnahnieW) ______________.
9. Im (tfähcsegnetätiuqitnA) ____________________ habe ich eine wunderschöne alte Lampe gesehen, die muss ich dir unbedingt zeigen.
10. Meine Mutter hat früher viele Sachen im (suahdnasreV) ______________ bestellt.
11. Ich muss den Rock in die (gnuginieR) ____________ bringen. Den kann man nicht waschen.

e. Was stimmt nicht?

0. In der Bäckerei gibt es:
Weißbrot – Graubrot (*CH:* Ruchbrot) – ~~Pfannkuchen (*A:* Palatschinken)~~ – Vollkornbrot – Brezeln – Brötchen – Baguette ...

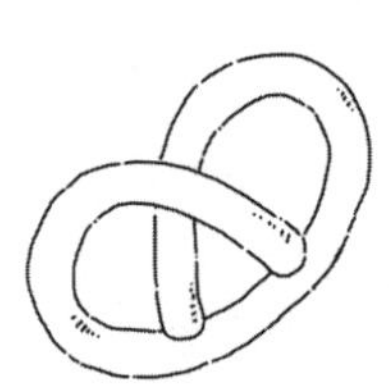

e Brezel / e Breze

1. In der Konditorei gibt es:
Obstkuchen (*CH:* Fruchtkuchen) – Toastbrot – Torten – Hörnchen (*A:* Kipferl; *CH:* Gipfel) – Pralinen ...
2. Der Fischladen hat heute frische:
Forellen – Fischstäbchen – Makrelen – Heringe – Austern – Barsche – Lachse – Krabben – Schollen – Muscheln ...
3. Beim Metzger oder an der Fleischtheke im Supermarkt bekomme ich:
Rindfleisch – Kekse – Kalbfleisch – Lammfleisch – Putenfleisch (*CH:* Trutenfleisch) – Hähnchen (*A:* Hendel; *CH:* Poulet) – Ente ...
4. Im Wild- und Geflügelgeschäft finde ich:
Rehfleisch – Meeresfrüchte – Hähnchen (*CH:* Poulet) – Hasen – Ente – Gans – Kaninchen – Fasan ...

Einkaufen und verkaufen

2 ______________

a. Im Obstladen. Ergänzen Sie.

● Wer ist der Nächste, bitte?

■ (1) ____________________

● Bitte schön?

■ (2) ____________________

____

____

● Noch etwas?

■ Fünf Bananen bitte. ... Und, haben Sie Erdbeeren?

● Ja, aus Südafrika. Die Schale vier Euro.

■ (3) ____________________ Dann nehme ich eine Ananas. (4) ____________________

● Ja gerne. Sonst noch etwas?

■ (5) ____________________

● Das macht dann sieben Euro dreißig.

Oh, das ist mir zu teuer.

Nein, danke. Das ist alles.

Geben Sie mir bitte diese da.

Ich hätte gern ein Pfund Tomaten.

Ich bin dran.

b. Die Verkäuferin fragt ... Schreiben Sie Sätze.

0. Sonst noch etwas?
   etwas • sonst • noch ?
1. ____________________
   es • ein • darf • sein • bisschen • mehr ?
2. ____________________
   wünschen • Sie ?
3. ____________________
   Sie • viel • denn • wie • möchten ?
4. ____________________
   das • alles • ist ?
5. ____________________
   ich • Ihnen • kann • helfen ?

c. **Ergänzen Sie. Achten Sie auf die korrekte Form.**

~~Kasse (A: Kassa)~~
Einkäufe *(Pl.)*
Angebot
Eingang
Laden
finden
Theken *(Pl.)*
Kunden *(Pl.)*
Tüte (*A:* Sackerl)
sparen
Regal
Produkte *(Pl.)*
Einkaufen
Markenware

Verführung im Supermarkt

Kennen Sie das? Sie gehen in den Supermarkt und wollen eigentlich nur Milch kaufen. Wenn Sie an der (0) Kasse stehen, haben Sie aber eine ganze (1) ________ voll Sachen gekauft. Das ist kein Wunder, denn der Handel verwendet viele Tricks, um uns (2) ____________ zum Kaufen zu animieren. Lesen Sie, welche Einkaufsfallen es gibt:

Riesige Einkaufswägen

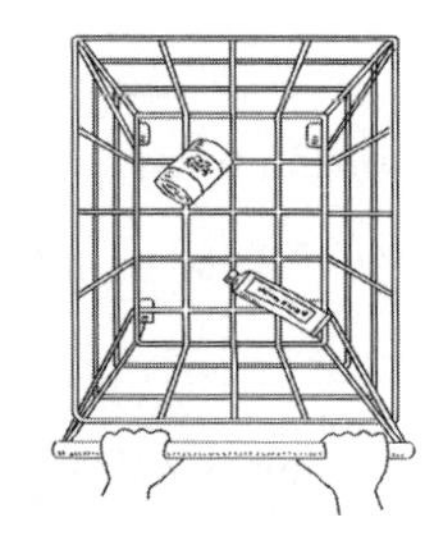

Die Einkaufswägen sind gigantisch groß. Kleine (3) ______________ sehen in den Riesenwägen so winzig aus, dass man gerne noch etwas dazunimmt. Das kostet extra und lohnt sich für den Supermarktbetreiber.

Spiegel und Lampen

Äpfel, Bananen, Gurken und Tomaten – Obst und Gemüse (4) ___________ Sie meist direkt nach dem (5) _____________. Alles sieht frisch aus. So sollen Sie das Gefühl bekommen, dass alles im (6) _________ genauso frisch ist. Das animiert zum Kaufen. Spezielle Lampen lassen das Obst und Gemüse knackig und lecker aussehen. Oft hängen über den (7) ____________ auch Spiegel, sodass das (8) ______________ noch üppiger wirkt. An der Fleischtheke strahlt rotes Licht. Das „verjüngt" optisch. Werfen Sie deshalb unter anderem Licht einen zweiten Blick auf Fleischwaren, die Sie kaufen wollen.

Bücken und strecken spart Geld

Teure (9) ____________________ ist im (10) _________ in Augenhöhe (1,40 bis 1,80 Meter) platziert. Oberhalb und unterhalb der Sichtzone stehen die günstigen (11) _______________. Also: Wer sich beim (12) _________________ bückt und streckt, (13) _________ Geld.

Künstliche Düfte

Der leckere (14) ______ von frischem Brot und Brötchen macht Appetit. Man kauft dann fast automatisch. Der Duft kommt aber nicht unbedingt von frischen (15) ______________. Die Supermarktbetreiber verwenden auch (16) ______________ Duftspender, um uns zu verführen.

Auffällige Schilder

(17) ________, die auffällt, verkauft sich besser. Aber aufgepasst: Nicht unter jedem auffälligen (18) __________ mit der Aufschrift „Aktion" gibt es ein echtes (19) __________________. Oft hat die Ware den normalen oder sogar einen höheren Preis.

Impuls- und Quengelware

Vor der Supermarktkasse muss man immer (20) __________. Das nutzen die Händler aus. Speziell für Kinder gibt es dort sogenannte Quengelware: (21) ______________, Kaugummis und Lutscher ... Denn bei hartnäckigem „Ich-will"-Gequengel kaufen viele Eltern ihrem Nachwuchs das Gewünschte. Aber auch für Erwachsene gibt es dort sogenannte Impulsware wie Süßigkeiten und (22) ______________.

Großpackungen

Ein beliebter Trick ist, Waren in (23) ____________________ zu verkaufen, denn Mengenrabatte haben eine magische Wirkung auf uns Verbraucher. Doch Vorsicht bei den angepriesenen (24) ____________. Oft hat die Ware in der normalen Verpackung denselben Preis oder sie ist sogar (25) ____________. (26) ________________ Sie die Preise und achten Sie auf die gesetzlich vorgeschriebenen Grundpreise. Diese (27) ________________ ist in der Regel am Regal angebracht.

künstlich
Duft
Ware
Sonderangebot
Backwaren (Pl.)
Schokoriegel
Schild
Großpackungen (Pl.)
billiger
Zigaretten (Pl.)
vergleichen
Preisangabe
Rabatte (Pl.)
warten

d. Ergänzen Sie. Achten Sie auf die korrekte Form.

verkaufen • ~~geöffnet von ... bis~~ • Öffnungszeit • Rechnung • kosten
Verkäufer • kriegen • Sache • regulär • reduziert • zeigen • Einkaufsbummel
bummeln gehen • Garantie • Preisschild • durchgehend geöffnet

1. ● Von wann bis wann haben Sie geöffnet?
   ■ Unsere ______________ sind Montag bis Freitag von 9.00–20.00 Uhr und samstags von 8.00–20.00 Uhr.

2. ● Wollen wir ein bisschen in der Fußgängerzone ________ ________? Der Sommerschlussverkauf hat noch nicht angefangen, aber viele ________ sind schon ________.
   ■ Ach, ich habe heute keine Lust auf einen ______________.

3. ■ Machen Sie mittags zu?
   ● Nein, wir haben ________ ________.

4. In dem ganzen Laden ist kein ________, der einem helfen kann!

5. Solche Glühbirnen haben wir nicht, die ________ Sie nur im Elektroladen.

6. Die Ware im Schaufenster kann ich leider nicht ________.

7. Sie haben zwei Jahre ________. Bewahren Sie bitte die ________ auf.

8. Was ________ dieser Mantel? Ich finde kein ________.

9. ● Ist der Pullover reduziert?
   ■ Nein, das ist ________ Ware.

10. Ich kann Ihnen noch ein günstigeres Modell ________.

ausgeben • reklamieren • etwas gegen • Einkaufstasche • Plastiktüte
Schlussverkauf • Größe • bringen • Nummer • Reklamation • Einkaufsliste
Selbstbedienung • Schaufenster • Preis

11. Ich __________ Ihnen den Schuh eine __________ größer.
12. Bitte schreibe mir eine ____________________, sonst vergesse ich wieder die Hälfte.
13. Haben Sie das Modell im ____________________ auch in ________ 40?
14. Er nimmt zum Einkaufen immer eine ______________________ oder einen Korb mit, damit er keine __________________ braucht.
15. Der ________ ist mir zu hoch. Im ______________________ gibt es das sicher billiger.
16. So viel Geld möchte ich nicht für einen Pullover ____________.
17. Ich muss in der Apotheke noch ________ ________ meine Kopfschmerzen holen.
18. Bitte keine ________________________. Ich komme gleich zu Ihnen und wiege Ihnen das Obst ab.
19. Ich möchte das Gerät __________________. Es ist defekt.
20. Der Kunde bekam aufgrund seiner __________________ ein neues Gerät.

e. Kaufen und verkaufen. Ordnen Sie zu.

0. Soll ich noch einkaufen gehen? [b]
1. Kann ich das Hemd umtauschen? [ ]
2. Sind Sie an der Reihe? [ ]
3. Können Sie das bitte als Geschenk einpacken? [ ]
4. Wir müssen noch die Würstchen fürs Sommerfest beim Metzger vorbestellen. [ ]
5. Haben Sie das Fahrrad auch in einer anderen Farbe? [ ]
6. Wo finde ich Mehl? [ ]
7. Die Gebrauchsanweisung ist auf Italienisch, haben Sie die auch auf Deutsch? [ ]
8. Entschuldigung, wo finde ich Kinderbekleidung? [ ]
9. Was machen wir mit dem alten Tisch? [ ]

a. Nein, die Dame ist dran.
~~b.~~ Ja, aber beeile dich. Hier auf dem Dorf schließen die Geschäfte um 18 Uhr.
c. Ja, selbstverständlich. Welches Papier möchten Sie denn?
d. Das mache ich. Ich frage dann auch, ob wir uns dort einen Grill leihen können.
e. Im zweiten Gang, im Regal rechts hinten.
f. Nein, leider nicht. Reduzierte Ware ist vom Umtausch ausgeschlossen.
g. Den können wir auf dem Flohmarkt verkaufen.
h. Leider nicht auf Lager, aber ich kann Ihnen das Modell in Blau bestellen, wenn Sie möchten.
i. Im zweiten Stock.
j. Nein, momentan nicht, aber ich habe sie bestellt.

Ladenöffnungszeiten in Deutschland

In Deutschland beschließen die Bundesländer die Ladenöffnungszeiten. Deshalb sind sie von Bundesland zu Bundesland sehr unterschiedlich. So können zum Beispiel Geschäfte in Berlin werktags von 0.00 bis 24.00 Uhr, also rund um die Uhr, geöffnet haben. Auch gibt es dort zehn verkaufsoffene Sonn- und Feiertage, inklusive der Adventssonntage. In Bayern dürfen die Geschäfte werktags nur von 06.00 bis 20.00 Uhr und nur an vier Sonn- und Feiertagen, ohne die Adventssonntage, geöffnet haben. Allerdings kann man in allen Bundesländern einen Bäcker finden, der sonntags morgens frische Brötchen verkauft, und auch einige Blumenläden öffnen sonntags für ein paar Stunden. An Bahnhöfen, Flughäfen, Tankstellen und in Touristenregionen gelten andere Öffnungszeiten.

f. Was passt? Kreuzen Sie die richtigen Lösungen an.

0. Die MP3-Player im Sonderangebot sind leider ...
   - [x] ausverkauft. - [x] aus. - [ ] leer.
1. Den Kalender können Sie gerne mitnehmen. Er ...
   - [ ] ist gratis. - [ ] ist kostenlos. - [ ] kostet nichts.
2. Der Flug nach Berlin war ...
   - [ ] sehr günstig. - [ ] billig. - [ ] nicht teuer.
3. Es ist oft so, dass die Preise für Benzin an Feiertagen ...
   - [ ] steigen. - [ ] sinken. - [ ] fallen.
4. Geben Sie mir bitte ...
   - [ ] eine Rechnung. - [ ] eine Quittung. - [ ] ein Preisschild.
5. Moment, Sie ... noch Geld zurück.
   - [ ] kriegen - [ ] bekommen - [ ] zahlen
6. In diesem Laden sind Lebensmittel sehr ...
   - [ ] umsonst. - [ ] preiswert. - [ ] günstig.
7. Die Preise sind hier ...
   - [ ] niedrig. - [ ] billig. - [ ] günstig.

Verpackungen, Mengenangaben und Portionen 3

a. Verpackungen. Ergänzen Sie.

0. eine Schachtel Streichhölzer (*A:* Zündhölzer/Zünder)
1. ein P__________ Kaugummi
2. ein P__________ Waschpulver
3. eine P__________ / F__________ Milch
4. ein K__________ / eine K__________ Bier
5. eine F__________ Wein
6. ein G__________ Gurken
7. eine D__________ Tomaten (*A:* Paradeiser)
8. einen B__________ Sahne (*A:* Schlagobers, *CH:* Rahm)
9. eine T__________ Chips
10. ein N__________ Orangen
11. ein St__________ Butter
12. Käse am St__________ / in Sch__________

Becher
Stück • Stück
Kasten
Kiste
Paket
Päckchen (*A:* Packerl)
~~Schachtel~~
Netz
Packung
Scheiben (*Pl.*)
Flasche • Flasche
Glas
Dose (*CH:* Büchse)
Tüte

~~Pfund~~
Liter
wie schwer
Packung
Gramm
Flasche
Kilo
fünf

In Österreich ist die Mengenangabe in **Dekagramm** *(Kurzform* **Deka** *Abkürzung* **dag***) sehr gebräuchlich:* **ein Deka = 10 Gramm**

b. Wie viel möchten Sie denn? Ergänzen Sie. Es gibt manchmal mehrere Möglichkeiten.

In der Metzgerei (*A:* Fleischhauerei)

Ich möchte gerne ...

ein (1) Pfund / ______ Hackfleisch

und hundert (2) ______

(*A:* 10 Deka(gramm)) Salami.

Und (3) ______ ist

dieses Stück Schweinebraten?

Im Obstladen

Ich hätte gerne ...

(4) ______ Bananen und

ein (5) ______ / ______ Kartoffeln

(*A:* Erdäpfel).

Im Supermarkt

Hol bitte noch ...

zwei (6) ______ / ______ Milch und eine (7) ______ Kaffee.

Mengenangaben

1 Liter (1 l)	=	1000 Milliliter (1000 ml)
½ Liter (½ l)	=	500 Milliliter (500 ml)
A: 5 Deziliter	=	500 Milliliter
1 Tonne (1 t)	=	1000 Kilogramm (1000 kg)
1 Zentner (1 Ztr.)	=	50 Kilogramm in Deutschland
	=	100 Kilogramm in Österreich und der Schweiz
1 Kilogramm (1 kg)	=	1000 Gramm (1000 g)
½ Kilo (½ kg)	=	500 Gramm / ein Pfund (500 g / 1 Pfd)

c. Sonderangebote. Ergänzen Sie die Preise in Ziffern.

0. Bio Trink-Joghurt heute nur: neunundsiebzig Cent 0,79 €
1. Chaquito Bananen Dauertiefpreis: ein Euro neunundneunzig ______
2. Persal Waschmittel Pulver oder Gel: drei Euro fünfundneunzig ______
3. Deutsches Basilikum XXL, Stück: zwei Euro neunundvierzig ______
4. Bondila Mais 425-ml-Dose: neunundsechzig Cent ______
5. Äpfel, Sorte Elsta, 1,5-kg-Beutel: ein Euro elf ______
6. Rahmjoghurt Aktion: neununddreißig Cent ______
7. Geschnetzeltes Schweinefleisch, 100 g: vierundvierzig Cent ______
8. Schmeck´s Bier, heute 6 x 0,33 l nur: drei Euro dreiunddreißig ______
9. 10 x 20-g-Netz Mini-Bonbel-Käse: zwei Euro zweiundzwanzig ______
10. Erfrischungsgetränk Spritz, 1,5-l-Flasche: neunundfünfzig Cent ______
11. Alpenmilch haltbar 3,5 % / 1,5 % Fett, 1l-Packung: neunundsiebzig Cent ______
12. Gurken je 670 g, Glas: achtundachtzig Cent ______

Bezahlen

4 ___

a. **Ergänzen Sie. Achten Sie auf die korrekte Form.**

Schilling • Euro • Pfennig • Mark • Franken • machen • Geldschein
~~Portemonnaie~~ • leihen • borgen • Geldrückgabe • zurückgeben • bezahlen
wechseln • Münze • Kleingeld • Karte • Währung • bar

s Portemonnaie = *r Geldbeutel / e Geldbörse*

borgen = *leihen*

1. Ich habe mein Portemonnaie zu Hause liegen gelassen. Kannst du mir bitte bis morgen 20 Euro l________?
2. Mama, b________ du mir 10 Euro?
3. So ein Mist! Der Automat nimmt den G________ nicht. Kannst du w________?
4. ● Hast du K________ für die Parkuhr?
   ■ Nein, ich habe auch keine M________.
5. Die W________ der Schweiz heißt Franken. 100 Rappen sind ein F________.
6. Vor der Einführung des Euro b________ man in Deutschland mit M________ und Pf________.
7. Auch in Österreich bezahlt man mit E________. Die frühere österreichische Währung heißt Sch________.
8. ■ Ist das alles?
   ● Ja.
   ■ Das m________ 12 Euro 90.
9. ● Kann ich mit K________ bezahlen?
   ■ Tut mir leid, wir akzeptieren weder EC- noch Kreditkarten. Bei uns können Sie nur b________ bezahlen.
10. Ich will nicht, dass du mir das Geld z________. Du bist eingeladen.
11. Auf dem Automaten steht: Passend zahlen, keine G________.

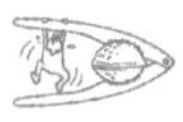

b. Ergänzen Sie. Achten Sie auf die korrekte Form.

Lieferschein • Wechselgeld • Gutschein • Anzahlung • Barzahlung
Ratenzahlung • Postanweisung • Überweisung • Geld zurück
Überweisungsformular • Bargeld • Gebühr • übrig • Scheck • ~~Banknote~~ • Geld

0. Es gibt keine 300-Euro-Banknoten.

Skonto = Zahlungsabzug/ Nachlass bei Barzahlung
% = *Prozent*

1. Bei B__________ gewähren wir 2 % Skonto.
2. Ich benutze die Ü__________ nicht. Ich mache Ü__________ am Serviceterminal. Das kostet keine G__________.
3. Die Finanzierung ist auch per monatlicher R__________ möglich.
4. Wartest du bitte kurz. Ich möchte noch Geld am Automaten holen, ich habe kein B__________ dabei.
5. Das ist nicht die Rechnung, das ist der L__________.
6. Sie können die A__________ per Überweisung oder mit einem Sch__________ machen.
7. ■ Weißt du, was eine P__________ ist?
   ● Ja, das bedeutet, dass man bei der Post G__________ bar einbezahlt und der Empfänger bekommt es wieder bar ausbezahlt. Das heißt in Deutschland aber jetzt „Minutenservice".
8. Komm, wirf die ü__________ Münzen in die Spendenbox, die liegen doch zu Hause nur rum.
9. Bekomme ich bei einem Umtausch das G__________ z__________ oder einen G__________?
10. Haben Sie das nicht kleiner? Ich habe überhaupt kein W__________ mehr.

Kleidung und Schuhe

5 ____________

a. Alltagskleidung. Ergänzen Sie.

r Rock (*CH:* r Jupe)
e Mütze
e Handschuhe (*Pl.*)
r Schal
r Anzug
e Socken (*Pl.*)
s T-Shirt
e Krawatte
e Bluse
e Hose
s Hemd
~~s Kleid (*CH:* r Rock)~~
r Pullover
r Mantel

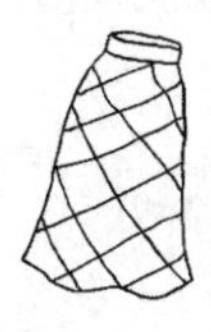

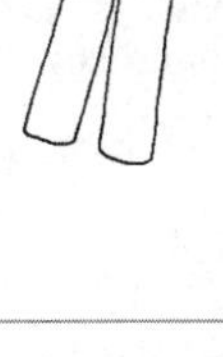

0. das Kleid

1. ____________

2. ____________

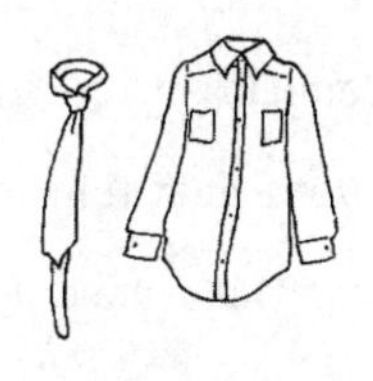

3. ____________

4. ____________

5. ____________

6. ____________

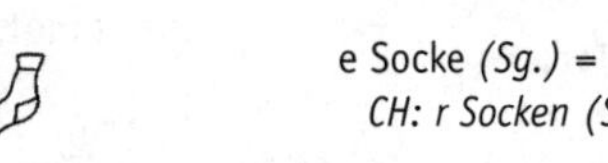

e Socke (*Sg.*) =
CH: r Socken (Sg.)

7. ____________

8. ____________

9. ____________

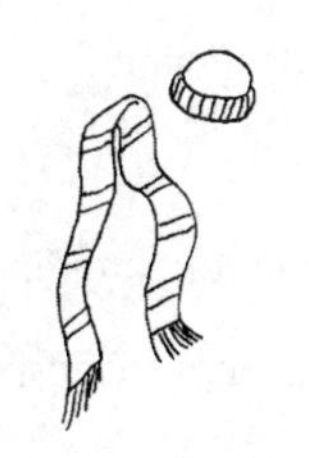

10. ____________

11. ____________

12. ____________

13. ____________

b. Noch mehr Kleidung. Ergänzen Sie. Achten Sie auf die korrekte Form.

Uniform
~~tragen~~
Kostüm
Badehandtuch
Unterwäsche
Matschhose
Nachthemd
Jeans
Badehose
leger
Jackett
Gummistiefel

1. Unser Sohn trägt nur J________, er hat gar keine anderen Hosen.
2. Die Direktorin trägt bei offiziellen Anlässen oft ein K__________.
3. Er ist bei der Arbeit l________ gekleidet. Zu Geschäftsterminen zieht er aber ein J__________ an.
4. Sie mag keine Schlafanzüge, sondern trägt N__________________.
5. Im Kindergarten braucht jedes Kind G__________________ und eine M______________.
6. Wenn wir ins Schwimmbad wollen, müssen wir noch unsere B__________________, meinen Bikini und deine B______________ einpacken.
7. Der Soldat fuhr in U__________ nach Hause.
8. Sie trägt immer U______________ aus Seide.

Pyjama
Blazer
Strumpfhose
Weste (*CH:* Gilet)
Jacke
Textilien (*Pl.*)
Halstuch
Tracht
Nylonstrumpf
Lederhosen (*Pl.*)
Dirndl
Kappe

9. Wenn du mit dem Rock (*CH:* dem Jupe) in die Schule willst, musst du noch eine S______________ anziehen! Es ist kalt.
10. Ich trage nicht gern Nachthemden, mir sind P__________ lieber.
11. Ich ziehe keinen Anzug an. Ein B________ reicht, sonst bin ich zu elegant gekleidet.
12. Er trug an seiner Hochzeit einen dunklen Anzug mit W________.
13. Die schwarzen N__________________ mit der Naht sehen sehr elegant aus.
14. Zur Uniform der Pfadfinder gehört ein H____________.
15. Bitte nimm eine J________ mit. Am Abend wird es kalt.
16. Auf dem Oktoberfest tragen viele Besucher T________: die Frauen D__________, die Männer L______________.
17. Bitte geben Sie Ihren Kindern für den Ausflug eine K________ und Sonnencreme mit.
18. Die T______________ auf diesem Ständer sind Fare-Trade-Produkte.

Textilien = *Kleidung*

Fare-Trade-Produkte = *Waren, die sozial- und umweltverträglich produziert werden: Die Arbeiter, die die Waren herstellen, bekommen fairen Lohn und faire Arbeitsbedingungen.*

s Halstuch

e Matschhose

c. Was passt nicht?

0. Wenn es regnet kann man ... brauchen:
   einen Regenmantel – einen Regenschirm – ~~Flossen~~
1. Bei festlichen Anlässen kann man ... tragen:
   einen Smoking – Shorts – einen Frack – eine Fliege
2. Bei dem Empfang trug sie ...:
   einen Trainingsanzug – ein Abendkleid – einen Hosenanzug
3. Wenn es schneit trägt man ...:
   Fäustlinge – Handschuhe – Bikinis – Mützen
4. Mit ... kann man schwimmen gehen.
   einem Badeanzug – einem Slip – einem Bikini
5. Die Kinder brauchen zum Skifahren:
   Skiunterwäsche – einen Schneeanzug – eine Skihose – eine Strickjacke
6. Unterwäsche für Männer sind:
   Unterhemden – Boxershorts – BH – Unterhosen
7. Unterwäsche für Frauen sind:
   BH – Slip – Schlüpfer – Schürze

d. Kleidung anprobieren und tragen. Ergänzen Sie. Achten Sie bei Verben auf die korrekte Form.

1. Das lila Hemd steht Ihnen gut. Diese Farbe ________ momentan auch __ ________.
2. Die Hose ist zu eng. Können Sie sie mir bitte eine ___________ größer bringen?
3. Ich möchte die Hosen anprobieren. Wo sind die ___________________________?
4. Kann ich bitte diesen _____ mal aufsetzen?
5. Wir müssen um acht Uhr los. Ich muss mich noch ______________.
6. Was meinst du, soll ich eine Krawatte ______________?
7. ________ eure Anoraks im Auto _____. Sonst friert ihr nachher.
8. Die Leute waren schockiert, dass der Politiker Turnschuhe ____________.
9. Ich würde gerne mein Jackett ____________.
10. Der Mantel ________ gut ___ dem Anzug.
11. Sie trägt nur modische ______________.
12. ■ Der Pullover ist mir zu _______ und zu lang. Haben Sie ihn auch noch in ________? ● Nein, leider nur noch in medium und ________.
13. Stoffturnschuhe sind momentan bei Jugendlichen _____ ________ ________.
14. Mit der Hose gehst du nicht in die Schule. Die ist an den Knien ______________. Das sieht ________________ aus.

~~stehen~~
Kleidung
Hut
weit
im Trend liegen
passen zu
Umkleidekabine
anziehen
large
small
ablegen
ungepflegt
zerrissen
ausziehen
umziehen
Nummer
anhaben
der letzte Schrei

anhaben = *tragen*

der letzte Schrei = *sehr modisch*

gestreift

gepunktet

kariert

e. Wie ist die Kleidung? Kreuzen Sie die möglichen Lösungen an.

0. Wow, dein neues Kleid ist wirklich …
   [X] chic. [X] schön. [X] hübsch.
1. Du musst dich umziehen. Dein T-Shirt ist total …
   [ ] schmutzig. [ ] dreckig. [ ] sauber.
2. Das Hemd würde ich nicht mehr anziehen. Der Kragen ist zu …
   [ ] altmodisch. [ ] hübsch. [ ] modern.
3. Die Sängerin trug ein … Kleid.
   [ ] kurzes [ ] langes [ ] elegantes
4. Der Stoff ist …
   [ ] bunt. [ ] farbig. [ ] einfarbig.
5. Das Kleid ist …
   [ ] gestreift. [ ] gepunktet. [ ] kariert.
6. Du musst den Mantel reinigen lassen. Er ist …
   [ ] schmutzig. [ ] rein. [ ] dreckig.
7. Du kannst das Hemd anziehen. Es ist …
   [ ] zerknittert. [ ] gebügelt. [ ] gewaschen.

r Gürtel

f. Stoffe, Materialien, Kleiderteile … Wie heißen die Wörter?

1. Mir ist ein Knopf abgerissen. Hast du eine (DNALE) Nadel und schwarzen (DAENF) ________ für mich?
2. Bettwäsche für Kinder hat keine (EFPNKÖ) ________, sondern einen Reißverschluss.
3. Dieser Gürtel ist aus (ERDLE) ________.
4. Er trug den Pullover aus (EOLLW) ________ nie, weil er kratzte.
5. Der Stoff ist zu 100 % aus (ELLAUBMWO) ________.
6. Die Fußballtrikots sind aus (UNSTKUREFAS) ________.
7. Der (ULSCHSSVERSSEIR) ________ ist kaputt. Ich kann die Jacke nicht mehr zumachen.
8. Zu einem Hemd mit diesem (ENGRAK) ________ trägt man keine Krawatte.
9. Diesen Pullover kannst du nicht mehr anziehen. Bei dem sind die (EMLRÄ) ________ viel zu kurz.
10. Diesen (FFOST) ________ darf man nicht bügeln.

11. Er trägt seinen Geldbeutel immer in der (ENSOHSCHETA) ______________.
12. Das (OPFNKCHLO) ______________ ist zu klein für diesen großen Knopf.
13. Die Hosenbeine sind zu (NGLA) ________. Unsere Schneiderin wird Ihnen die Hose (ENZÜRK) __________.
14. Auf dem Jackett sind Fusseln von meinem Schal. Weißt du, wo die (ESTERBÜRDLKEI) ______________ ist?

r Fussel = *Fädchen auf Kleidung*

g. Kleiderpflege. Ergänzen Sie.

nicht bügeln
~~nicht waschen~~
waschen 30 °C
Feinwaschgang
Handwäsche
waschen 30 °C
heiß bügeln
lauwarm bügeln
nicht trocknergeeignet
trocknergeeignet
bleichen nicht möglich
nicht chemisch reinigen
kann gereinigt werden

0. nicht waschen
1. ______________
2. 30C ______________
3. 30C ______________ ______________
4. ______________
5. ______________
6. ______________
7. ______________
8. ______________ ______________
9. ______________
10. ______________
11. ______________

h. Schuhe. Ergänzen Sie. Achten Sie bei Verben auf die korrekte Form.

Stiefel (Pl.)
~~es gibt keine ... mehr~~
Pumps (Pl.)
suchen
brauchen
anbieten
Nummer
Füße (Pl.)
Absätze (Pl.)
groß
eng
Wanderschuhe (Pl.)
Turnschuhe (Pl.)
gefallen
passen
Modell
Paar
Schuhgröße

0. Es gibt leider keine gefütterten Winterstiefel mehr. Die sind ausverkauft.
1. ● Ich suche ______________ in Größe 41.
   ■ Da kann ich Ihnen diese Modelle ______________.
2. ■ Kann ich Ihnen helfen?
   ● Ja, ich __________ ein Paar elegante __________.
   ■ Welche ______________ haben Sie? ● Größe 38. ...
   ■ Bitteschön. Wie __________ Ihnen dieses __________?
   ● Die __________ sind mir zu hoch und die Schuhe sind zu ________.
3. ■ __________ die Schuhe?
   ● Sie sind ein bisschen schmal.
   ■ Ich bringe Ihnen mal eine halbe __________ größer.
4. ● Passen deine ______________ noch?
   ■ Die Schuhe für die Halle schon, die für draußen sind schon ein bisschen ______.
5. ● Ich __________ ein ________ gut gefütterte __________ für den Winter.
   ■ Da hätte ich diese Modelle mit Gore-Tex®, da bekommen Sie ganz bestimmt keine kalten und nassen ________.

Schuhcreme
Badeschlappen (Pl.)
kaufen
leihen
drücken
Schnürsenkel (Pl.)
Halbschuhe (Pl.)
einsprühen
Schweißfüße (Pl.)
Sandalen (Pl.)
klein

6. Ich empfehle Ihnen, die Schuhe mit Imprägnierspray ______________.
7. Hast du die ______________ für den Strand eingepackt?
8. Die Kinder brauchen neue ______________ für den Herbst, die vom letzten Jahr sind alle zu ________.
9. ● Brauchen Sie noch Pflege für zu Hause?
   ■ Ja bitte, geben Sie mir eine farblose ______________.
10. Pass auf, deine ______________ sind offen.
11. ■ Und, passen die Skischuhe noch, David.
    ● Nein, die __________.
12. Du brauchst dir keine Schlittschuhe __________, die kann man sich am Eisstadion __________.
13. Ich verstehe nicht, warum du bei dieser Hitze keine ______________ anziehst. Mit den Turnschuhen bekommst du doch ______________.

i. **Ergänzen Sie.**

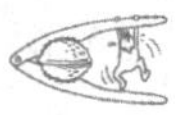

geputzt • passende • sitzt • ~~Gummisohle~~ • Hemdärmel • Ton in Ton
Falten *(Pl.)* • Schnalle • Aufschlag • ausziehen
Absatz • Sandalen *(Pl.)* • spannt • Knoten • Farbe • Hemdknopf

Kleider machen Leute: Der Kleiderknigge für Männer

r Knigge = *Buch mit Verhaltensregeln, benannt nach dem Autor Freiherr von Knigge*

- Tragen Sie keine Schuhe mit (0) Gummisohle zum eleganten Anzug. Die Schuhe sollten (1) __________ sein.
- Tragen Sie (2) __________ Strümpfe: (3) __________ oder anthrazitgrau zum schwarzen Schuh.
- Wählen Sie einen Anzug, der zum Anlass passt und perfekt (4) __________. Das Jackett darf keine (5) __________ werfen. Der (6) __________ schaut unter dem Jackett-Ärmel einen halben bis einen Zentimeter hervor. Eine Hose ohne Aufschlag hat die Länge bis zum (7) __________. Hosen mit (8) __________ etwas darüber.
- Sie können das Jackett (9) __________, wenn bei einem Meeting die ranghöchste Person oder bei einem Fest der Gastgeber das Jackett auszieht.
- Das Hemd passt, wenn es weder (10) __________ noch Falten wirft. Ein Kurzarmhemd passt zum Anzug genauso wenig wie (11) __________.
- Der (12) __________ der Krawatte sollte nicht gelockert und der oberste (13) __________ nicht offen gelassen werden.
- Tragen Sie einen Gürtel, der in (14) __________ und Material mit den Schuhen harmoniert. Die (15) __________ sollte nicht auffällig sein.

6 Schmuck und Accessoires

Ergänzen Sie.

Perlenkette
Batterie
woraus ist
Haarspange
~~Schmuck~~
Kette
vergoldet
Ring
Haarband
Armband
Uhr
Ohrklipse (*Pl.*)
Ohrringe (*Pl.*)
Modeschmuck
Juwelier
Brosche
Karat
Gold
Brieftasche
Silber

1. Sie trägt wenig Schmuck, nur eine U____, den Ehering und eine K________.
2. Die P________________ ist nicht echt. Das ist nur M________________.
3. ● W________ i___ die Kette?

   ■ Aus S________.
4. Dieser Ring ist nicht aus G______, er ist v____________.
5. Reines Gold hat 24 K______.
6. Du musst deine O__________ beim Turnen ausziehen. Das ist sonst zu gefährlich.
7. Sie trägt keine Ohrringe, aber O____________.
8. Schau mal wie albern. Der Hund trägt eine H______________.
9. Sie bekam zur Kommunion von ihrer Patentante ein goldenes A__________.
10. Sie trägt zum Sport immer ein buntes H____________.
11. Die alte Dame trägt eine B__________.
12. Den R_____ habe ich von meinem Mann zur Verlobung bekommen.
13. Ich muss mir den Ring beim J__________ weiter machen lassen.
14. Ich brauche eine neue B__________ für diese Uhr.
15. Diese B______________ ist aus Kalbsleder.

Tipp
Gibt es zu Ihrem Lehrbuch eine Hör-CD? Hören Sie diese CD so oft wie möglich! Haben Sie ein Handy oder einen MP3-Player mit Sprachaufnahme-Funktion? Dann können Sie neue Wörter sprechen und aufnehmen. Sie können auch das Mikrofon Ihres Computers benutzen und die Daten auf Ihrem MP3-Player speichern. – Aber egal, welche Technik Sie nutzen: Hören Sie Ihre neuen Wörter immer wieder. So lernen Sie optimal!

Küchengeräte

7

Was ist was? Ergänzen Sie die Nummern.

0. a Messbecher	1. __ Salatsieb	2. __ Teigschaber
3. __ Rührschüssel	4. __ Rührgerät	5. __ Knethaken
6. __ Quirl	7. __ Sparschäler	8. __ Schöpflöffel
9. __ Wellholz/Nudelholz	10. __ Reibe	11. __ Kartoffelpresse
12. __ Kochlöffel	13. __ Backpinsel	14. __ Pfannenwender
15. __ Schneebesen		

 8 Werkzeug

a. Ergänzen Sie das Nomen mit dem bestimmtem Artikel.

~~e Bohrmaschine~~
e Zange
e Säge
r Hammer
r Schraubenzieher
r Nagel
e Wasserwaage
r Zollstock
r Dübel
r Pinsel
e Schere
r Haken
e Schraube
e Schnur
r Besen

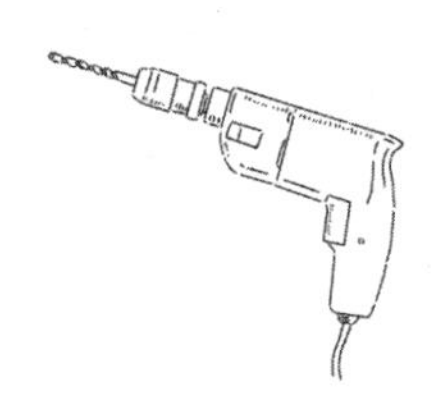

0. die Bohrmaschine

1. ______________

2. ______________

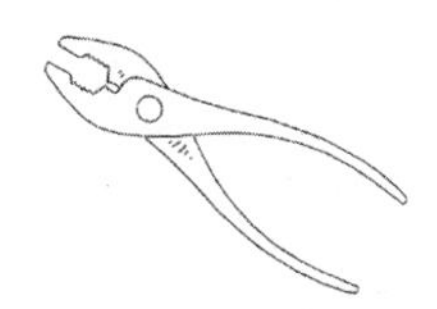

3. ______________

4. ______________

5. ______________

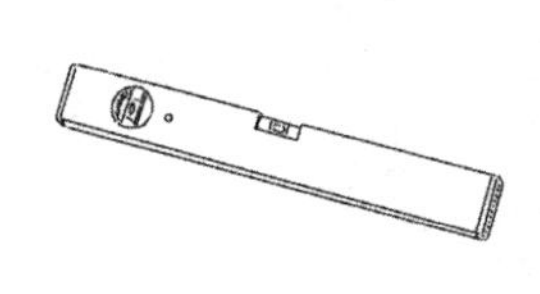

6. ______________

7. ______________

8. ______________

9. ______________

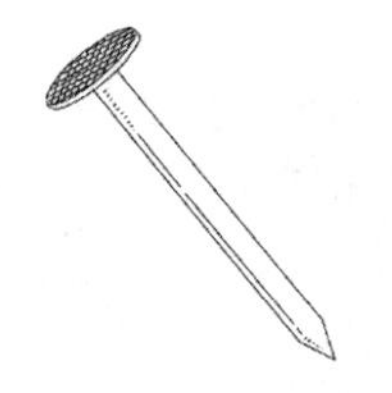

10. ______________

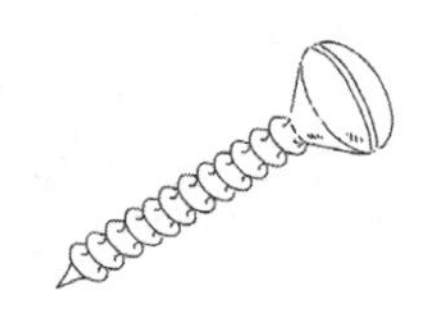

11. ______________

12. ______________

13. ______________

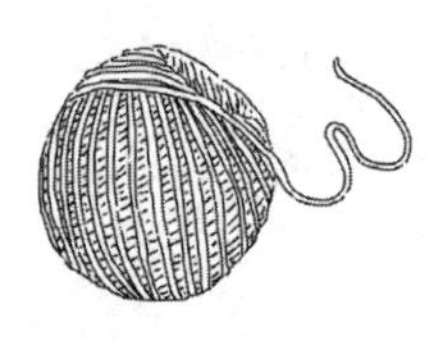

14. ______________

b. Ergänzen Sie. Achten Sie auf die korrekte Form.

Kundendienst
~~Werkzeug~~
Dichtung
reparieren
kleben
Sicherung
flicken
Stecker
Plattfuß
Glühbirne
Gerät

0. Immer wenn ich Werkzeug brauche, um etwas zu reparieren, finde ich es nicht.
1. Ich weiß nicht, wie man das Zelt ________________ kann, vielleicht können wir es __________.
2. Das kann ich nicht reparieren. Das muss der ____________________ machen.
3. Mein Fahrrad hat einen ____________. Kannst du mir den Reifen ___________, Papa?
4. Der Wasserhahn tropft, haben wir noch irgendwo eine _____________.
5. Wir haben gerade kein Licht. Die ______________ ist rausgeflogen.
6. Ich glaube nicht, dass das ________ defekt ist. Ich vermute, dass nur der ___________ kaputt ist.
7. Diese _______________ verbrauchen zu viel Strom. Lass uns Energiesparlampen kaufen.

c. Wie heißen die Verben?

0. *Kleber:*

   Du kannst die Porzellanfigur doch wieder kleben.

1. *Schraube:*

   Du musst den Verschluss nach links ______________, wenn du die Flasche öffnen willst.

2. *Schere:*

   ________________ du das bitte mit der Schere.

3. *Bohrmaschine:*

   Ich kann mit meiner Bohrmaschine kein Loch in eine Betonwand __________.

4. *Hammer:*

   Es ist Sonntag und er ____________ schon seit Stunden Nägel in die Wand.

5. *Säge:*

   Wenn wir dort einen Weihnachtbaum kaufen, müssen wir ihn selber ab________.

9 Rauchwaren

Ergänzen Sie. Achten Sie auf die korrekte Form.

Pfeife • Filter • Feuer • Automat • Zigarette • rauchen • verboten
~~Rauchwaren~~ • Tabak • leicht • Päckchen • ausmachen

0. Dinge, die man zum Rauchen braucht, nennt man Rauchwaren.

1. ● Darf ich Ihnen eine ________________ anbieten?

   ■ Nein danke, ich ____________ nicht.

2. ● Entschuldigung, hast du __________, ich habe mein Feuerzeug verloren.

3. Auf jedem ________________ Zigaretten steht eine Warnung, dass Rauchen schädlich ist.

4. ____________ Sie bitte die Zigarette ______. Hier ist Rauchen ________________.

5. __________ und Zigaretten werden im Supermarkt verschlossen aufbewahrt.

6. Er raucht keine Zigaretten, aber ____________.

7. Er raucht starke Zigaretten ohne ___________.

8. Auch _____________ Zigaretten sind schädlich für die Gesundheit.

9. Wir verkaufen keine Zigaretten, aber am Eingang rechts finden Sie einen

   _________________.

POST, BANK, AMT, FEUERWEHR UND POLIZEI

POST, BANK, AMT, FEUERWEHR UND POLIZEI

L

1 Post, Briefe und Telefon

e Telefonkarte (*CH:* e Taxcard; *A:* e Telefonwertkarte)
s Päckchen (*A:* Packerl)
e Postleitzahl
~~r Briefumschlag (*A:* s Kuvert; *CH:* s Couvert)~~
s Paket
e Telefonzelle (*CH:* Telefonkabine)
r Briefkasten
s Handy
r Briefträger (*CH:* r Pöstler)
e Anschrift
e Briefmarke
s Telefonbuch
e Ansichtskarte
r Absender

e Ansichtskarte = *e Postkarte*

e Briefträger = *r Postbote; r Zusteller*

s Handy = *s Mobiltelefon*

Tipp
Wörter mit der Endung **-chen** *und* **-lein** *haben immer den Artikel* **das** (neutral):
das Päck**chen**, **das** Mäd**chen**, **das** Brief**lein** *(= kleiner Brief)*

a. Ergänzen Sie.

0. der Briefumschlag (*A:* das Kuvert / *CH:* das Couvert)

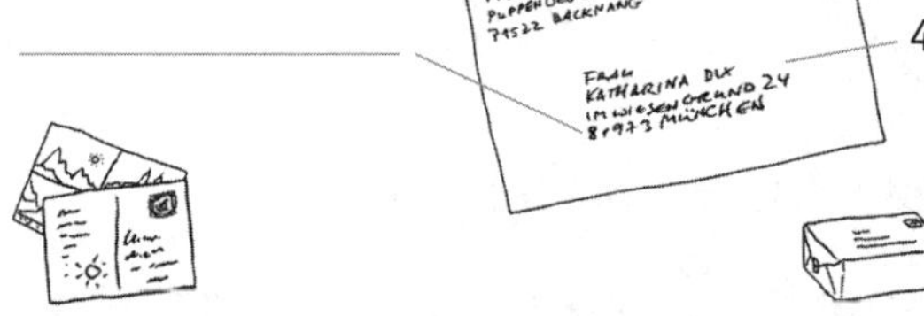

1. ______________ 2. ______________
3. ______________ 4. ______________
5. ______________ 6. ______________

7. ______________ 8. ______________

9. ______________ 10. ______________

11. ______________ 12. ______________

13. ______________

b. Am Schalter. Ergänzen Sie. Achten Sie bei Verben auf die korrekte Form.

abholen
einwerfen
~~Brief~~
Postamt
aufgeben
schicken
Paketschein
Aufkleber
Formular
Kilogramm
Abholschein
schwer

1. Ich möchte noch zur Post und den Brief ein__________.
2. Hier im Dorf gibt es kein P__________, nur einen Briefkasten.
3. ● Ich möchte ein Paket ab__________.
   ■ Da brauche ich den Ab__________ und Ihren Pass oder Personalausweis.
4. ■ Ich brauche einen Auf__________ für Päckchen. ■ Bitteschön.
5. Das Paket können Sie am Schalter nebenan auf__________.
6. ● Kann ich das hier noch als Päckchen sch__________?
   ■ Nein, die Sendung ist zu sch__________. Das Höchstgewicht für Päckchen ist zwei K__________. Das geht nur als Paket. Sie müssen dann dieses For__________ ausfüllen.
7. ■ Geben Sie mir bitte einen Pa__________ für das Ausland.

Porto
Express-Sendung
unterwegs
Schalter
erhalten
kriegen
ausfüllen
bekommen
frankieren
Postfach
Postleitzahl

8. ■ Kann ich bei Ihnen Sondermarken be__________?
   ■ Nein, leider nicht, die kr__________ Sie aber am Sch__________ nebenan bei meinem Kollegen.
9. Für Päckchen außerhalb der EU müssen Sie immer eine Zollerklärung aus__________.
10. ● Ich habe Ihre Sendung immer noch nicht er__________.
    ■ Das darf doch nicht wahr sein, die habe ich doch am Freitagmorgen als Ex__________ verschickt.
11. ■ Die P__________ können Sie in dem Buch nachschlagen. Sie schauen unter dem Ort nach der Straße ...
    ■ Ich weiß aber die Straße nicht, die Adresse ist ein P__________.
12. ● Was bedeutet denn „ausreichend fr__________"?
    ■ Die richtige Briefmarke draufkleben! Das P__________ für Postkarten innerhalb Europas ist 65 Cent.
13. Der Brief war eine Woche u__________.

c. Was passt? Kreuzen Sie an.

0. Der Brief wurde in München ...
   ☒ aufgegeben. ☒ abgestempelt. ☐ geschickt.
1. Man kann einen Brief ...
   ☐ abschicken. ☐ aufgeben. ☐ verschicken.
2. Diese Warensendung bitte ... verschicken.
   ☐ per Express ☐ per Einschreiben (*A:* eingeschrieben) ☐ per Nachnahme
3. Man kann Briefe ...
   ☐ in einen Umschlag stecken. ☐ beschriften. ☐ adressieren.
4. Im Briefkasten ist ...
   ☐ Werbung. ☐ Briefpapier. ☐ eine Büchersendung.

> **Tipp**
> Zu Nomen passen bestimmte Verben:
> *einen Brief aufgeben, einen Brief einwerfen ...;*
> *ein Telefongespräch annehmen,*
> *ein Telefongespräch führen ...*
> Lernen Sie Nomen immer mit den passenden Verbindungen.
> Lernen Sie mit Karteikarten? Dann können Sie solche Verbindungen auch auf Ihren Karteikarten notieren.

d. Ergänzen Sie. Achten Sie bei Verben auf die korrekte Form.

Postangestellte
~~postlagernd~~
Geld schicken
Empfänger
zukleben
wiegen
Schreiben
Post
Postfiliale
Briefwaage
Sondermarken

s Schreiben = *r Brief*

r Freiumschlag = *frankierter Umschlag*

1. „Postlagernd" bedeutet, dass eine Sendung an eine bestimmte ____________ adressiert ist und dort vom ____________ abgeholt wird.
2. Ich möchte das ________ nicht in einem Brief ____________. Ich überweise es lieber.
3. Sie arbeitet bei der ________. Sie ist aber keine Postbeamtin, sondern eine ____________.
4. Ich habe keine ____________. Ich muss den Brief bei der Post wiegen lassen.
5. Können Sie mir den Brief bitte ____________? Stimmt das Porto?
6. Klebst du bitte ____________ auf den Brief. Opa sammelt doch Briefmarken.
7. ________ den Brief noch nicht ____. Axel muss ihn noch unterschreiben.
8. Ist dieses ____________ vom Finanzamt?

9. Ich möchte dieses Päckchen per ______________ in die USA schicken.
10. Ich habe seine neue Adresse nicht. Hoffentlich hat er einen ____________________________ gestellt.
11. Auf dem Brief steht: „Falls ______________________, bitte zurück an Absender."
12. Weißt du, wann der Briefkasten ____________ wird?
13. Der Katalog wird dir zugeschickt, wenn du an den Verlag schreibst und einen ______________________ beilegst.
14. Gehst du bitte mal zum ____________________ und schaust, ob die Post schon da war?
15. Holst du ein Paket beim Nachbarn ab. Im Briefkasten war eine ____________________________, dass der Postbote es bei Herrn Bayer abgegeben hat.
16. Ich habe Ihren Brief noch nicht erhalten, aber die Post wird hier erst sehr spät _________________.

Benachrichtigung
unzustellbar
leeren
Luftpost
Briefkasten
Freiumschlag
zustellen
Nachsendeantrag

Anschriftenfeld
Das Anschriftenfeld wird üblicherweise folgendermaßen gegliedert:

(Art der Sendung oder Vermerk)	Express
(Unternehmen oder Herrn/Frau)	Städel & Mayer AG
(Ansprechpartner oder Name)	Herrn Hans Hillreiner
(Straße und Hausnummer oder Postfach)	Märchenweg 7
(Postleitzahl, Ort)	81379 München
(Art der Sendung oder Vermerk)	Einschreiben
(Unternehmen oder Herrn/Frau)	Herrn
(Ansprechpartner oder Name)	Prof. Dr. Tim Lüders
(Straße und Hausnummer oder Postfach)	Dr.-Karl-Lueger-Ring 1
(Postleitzahl, Ort)	1010 WIEN
(Land)	ÖSTERREICH

Die Post ist gelb
In Deutschland, in Österreich und in der Schweiz sind Briefkästen und Autos der Post gelb. Es gibt auch private Paketlieferfirmen und – noch relativ selten – private Post.

2 Telefonieren, faxen, E-Mails und SMS

Ausland
Unterschrift
Faxnummer
telefonieren
Telefonnummer
~~klingeln~~
ausschalten
anrufen
Brief
besetzt
Anruf
sich verwählen
sprechen mit
ankommen
läuten
wählen
Fax
faxen
geben
E-Mail
Mail

läuten = *klingeln*

a. Ergänzen Sie. Achten Sie bei Verben auf die korrekte Form.

0. Das Telefon klingelt. Kann mal einer von euch rangehen!
1. Ich wollte dich ____________, aber es war den ganzen Abend ____________.
2. Er hatte vergessen sein Handy ______________________ und es __________ mitten im Konzert.
3. ● Können Sie mit Ihre ________________ geben?
   ■ Ich habe leider kein Fax, aber Sie können mir eine _______ schicken.
4. ● Die ______________________ stimmt nicht. ■ Doch, die stimmt. Du darfst nur nicht die 0 ___________, wenn du aus dem ____________ anrufst.
5. Mein Handy geht nicht. Kann ich mal kurz mit deinem ____________________?
6. ● Sie können die Anmeldung ________. ■ Ich habe leider kein _____. Kann ich Ihnen auch eine (*CH:* ein) __________ schicken? ■ Nein, leider nicht. Ich brauche Ihre ____________________. Bitte schicken Sie mir einen ________.
7. Du, ich muss Schluss machen. Ich warte auf einen wichtigen ________.
8. Deine (*CH:* Dein) E-Mail ist nicht __________________.
9. ● ____________ ich _____ Herrn Rau?
   ■ Nein, tut mir leid. Da haben Sie ________________.

Anrufbeantworter
Auskunft
per
verstehen
Verbindung
Nachricht
Internet
erreichen
erreichbar
schicken
auflegen
Computer
zurückrufen
geben
ausmachen

10. Ich höre dich kaum, die _________________ ist ganz schlecht.
11. In Notfällen können Sie mich auch _____ Handy _______________.
12. Kannst du bitte mal _____________, ich muss dringend telefonieren.
13. Dies ist der ___________________________ von Ilse Schmitt. Ich bin im Moment nicht ________________. Bitte hinterlassen Sie eine _______________. Ich ______ Sie umgehend __________.
14. Moment, ich muss noch mein Handy _______________.
15. Ich _____________ dich schlecht, kannst du lauter sprechen?
16. ● Weißt du die Nummer von der _____________? ■ Ja, 11833.
17. ● Kannst du mir deine Handynummer ________?
    ■ Du, die habe ich nicht im Kopf.
18. Ich kann dir keine (*CH:* kein) E-Mail _____________. Mein ______________ ist kaputt. Ich komme nicht ins _____________.

b. Telefonieren. Bilden Sie Sätze.

1. Anrufen und sich am Telefon vorstellen:

(im Beruf) Guten Tag, hier Kramer, Autohaus Mayer.
Tag • hier • Autohaus Mayer • Guten • Kramer

(privat) ______________________
spricht • Robin • Hallo • hier

2. Angerufen werden und sich am Telefon melden:

(im Beruf) ______________________
Tag • Future Comes AG • guten • Hardtmann

(im Beruf) ______________________
Apparat Rödel • tun • kann • Müller • was • ich • Sie • für

(privat) ______________________
Müller • hallo • Lisa

(privat) ______________________
Santos • bei

3. Jemanden am Telefon verlangen:

(im Beruf) ______________________
Herrn Stix • bitte • Sie • können • mich • mit • verbinden

(im Beruf) ______________________
Frau Obermayer • Ich • gerne • sprechen • würde • mit

(privat) ______________________
da • Ist • David

4. Nach dem Namen fragen:

(im Beruf) ______________________
ich • Günster • mit • Spreche • Susanne

(im Beruf) ______________________
wem • ich • bitte • spreche • Mit

(privat) ______________________
die Nummer • Ist • Coolfrost • das • Kundendienstes •
der Firma • des

Wie schreibt man Telefonnummern?
Nach der Ortsvorwahl oder der Kennziffer des Netzbetreibers setzt man einen Wortzwischenraum: 089 745998. Durchwahlnummern werden mit Bindestrich angeschlossen: 089 9102-205. Bei internationalen Telefonnummern schreibt man vor der Landesvorwahl (im folgenden Beispiel Deutschland) ein +. Die Ortsvorwahl (im folgenden Beispiel München) folgt dann ohne 0: +49 89 9102-205.

Tipp
Wie schreibt man **E-Mail**? Die einzige korrekte Schreibung ist **E-Mail**. Der Artikel ist **die E-Mail**. (*CH* und *A* auch **das**) Wer Mails verschickt, **mailt**.

Telefonnummern und Monate am Telefon
Wenn man Telefon- und Faxnummern spricht, sagt man statt **zwei** oft **zwo**, um eine Verwechslung mit **drei** zu vermeiden. Bei dem Monat **Juni** sagt man **Juno**, damit man nicht aus Versehen **Juli** versteht.

c. E-Mails und SMS. Was bedeuten die Emoticons?

Brüllen • Augenzwinkern (= *nicht ernst gemeint*) • Zunge herausstrecken (= *Ätsch*) • Ärger • Enttäuschung • Blödsinn Lachen • ~~Lächeln~~ • Erstaunen

0. :-) oder :) Lächeln
1. :-D ______________
2. :-(oder :(______________
3. ;-) ______________
4. :-@ ______________
5. :-O ______________
6. :-P oder :p ______________
7. %-} ______________

d. Ergänzen Sie. Achten Sie auf die korrekte Form.

1. Ich glaube, wir sollten den Telefonanbieter wechseln. Die __________ sind bei einigen Anbietern viel günstiger. Es gibt auch Anbieter, die neben DSL- und Telefonanschluss auch ______________________________ anbieten, dann haben wir nur eine Rechnung.
2. Sie können mir auch gerne per Mail antworten. Meine ______________________ ist lea.mueller@t-online.de. Mueller mit „ue" und Doppel-l.
3. Ich muss den Hörer mal ____________, um die Unterlagen zu holen. Oder kann ich Sie zurückrufen?
4. Hier ist die ____________ von Peter Baier. Ich bin im Moment nicht erreichbar. Sie können mir aber gerne eine Nachricht __________________. Ich rufe Sie dann ______________ zurück.
5. Für Ferngespräche nach Brasilien wähle ich immer eine ______________________.
6. Ich __________ Sie zu Herrn Techmer _________ ... – Herr Techmer spricht gerade. Kann er Sie zurückrufen?
7. Einen Moment. Ich ______________ Sie mit Herrn Lautner.

~~Telefonanbieter~~
E-Mail-Adresse
ablegen
Tarif
Mobilfunkvertrag
Billigvorwahl
durchstellen
Mailbox
verbinden
hinterlassen
umgehend

e Mailbox = *r Anrufbeantworter*
r AB = *r Anrufbeantworter*

@ spricht man „et".
/ spricht man „Schrägstrich" oder „Slash"
. heißt Punkt

8. Wir haben in der Ferienwohnung keinen ____________________________. Aber das ist gut, ich möchte mich wirklich erholen.
9. Ich bin heute Nachmittag nicht da, du kannst mir aber ________________ ____________.
10. Ich habe den AB noch nicht ______________.
11. ______ bitte nicht ____, ich möchte jetzt nicht telefonieren. Der AB ist ja an.
12. ● Ich glaube, das Telefon ist kaputt.
    ■ Schau doch mal ob, der ____________ richtig drinsteckt.
13. ● Mama, da ist ein ______________.
    ■ Leg auf, du hast die Faxnummer gewählt.
14. Das darf doch nicht wahr sein, der Hund hat das ___________________ durchgebissen!
15. Es werden neue ______________________________ verlegt.
16. Ich kann Sie nicht zurückrufen. Ich kann von diesem Apparat nur ______________________ führen.

abheben
Ortsgespräch
auf Band sprechen
Pfeifton
Internetanschluss
abhören
Telefonkabel
Stecker
Telefonleitung

e. **Lesen Sie die Buchstaben in Klammern in umgekehrter Reihenfolge und ergänzen Sie.**

tagtäglich = *jeden Tag*

Das 1x1 der E-Mail-Korrespondenz:

Vor- und Nachteile von E-Mails

E-Mails gehören zu unserem Büroalltag und auch privat (0) (neliam) mailen wir tagtäglich. Mails ersetzen Briefe oder (1) (etanofeleT) ________________. Sie sind schnell geschrieben, kostengünstig (2) (tkcihcsrev) ________________, und man hat einen (3) (geleB) ________. Doch es gibt auch Nachteile, ein Blick in Ihr (4) (hcaftsoP) ______________ zeigt es: Wir bekommen zu viele Mails, die uns nicht (5) (nefferteb) ________________. Viele E-Mails enthalten Fehler, sind schlecht formuliert und (6) (treitamrof) ________________ und deshalb schwer zu lesen. Damit man Ihre E-Mails gerne liest, erhalten Sie im Folgenden Tipps für eine gute (7) (gnutlatseG) ________________.

Brief, E-Mail oder SMS?

Beachten Sie, dass eine E-Mail keine Beweiskraft hat, da man sie nach Erhalt (8) (nrednärev) ________________ kann. Kündigungen und Arbeitszeugnisse müssen deshalb in Briefform (9) (negeilrov) ________________ und persönlich unterschrieben sein. Auch Verträge, Rechnungen und (10) (negnugitätsebsgartfuA) ______________________________ sollte man per Post verschicken. Auch wenn nachgewiesen werden muss, dass man etwas (11) (thceregtsirf) ____________________ gemacht hat, reicht eine E-Mail nicht: (12) (negnugidnüK) ____________________ von Zeitschriften, Vereinsmitgliedschaften oder Versicherungen deshalb immer in (13) (mroffeirB) ________________ erledigen. Eine Ausnahme sind E-Mails mit qualifizierter elektronischer (14) (rutangiS) ______________. Sie können dem Absender (15) (tendroeguz) ________________ werden und ihr Inhalt kann nicht (16) (trednärev) ________________ werden.

Empfänger auswählen

(17) (nekcihcS) ______________ Sie nur demjenigen eine Mail, für den Ihre (18) (nenoitamrofnI) ______________________ wichtig sind. Tragen Sie diesen Empfänger in das (19) (dleF) ________ „An" ein. Empfänger, die Sie nur in (20) (sintnneK) ______________ setzen wollen, schreiben Sie in das Feld „Cc". Adressen, die Sie in die Felder „An" und „Cc" (21) (negartnie) _____________, sind für alle Empfänger (22) (rabthcis) _____________. Bei Einträgen in das Feld „Bcc" sehen die anderen Empfänger die Bcc-Adressen nicht. Manche (23) (emmargorP-liaM-E) ____________________________ zeigen aber an, wenn Mails „Bcc" verschickt wurden.

Aussagekräftige Betreffzeile

Schreiben Sie eine aussagekräftige und kurze (24) (eliezfferteB) ___________________. Vermeiden Sie nichtssagende Betreffzeilen wie: *Zur Info; Ihre Anfrage; Zur Kenntnis; Wie besprochen* ... Ihr Empfänger möchte gleich (25) (nennekre) ______________, zu welchem Projekt die Mail gehört und wissen, was wichtig ist und sofort (26) (tetrowtnaeb) ___________________ werden muss. Ist Ihrem Empfänger der Absender nicht (27) (tnnakeb) ____________ und die Betreffzeile zu allgemein (28) (tssafrev) _____________ oder fehlt diese ganz, wird Ihre Mail eventuell ungelesen (29) (thcsöleg) _____________. Bringen Sie mit der Betreffzeile den Inhalt auf den Punkt. Nennen Sie zuerst das Hauptthema oder (30) (tkejorP) ____________, dann den Einzelaspekt, z. B.: *Neue Vertriebsstruktur – Bericht April 2011; Anmeldung Fortbildung „Jobfit im Büro" 17.09.–21.09.11 ...*

Ein Sachverhalt und das Wichtigste zuerst

Es ist besser, eine Mail pro (31) (tlahrevhcaS) ___________________ zu schreiben, als eine lange E-Mail zu verschiedenen Themen. In der Regel will man E-Mails nach Sachverhalten (32) (negelba) ____________ und getrennt (33) (netiebraeb) _________________. Schreiben Sie zuerst das Wichtigste, sodass Ihr Leser es sofort (34) (nessafre) _____________ kann.

Der gute Ton

Eine E-Mail, die nur aus einer (35) (eliezfferteB) __________________ besteht, wirkt unhöflich. Das Gleiche gilt, wenn es nur einen Betreff gibt, das (36) (dleftxeT) ____________ leer ist, die Signatur folgt und der Inhalt im (37) (gnahnA) __________ steht.

Anrede und Gruß

Schreiben Sie immer eine (38) (edernA) __________ und einen (39) (ßurG) ______. Verzichten Sie auf (40) (negnuzrükbA) _________________ wie „LG" (= Liebe Grüße) und „MfG" (= Mit freundlichen Grüßen).

Die Anrede „Hallo" ist bei Geschäftspartnern (41) (tbualre) ___________.
Allerdings sieht man häufiger formellere Anredeformen.

Formelle Anreden für geschäftliche E-Mails:
Sehr geehrte Herr Mayer, sehr geehrter Herr Agert, ... *(den Chef zuerst nennen)*
Sehr geehrte Damen und Herren, ...
Lieber Herr Lautner, ...
Guten Tag, Herr Techmer, Herr Brill und Frau Umbreit, ... *(informeller)*

Informelle Anreden für geschäftliche E-Mails:
Liebe Geschäftspartner und Freunde, ...
Liebe Anja, liebe Lea, ... *(auch bei privaten E-Mails gebräuchlich)*

Anreden für private E-Mails:
Hallo, Ihr Lieben, ...
Hallo zusammen, ...
Hi, ... *(unter Jugendlichen)*

Auch die (42) (lemrofßurG) _______________ darf in geschäftlichen E-Mails informeller als in Briefen sein: (43) (ehcilhcuärbeG) __________________ Grußformeln sind:

Formelle Grußformeln für geschäftliche E-Mails:
Mit freundlichen Grüßen
Mit freundlichem Gruß
Beste Grüße
Viele Grüße

Informelle Grußformeln für geschäftliche und private E-Mails:
Liebe Grüße
Herzliche Grüße
Herzlichst
Viele herzliche Grüße
Ganz herzliche Grüße

Grußformeln für Freunde und Bekannte:
Liebe Grüße und bis bald
Bis bald
Sonnige Grüße nach Stuttgart

Smileys und Emoticons

Sie werden nur bei freundschaftlichem Umgangston zwischen Geschäftspartnern (44) (tztuneb) ___________. Verwenden Sie sie besser nur privat und wenn Sie wissen, dass Ihr Empfänger sie (45) (thetsrev) ___________.

E-Mail-Adressen

Viele private deutsche E-Mail-Adressen setzen sich folgendermaßen zusammen:
vorname.nachname@anbieter.de
nachname@anbieter.de

Bei Büroadressen steht häufig:
vorname.nachname@firmenname.de
nachname@firmenname.de

Abkürzungen

Bei SMS-Nachrichten verwendet man häufig Abkürzungen und Emoticons, um Zeit und Platz zu sparen. Sie sollten allerdings sicher sein, dass ihr Adressat die Emoticons und Abkürzungen versteht.

Gängige Abkürzungen sind:

akla? Alles klar?
cm call me (ruf mich an)
dad Denk an Dich
glg Ganz liebe Grüße
gn8 good night (Gute Nacht)
guk Gruß und Kuss
lg liebe Grüße
np no problem (kein Problem)
sry sorry (Entschuldigung)
ssz Schreib schnell zurück
vlg Viele liebe Grüße

f. Ergänzen Sie. Achten Sie bei Verben auf die korrekte Form.

SMS
senden
ausschalten
~~Gesprächspartner~~
Mobilfunknetz
ankommen
Festnetz
telefonisch
unterwegs
persönlich
per
Text
Empfänger
Handydisplay
Nachrichten *(Pl.)*
Löschtaste
verfassen
SMS-Nachrichten *(Pl.)*
Sichtfenster

*Wenn Sie eine SMS schreiben, **simsen** oder **SMSen/smsen** Sie. Der Artikel ist **die SMS**; der Plural von SMS lautet **SMS**.*

SMS-Tipps

Wann schreibt man eine SMS?

Wenn Sie zu spät kommen und Sie wissen, dass Ihr (0) Gesprächspartner nicht ans Telefon kann, ist eine (1) ______ praktisch. Bedenken Sie aber, dass eine SMS nicht sofort (2) ______________, wenn der Empfänger sein Handy (3) ______________________ hat. Dringende (4) ___________________ teilt man deshalb besser (5) ___________________ mit. Man weiß schließlich nie, ob der Empfänger sein Handy eingeschaltet hat oder das (6) ______________________ funktioniert. Bedenken Sie auch, dass manche Leute ihr Handy nur dann einschalten, wenn sie nicht über das (7) _____________ erreichbar sind.

Jugendliche gratulieren (8) _____ SMS. Unter Erwachsenen ist dies meist nur dann üblich, wenn auch eine Glückwunschkarte (9) ________________ ist. Eine Beziehung per SMS zu beenden, ist stillos. Den Mut, eine solche Entscheidung (10) ________________ mitzuteilen, sollte man haben.

Sprachstil der SMS

Da das (11) ____________________ klein ist, sind SMS-Nachrichten meist kurz. In der Regel toleriert der (12) ________________ Tippfehler, sprachliche Fehler sowie unvollständige Sätze – Korrekturen sind aufwändig, da man mehrfach Pfeil- und (13) _________________ drücken muss. Auch eine durchgängige Kleinschreibung sowie fehlende Satzzeichen sind bei SMS-Botschaften üblich. Trotzdem: Auch wenn die Empfänger von (14) __________________________ in der Regel Vieles tolerieren, sollte man geschäftliche SMS-Nachrichten sorgfältig (15) _______________ und dabei auf Verständlichkeit achten. Lesen Sie den Text, der beim Schreiben aus dem (16) ___________________ gerückt ist, noch einmal durch, bevor Sie auf (17) „___________" drücken. Prüfen Sie dabei, ob sich der nachfolgende (18) ______ unmissverständlich auf den Anfang der SMS bezieht.

Bankgeschäfte und Konto

3 ___________

a. Ergänzen Sie. Achten Sie bei Verben auf die korrekte Form.

1. Ich muss noch Geld holen. Weißt du, wo hier ein G___________ ist?
2. Guten Tag, ich möchte das auf mein K___________ einzahlen.
3. Kannst du die Rechnung heute noch ü___________?
4. Können Sie mir bitte den 100-Euro-Schein (*CH:* die 100-Euro-Note) w___________?
5. Gibst du mir deine K___________ und die B___________? Dann überweise ich dir das Geld.
6. Das kaufen wir jetzt nicht, wir müssen diesen Monat sp___________.
7. David und Simon sparen ihr T___________. Sie werfen alles in ihre Sp___________.
8. Mach doch die Ü___________ am Automaten bei deiner B___________. Dort kostet es keine G___________.
9. Bring das Geld doch zur Sp___________. Ich möchte nicht so viel B___________ im Haus haben.
10. Ich muss meine EC- und Kreditkarte sp___________ lassen. Mir wurde meine G___________ gestohlen.

Sparschwein
Bank
Bankleitzahl
Taschengeld
wechseln
Konto
Kontonummer
~~Geld~~
Geldautomat (*A/CH:* Bankomat)
Gebühr
Bargeld
Geldbörse
überweisen
sperren
sparen
Sparkasse
Überweisung

e Sparkasse = *öffentlich-rechtliches Geld- und Kreditinstitut, das früher hauptsächlich Spareinlagen betreute*

b. Was passt? Kreuzen Sie an.

0. Man kann Geld auf ein Konto ...
   ☒ überweisen. ☒ einzahlen. ☐ abheben.
1. Man kann Geld von einem Konto ...
   ☐ leihen. ☐ abbuchen. ☐ abheben.
2. Man kann ein Girokonto ...
   ☐ eröffnen. ☐ überziehen. ☐ haben.
3. Man kann einen Scheck ...
   ☐ einlösen. ☐ abbuchen. ☐ ausstellen.
4. Man kann einen Kredit ...
   ☐ abzahlen. ☐ aufnehmen. ☐ bekommen.
5. Man kann Schulden ...
   ☐ zurückzahlen. ☐ machen. ☐ einnehmen.

c. Bankgeschäfte. Ergänzen Sie. Achten Sie auf die korrekte Form.

eröffnen
~~Guthaben~~
Kurs
im Minus
Kontoauszug
Zins
Schalter
Kontonummer
Rechnung
Wechselkurs
Betrag
Wechselstube
Dauerauftrag

1. Für Guthaben auf Sparbüchern gibt es momentan wenig __________.
2. Ich möchte ein Girokonto __________.
3. Wenn Sie mir bitte noch einmal Ihre __________ und Bankleitzahl geben. Ich kümmere mich darum, dass die __________ noch heute an Sie angewiesen wird.
4. Du, der Geldautomat funktioniert nicht. Ich muss am __________ Geld abheben.
5. Ich lasse mir die __________ zuschicken.
6. Nach dem Urlaub ist mein Konto meistens ____ __________.
7. Ich habe einen __________ für die Miete.
8. Ich muss Dollar umtauschen, weißt du, wie der __________ gerade ist?
9. Ich würde das Geld nicht an der __________ am Flughafen umtauschen, dort ist der ______ immer sehr schlecht.
10. Wollen Sie den __________ in großen oder kleinen Scheinen?

steigen
Kredit
Nachzahlung
Rate
eingehen
wechseln
auszahlen
Tresor
überziehen
Rückerstattung
Einzahlung

11. Ich habe mein Konto diesen Monat ganz schön __________. Ich hatte eine hohe __________ für die Heizung und dann ist auch noch die Waschmaschine kaputtgegangen.
12. Die Zinsen für __________ sind momentan niedrig, aber sie werden wieder __________.
13. Die erste ______ für den Kredit ist fällig.
14. Die Prämie wird am Ende des Jahres __________.
15. Die Wertpapiere sind auf der Bank im __________.
16. Wenn mein Gehalt __________ ist, ist mein Konto nicht mehr im Soll.
17. Ich möchte eine __________ auf mein Girokonto machen.
18. Die __________ Ihrer Unkosten macht unsere Sekretärin Frau Stegmaier.
19. Sie können hier zum Tageskurs ohne Extragebühren Euro in britische Pfund __________.

e Rückerstattung = *e Rückzahlung*

im Soll = *im Minus*

d. Am Geldautomaten. Ergänzen Sie. Achten Sie bei Verben auf die korrekte Form.

- Ich konnte auf Korsika mit meiner (0) Kreditkarte am Geldautomaten (*A/CH:* am Bankomaten) kein (1) ______ abheben, weil ich die (2) ______________ vergessen habe.
- Und was hast du dann gemacht?
- Dann hat mein Mann alles (3) __________. Aber stell dir vor, dann wollte er Geld (4) __________ und hat dreimal die falsche Nummer (5) ______________ und dann war seine (6) ___________ weg. ...

~~Kreditkarte~~
EC-Karte
Geld
abheben
bezahlen
eingeben
Geheimnummer

e Geheimnummer = *e PIN-Nummer*

Tipp: Verben im Wörterbuch
Im Wörterbuch stehen Verben nur im Infinitiv. Sie finden nicht *überzog*, aber *überziehen*. Sie finden nicht *sind*, aber *sein*.
Sie suchen das Verb *überzog* im Wörterbuch. Was machen Sie? Sie ergänzen die Infinitivendung *-en*: *überzog* + *-en*: *überzogen* gibt es nicht im Wörterbuch. Probieren Sie andere Vokale: *i, ie, o, ä, ö* ... Das hilft oft: *überziehen* gibt es im Wörterbuch.

e. Ergänzen Sie das Gegenteil.

1. die Finanzen sind geordnet ↔ die Finanzen sind (tettürrez) zerrüttet
2. eine positive Bilanz ↔ eine (evitagen) ___________ Bilanz
3. wir machen Gewinne ↔ wir machen (etsulreV) ___________
4. Geld einnehmen ↔ Geld (nebegsau) ___________
5. einen Kredit gewähren ↔ einen Kredit (nenhelba) ___________
6. die Aktienkurse steigen ↔ die Aktienkurse (nellaf) ___________
7. ein Einzahlung machen ↔ eine (gnulhazsuA) ___________ machen
8. finanzschwach sein ↔ (gitfärkznanif) ___________ sein

Geld
In der gesprochenen Sprache sagt man zu Geld: ***Kohle*** *(ugs.)*; ***Knete*** *(ugs.)*; ***Pinke Pinke*** *(ugs.)*; ***Kröten*** *(ugs.)*, ***Kies*** *(ugs.)*.
Zu viel Geld sagt man umgangssprachlich: *ein **Haufen** Geld; eine **Stange** Geld; ein **Batzen** Geld*

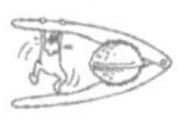

f. Finanzen. Ergänzen Sie. Achten Sie auf die korrekte Form.

Laufzeit • ~~Finanzen~~ • Zahlungsverpflichtung • Konkurs • Umsatz • Insolvenz • Lage • Kundenberater • Aktie • Immobilienfond • Wertpapier • Börse • Gewinn • Aktienkurs • Anleihe • Investor • Fehlspekulation

e Finanzen = *Einkünfte und Vermögen*

0. Die Finanzen der Firma erscheinen geordnet. Ich sehe kein Problem darin, der Firma den Auftrag zu erteilen.
1. Die finanzielle L______ dieser Firma ist meines Erachtens schlecht, ich vermute, dass sie bald I____________ anmelden wird.
2. Die L__________ des Kredites ist zehn Jahre.
3. Die Firma kommt ihren Z________________________ nicht pünktlich nach.
4. Wie hat sich in diesem Geschäftsjahr der U________ entwickelt?
5. Der K______________ der Sparkasse hat ihm festverzinsliche W_____________ empfohlen.
6. Die Firma ist in K________ gegangen. Sie existiert nicht mehr.

r Investor = *r Geldgeber*

7. Hinter der Firma steht ein finanzkräftiger I__________.
8. Aktien werden an der B______ gehandelt.
9. Er hat mit A________ spekuliert und statt des erhofften G_________ große Verluste gemacht.
10. Sie hat das Geld in einem I_________________ angelegt.
11. Überraschungen und F____________________ gehören zur Börse, deshalb sollte man nur Geld investieren, das man kurzfristig nicht braucht.
12. Die A_______________sind gefallen und er hat große Verluste gemacht.
13. Bei Dollar-A__________ schwankt der Wechselkurs momentan sehr stark.

g. Ordnen Sie die Redewendungen ihrer Bedeutung zu.

0. das Geld zum Fenster hinauswerfen *(ugs.)* [a]
1. hier liegt das Geld auf der Straße [ ]
2. Geld wie Heu haben / in Geld schwimmen *(ugs.)* [ ]
3. das geht ins Geld *(ugs.)* [ ]
4. etwas zu Geld machen [ ]
5. nicht für Geld und gute Worte / nicht für viel Geld *(ugs.)* [ ]
6. jemandem das Geld aus der Tasche ziehen *(ugs.)* [ ]
7. sein Geld unter die Leute bringen *(ugs.)* [ ]

~~a.~~ sehr verschwenderisch sein und unnötige Ausgaben machen
b. das kostet viel Geld; das wird teuer
c. jemanden zum Geldausgeben bringen
d. hier kann man leicht zu Geld kommen
e. rasch Geld ausgeben
f. verkaufen
g. sehr reich sein
h. auf keinen Fall

h. Schreiben Sie die Beträge in Worten.

0. 259,67 € zweihundertneunundfünfzig Euro und siebenundsechzig Cent
1. 18.299,00 € ____________________
2. 16,92 € ____________________
3. 357,99 € ____________________
4. 3.650.000 € ____________________
5. 967,33 € ____________________
6. 10.799 € ____________________

i. Ergänzen Sie.

ungerade • ~~gerade~~ • arabische • römische

0. 2, 4, 6, 8, 10, 12 ...: *gerade* Zahlen
1. 1, 3, 5, 7, 9, 11 ...: ______________ Zahlen
2. 1, 2, 3, 4, 5, 6, 7 ...: ______________ Zahlen
3. I, II, III, IV, V ...: ______________ Zahlen

So schreibt man Zahlen

Bei Zahlenangaben steht in der Regel ein Komma:
100,00 kg / 0,58 g / 474,78 CHF

Zahlen mit mehr als drei Stellen gliedert man links und rechts des Kommas mit einem Leerschritt in 3-stellige Gruppen:
5 469 598,99 € / 0, 588 37 g

Bei 4-stelligen Zahlen ist auch das Schreiben ohne Zwischenraum üblich:
6 587 oder 6587

Bei Geldbeträgen ist es üblich, Gliederungspunkte zu setzen:
9.875.480,00 €

Bei Geldbeträgen in Worten, schreibt man auch die Währung in Worten:
tausend Euro (nicht: *€)*

Steuern in Deutschland

In Deutschland gibt es u. a. diese Steuern:
Mehrwertsteuer, Umsatzsteuer, Lohnsteuer, Einkommenssteuer, Ökosteuer, Körperschaftssteuer, Erbschaftssteuer, Vermögenssteuer, Vergnügungssteuer, Kirchensteuer, Mineralölsteuer, Ausfuhrsteuer, Einfuhrsteuer, Kfz-Steuer, Hundesteuer ...

Ämter, Behörden, Fundbüro

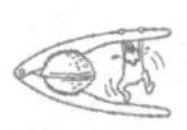

a. Finanzamt und Meldebehörde. Ergänzen Sie. Achten Sie bei Verben auf die korrekte Form.

1. ● Zu welchem Amt musst du?
   ■ Zum F________. Ich möchte meine Steuererklärung in den Briefkasten werfen.
2. Auf der CD waren Daten von Personen, die S________ h________.
3. Im Duty-free-Shop kannst du st________ einkaufen.
4. Das österreichische Steuerrecht verwendet den Begriff U________. Es gibt zwei St________ 10 % und 20 %. Der e________ Steuersatz wird u. a. bei Lebensmitteln, Büchern, Wohnungsvermietungen und Zeitungen angewandt.
5. Alle Preise verstehen sich i________ Mehrwertsteuer.
6. Die Steuern für Übernachtungen wurden in Deutschland g________. Das hat zu viel Kritik geführt.
7. Sie verdient 3.000 Euro b________. Das sind 1.800 Euro n________.
8. Ich habe die St________ für letztes Jahr gemacht. Ich muss sie nur noch meiner St________ schicken.
9. Die Fortbildung kannst du von der Steuer a________.
10. Die Steuerfahndung hat bei ihm Sch________ gefunden.
11. Die M________ ist die Steuer, die ein Unternehmen auf den Verkaufspreis eines Produktes a________ und an das Finanzamt a________.
12. Ich bin umgezogen und muss noch zum E________, um mich umzumelden.
13. Schau, auf dem A________ steht: Wer eine Wohnung bezieht, hat sich innerhalb einer Woche bei der M________ anzumelden.

Umsatzsteuer
~~Amt~~
steuerfrei
Finanzamt (*CH:* Steueramt)
Steuern hinterziehen
ermäßigt
inklusive
senken
netto
Schwarzgeld
brutto
Steuerberaterin
absetzen
Mehrwertsteuer
aufschlagen
Meldebehörde
Anmeldeformular
abführen
Einwohnermeldeamt
Steuersätze (*Pl.*)
Steuererklärung

s Schwarzgeld = *nicht ordnungsgemäß versteuertes Geld*

Das Einwohnermeldeamt

In Deutschland nennt man diese Behörde *Meldebehörde*, in Österreich *Meldeamt* und in der Schweiz und in Liechtenstein *Einwohnerkontrolle* oder *Personenmeldeamt*.
In Deutschland sind die Aufgaben der Behörde je nach Bundesland etwas unterschiedlich, aber in der Regel ist die Behörde zuständig für:

- An-, Ab- und Ummeldung
- Beantragung von Führungszeugnissen
- Amtliche Beglaubigungen
- Passangelegenheiten
- Personalausweise
- Kinderausweise
- Anträge für Aufenthaltsgenehmigungen
- Aufenthalts- und Meldebescheinigungen, Lebensbescheinigungen
- Fahrzeugscheinänderungen
- Einladung von visumspflichtigen Ausländern
- Wehrerfassung

b. Vorgänge auf Ämtern. Was passt nicht?

0. ein Antragsformular: erhalten – ausfüllen – ~~versäumen~~
1. eine Einreichungsfrist: bewilligen – versäumen – einhalten
2. eine Frist: verlängern – nennen – anmelden
3. eine Bestätigung: sich erkundigen – erhalten – vorlegen
4. eine Beglaubigung: erlauben – ausstellen – erhalten
5. einen Antrag: genehmigen – ablehnen – informieren
6. einen Antrag: ausfüllen – unterschreiben – melden
7. einen Antrag: stellen – einreichen – entrichten
8. eine Bearbeitungsgebühr: entrichten – bezahlen – bestrafen
9. eine Bescheinigung: erkundigen – beilegen – erhalten
10. eine Heiratsurkunde: vorlegen – vorzeigen – verlängern
11. Papiere: beglaubigen lassen – vorlegen – versäumen
12. einen Nachweis: erbringen – vorlegen – einhalten
13. einen Bescheid: erhalten – ausstellen – anmelden
14. einen Stempel: erhalten – bekommen – bestätigen
15. eine Auskunft: erhalten – brauchen – informieren
16. eine Vorschrift: einhalten – erbringen – kennen

c. Fundbüro. Ergänzen Sie. Achten Sie auf die korrekte Form.

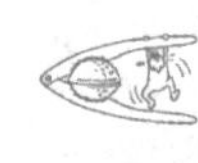

s Lebkuchenherz s Dirndl r Janker s Gebiss

e Tuba r Rollstuhl r Mops

Fundbüro
~~verlieren~~
Gegenstände *(Pl.)*
Funde *(Pl.)*
verschwunden
Finderlohn
Bearbeitungsgebühr
aufbewahren
Fundstücke *(Pl.)*
hinterlegen
suchen
klauen
versteigern

Gebiss, Hase und Skistiefel: Was Oktoberfestbesucher verlieren

Weiß-blauer Himmel, viel Bier, braun gebrutzelte Ochsen, Enten und Hendl, Zuckerwatte und Lebkuchenherzen, fesche Madln im Dirndl ... Bei so guter Stimmung kann man schon mal etwas (0) verlieren. Zu den skurrilen (1) F__________ auf dem 200. Oktoberfest gehören: ein Gebiss, eine Tuba, ein Rollstuhl, ein Paar Skistiefel, ein Hase und ein Mops. Auf dem (2) F______________ am Oktoberfest wird bis zu 200mal am Tag nach Handys gefragt. Doch diese, sowie Notebooks, Kameras und andere wertvolle (3) G____________________, werden oft (4) gek__________ und bleiben (5) v____________________. Wer etwas findet, der kann beim Abgeben Telefonnummer und Adresse (6) h____________________, denn ihm steht ein (7) F________________ zu. Wer Verlorenes abholt, muss auch eine (8) B____________________________ zwischen 3 und 100 Euro entrichten. In den Schränken des Fundbüros hängen u. a. Trachtenjanker, Winterjacken, Handtaschen und auch einige Lederhosen. Drei Monate lang werden die (9) F________________ nach dem Oktoberfest im zentralen Münchner Fundbüro (10) a________________, bevor sie (11) v__________________ werden. Einigen Besuchern ist das aber nicht lange genug: Mitarbeiter des Fundamtes berichten, dass manch einer ein Jahr später wieder zur Wiesn kommt und seinen Janker vom letzten Jahr (12) s________.

5 Feuerwehr

freiwillig
Todesopfer
bergen
~~Berufsfeuerwehr~~
schützen
Sirene
löschen
retten
Brand
helfen
Not
Krankenwagen
Katastrophe
einliefern
brennend
Notfall
Notrufnummer
ertrinken
ersticken
Feuer
Gefahr
verbrennen
bekämpfen
Verletzte
Erste Hilfe

a. **Feuerwehr. Ergänzen Sie. Achten Sie auf die korrekte Form.**

1. In der Stadt gibt es eine Berufsfeuerwehr, auf dem Land eine f________ Feuerwehr. Alle, die sich bei der freiwilligen Feuerwehr engagieren, haben einen anderen Beruf und kommen schnell zum Feuerwehrhaus, wenn die S________ heult.
2. Die Feuerwehr und Notärzte kümmern sich z. B. bei Unfällen auf der Autobahn um die V________ und leisteten E________ H________.
3. Die Aufgaben der Feuerwehr sind: r________, l________, sch________, b________.
4. Die Feuerwehr h________ auch Tieren, die in N________ geraten sind.
5. Verletzte Personen werden mit dem K________ ins Krankenhaus (*A:* Spital) ei________.
6. Kleine B________ werden mit Schaum aus dem Handfeuerlöschgerät b________.
7. Bei F________ bringt die Feuerwehr immer zuerst die Menschen außer G________.
8. Die N________ der Feuerwehr ist in Deutschland die 112.
9. B________ Fett, Öl oder Wachs kann man nicht mit Wasser löschen.
10. Die Feuerwehr hilft bei vielen N________: Bei Unwettern und K________ rückt sie mit ihren Spezialfahrzeugen aus.
11. Bei einem Brand sind leider oft T________ zu beklagen. Die Opfer sind meistens e________ und v________.
12. Bei den katastrophalen Überschwemmung der letzten Jahre sind viele Menschen e________.

Tipp
Wortverbindungen mit einer neuen Gesamtbedeutung können großgeschrieben werden.

die Erste Hilfe / die erste Hilfe
das Schwarze Brett / das schwarze Brett ...

b. Ergänzen Sie. Achten Sie bei Verben auf die korrekte Form.

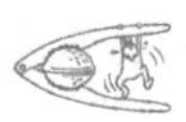

Rauch • Flammen *(Pl.)* • evakuieren • ~~Feuer ausbrechen~~ • beteiligen • Einsatzkräfte *(Pl.)* • Brand

Wohnungsbrand am Gerhart-Hauptmann-Ring

In einem neunstöckigen Wohnhaus in Neuperlach (0) brach in der Nacht vom 8. August Feuer im Erdgeschoss aus. Die (1) ____________ zerstörten die gesamte Einrichtung der 80-m²-Wohnung. Eine darüberliegende Wohnung wurde durch (2) ________ und Ruß unbewohnbar. Die Feuerwehr (3) ________________ 24 Personen. Sechs Personen zogen sich bei dem (4) ________ Verletzungen zu. (5) ____________________ der Feuerwehr Waldperlach, Perlach und Ramersdorf waren an dem Einsatz (6) ______________.

c. Ordnen Sie die Redewendungen ihrer Bedeutung zu.

0. die Hand für jemanden/etwas ins Feuer legen [a]
1. Feuer fangen [ ]
2. für etwas Feuer und Flamme sein *(ugs.)* [ ]
3. für jemanden durchs Feuer gehen [ ]
4. das Feuer schüren / Öl ins Feuer gießen [ ]
5. mit dem Feuer spielen [ ]
6. jemandem Feuer unter dem Hintern machen *(ugs.)* [ ]
7. zwischen zwei Feuer geraten [ ]

~~a.~~ für jemanden (oder etwas) garantieren
b. jemanden so sehr schätzen, dass man bereit ist, für ihn alles zu tun
c. jemanden sehr bestimmt zur Eile antreiben
d. jemanden noch mehr reizen; einen Streit noch mehr entfachen
e. in zwei Unannehmlichkeiten geraten
f. von etwas hellauf begeistert sein
g. sich leichtsinnigerweise in Gefahr bringen / ein Risiko eingehen
h. sich in jemanden verlieben

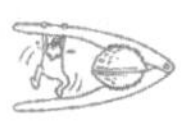

d. Ergänzen Sie die Redewendungen.

Feuer unterm Hintern machen (*ugs.*) • ~~Feuer fangen~~ • Feuer und Flamme sein zwischen zwei Feuer geraten • die Hand ins Feuer legen • das Feuer schüren / Öl ins Feuer gießen • durchs Feuer gehen • mit dem Feuer spielen

0. Es war Liebe auf den ersten Blick: Er hat sie gesehen und hat sofort Feuer gefangen.
1. Frau Maier ist ehrlich. Für sie _______ ich ______________________________.
2. Die Tankanzeige leuchtet jetzt schon länger. Tankst du jetzt bitte, du musst doch nicht immer ______________________________. Ich habe keine Lust liegen zu bleiben.
3. Die Praktikantin hat die Ablage noch nicht gemacht, die Unterlagen noch nicht fotokopiert und die Texte noch nicht eingegeben. Kannst du dieser lahmen Ente mal ______________________________!

lahme Ente = *Schimpfwort für jemanden, der langsam ist*

4. Der Mathelehrer macht einen langweiligen Unterricht und beschwert sich über die Schüler, die den Unterricht stören. Die Schüler beschweren sich, weil der Lehrer so einen langweiligen Unterricht macht und stören den Unterricht. Wenn man da vermitteln will, kann man nur ______________________________ __________.
5. Als ich ihr die schöne Ferienwohnung am Meer gezeigt habe, _____ sie sofort ______________________________ und wir haben die Wohnung gleich für die Sommerferien gebucht.
6. Unser früherer Chef ist immer hinter uns gestanden, er wäre für seine Mitarbeiter ______________________________.
7. Sprich diesen Kritikpunkt bitte nicht auch noch an. Die Stimmung unserer Chefin ist sowieso schon so schlecht, da sollte man nicht auch noch ______________ ______________ / ______________________________.

Polizei und Sozialdienste

6 

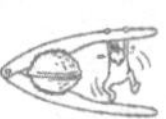

a. Aufgaben der Polizei. Was passt nicht?

0. die Bevölkerung: aufklären – warnen – ~~anstellen~~
1. Verbrechen: helfen – vorbeugen – verhindern
2. Verkehrsdelikte: ahnden – anstellen – warnen
3. Verbrecher: fassen – verfolgen – aufklären
4. einen Mord: aufklären – untersuchen – überwachen
5. Nachforschungen: anstellen – bekämpfen – bestrafen

b. Polizei. Ergänzen Sie. Achten Sie auf die korrekte Form.

Notruf 110

Wenn ein Notruf (0) eingeht und der Anrufer erklärt hat, was, wann, wie und wo passiert ist, kommt meist ein (1) ______ der Schutzpolizei. Die Beamten, die mit (2) ______ losrasen, sind bei der Polizei „Mädchen für alles". Sie kümmern sich um Verkehrssünder, kommen zu Unfällen, (3) ______, Schlägereien und (4) ______, wenn nötig, die Kollegen bei der Kriminalpolizei. Zur (5) ______ gehören auch die Streifenbeamten, die oft zu Fuß unterwegs sind und für die Aufrechterhaltung der (6) ______ zuständig sind.

Polizisten (*A:* Gendarmen), die bei der (7) ______ arbeiten, kümmern sich um Straftaten und (8) ______ wie Einbrüche, (9) ______ und Rauschgiftdelikte. Sie arbeiten auch mit Computer-Dateien, in denen (10) ______ gewordene Personen gespeichert sind.

Streifenwagen
~~eingehen~~
Schutzpolizei
Überfälle *(Pl.)*
Blaulicht
verständigen
Kriminalpolizei
Ordnung
Verbrechen
straffällig
Morde *(Pl.)*

r Verkehrssünder = *Person, die sich im Straßenverkehr nicht an die Regeln hält*

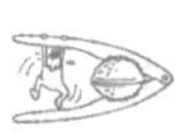

c. Wie heißt das Wort?

Blüten *(Pl.)*
~~Indizien *(Pl.)*~~
Kidnapping
Dietrich
Wanze *(ugs.)*
Kurier
Observierung
in flagranti
Hehler
Geständnis
Alibi

0. Hinweise, die auf einen Täter deuten heißen: Indizien.
1. Werkzeug, mit dem ein Einbrecher Türschlösser öffnen kann: ____________
2. Person, die gestohlene Sachen verkauft: __________
3. gefälschte Geldscheine: __________
4. Entführung eines Menschen: ________________
5. Person, die geheime Nachrichten überbringt: __________
6. unauffällige Beobachtung einer verdächtigen Person: ________________
7. verstecktes Mikrofon, mit dem Personen belauscht werden: __________ *(ugs.)*
8. Nachweis, dass man zur Tatzeit nicht am Tatort war: ________
9. beim Begehen einer Straftat ertappt werden: ________________
10. vor Gericht oder bei der Polizei eine Schuld zugeben: ________________

d. Ergänzen Sie. Achten Sie auf die korrekte Form.

Razzia
Radarkontrollen *(Pl.)*
Überfall
strafbar
Verkehr
Dieb
gestehen
Anzeige
Polizistin (*A:* Gendarmin)
~~Polizei (*A:* Gendarmerie)~~
Opfer
überfallen
bekämpfen
töten
erwürgen
bestrafen
Kriminalität
stehlen

strafmündig = *alt genug, um für strafbare Handlungen bestraft zu werden*

1. Wenn man bei der Polizei eine ______________ Handlung meldet, nennt man das: eine ____________ erstatten.
2. Der Verdächtige hat die Tat ______________.
3. Eine ______________ hat mich angehalten. Ich musste rechts ranfahren.
4. Die Polizei fand bei der __________ mehrere Kilo Rauschgift.
5. Die Bank wurde am helllichten Tag ______________.
6. Das Kind hat versucht, Schuhe zu ____________. Es konnte nicht ____________ werden, da es noch nicht strafmündig war.
7. Halt dich bitte an die Geschwindigkeitsbegrenzung. Es gibt hier viele ________________________.
8. Bei dem ____________ auf die Bankfiliale wurde der Kassierer ____________.
9. Die Verkehrspolizei überwacht und lenkt den ____________.
10. Der Polizist folgte dem _______.
11. Der Mörder hat das _________ ___________.
12. Weil sich die Stadt für die Olympischen Spiele bewirbt, versucht die Polizei die ______________ stärker als bisher zu ______________.

13. Der ______________ zwang sein Opfer mit __________, in das Fluchtfahrzeug einzusteigen.
14. Das Opfer wurde ____________.
15. Die Polizei setzte ____________________, Tränengas und Schlagstöcke gegen die Demonstranten ein.
16. Zeigen Sie mir bitte Ihren ____________________.
17. Der Täter wurde in ____________________ abgeführt.
18. Jeder ________ hinterlässt Spuren am Tatort.
19. In die Wohnung ist ____________________ worden.
20. Die Spurensicherung suchte am Tatort nach ________________________.
21. Mein Name ist Derrick. Ich leite die ____________________.
22. Die deutsche ________-Serie *Derrick* ist weltweit bekannt.
23. Das war kein Mord, das war ________________, der Mann hat sich ____________.
24. Der Verdächtige wurde vorläufig ____________________.
25. Dieser Mann wird __________________ gesucht.

Täter
Ermittlungen *(Pl.)*
Entführer
Gewalt
Dienstausweis
Wasserwerfer
Selbstmord
einbrechen
Handschellen *(Pl.)*
ermorden
festnehmen
Fingerabdruck
erhängen
polizeilich
Krimi

e Handschellen (Pl.)

e. Ergänzen Sie. Achten Sie auf die korrekte Form.

Schusswaffe • treffen • Gewehr • Hände hoch • ~~schießen~~ (2x) • Schuss • Pistole

0. Polizisten üben das Schießen in einem sogenannten Schießkino.
1. Weil die ____________ sehr laut sind, tragen die Polizisten bei Schießübungen einen Gehörschutz.
2. Die Tatwaffe war eine ____________.
3. Der Polizist im Film schrie: „________________ oder ich ____________!“
4. ____________________ müssen gesichert aufbewahrt werden.
5. Die Kugel ________ ins Ziel und der Schütze hatte gewonnen.
6. Der Jäger schloss sein __________ im Waffenschrank ein.

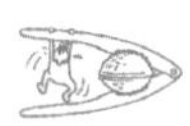

f. Sozialdienste. Ergänzen Sie. Achten Sie auf die korrekte Form.

Hilfe
~~Wohlfahrts-organisation~~
persönlich
Beratungsstelle
Kirche
Notlage
Beratung
gemeinnützig
psychisch
Betroffene
Kontakt
Behinderung
sozial
beraten
Kinderheim
Unterstützung

konfessionell = *religiös*

ohne Ansehen von Religion oder Nationalität = *egal, welche Religion oder Nationalität man hat*

gemeinnützig = *nicht auf Gewinn ausgerichtet, sondern sozialen Aufgaben dienend*

Sozialdienste

In München gibt es eine Vielzahl kirchlicher und konfessionell ungebundener (0) Wohlfahrtsorganisationen, die ein breites Spektrum an (1) B________ und Hilfestellung anbieten.

Innere Mission München

Die Innere Mission bietet Beratung und Betreuung von Flüchtlingen und Asylsuchenden. Sie will vor allem (2) H________ zur Selbsthilfe leisten.

Arbeiterwohlfahrt München

Die Arbeiterwohlfahrt ist ein (3) g________ Dienstleistungsunternehmen, das in vielen Bereichen (4) s________ Arbeit aktiv ist: von Kindertagesstätten bis Pflegeheimen. Die AWO will dazu beitragen, dass sich Familien, Jugendliche, Senioren, Migranten und Menschen mit sozialen, beruflichen oder (5) p________ Problemen wohlfühlen. Die AWO arbeitet unabhängig von Nationalität, Konfession oder Weltanschauung der (6) B________.

Caritas München

Caritas ist der Wohlfahrtsverband der katholischen (7) K________. Die Caritas bietet Hilfe und Beratung in allen Lebenslagen und (8) p________ Notsituationen ohne Ansehen von Religion oder Nationalität. Sie leitet viele (9) B________. Die Hilfsangebote richten sich an Familien, Kinder und Jugendliche, Migranten, ältere Menschen und Menschen mit (10) B________. Die Caritas hilft Menschen mit Suchterkrankungen und Essstörungen. Sie (11) b________ Aids-Kranke und betreut Menschen ohne Arbeit. Der Wohlfahrtsverband ist auch Träger von Pflegestationen, Tagesstätten, Berufsschulen, Alten- und (12) K________.

Sozialdienst des Kirchlichen Dienstes am Flughafen München

Der Sozialdienst leistet Reisenden und Flughafenbeschäftigten, die sich in einer (13) N________ befinden, individuelle Hilfe. Man bekommt z. B. die Möglichkeit, jemanden zu informieren oder die Möglichkeit, in Ruhe nachzudenken. Menschen, die Deutschland verlassen müssen, erhalten (14) U________ bei der Herstellung von (15) K________ in ihre Heimatländer.

g. Ergänzen Sie. Achten Sie auf die korrekte Form.

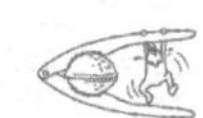

0. An Weihnachten wird viel für karitative Zwecke gespendet.
1. Zu den Ursachen für Armut gehören: Schulden, ungenügende A__________, Alkoholismus, psychische Probleme, Arbeitslosigkeit, B__________ und langwierige Krankheiten.
2. Er gab dem B__________, der in der Fußgängerzone saß, etwas Kleingeld.
3. Die Familie l_____ seit dem Tod des Vaters i__ A_______.
4. Die Familie ist arm und auf S__________ angewiesen.
5. Der Lehrerin fiel auf, dass das Kind v__________ ist. Es hatte oft nicht gefrühstückt und war sehr ungepflegt.
6. Die Münchner Straßenzeitung *BISS* (**B**ürger **i**n **s**ozialen **S**chwierigkeiten) bietet O__________ und Bürgern in sozialen Schwierigkeiten die Möglichkeit zur S__________. Die Zeitung wird auf der Straße verkauft. Vom Verkaufspreis erhält der Verkäufer die Hälfte.
7. In einem S__________ versucht der Staat, soziale Gegensätze innerhalb der Gesellschaft auszugleichen.
8. Im Grundgesetz für die Bundesrepublik Deutschland steht, dass Männer und Frauen g__________ sind.
9. Das Wort W__________ wird abwertend für eine Gesellschaft gebraucht, wenn in der Gesellschaft das Erreichen von Wohlstand das einzige Erstrebenswerte ist.
10. Die Arbeiterwohlfahrt ist ein s__________ Dienstleistungsunternehmen mit einer langen Geschichte. Es wurde 1919 gegründet und sollte den im Ersten Weltkrieg v__________ Menschen durch G__________ und nicht durch A__________ Hilfe bringen.
11. Die Familie hat ein Haus und zwei Autos. Das ist ein hoher L__________.
12. Die Familie lebt, seit beide Eltern arbeiten, in bescheidenem W__________.

in Armut leben
~~spenden~~
Gerechtigkeit
Berufsunfähigkeit
Sozialhilfe
sozial
Selbsthilfe
Bettler
Almosen
Altersvorsorge
verarmt
Obdachlose
gleich
Sozialstaat
Wohlstandsgesellschaft
Wohlstand
Lebensstandard
verwahrlost

s Almosen = *Kleinigkeit, die man Armen gibt*

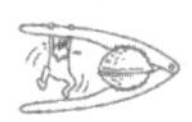

h. Ergänzen Sie die Nomen.

1. Die Großeltern *unterstützen* ihre Enkel finanziell. = Die Großeltern geben ihren Enkeln finanzielle Unterstützung.
2. Die Löhne sind *gerecht*. = Bei der Entlohnung gibt es ______________.
3. Ihr Leben ist *luxuriös*. = Sie leben im ________.
4. Das Land ist *reich* an Bodenschätzen. = Das Land hat einen ______________ an Bodenschätzen.
5. Ihm wird *geholfen*. Er erhält ________.
6. Die Familie ist *arm*. = Die Familie lebt in ________.

SCHULE UND STUDIUM

1 Das Schulwesen

a. Das deutsche Schulsystem. Ergänzen Sie.

Abitur (*A:* Matura)
Schulsystem
~~Kindergarten~~
Schule
Noten (*Pl.*)
Lehre
Gymnasium
Schuljahr
Ausbildung
Realschulabschluss
Fachoberschule
Universität
Studium
Berufsschule
Hauptschule
Grundschule

In Deutschland besuchen Kinder in der Regel mit drei Jahren den (0) Kindergarten. Meistens werden sie dort bereits im letzten Jahr auf die (1) Sch______ vorbereitet, in der sogenannten „Vorschule". Mit sechs Jahren gehen die Kinder dann in die (2) G______. In Österreich heißt diese Schule Volksschule und in der Schweiz Primarschule. Die Grundschule dauert in Deutschland in der Regel vier Jahre. Für den Wechsel auf die weiterführenden Schulen sind vor allem die (3) N______ in den Fächern Deutsch, Mathematik und Heimat- und Sachkunde wichtig. Die Kinder besuchen dann ab der fünften Klasse entweder die (4) H______, die Realschule oder das (5) G______. Wer auf die Hauptschule geht, kann nach dem neunten (6) Sch______ seinen Hauptschulabschluss machen und eine (7) A______ beginnen. Diese (8) L______ dauert meistens drei Jahre. Während ihrer Ausbildung in einem Betrieb besuchen die Jugendlichen auch die (9) B______. Das ist eine Teilzeitschule, die wöchentlich oder in Blockform stattfindet. Jugendliche, die auf die Realschule gehen, machen nach der zehnten Klasse den (10) R______. Der Realschulabschluss heißt auch mittlere Reife. Nach der mittleren Reife kann man dann entweder auch eine Ausbildung beginnen oder eine (11) F______ besuchen, um später an der Fachhochschule zu studieren. Wer das Gymnasium besucht, macht mittlerweile in den meisten Bundesländern nach der zwölften Klasse das (12) A______ (*A:* die Matura) und kann dann an einer (13) U______ studieren. Nach dem Abitur hat man aber auch die Möglichkeit, zuerst eine Lehre zu machen, um dann später noch ein (14) St______ anzuschließen. Das deutsche (15) Sch______ ist stark gegliedert und wird häufig kritisiert, weil die Kinder meist schon sehr früh (nach der vierten Klasse bzw. mit zehn Jahren) auf die unterschiedlichen Schulformen aufgeteilt werden.

Besonderheiten des deutschen Schulsystems

In Deutschland gilt allgemein eine Schulpflicht vom sechsten bis zum 16. Lebensjahr. Die Zuständigkeit für den Hochschul- und Schulbereich liegt bei den einzelnen Bundesländern, das nennt man „Kulturhoheit der Länder". Die Folge davon ist, dass sich das Schulwesen zwar in seinen Grundregeln gleicht (dafür sorgt die KMK, die Ständige Konferenz der Kultusminister der Bundesländer), dass es aber in einigen Punkten wesentliche Unterschiede gibt: So dauert die Grundschule in den meisten Bundesländern vier Jahre, in Berlin aber z. B. sechs Jahre. In den meisten Ländern macht man nach acht Jahren Abitur (das sog. G8-Modell), es gibt aber auch Bundesländer, in denen das alte Modell gilt, nach dem man erst nach der 13. Klasse die Abiturprüfung ablegt (das sog. G9-Modell). Wenn Eltern berufsbedingt innerhalb Deutschlands von einem Bundesland in ein anderes umziehen, führen diese uneinheitlichen Regelungen nicht selten zu Problemen: Mit einem Schulwechsel ist häufig auch ein Wechsel in ein anders aufgebautes Schulwesen verbunden.

b. Rund um die Schule. Wie heißen die Wörter?

0. Die freien Tage, an denen keine Schule ist, heißen Ferien.
1. Zu Übungen, die man zu Hause macht, sagt man ____________________.
2. Die Zeit zwischen den Unterrichtsstunden, das sind die ____________.
3. Der Raum, in dem unterrichtet wird, heißt ____________________.
4. Zu einer Prüfung kann man auch ________ sagen.
5. Den Chef einer Schule nennt man ______________.
6. In einer Prüfung gibt es keine Übungen, sondern ______________.
7. Zu der Art und Weise, wie man eine Aufgabe löst, sagt man ____________.
8. Das Nomen zu „notieren" heißt _________.

Test
Methode
Pausen *(Pl.)*
Notiz
Hausaufgaben *(Pl.)*
~~Ferien~~
Aufgaben *(Pl.)*
Klassenzimmer
Direktor

c. Wie heißt die weibliche Form?

0. der Lehrer – die Lehrerin
1. der Direktor – ____________________
2. der Erzieher – ____________________
3. der Lerner – ____________________
4. der Rektor – ____________________
5. der Klassensprecher – ____________________
6. der Schüler – ____________________
7. der Konrektor – ____________________

Tipp
Weibliche und männliche Berufsbezeichnungen haben das natürliche Geschlecht. Die weibliche Form wird meistens durch das Anhängen von **-in** *an die männliche Form gebildet:*
der Lehrer – **die** Lehrer**in**, **der** Hausmeister – die Hausmeister**in**.

Schulnoten in Deutschland, Österreich und der Schweiz

In der Schule werden von den Lehrern Noten (von lat. „nota" = Merkmal, Schriftzeichen) vergeben, um die Leistungen von Schülern vergleichbar zu machen. Eine Schulnote ist in der Regel eine Zahl, manchmal wird aber auch eine andere, feststehende sprachliche Form bevorzugt (z. B. *sehr gut* für die Note 1 in Deutschland). Je nach Land und Schulform werden unterschiedliche Notensysteme verwendet. Diese unterscheiden sich in der Notenskala, in den Notenschritten (es werden z. B. auch Kommastellen angegeben) und in der Richtung (entspricht die größere Zahl der besseren oder schlechteren Leistung). Das in Deutschland in der Regel in allen Bundesländern benutzte System hat sechs Stufen: 1 (= sehr gut), 2 (= gut), 3 (= befriedigend), 4 (= ausreichend), 5 (= mangelhaft) und 6 (= ungenügend). Eine Prüfung gilt als bestanden, wenn man eine Note von „sehr gut" bis „ausreichend" bekommt, ansonsten hat man nicht bestanden. In der gymnasialen Oberstufe gibt es in Deutschland ein aufwärts zählendes Punktesystem, das von 0 (= 6 oder ungenügend) bis 15 (= 1+ oder voll sehr gut) reicht, mit dem man eine bessere Vergleichbarkeit der Endnote erreichen möchte. In Österreich existiert ein fünfstufiges Notensystem, wobei auch hier die niedrigste Zahl die beste Note darstellt: 1 (= sehr gut), 2 (= gut), 3 (= befriedigend), 4 (= genügend) und 5 (= ungenügend). In der Schweiz gibt es in den meisten Kantonen die Noten 6 bis 1, aber hier ist die 6 die beste Note und die 1 die schlechteste: 6 (= sehr gut), 5 (= gut), 4 (= genügend), 3 (= ungenügend), 2 (= schlecht) und 1 (= sehr schlecht). Ein weiterer Unterschied zu Deutschland und Österreich ist, dass in der Schweiz im Zeugnis auch halbe Noten zugelassen sind (z. B. 4,5). Die schlechteste Note, die Eins, wird vor allem dann vergeben, wenn Schüler bei Betrugsversuchen (abschreiben) erwischt werden.

Schulleiter
Den Leiter eines Gymnasiums nennt man **Direktor***, der Leiter einer Grund- oder Hauptschule heißt dagegen* **Rektor***. Der* **Konrektor** *ist der Stellvertreter des Rektors an der Schule.*

Verweis
nicht bestanden
~~Schulpflicht~~
Ferien
Buchstabe
Schultüte
Stundenplan
Kindergärtnerin
Schuljahr
Schuljahr
Klassenarbeit
Referat
vortragen
Vorschule
Internat
Einschulung
Zeugnis
Note
Mitschüler
Unterricht
konzentrieren

d. Noch mehr zur Schule. Ergänzen Sie. Achten Sie auf die korrekte Form.

0. In Deutschland besteht eine allgemeine Schulpflicht vom sechsten bis zum 16. Lebensjahr.
1. Ein __________ ist eine Schule, in der die Schüler auch wohnen; sie fahren nur während der __________ nach Hause zu ihren Eltern.
2. Die Schüler sollen in bestimmten Fächern auch ein __________ zu einem vorher abgesprochenen Thema halten, um das mündliche __________ vor der Klasse zu üben.
3. In den Hauptfächern, wie z. B. Deutsch, Mathematik und Englisch, zählen die Noten in den schriftlichen __________ doppelt, die mündlichen Noten dagegen nur einfach.
4. Die __________ ist in vielen Kindergärten im letzten Kindergartenjahr integriert: Die Kinder lernen dort schon __________ schreiben, Formen zeichnen und vieles mehr.
5. Zu einer __________ kann man auch Erzieherin sagen.
6. Während eines __________ gibt es in Deutschland bestimmte Ferienzeiten: an Ostern, im Sommer, im Herbst, an Weihnachten und in Bayern auch an Pfingsten.
7. Wer von einem __________ während einer Klassenarbeit Ergebnisse abschreibt und vom Lehrer erwischt wird, bekommt die Note Sechs.
8. Zum Beginn eines neuen Schuljahres bekommen die Schüler von ihrem Lehrer einen __________, in dem steht, welche Fächer sie an welchen Tagen haben.
9. In Deutschland ist es Sitte, dass die Kinder am Tag ihrer __________ (am ersten Schultag) von ihren Eltern eine __________ bekommen, in die Süßigkeiten, Gutscheine oder schöne zusätzliche Schulmaterialen gepackt wurden.
10. An deutschen Schulen gibt es zweimal im Jahr ein __________, in dem der Leistungsstand der Schüler anhand von __________ festgehalten wird.
11. Wenn ein Schüler im Jahreszeugnis zwei Fünfen oder eine Sechs hat, dann gilt das __________ als __________ __________ und muss wiederholt werden.
12. Während des __________ sollten die Schüler leise sein, damit sie sich auf den Lernstoff __________ können. Wer ständig stört, muss zur Nacharbeit in die Schule kommen oder erhält einen __________.

e Klassenarbeit = *e Schulaufgabe*

abschreiben = *spicken (ugs.)*

e Schulmaterialien *(Pl.)* = *e Schulutensilien (Pl.)*

r Verweis = *ein schriftlicher Tadel, in dem die Eltern von der Schule über das Fehlverhalten ihres Kindes informiert werden*

Schülerin mit Schultüte

Schulmaterialien

2 ______

a. **Ordnen Sie zu und ergänzen Sie den Artikel.**

~~Schere~~ • Heft • Radiergummi • Lineal • Schultasche • Buch • Block
Spitzer • Tafel • Füller • Kreide • Schwamm

der • der • der • der • der • ~~die~~ • die • die • die • das • das • das

0. die Schere

1. ______

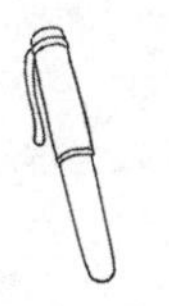

2. ______

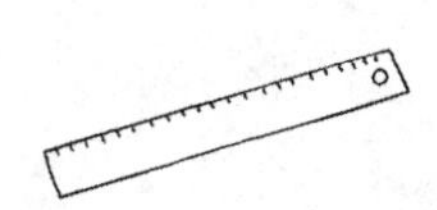

3. ______

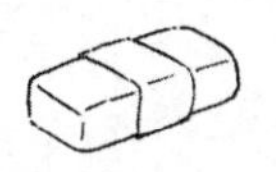

4. ______

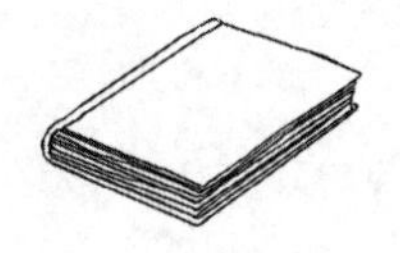

5. ______

6. ______

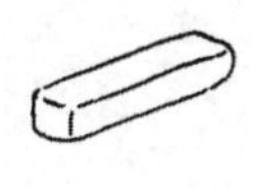

7. ______

8. ______

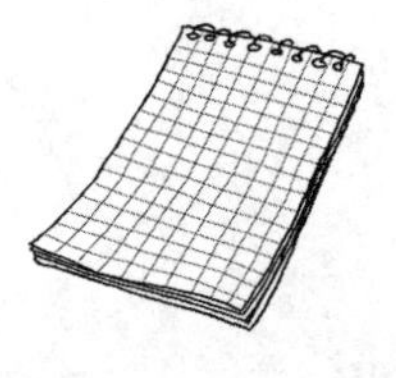

9. ______

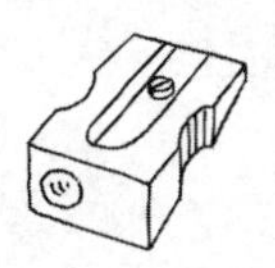

10. ______

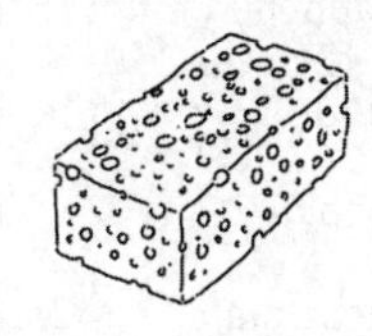

11. ______

b. Mehr Schulsachen. Wie heißen die Wörter? Ergänzen Sie den korrekten Artikel.

0.	*die* Feder	a)	______ Beutel
1.	______ Kugel	b)	______ Pinsel
2.	______ Blei	c)	______ Farbe
3.	______ Tinte	d)	______ Umschlag
4.	______ Schule	e)	______ Schreiber
5.	______ Wasser	f)	______ Tüte
6.	______ Heft	g)	______ Killer
7.	______ Borsten *(Pl.)*	h)	*das* Mäppchen
8.	______ Sport	i)	______ Stift

0.	*h*	*das Federmäppchen*
1.	__	______________________________
2.	__	______________________________
3.	__	______________________________
4.	__	______________________________
5.	__	______________________________
6.	__	______________________________
7.	__	______________________________
8.	__	______________________________

c. Was stimmt nicht?

0.	In einem Federmäppchen sind:	Bleistift – Farbstifte – ~~Tageslichtprojektor~~
1.	Im Sportbeutel sind:	Füller – Sportschuhe – Turnzeug
2.	Auf dem Pult liegen:	Mappe – Block – Tafel
3.	Zum Basteln braucht man:	Klebestift – Rucksack – Schere

Unterrichtsaktivitäten

3

a. Schulalltag. Ergänzen Sie die Verben in der korrekten Form.

0. Ein Vorschulkind sollte sich drei Sachen merken können.
1. In der ersten Klasse lernen die Kinder lesen, ________________ und ____________ bis 10.
2. ______________ du Max noch einmal, wie er den Stift halten soll.
3. In der Grundschule haben wir viel gesungen, gemalt und ________________.
4. Weil Max im Unterricht laut war, musste er zur Strafe einen Text ________________.
5. Wenn ihr nicht ______________, dann bekommt ihr vom Stoff nichts mit!
6. ____________ euch bitte eure Hausaufgaben.
7. Die Lehrerin hat die Aufgaben so schnell vorgelesen, ich konnte gar nicht alles ____________________.
8. Du sollst nicht immer in die Klasse rufen, Moritz. _________ _______, wenn du die Lösung weißt.
9. Jonas, kannst du die Aufgabe selbst __________________? Hier ist die Lösung.
10. Ich ___________________ besonders gerne in der ersten und zweiten Klasse, da sind die Schüler noch sehr wissbegierig und __________ schnell.

unterrichten
korrigieren
mitschreiben
abschreiben
~~merken~~
aufpassen
schreiben
basteln
erklären
rechnen
lernen
notieren
sich melden

b. Nur kein Notendruck! Schreiben Sie die Zahlen in Worten und ergänzen Sie den unbestimmten Artikel in der korrekten Form.

0. In der letzten Mathe-Schulaufgabe hatte ich eine Vier / (A: einen Vierer). (4)
1. Mit _________________ (5) in Physik und ___________________ (6) in Mathematik musst du die Klasse wiederholen.
2. Nachdem ich so viel gelernt habe, würde ich mich über _______________ (1) oder _______________ (2) in Deutsch sehr freuen.
3. Mit _________________ (1) in Latein hätte ich nicht gerechnet; ich hätte _______________ (3) erwartet.

Tipp
In Deutschland sind Zahlen immer weiblich und haben den Artikel **die: die** Eins, **die** Zwei. *In Österreich (und Süddeutschland) dagegen sind Zahlen männlich und haben den Artikel* **der: der** Einser, **der** Zweier.

Die Wurzel aus 25 ist fünf.

~~Drei plus vier ist gleich sieben.~~

Zehn geteilt durch fünf ist gleich zwei.

Vierzig geteilt durch – in der Klammer zwei mal zwei – ist gleich zehn.

Sieben mal zwei ist gleich vierzehn.

Zehn hoch zwei ist gleich einhundert.

Zwölf minus sechs ist gleich sechs.

c. **Im Mathematikunterricht. Was passt zusammen?**

0. $3 + 4 = 7$
Drei plus vier ist gleich sieben.

1. $12 - 6 = 6$

2. $\frac{10}{5} = 2$

3. $7 \cdot 2 = 14$

4. $10^2 = 100$

5. $\sqrt{25} = 5$

6. $\frac{40}{(2 \cdot 2)} = 10$

Mengenangaben
1 Liter (1 l) = 1000 Milliliter (1000 ml)
½ Liter (½ l) = 500 Milliliter (500 ml) / *A:* 5 Deziliter (= 500 Milliliter)
1 Tonne (1 t) = 1000 Kilogramm (1000 kg)
1 Zentner (1 Ztr.) = *D:* 50 Kilogramm / *A/CH:* 100 Kilogramm
1 Kilogramm (1 kg) = 1000 Gramm (1000 g)
½ Kilo (½ kg) = 500 Gramm / ein Pfund (1 Pfd.)

d. Deutschunterricht. Ergänzen Sie.

● Guten Morgen, wir werden heute (0) Grammatik wiederholen, denn wir schreiben bald einen (1) ______.

■ Frau Bauer, ich finde denn Stoff sehr (2) ______, können Sie mir ein paar Wörter (3) ______?

● Ja, bitte stell deine (4) ______, Jonas.

■ Was bedeutet noch mal (5) „______", „feminin" und „neutral"

● Das sind Begriffe für das (6) ______ der Hauptwörter: Sie bedeuten „männlich", (7) „______" und „sächlich".

■ Frau Bauer, ich habe (8) ______, was das Wort „Plural" bedeutet.

● „Plural" ist der lateinische Begriff für (9) ______, Tim, und (10) ______ heißt „Singular". Ihr müsst diese Begriffe sehr gut (11) ______, weil ihr sie für den Test (12) ______ müsst.

■ Was wird denn in dem Test noch (13) ______, Frau Bauer?

beherrschen
abfragen
~~Grammatik~~
erklären
maskulin
Geschlecht
weiblich
Mehrzahl
vergessen
Einzahl
lernen
Frage
schwierig
Test

● Es gibt noch ein kleines (14) ______ und einen Lückentext, in den man die richtigen Wörter (15) ______ muss. Außerdem sollt ihr zu einigen Redewendungen herausfinden, was sie genau (16) ______.

■ (17) ______ wir für das Diktat bitte noch mal die schwierigen Wörter?

● Dafür haben wir heute keine Zeit. Wir müssen heute noch einige (18) ______ zu den Fällen im Deutschen (19) ______.

■ Das haben wir doch schon (20) ______, Frau Bauer!

● Ja, aber wir haben erst den Nominativ, den Akkusativ und den Dativ besprochen, heute (21) ______ wir den Genitiv.

● Oh je, schon wieder so viel Latein!

● Die lateinischen Fremdwörter sind nur am Anfang (22) ______, mit der Zeit wirst du sie wie die deutschen Wörter (23) ______.

● Ich weiß, dass das lateinische Wort für (24) „______" Kasus ist.

● Das ist (25) ______. Wer weiß, was „Genitiv" auf Deutsch (26) ______?

▲ Das ist der Wessen-Fall, Frau Bauer.

● Gut Maria, dann (27) ______ jetzt eure Hefte ______, wir schreiben ...

verwenden
heißen
aufschlagen
schwer
Diktat
einfügen
richtig
bedeuten
üben
aufschreiben
durchnehmen
besprechen
Fall
Regel

r Test = *e Probe*

e. Welches Verb passt?

0. die Frage fragen
1. die Übung ____________________
2. die Verbesserung ____________________
3. der Unterricht ____________________
4. die Prüfung ____________________
5. die Übersetzung ____________________
6. die Erklärung ____________________
7. die Korrektur ____________________
8. die Lösung ____________________
9. die Aufgabe ____________________
10. die Zusammenfassung ____________________
11. die Besprechung ____________________
12. die Wiederholung ____________________
13. die Begründung ____________________

Religionsunterricht
An deutschen Schulen ist Religionsunterricht in allen Schularten bis zum Schulabschluss verpflichtend. Die Schüler besuchen entsprechend ihrer Konfession entweder den Unterricht in katholischer bzw. evangelischer Religion. Andersgläubige Schüler bzw. Schüler, deren Eltern aus der Kirche ausgetreten sind, nehmen stattdessen verpflichtend am Ethik-Unterricht teil. Diskutiert wird auch die Einführung von Islam-Unterricht an deutschen Schulen.

Anschaffung von Schulmaterialien
In Deutschland müssen Schüler für den Besuch einer öffentlichen, d. h. staatlichen oder städtischen Schule nichts bezahlen. Teuer ist aber das Anschaffen der Unterrichtsmaterialien für jedes neue Schuljahr. Auch hier ist es sehr unterschiedlich, wie die einzelnen Bundesländer mit diesem Problem umgehen: In Rheinland-Pfalz werden z. B. Gutscheine für den Kauf von Büchern für Eltern ausgegeben, die ein niedriges Einkommen haben, in anderen Ländern kann man sich die Bücher gegen Gebühr von der Schule leihen. In Bayern und Baden-Württemberg herrscht weitgehende Lehrmittelfreiheit, d. h. den Schülern werden für das jeweilige Schuljahr kostenlos Schulbücher von der Schule bereitgestellt. Selbst gekauft werden müssen Arbeitshefte zu den Schulbüchern, Hefte, Stifte, Blöcke, Taschenrechner usw. Für die in der Schule verteilten Arbeitsblätter wird zu Beginn eines Schuljahres Kopiergeld eingesammelt (ca. 12 - 15 Euro).

Unterrichtsfächer

4 ____________

a. Wie heißen die Fächer?

0. Die Schüler rechnen viele Aufgaben: Mathematik
1. Man lernt die Sprache von England und Nordamerika: ____________
2. Die Schüler erhalten Informationen über Länder und Städte: ____________
3. Man erklärt die Gesetze der Natur: ____________
4. Im Unterricht spricht man über Menschen, Tiere und Pflanzen: ____________
5. Man lernt etwas über die Vergangenheit: ____________
6. Man lernt eine Sprache, die früher in Rom gesprochen wurde: ____________
7. In diesem Fach geht es um die Zusammensetzung von Stoffen: ____________
8. Hier lernt man etwas über die Bibel und das Leben von Jesus: ____________

RE · MIE · GION · LA · LO
~~MA~~ · SCHICH · ~~THE~~
SIK · PHY · ~~MA~~ · PHIE
~~TIK~~ · ENG · GEO · GIE
LISCH · GRA · BIO · GE
TE · TEIN · CHE · LI

e Geographie = *e Erdkunde*

Unterrichtsfächer

In Deutschland sind die Unterrichtsfächer in allen weiterführenden Schulen in Haupt- und Nebenfächer eingeteilt. Zu den Hauptfächern gehören Mathematik, Deutsch und die Fremdsprachen (Hauptschule und Realschule: Englisch; Gymnasium: mindestens zwei Fremdsprachen, z. B. Englisch und Latein/Französisch oder Spanisch, Griechisch etc.). In diesen Fächern hat man drei bis vier Unterrichtsstunden pro Woche. Zu den Nebenfächern zählen: Biologie, Physik, Chemie, Erdkunde, Sozialkunde, Wirtschaft und Recht, Religion, Kunst, Musik und Sport. Diese Fächer hat man nur zweistündig. Für alle Fächer existiert ein detaillierter Lehrplan, nach dem die Lehrer ihren Unterricht gestalten. Auch Schulbücher unterliegen der Aufsicht des Kultusministeriums, d. h., sie müssen zugelassen werden, bevor man sie im Unterricht einsetzen darf.

Fremdwortschreibung

Der weitaus größte Teil der Fremdwörter ist – auch nach der Rechtschreibreform 2006 – (noch) nicht an die deutsche Schreibung angeglichen. Werden Fremdwörter eingedeutscht, dann ist sowohl die eingedeutschte (integrierte) Schreibung als auch die nicht eingedeutschte korrekt.

So können die aus dem Griechischen stammenden Wortbestandteile *phon, phot* und *graph* grundsätzlich auch *fon, fot* und *graf* geschrieben werden: *Fotograph – Fotograf, Saxophon – Saxofon, Biographie – Biografie.*

In Fällen, in denen es diese Schreibvarianten gibt, sind beide Schreibweisen völlig gleichberechtigt: *Geografie – Geographie.*

Folgende Wörter werden allerdings ausschließlich nach der eingedeutschten Schreibweise mit *f* geschrieben: *Telefon – telefonieren – fotografieren.*

5 Sprachen lernen

a. Im Deutschkurs. Wie heißen die Wörter?

0. ● Kennen Sie einen anderen (ckdruAus) Ausdruck für Antonym?
   ■ Ja, das Gegenteil.
1. ● Können Sie das Wort Mythos (biechbustaren) ____________________?
   ■ eM Ypsilon Te Ha O eS.
2. Bei einer Frage sollten Sie am Ende die (meimSt) __________ anheben.
3. Sie müssen genau (enzuhör) ____________, wie das Wort ausgesprochen wird.
4. Es gibt in der deutschen Grammatik viele Regeln, aber noch mehr (naAushmen) _______________.
5. Sie können für diese Übung das (tcherWörbu) ________________ benutzen.
6. Schauen Sie sich die Lösung noch mal an, Sie haben hier einen (lerFeh) __________ gemacht.
7. Ich bin mit der (urrektKor) ______________ ihres Tests noch nicht fertig.
8. Bis zur nächsten Deutschstunde sollten Sie die (abkelnVo) _____________ aus Lektion 5 lernen.

b. Sprachbeherrschung. Was passt nicht?

0. Sie spricht ... Deutsch.
   perfekt – ~~fast~~ – hervorragend
1. Sie kann nur ... Deutsch.
   sehr gut – etwas – ein bisschen
2. Das ...
   habe ich vergessen. – fällt mir nicht ein. – geht mir gut.
3. Paul ... die neuen Vokabeln.
   beherrscht – kann – bedeutet
4. Ich finde die deutsche Grammatik ...
   gemein. – einfach. – leicht.
5. Die Lösung ist ...
   gelöst. – nicht richtig. – falsch.
6. Sie spricht Französisch ...
   mit Akzent. – ohne Akzent. – gut.
7. Sie müssen etwas lauter ...
   sprechen. – reden. – meinen.

c. Im Büro der Volkshochschule. Ergänzen Sie. Achten Sie auf die korrekte Form.

- ● Guten Tag, mein Name ist Schnall, ich möchte mich für einen Englischkurs (0) anmelden.
- ■ Guten Tag Herr Schnall. Können Sie denn schon Englisch oder sind Sie (1) ______________?
- ● Ich habe ganz gute Schulkenntnisse, die ich (2) ______________ möchte.
- ■ Brauchen Sie die englische Sprache (3) ______________ oder privat?
- ● Vor allem beruflich. Wir haben immer mehr (4) ______________ zu Firmen aus dem Ausland, mit denen wir vor allem auf Englisch (5) ______________.
- ■ Dann sind Sie bei uns richtig: Wir bieten (6) ________ in „Business English" an.
- ● Wenn ich den Kurs erfolgreich (7) ______________ habe, bekomme ich dann ein (8) ______________?
- ■ Selbstverständlich. Ich würde vorschlagen, Sie machen zuerst unseren (9) ______________ Einstufungstest, damit wir sehen, für welches (10) __________ ich Sie (11) ______________ kann.
- ● Für welche (12) __________ bieten Sie denn Geschäftsenglisch an?
- ■ Unsere Kurse beginnen bei A2, das sind fortgeschrittene Anfänger. Dann gibt es Kurse für B1 und B2, das ist bereits (13) ______________ und C1, das ist für (14) ______________.
- ● Wann kann ich den Test machen?

Mittelstufe
~~anmelden~~
kostenlos
Anfänger
beruflich
Kontakt
Kurs
absolvieren
Niveau
kommunizieren
einschreiben
Fortgeschrittene (*Pl.*)
erweitern
Zertifikat
Stufen

Volkshochschulen 1

Volkshochschulen sind gemeinnützige Einrichtungen zur Erwachsenenbildung. Sie sind keine „Hochschulen" im eigentlichen Sinn, sondern gehören im Bildungsbereich zu den Institutionen, die für Weiterbildung zuständig sind. Finanziert werden sie u. a. über Zuschüsse des Landes, der Gemeinden und aus Teilnehmergebühren, aber auch aus Spenden und Fördergeldern der EU. Da Volkshochschulen sich nur z. T. aus den Gebühren finanzieren, die die Teilnehmer zahlen, und keinen Gewinn erzielen müssen, können sie ihre Kurse vergleichsweise günstig anbieten. Sie sind somit auch für einkommensschwächere Bevölkerungsgruppen zugänglich. Das Kursangebot umfasst Lehrveranstaltungen, die von einer Woche bis zu 15 Wochen dauern können. Viele Kurse werden für berufstätige Teilnehmer angeboten, andere wiederum für Arbeitslose, Hausfrauen oder Rentner. Die Kurse finden daher, je nach Zielgruppe, vormittags, abends oder als Blockseminar am Wochenende statt.

Gebühren (Pl.)
Online-Test
Passwort
Testergebnis
Liste
abends
wöchentlich
Ergebnis
Einstufungstest
Blockseminar
insgesamt
umfassen
besuchen
Weiterbildung
Anmeldeformular

■ Es handelt sich um einen (15) ____________, den Sie jederzeit zu Hause machen können. Sie bekommen von mir nach der Anmeldung ein (16) ____________ dafür. Wir werten den Test innerhalb von zwei Tagen aus und Sie bekommen das (17) ____________ per Mail. Aufgrund der (18) ____________ schicke ich Ihnen eine (19) ____________ mit geeigneten Kursen.

● Ich kann aber nur donnerstags und freitags (20) ____________ oder am Wochenende.

■ Das ist kein Problem. Wir bieten auch (21) ____________ Kurse an oder (22) ____________ am Wochenende.

● Sehr gut. Welche (23) ____________ fallen für die Kurse an?

■ Ein wöchentlicher Kurs mit (24) ____________ 30 Stunden kostet 250 Euro; die Wochenendkurse (25) ____________ nur 14 Stunden und sind entsprechend billiger.

● Ich würde gerne einen wöchentlichen Kurs (26) ____________. Mein Arbeitgeber übernimmt die Kosten teilweise, weil bei uns Sprachkurse als (27) ____________ gefördert werden.

■ Gut, Herr Schnall. Füllen Sie bitte das (28) ____________ hier aus. Sie bekommen dann sofort Ihr Passwort für den (29) ____________.

Volkshochschulen 2

Größere Volkshochschulen bieten ein breites Spektrum an Weiterbildungsmöglichkeiten an, z. B. zu den Themen Politik, Sprachen (Alphabetisierung, Deutsch für Migranten, Fremdsprachen), EDV, Gesundheit, Kultur und Kreatives Gestalten. Man kann dort auch bestimmte Schulabschlüsse nachholen (Hauptschulabschluss, mittlere Reife, Abitur). In Deutschland gibt es im Moment über 1500, in Österreich landesweit 272 solcher Bildungseinrichtungen, die von vielen Menschen besucht werden.

d. Sprache. Wie heißen die Wörter? Ergänzen Sie den bestimmten Artikel.

0. Die feste Reihenfolge der Buchstaben einer Sprache: das Alphabet
1. Der kleinste grafische Bestandteil eines Wortes: ______
2. Kleinste akustische Einheit der Sprache: ______
3. Ein Ausdruck oder Satz, der so oft benutzt wird, dass er in seiner Bedeutung verblasst ist: ______
4. Ein anderes Wort für *Alphabet*: ______
5. Jemand, der zwei Sprachen spricht, ist: ______
6. Jemand, der mehrere Sprachen spricht, ist: ______
7. Die Sprache, die man als Kind gelernt hat: ______
8. Ein anderes Wort für *Mundart*: ______
9. Verständigung, die vor allem über Sprache stattfindet: ______

mehrsprachig
Dialekt
Kommunikation
Muttersprache
Abc
Buchstabe
~~Alphabet~~
Laut
Phrase
zweisprachig

Prüfungen

6 ______

a. Was sagt die Kursleiterin? Ergänzen Sie.

0. Wenn Sie 60 Prozent der Punkte erreichen, haben Sie den Test bestanden.
1. Sie erfahren das ______ Ihrer Prüfung in zwei Tagen.
2. Ich bin mir sicher, Sie werden die Prüfung ______.
3. Ich kann Ihre Aufgaben nicht ______, wenn ich Ihre Schrift nicht lesen kann.
4. 50 Prozent der Kursteilnehmer haben die Prüfung ______.
5. Sind Sie auf die Prüfung gut ______?
6. Bei den Tests fallen ______ 20 Prozent der Teilnehmer durch.
7. Sie bekommen auf den Test eine ______.
8. Nach der bestandenen Prüfung erhalten Sie ein ______.

Note
vorbereitet
bestanden
~~erreichen~~
Resultat
durchschnittlich
Zertifikat
schaffen
bewerten

s Resultat = *s Ergebnis*

schaffen = *bestehen*

b. Fragen vor der Prüfung. Schreiben Sie Sätze.

0. Können Sie mir die Wechselpräpositionen noch mal erklären?
   könnensiemirdiewechselpräpositionennochmalerklären?

1. ______________________________
   könnenwirdentestwiederholen?

2. ______________________________
   istdieprüfungnurschriftlichoderauchmündlich?

3. ______________________________
   wiekannichmichambestenaufdieprüfungvorbereiten?

4. ______________________________
   habensienochweitereübungenzumperfekt?

5. ______________________________
   findeichzurgrammatikübungenimintemet?

6. ______________________________
   könnensieunstippszurprüfungsvorbereitunggeben?

Studieren in Deutschland

In Deutschland sind die Universitäten und Hochschulen mehrheitlich staatlich organisiert, es gibt aber mittlerweile auch eine Reihe von Privathochschulen, die z. T. sehr hohe Studiengebühren verlangen. Bis zum Sommersemester 2007 war das Studieren an staatlichen Universitäten kostenlos, seit dieser Zeit müssen die Studenten in einigen Bundesländern Studiengebühren von ca. 500 Euro pro Semester zahlen, z. B. in Bayern, Baden-Württemberg und im Saarland. Im Rahmen des sog. „Bologna-Prozesses", der die Vergleichbarkeit von Studienabschlüssen auf internationaler Ebene zum Ziel hat, wurden fast überall in Deutschland die früheren Abschlüsse Magister und Diplom abgeschafft und durch die Abschlüsse Bachelor und Master ersetzt. Eine Voraussetzung dafür, Leistungen an der Universität vergleichbar zu machen, war auch im deutschen Hochschulwesen die Einführung eines Punktesystem (ECTS = European Credit Transfer System), d. h., man erhält für jede erbrachte Leistung eine bestimmte Punktezahl. Ein Bachelor-Studium an deutschen Universitäten sollte sechs Semester dauern, in denen die Studenten 180 ETCS sammeln müssen, für das anschließende Master-Studium darf man noch vier Semester benötigen und muss weitere 120 Punkte erbringen. Nach Abschluss des Master-Studiums ist es möglich, eine Promotion anzuschließen. Für den Promotionsstudiengang existiert zwar keine ETCS-Vorgabe, man nimmt aber an, dass ein Promovend 4 bis 5 Jahre in Vollzeit benötigt, bis er seinen Doktortitel erworben hat. Die Reform des deutschen Hochschulwesens steht immer noch in der Kritik: Kritisiert wird u. a. eine deutliche Verschulung der Studiengänge und die Tatsache, dass die Studenten durch die vorgegebenen Lerninhalte und die straffe Studienorganisation fast keine Möglichkeit mehr haben, eigene Interessensschwerpunkte zu entwickeln.

Universität

7

a. Universität. Wie heißen die Wörter? Ergänzen Sie den bestimmten Artikel.

~~TÄT~~ • ~~UNI~~ • ~~VER~~ • FA • STU • DO • SE • ~~SI~~ • TER • EXA • SUR • MO • IM
MA • KU • LA • STU • DOK • MEN • KUL • TION • DIUM • TRI • BIB • DENT
LIO • THEK • TOR • PRO • ZENT • MES • KLAU • TION • TÄT

0. Anderes Wort für *Hochschule*: die Universität
1. Abteilung an der Universität ____________
2. Akademische Ausbildung an der Universität: ____________
3. Anderes Wort für *Hochschullehrer*: ____________
4. Studienhalbjahr an einer Hochschule: ____________
5. Lateinisches Wort für *Abschlussprüfung*: ____________
6. Das Nomen zu *promovieren*: ____________
7. Einschreibung an einer Universität: ____________
8. Anderes Wort für *Hochschüler*: ____________
9. Akademischer Titel mit der Abkürzung *Dr.*: ____________
10. Wissenschaftliche Bücherei: ____________
11. Prüfung an der Universität: ____________

Artikel bei Fremdwörtern

Fremdwörter mit der Endung ***-ent*** haben in der Regel den Artikel ***der***, wenn sie männliche Personen bezeichnen: ***der Student, der Dozent*** (weibliche Formen: *die Studentin, die Dozentin*)

Fremdwörter mit der Endung ***-or*** haben in der Regel den Artikel ***der***:
der Doktor, der Professor (weibliche Formen: *die Doktorin, die Professorin*)
Aber: *das Labor*

Fremdwörter mit der Endung ***-thek*** haben immer den Artikel ***die***:
die Bibliothek, die Mediothek, die Videothek

Fremdwörter mit der Endung ***-tion*** haben immer den Artikel ***die***:
die Promotion, die Immatrikulation, die Nation, die Konversation

Fremdwörter mit der Endung ***-ät*** haben immer den Artikel ***die***:
die Universität, die Fakultät, die Qualität

Fremdwörter mit der Endung ***-ur*** haben in der Regel den Artikel ***die***:
die Klausur, die Frisur, die Figur
Aber: *das Abitur*

Fremdwörter mit der Endung ***-um*** haben in der Regel den Artikel ***das***:
das Praktikum, das Studium, das Datum
Aber: *der Konsum*

b. Im Seminar. Ergänzen Sie. Achten Sie bei Verben auf die korrekte Form.

Hörsaal
Studium
Abschlüsse *(Pl.)*
Magisterstudiengang
Hochschule
Problem
Nebenfach
Hauptfach
Vorlesung
Klausur
~~Seminar~~
Dozent
studieren
Studenten *(Pl.)*
Master
Universität
Semester
Bachelor
Magister
Studiengebühren *(Pl.)*
Thema
Bibliothek
Angebot
kosten
Sprachenschule
Prüfung
Aufbau

● Hallo, ich bin Samuel, ich bin neu im (0) Seminar.

■ Hallo Samuel, ich heiße Cori. Findest du auch, dass der (1) ____________ immer so schnell spricht, dass man ihn kaum versteht?

● Ja, für mich ist das ein (2) ____________. Ich komme aus England und mein Deutsch ist nicht perfekt. Außerdem ist die Akustik in diesem (3) ____________ schlecht. Was (4) ____________ du noch außer Politik?

■ Mein (5) ____________ ist Politik und mein Nebenfach ist Soziologie. Für welches (6) ____________ bist du eingeschrieben?

● Für Linguistik. Besuchst du auch die (7) ____________ von Professor Neumann?

■ Ja, die ist für das dritte (8) ____________ verpflichtend. Ich finde den Stoff sehr schwer und habe jetzt schon Angst vor der (9) ____________, die man am Semesterende schreiben muss.

● Ich finde das (10) ____________ „Chinesische Außenpolitik" sehr spannend. Wenn du willst, können wir uns mal in der (11) ____________ treffen und zusammen lernen.

■ Danke für das (12) ____________. Seit wann studierst du in Deutschland?

● Ich war erst zwei Jahre in Deutschland, um zu arbeiten und an einer (13) ____________ Deutsch zu lernen. Dann habe ich ein Semester an der (14) ____________ in Berlin studiert, seit zwei Semestern bin ich in München.

■ Willst du nur den (15) ____________ hier machen?

● Bis ich meine Bachelor-Arbeit geschrieben habe, bleibe ich sicher hier. Für den (16) ____________ wechsle ich vielleicht noch mal die (17) ____________, mal sehen.

■ Ich hätte lieber auf (18) ____________ studiert, aber das ist ja fast nirgends in Deutschland mehr möglich. Überall haben sie auf die neuen (19) ____________ umgestellt. Der (20) ____________-____________ war nicht so stark geregelt, man hatte mehr Freiheit und mehr Semester Zeit, bis man die (21) ____________ machen musste.

● Mir gefällt der (22) ____________ des Studiengangs so ganz gut, man ist schneller mit dem (23) ____________ fertig und vertrödelt nicht so viel Zeit. Außerdem (24) ____________ das Studieren in Deutschland viel weniger als in England.

■ Bis vor Kurzem hat es in Deutschland gar nichts gekostet. Die (25) ____________ sind immer noch in der Diskussion, viele (26) ____________ lehnen sie ab.

● Die sollten mal in England studieren ...!

c. **Welches Studium braucht man für welchen Beruf? Ordnen Sie zu.**

0. Veterinärmedizin
1. Germanistik
2. Jura
3. Theologie
4. Lehramt für Gymnasien
5. Maschinenbau
6. Medizin
7. Deutsch als Fremdsprache

a. ~~a.~~ Tierarzt
b. Arzt
c. Gymnasiallehrer/in
d. Sprachlehrerin
e. Rechtsanwalt
f. Redakteur
g. Ingenieur
h. Pfarrer/Priester

0.	1.	2.	3.	4.	5.	6.	7.
a							

Redewendungen: *Wort, Rede, Sprache* 8

a. **Ordnen Sie zu.**

0. jemandem verschlägt es die Sprache [a]
1. nicht der Rede wert sein [ ]
2. von etwas kann keine Rede sein [ ]
3. mit sich reden lassen [ ]
4. Wort halten [ ]
5. jemandem das Wort im Mund (her)umdrehen [ ]
6. jemanden beim Wort nehmen [ ]
7. ein gutes Wort für jemanden einlegen [ ]
8. jemandem Rede und Antwort stehen [ ]

~~a.~~ jemand findet vor Überraschung keine Worte
b. etwas ist völlig ausgeschlossen
c. sein Versprechen halten
d. sich zum Fürsprecher für jemanden machen
e. unwichtig/unwesentlich sein, nichts Besonderes sein
f. sich auf die Aussage von jemandem verlassen
g. die Aussage von jemandem ins Gegenteil verkehren
h. jemandem Rechenschaft geben
i. zu Zugeständnissen bereit sein

b. Welche Redewendungen aus *a.* passen?

0. Als ich gesehen habe, dass in dem Seminar 50 Studenten saßen, (*habe ich vor Überraschung keine Worte gefunden*) hat es mir die Sprache verschlagen.

1. Peter hat (*sein Versprechen gehalten*) ____________________ und mir bei der Vorbereitung auf den Grammatiktest geholfen.

2. Ich werde mit dem Studium auf keinen Fall aufhören. (*Das ist völlig ausgeschlossen.*) ____________________

3. Mit Manuel kann man überhaupt nicht diskutieren. (*Er verkehrt immer alle Aussagen ins Gegenteil.*) ____________________ ____________________

4. Du musst dich nicht dauernd dafür bedanken, dass ich dir geholfen habe. (*Das ist nichts Besonderes.*) ____________________

5. Wenn wir für die Mathe-Schulaufgabe lernen müssen, werde ich (*mich auf dein Aussage verlassen*) ____________________ und mir den Stoff von dir erklären lassen.

6. Ich bin auf den Test nicht gut vorbereitet. Vielleicht (*ist die Kursleiterin ja zu Zugeständnissen bereit*) ____________________ ____________________ und verschiebt den Test auf morgen.

7. Ich habe den Anmeldetermin für das Seminar verpasst. Kannst du zur Dozentin gehen und (*dich zu meinem Fürsprecher machen*) ____________________ ____________________, damit ich doch noch teilnehmen kann?

8. Martin, du hast schon wieder ständig den Unterricht gestört. Heute nach dem Unterricht wirst du zum Direktor gehen und dort (*Rechenschaft ablegen*) ____________________ ____________________.

ARBEIT UND BERUF

1 Berufsbezeichnungen

a. Berufe für Männer. Ordnen Sie zu und ergänzen Sie den bestimmten Artikel.

Friseur
Lehrer
Kellner
Polizist
Verkäufer
Bäcker
Gärtner
~~Hausmann~~
Maler
Automechaniker
Landwirt
Bauarbeiter

r Landwirt / e Landwirtin = *r Bauer / e Bäuerin*

0. der Hausmann

1. ____________________

2. ____________________

3. ____________________

4. ____________________

5. ____________________

6. ____________________

7. ____________________

8. ____________________

9. ____________________

10. ____________________

11. ____________________

b. Berufe für Frauen. Ordnen Sie zu und ergänzen Sie den bestimmten Artikel.

Architektin
Sekretärin
Konditorin
Busfahrerin
~~Hausfrau~~
Ärztin
Kassiererin
Richterin
Köchin
Polizistin
(*A:* Gendarmin)
Tierärztin
Stewardess

0. die Hausfrau

1. ______________________

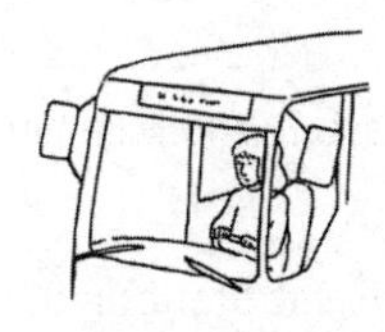

2. ______________________

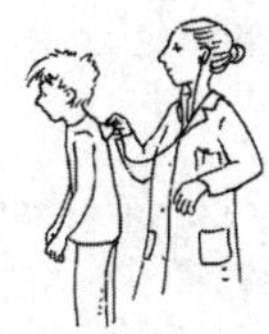

3. ______________________

4. ______________________

5. ______________________

6. ______________________

7. ______________________

8. ______________________

9. ______________________

10. ______________________

11. ______________________

c. Wer macht diese Arbeit? Finden Sie die Begriffe und ergänzen Sie den unbestimmten Artikel.

0. Ein Elektriker verlegt Kabel im Haus und sorgt dafür, dass die Menschen Strom haben. (kerelEktri)
1. ______________________ arbeitet bei einem Arzt in der Praxis und misst z. B. den Blutdruck. (tinArzferhel)
2. ______________________ löscht Brände und rettet Unfallopfer aus Fahrzeugen. (annmehrwerFeu)
3. ______________________ arbeitet in einem Kindergarten und kümmert sich dort um kleine Kinder. (herzieErin)
4. ______________________ macht Büros sauber: Sie wischt Staub und putzt die Böden. (gerpfleRaumin)
5. ______________________ besitzt ein eigenes Geschäft, z. B. einen Schönheitssalon oder einen Partyservice. (auschäftsfrGe)
6. ______________________ ist ein Experte oder Handwerker in den Bereichen Mechanik, Elektrik oder Elektronik. (echerTnik)
7. ______________________ pflegt und verschönert ihre Kunden. (inmeKostiker)
8. ______________________ knetet und massiert bei seinen Kunden die Muskeln mit den Händen. (urssMae)
9. ______________________ verlegt und repariert z. B. Wasserleitung oder Rohre. (aInllstateur)
10. ______________________ stellt jeden Tag Briefe und Postkarten zu. (boPsttino)
11. ______________________ stellt beruflich Möbel oder Türen aus Holz her. (reiSchner)
12. ______________________ fertigt Schuhe an und repariert sie auch. (sterSuch)
13. ______________________ stellt aus Stoff Kleider, Röcke, Blusen usw. her. (eirindeSchn)

r Schreiner = *r Tischler*

r Schuhmacher = *r Schuster*

Tipp

Weibliche Berufsbezeichnungen = oft die männliche Form + *-in*.

Aber:

die Hausfrau – der Hausmann
der Angestellte – die Angestellte
der Kaufmann – die Kauffrau
der Steward – die Stewardess

Arbeitsplätze

2 ____________

a. Berufe und Betriebe. Ergänzen Sie mit dem bestimmten Artikel.

0. der Schneider - die Schneiderei
1. der Gärtner - ____________
2. der Konditor - ____________
3. der Bäcker - ____________
4. der Fleischer - ____________
5. der Schlosser - ____________
6. der Bierbrauer - ____________

r Fleischer = *r Metzger; A: r Fleischhauer*

r Schlosser = *jemand, der beruflich aus Metall Werkzeuge herstellt und sie auch repariert*

b. Arbeitsbereiche. Wie heißen die Wörter?

0. Seit ich meinen Arbeitsplatz verloren habe, bin ich auf Stellensuche.
1. Peter hat den B________ seiner Eltern geerbt. Es ist eine kleine Schreinerei.
2. Ich lasse mein Auto immer in einer kleinen W__________ reparieren.
3. Die F______ Siemens hat ihren Hauptsitz in München.
4. In dieser Fa______ in München werden Autos hergestellt.
5. Meine Freundin arbeitet als Bürokraft in der R______________.
6. Der Autokonzern Volvo möchte ein neues W_____ in Polen bauen.
7. Ich wechsle in unserer Firma die A__________: von der Buchhaltung zum Personalwesen.
8. In unserem B_____ wird ein neues Computersystem installiert.
9. Sie können Hefte und Stifte in dem Schreibwareng__________ um die Ecke bekommen.

~~Arbeitsplatz~~
Betrieb
Werkstatt
Firma
Fabrik
Büro
Werk
Reisebranche
Abteilung
-geschäft

Geschäft, geschäftig, geschäftlich

Das Nomen *Geschäft* wird in unterschiedlichen Bedeutungen verwendet. Es ist einmal gleichbedeutend mit *Handel*, also dem Kaufen/Verkaufen von Waren oder Leistungen mit dem Ziel, einen Gewinn zu machen: *Die Geschäfte gehen gut.*
Außerdem wird es als Synonym für *Laden* benutzt: ein *Blumengeschäft*, ein *Schuhgeschäft*.
Weiterhin wird *Geschäft* auch in der gleichen Bedeutung wie *Betrieb* bzw. *Unternehmen* verwendet: *Er übernahm das Geschäft von seinem Vater.*
Zudem gibt es *Geschäfte (nur im Plural)* als Synonym für Aufgaben, die jemand beruflich regelmäßig erfüllen muss: *Peter muss wegen dringender Geschäfte ins Ausland.*
Das Adjektiv *geschäftlich* bedeutet, dass etwas in Bezug auf ein Geschäft geschieht. Es wird häufig als Gegensatz zu privat benutzt: *Das war kein privates Essen, das war rein geschäftlich.*
Geschäftig wiederum heißt, dass man so sehr beschäftigt und in Eile ist, dass man keine Zeit für andere Dinge hat: *Frau Dietz lief geschäftig im Büro hin und her.*

3 Rund um den Beruf

a. Welcher Begriff passt?

~~Arbeit~~
Beruf
Dienst
Job
Posten

0. Arbeit: körperliche oder geistige Tätigkeit; berufliche Tätigkeit
1. __________: gleichbedeutend mit Stelle
2. __________: Tätigkeit, mit der jemand sein Geld verdient
3. __________: Arbeitsverhältnis von Beamten
4. __________: eine zeitlich begrenzte Beschäftigung zum Geldverdienen

b. Wer ist was von Beruf? Ergänzen Sie.

Personalbüro
~~Hotelgewerbe~~
Einstellung
Karriere
Rezeption

1. Frau Bergmann ist seit mehr als 20 Jahren im Hotelgewerbe tätig. Sie hat dort __________ gemacht. Angefangen hat sie als Empfangsdame an der __________. Heute leitet sie das __________ und ist für die __________ neuer Mitarbeiter zuständig.

angestellt
Position
Angestellter
Weiterbildung
Leitung

2. Herr Schuster arbeitet heute als kaufmännischer __________ im Großhandel. Er hat sich seine __________ durch ständige __________ im eigenen Betrieb erarbeitet. Die Firma, bei der er __________ ist, handelt mit Elektroteilen für die Automobilbranche. Herr Schuster hat die __________ des Exports der Produkte nach Asien übernommen.

Besprechungen (Pl.)
Organisation
Stellung
Aufgaben (Pl.)

3. Frau Seydou hat eine sehr gute __________ als Chefsekretärin bei einem Manager. Zu ihren __________ gehören: die __________ von Sitzungen und __________, das Führen des Terminkalenders und Telefondienst.

Tagung
Projekt
Mitarbeiterin
Forschung
Lehre

4. Frau Dr. Gensheimer ist Linguistin und ist als wissenschaftliche __________ an der Universität in Freiburg beschäftigt. Sie ist dort einerseits für die __________ zuständig und hält Seminare ab. Andererseits ist sie auch in der __________ tätig und arbeitet bei einem __________ mit, bei dem die Sprachentwicklung von Kleinkindern erforscht wird. Zu diesem Thema organisiert sie auch eine __________ in Freiburg.

5. Herr Milovanovic ist Grafiker und hatte früher eine ______ bei einem Design-Büro. Nach ein paar Jahren hat er sich ______ gemacht und arbeitet heute als ______. Er ist Spezialist für die ______ neuer Computerspiele und verdient damit sehr gut. Probleme hat er nur damit, dass er jetzt selbst über Einnahmen und Ausgaben ______ ______ muss, weil er niemanden für die ______ einstellen möchte.

   Buch führen
   Entwicklung
   Buchhaltung
   Anstellung
   Freiberufler
   selbstständig

6. Herr Carsen ist Ingenieur und arbeitet in einem ______, das Antriebsmotoren herstellt, im ______ Entwicklung und Service. Er hat gute Englischkenntnisse und ______ mit Firmen weltweit, wenn es um Ersatzteile oder Reparaturen der firmeneigenen ______ geht. Bald wird er seine jetzige Stellung aufgeben, um in die ______ zu wechseln.

   Produkte *(Pl.)*
   Bereich
   Unternehmen
   Geschäftsführung
   verhandelt

7. Frau Danner arbeitet seit zwanzig Jahren im ______. Sie war nach ihrer Ausbildung erst ______ im öffentlichen Dienst. Nach ein paar Jahren wurde sie ______. Als ______ hat man in Deutschland viele Vorteile, man muss z. B. keine Beiträge zur Rentenversicherung bezahlen, sondern bekommt vom Staat ______.

   Pension
   Angestellte
   Beamtin
   verbeamtet
   Staatsdienst

8. Peter Kleber sucht seit sechs Monaten eine ______ als Maler. Er hat große Pläne für die Zukunft: Zuerst will er seine ______ machen. Wenn er dann ______ ist, möchte er sich zum ______ weiterbilden. Mit einer bestandenen ______ kann er dann einen eigenen ______ gründen.

   Betrieb
   Meisterprüfung
   Geselle
   Lehrstelle
   Lehre
   Meister

Tipp

Bei allgemeinen Angaben zum Beruf steht nach den Verben ***sein*** und ***werden*** und nach ***als*** kein Artikel *(= Nullartikel):*
Ich bin Arzt.
Mein Sohn wird Ingenieur.
Er arbeitet als Lehrer.

Achtung: Nullartikel nur bei Nomen ohne Adjektiv oder Attribut, ansonsten unbestimmter oder bestimmter Artikel:
*Er ist **ein** guter Arzt.*
*Er ist **der** beste Arzt in der Stadt.*
*Er ist **der** Arzt meines Nachbarn.*

c. **Wie ist deine neue Arbeit? Ergänzen Sie das Gegenteil.**

0. Ich verdiene *gut*. ↔ Ich verdiene (chschlet) schlecht.
1. Meine Arbeit ist *leicht*. ↔ Meine Arbeit ist (wscher) ______.
2. Mein neuer Job ist *langweilig*. ↔ Mein neuer Job ist (essinrantte) ______.
3. Das Arbeitsklima ist *angenehm*. ↔ Das Arbeitsklima ist (annehmgeun) ______.
4. Ich habe *viel* Verantwortung. ↔ Ich habe (igwen) ______ Verantwortung.
5. Ich muss viel *körperlich* arbeiten. ↔ Ich muss viel (iggeist) ______ arbeiten.
6. Mein Job ist *ungefährlich*. ↔ Mein Job ist (lichfährge) ______.
7. Meine Stelle ist *unterbezahlt*. ↔ Meine Stelle ist (beerzahltüb) ______.

die Rente
der Ruhestand
brutto
das Einkommen
das Gehalt
~~der Lohn~~
netto
die Pension

d. **Von Lohn bis Pension. Ergänzen Sie.**

0. Bezahlung für geleistete (meist körperliche) Arbeit: der Lohn
1. regelmäßige, monatliche Bezahlung der Beamten und Angestellten: ______
2. ein Wort, das die gleiche Bedeutung wie *Lohn* hat: ______
3. der Lohn, wenn Abgaben wie Steuern und Sozialversicherung noch nicht abgezogen sind: ______
4. der Lohn nach Abzug von Steuern und Versicherung: ______
5. Zeit nach dem Ausscheiden aus dem Arbeitsleben (aus Altersgründen): ______
6. Einkommen aus einer gesetzlichen oder privaten Versicherung (für jemanden, der nicht mehr arbeitet): ______
7. Rente eines Beamten im Ruhestand: ______

e. Was passt nicht?

0. Der Arbeitgeber kann Löhne kürzen – erhöhen – ~~streiken~~
1. Arbeitnehmer können mehr Lohn fordern – einsetzen – verlangen
2. Löhne können anheben – sinken – steigen
3. Überstunden kann man machen – abfeiern – senken
4. Man kann eine Aushilfe suchen – einstellen – steigen
5. Man kann eine Ausbildung anfangen – lernen – beenden

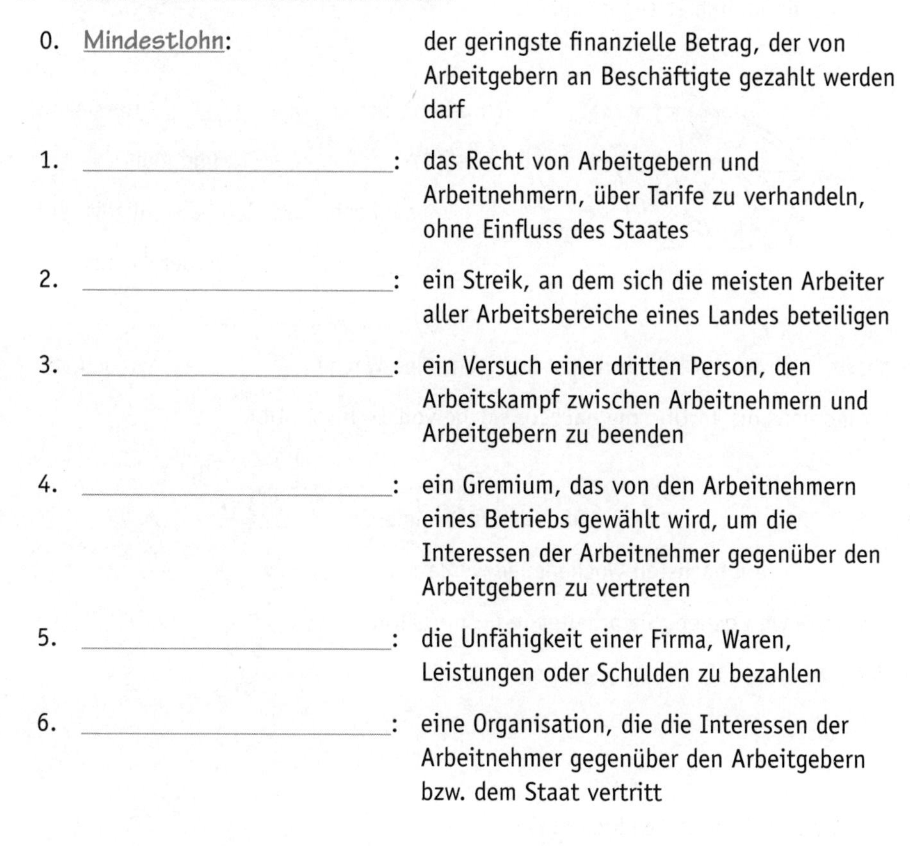

f. Arbeitsmarkt. Wie heißen die Wörter?

0. Mindestlohn: der geringste finanzielle Betrag, der von Arbeitgebern an Beschäftigte gezahlt werden darf
1. ______________________: das Recht von Arbeitgebern und Arbeitnehmern, über Tarife zu verhandeln, ohne Einfluss des Staates
2. ______________________: ein Streik, an dem sich die meisten Arbeiter aller Arbeitsbereiche eines Landes beteiligen
3. ______________________: ein Versuch einer dritten Person, den Arbeitskampf zwischen Arbeitnehmern und Arbeitgebern zu beenden
4. ______________________: ein Gremium, das von den Arbeitnehmern eines Betriebs gewählt wird, um die Interessen der Arbeitnehmer gegenüber den Arbeitgebern zu vertreten
5. ______________________: die Unfähigkeit einer Firma, Waren, Leistungen oder Schulden zu bezahlen
6. ______________________: eine Organisation, die die Interessen der Arbeitnehmer gegenüber den Arbeitgebern bzw. dem Staat vertritt

Gewerkschaft
Schlichtung
Betriebsrat
Konkurs
Tarifautonomie
Generalstreik
~~Mindestlohn~~

r Tarif = *die Höhe der Löhne und Gehälter, über die Arbeitgeber und Gewerkschaften verhandeln*

s Gremium = *hier: eine Gruppe von Experten, die eine bestimmte Aufgabe erfüllen soll*

Gewerkschaften in Deutschland

Gewerkschaften sind Interessenverbände von Arbeitnehmern, die sich für höhere Löhne, bessere Arbeitsbedingungen, mehr Mitbestimmung und Arbeitszeitverkürzungen einsetzen. Sie sind die Verhandlungspartner von Arbeitgeberverbänden, wenn es um den Abschluss von Tarifverträgen geht. Beim Kampf um höhere Löhne setzen sie auch Streiks ein. Der Deutsche Gewerkschaftsbund (DGB) ist die größte Dachorganisation in Deutschland. Dem DGB gehören acht Mitgliedsgewerkschaften an: die IG Metall, Ver.di (Vereinte Dienstleistungsgewerkschaft), Gewerkschaft Erziehung und Wissenschaft u. a. Seit den 90er-Jahren leiden die Gewerkschaften zunehmend an Mitgliederschwund, 2007 waren – bezogen auf die Zahl der Erwerbstätigen – nur noch ca. 16 % der Arbeitnehmer in Gewerkschaften organisiert. Offiziell werden Gewerkschaften über Mitgliederbeiträge finanziert, normalerweise 1 % des Bruttoverdienstes.

4 Taxifahrer Peter Maurer

Ergänzen Sie. Achten Sie bei Verben auf die korrekte Form.

arbeiten
Chef
Verwaltung
frei
~~studieren~~
Arbeitstage *(Pl.)*
halbtags
werden
Job
Firma
Arbeitszeiten *(Pl.)*
Wochenende
Urlaub
verdienen
Kollegen *(Pl.)*

Ich heiße Peter Maurer. Ich möchte später gerne an der Universität Medizin (0) studieren und Arzt (1) ____________. Doch zuerst muss ich Geld für mein Studium (2) ________________. Deshalb habe ich einen (3) ______ als Taxifahrer angenommen.

Ich arbeite bei der (4) __________Gassmann. Meine (5) ______________ und mein (6) ________ sind sehr nett. Ich habe zurzeit fünf (7) ____________________ in der Woche. Meine (8) _________________________ wechseln, weil wir im Schichtdienst arbeiten. Eine Woche (9) ____________ ich von 6 Uhr morgens bis 14 Uhr, die nächste Woche von 14 bis 22 Uhr.

Am (10) ___________________ habe ich fast immer (11) _______. Am nächsten Wochenende werde ich mit Petra tanzen gehen. Sie arbeitet in unserer Firma in der (12) __________________, aber nur (13) _______________.

In drei Wochen habe ich endlich (14) ____________ dann fahre ich ans Meer und erhole mich.

Stellenanzeigen

5 ______

a. Ergänzen Sie.

Praktikum • Vollzeit • Gehaltsvorstellung • schriftlich • Bewerbung
~~suchen~~ • Auszubildende

1.
Zur Neueröffnung unseres Fitness-Clubs in München suchen wir ab sofort **Fitness-Trainer** und Au__________.
Bitte richten Sie Ihre Be__________ mit Lichtbild u. Ge__________ an:
FITNESS STAR
Leopoldstr. 183
81475 München

2.
Pr__________ im Kindergarten
Wir suchen ab Sep. Praktikanten für 1 Jahr Tel.: 0170-467 44 09.

3.
Fahrlehrer/in für Teilzeit oder Voll__________ in Ingolstadt gesucht.
Bewerbung bitte sch__________ unter ✉ ZS1833322 an SZ.

b. Stellenangebote. Ergänzen Sie. Achten Sie auf die korrekte Form.

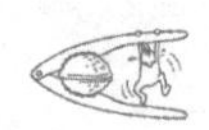

aussagekräftig • Service • ~~Termin~~ • Teilzeit • Erfahrung
Aushilfe • kontaktfreudig

Das Hotel „Wilder Hirsch" sucht zum nächstmöglichen (0) Termin eine

Service-Kraft

in Vollzeit, (1) __________ oder zur (2) __________.
Sie sind zuverlässig, (3) __________,
flexibel und engagiert?
Sie haben (4) __________ im Frühstücks- und
Restaurant- (5) __________?
Dann schicken Sie ihre (6) __________ Bewerbung an:
Wilder-Hirsch.Landau@online.de

oder an: Hotel „Wilder Hirsch"
Brunnerstr. 18
76829 Landau / Pf.
Stichwort: „Service-Kraft"

Weiterbildung
Persönlichkeit
Berufsausbildung
Profil
motiviert
Team
Bezahlung
Betreuung
Zuverlässigkeit
Lichtbild

Unser (7) ________ **benötigt Verstärkung!**

Wir suchen ab sofort einen qualifizierten und (8) ____________________

ELEKTROTECHNIKER

Ihre Aufgaben: Wartung und Service von Backstationen, (9) ________________ von zwei Filialen

Ihr (10) ___________: abgeschlossene (11) ______________________________,

Führerschein. Darüber hinaus zeichnen (12) ____________________________,

Aufgeschlossenheit und Flexibilität ihre (13) ____________________________ aus.

Wir bieten leistungsbezogene (14) __________________, bestes Betriebsklima

und berufliche (15) __________________________.

Bitte bewerben Sie sich mit (16) __________________ bei:
Elektrotechnik Klein, Bauerstr. 123, 67061 Ludwigshafen

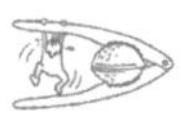

c. **Der ideale Mitarbeiter ist ...? Finden Sie die passenden Nomen.**

0. motiviert - *Motivation*
1. interessant - ____________
2. engagiert - ____________
3. flexibel - ____________
4. tüchtig - ____________
5. freundlich - ____________
6. kompetent - ____________
7. selbstständig - ____________
8. intelligent - ____________
9. durchsetzungsfähig - ____________
10. ehrgeizig - ____________
11. zielstrebig - ____________

Tipp
Nomen mit der Endung *-heit*, *-keit* und *-schaft* haben immer den Artikel *die*:
die Teamfähigkeit, die Tätigkeit, die Belastbarkeit,
die Aufgeschlossenheit, die Korrektheit,
die Belegschaft, die Rechenschaft

Arbeitssuche und Stellenwechsel

6 ____________

Ergänzen Sie. Achten Sie bei Verben auf die korrekte Form.

suchen • Entlassung • Lichtbild • fristlos • einstellen • kündigen
Lebenslauf • sich bewerben • Stelle • arbeitslos • ~~Stellenwechsel~~
sich vorstellen • Stellengesuche *(Pl.)* • Arbeitslosigkeit • finden

0. Wenn die wirtschaftliche Lage nicht gut ist, kann ein Stellenwechsel riskant sein.
1. Seit Paul a______________ ist, hat er schon über 50 Bewerbungen geschrieben.
2. Es ist im Moment nicht schwierig, eine St________ als Sozialpädagogin zu finden.
3. Die Personalchefin sagte mir, dass ich m______ Anfang Januar persönlich v______________ kann.
4. Ich möchte m______ mit diesem Schreiben um die Stelle in der Verwaltung b____________.
5. Ihre schriftliche Bewerbung muss ein Bewerbungsschreiben, einen L______________ und ein L______________ enthalten.
6. Die Firma Karstner wird im Winter keine Arbeitskräfte e______________.
7. Am Wochenende f________ man in der Tageszeitung viele Stellenangebote und St______________.
8. Wir wissen nicht, warum Peter von seiner Firma f__________ entlassen wurde.
9. Weil mir das Betriebsklima nicht gefällt, werde ich meinen Aushilfsjob zum Monatsende k____________.
10. Mit A______________________ ist oft auch ein sozialer Abstieg verbunden.
11. Die Schuhfabrik hat die betriebsbedingte E______________ von 30 Mitarbeitern angekündigt.
12. Nach meinem Erziehungsurlaub werde ich mir eine neue Stelle s__________.

Tipp
Verfassen Sie Ihre Bewerbungsunterlagen sehr sorgfältig und lassen Sie sie von einer anderen Person gegenlesen und korrigieren. Rechtschreib- oder Kommafehler sind oft der Grund, dass man auf eine Bewerbung eine Absage bekommt.

7 Die Bewerbung

a. Ergänzen Sie.

Anfang
Sätze *(Pl.)*
sachlich
Bescheinigungen *(Pl.)*
Unterschrift
Portraitfoto
~~Qualität~~
Seite
Bewerbungsmappe
Stelle
Absage
Fehler
vollständig
Arbeitgeber
Form
Unterlagen *(Pl.)*
Stellenanzeige
Kenntnisse *(Pl.)*
Vorstellungsgespräch
überzeugen
Bewerbungs-anschreiben
Betreffzeile
Brief

Tipps für eine erfolgreiche Bewerbung

Die (0) Qualität der Bewerbungsunterlagen entscheidet oft, ob Sie zu einem (1) ______________________ eingeladen wird. Ihre (2) ______________ sind Ihre *Visitenkarte*: Der Inhalt und die (3) _____ sollen Ihren künftigen (4) ______________ auf den ersten Blick überzeugen. Ihre Unterlagen sollen klar, übersichtlich und (5) ______________ sein. Umfragen bei Personalchefs haben ergeben, dass formale (6) ________ und unvollständige Unterlagen zu den Hauptgründen für eine (7) ________ zählen. Hier erhalten Sie Tipps, wie Sie ein (8) ______________________ und einen Lebenslauf gestalten können.

Bewerbungsanschreiben

Die wichtigste Funktion eines Bewerbungsanschreibens ist, einen Personalchef zu (9) ______________, dass Sie die geeignete Person für die (10) ________ sind. Es gibt unterschiedliche Bewerbungsanschreiben: die Blind- oder Initiativbewerbung (die Firma hat keine Stelle ausgeschrieben) und die Bewerbung auf eine (11) ________________. Das Bewerbungsschreiben wird zusammen mit der (12) ______________________ verschickt. Die Bewerbungsmappe beinhaltet: Deckblatt mit Name, Anschrift und (13) ______________, Lebenslauf, Schul- und Arbeitszeugnisse (als Kopien) und Kopien anderer (14) ______________________ (Sprachkurse, Computerkurse etc.) Ein Bewerbungsanschreiben ist nicht länger als eine (15) ______. Der Form nach ist das Bewerbungsanschreiben ein offizieller (16) ______ und enthält Folgendes: Ihre Adresse, die Adresse des Unternehmens, das Datum, eine (17) ________________, den eigentlichen Text des Anschreibens, Ihre (18) ________________ und den Anlagenvermerk.

Stil des Bewerbungsanschreibens

Schreiben Sie (19) __________ – keine Übertreibungen! Formulieren Sie vollständige, aber keine langen und komplizierten (20) ______. Beschreiben Sie, wer Sie sind, was Sie möchten und welche speziellen Fähigkeiten und (21) ______________ Sie für die Stelle mitbringen. Die neuesten Informationen gehören an den (22) ________ des Briefes. Vermeiden Sie zu viele Sätze im Konjunktiv:

nicht:	*sondern:*
„Ich möchte mich bewerben ..."	„Ich bewerbe mich ..."
„Ich würde mich freuen ..."	„Ich freue mich ..."

b. Bewerbungsanschreiben. Ergänzen Sie.

(0) Bewerbung **um einen** (1) ______________________________ **als Bürokauffrau**

Ihre (2) ________________________ **in der Süddeutschen Zeitung vom 25. Januar 2011**

Sehr geehrte Frau Schuster,

mit großem (3) _________________ habe ich Ihr (4) ___________________________ vom 25. Januar in der *Süddeutschen Zeitung* gelesen.

Mit zehn Fingern tippen? – Das kann ich. Alles, was sonst noch zum (5) __________ einer (6) ________________________ gehört, möchte ich gerne bei Ihnen lernen. Deshalb bewerbe ich mich um den in der Anzeige ausgeschriebenen Ausbildungsplatz in Ihrem (7) ____________________.

Ich werde im Sommer 2011 meinen (8) __________________________________ machen. Meine persönlichen Stärken liegen in den Bereichen (9) ___________________________ und Organisation. Die deutsche Sprache beherrsche ich in (10) ________ und Schrift und die geforderten (11) _______________________________ in Englisch kann ich ebenfalls vorweisen.

Der Umgang mit dem (12) _________________ bereitet mir Freude und ich habe keine Probleme damit, mich selbstständig in neue (13) __________________ einzuarbeiten.

Über eine (14) __________________ zu einem (15) _____________________________________ freue ich mich sehr.

Mit freundlichen Grüßen
Bianca Zimmermann

Wort
Einladung
Kommunikation
Programme (Pl.)
Stellenangebot
Beruf
Unternehmen
Computer
Realschulabschluss
Sprachkenntnisse (Pl.)
~~Bewerbung~~
Vorstellungsgespräch
Stellenanzeige
Bürokauffrau
Interesse
Ausbildungsplatz

Tipp
Ein Bewerbungsanschreiben sollte Folgendes beinhalten:
- Wie wurden Sie auf die Stelle aufmerksam (Internet, Zeitungsannonce)?
- Warum sind Sie an der Stelle interessiert?
- Wo und als was arbeiten Sie zurzeit?
- Welche Erfahrungen und Fähigkeiten bringen Sie mit?
- Welche Ziele wollen Sie an Ihrem neuen Arbeitsplatz verfolgen?
- Wann können Sie die Stelle antreten?

Eventuell:
Wie viel wollen Sie verdienen?
Bereitschaft zum Vorstellungsgespräch

c. Bausteine für eine Bewerbung. Welche Sätze haben eine ähnliche Bedeutung?

0. Hiermit bewerbe ich mich auf Ihre Stellenanzeige vom 22.06.2011 in der FAZ. [f]
1. Die ausgeschriebene Stelle hat mich sehr angesprochen. [ ]
2. Ich plane und organisiere gern. [ ]
3. Ich stehe kurz vor dem Abschluss meiner Ausbildung als Speditionskaufmann. [ ]
4. Ich bin seit fünf Jahren als Grafikerin tätig. [ ]
5. Ich bringe fundierte Sprachkenntnisse in Englisch und Französisch mit. [ ]
6. Mein frühester Eintrittstermin wäre der 01. Januar 2011. [ ]
7. Über die Einladung zu einem Vorstellungsgespräch freue ich mich. [ ]

a. Im Bereich Grafik habe ich fünf Jahre Berufserfahrung.
b. Im Sommer beende ich meine Ausbildung als Speditionskaufmann.
c. Englisch und Französisch beherrsche ich in Wort und Schrift.
d. Ich habe großes Interesse an der ausgeschriebenen Stelle.
e. Ich freue mich auf die Gelegenheit zu einem persönlichen Gespräch.
~~f.~~ In Ihrer Anzeige vom 22.06.2011 suchen Sie eine ... Da ich die erforderlichen Kenntnisse mitbringe, erhalten Sie hiermit meine Bewerbung.
g. Ich kann ab 1. Januar 2011 meine Tätigkeit beginnen.
h. Meine Stärken liegen in den Bereichen Planung und Organisation.

0.	1.	2.	3.	4.	5.	6.	7.
f							

d. Fragen zum Lebenslauf. Wie heißen die Begriffe?

● Was ist noch Teil einer professionellen Bewerbung?

■ Der tabellarische (0) (fualsnebeL) Lebenslauf. Er gibt einen (1) (kcilbrebÜ) ________ über die Schulbildung, die berufliche (2) (gnudlibsuA) ________, die beruflichen Tätigkeiten sowie über sonstige (3) (nenoitakifilauQ) ________ des Bewerbers. Ein guter Lebenslauf ist genau, (4) (solnekcül) ________, vollständig und glaubwürdig.

● Wie soll ein Lebenslauf aussehen, den Sie gerne lesen würden?

- ■ Den Lebenslauf schreiben Sie am besten mit dem (5) (retupmoC) ____________.
  Er sollte nicht länger als zwei DIN-A4-Seiten, gut zu lesen und (6) (lamrof) __________ ansprechend sein. Ein Lebenslauf nach deutschem Muster ist (7) (hcsigolonorhc) ______________________, d. h., er beginnt mit der (8) (gnudlibluhcS) ________________ und schließt mit der aktuellen Tätigkeit.
- ● Es gibt doch auch einen Lebenslauf nach amerikanischem (9) (retsuM) __________?
- ■ Ja, dieser Lebenslauf wird (10) (trhekegmu) _______________ chronologisch verfasst, beginnt also mit der momentanen (11) (tiekgitäT) ______________.
  Wenn jemand bereits mehrere Jahre (12) (gnurhafresfureB) _________________________ und etliche berufliche Stationen vorweisen kann, sollte er diese Variante wählen. So kann die Personalabteilung gleich erkennen, ob er die entsprechende (13) (gnuriezifilauQ) ______________________ mitbringt.
- ● Wie sollte ein Lebenslauf aufgebaut sein?
- ■ Der (14) (uabfuA) __________ des Lebenslaufs ist zweispaltig: In der linken (15) (etlapS) __________ stehen die Zeitangaben, in der rechten Spalte, was Sie zu dieser Zeit gemacht haben. In die rechte Spalte schreiben Sie keine Sätze, sondern nur (16) (etrowhcitS) ________________, die Sie durch Präpositionen wie „bei" oder „in" verbinden.
- ● Was ist sonst noch wichtig?
- ■ Für einen besseren Überblick sollte man die einzelnen (17) (ettinhcsbA) ________________ mit Überschriften wie „Schulbildung", „Berufsausbildung", (18) (muidutS) „____________" usw. gliedern. Zusatzqualifikationen (Sprachen, EDV) und (19) (sybboH) __________ gibt man getrennt an. Unter einen Lebenslauf gehören Ort, Datum und die eigenhändige Unterschrift.

Tipp zur Gestaltung eines Lebenslaufs

Verwenden Sie eine gut lesbare Schriftgröße (10 bzw. 12 Punkt).
Benutzen Sie einen gut lesbaren Schrifttyp (Arial, Times New Roman).
Schreiben Sie nicht mehr als 30 Zeilen pro Seite.
Schreiben Sie einzeilig.
Heben Sie wichtige Informationen optisch hervor (Fettdruck).
Markieren Sie Gliederungspunkte durch zwei Leerzeilen.
Achten Sie auf einen einheitlichen Aufbau.
Beschränken Sie sich auf das Wesentliche: Weniger ist mehr.

e. **Ein Lebenslauf. Ergänzen Sie.**

PC-Kenntnisse (*Pl.*)
Zusatzqualifikationen (*Pl.*)
Studium
Schulbildung
E-Mail
Telefon
Familienstand
Schulabschluss
~~Geburtsdatum~~
Anschrift
Sprachkenntnisse (*Pl.*)
Berufstätigkeit

Lebenslauf

Persönliche Angaben

Vor- und Nachname:	Lena Bauer, geb. Scholl
(0) Geburtsdatum:	25.05.1976 in München
(1) ______________:	Augustenstr. 123, 80804 München
(2) ___________:	089 44 55 66
(3) __________:	Lena.Bauer@freenet.de
(4) ______________________:	verheiratet, eine Tochter

(5) ___________________

1983 – 1987	Farinelli Grundschule, München
1987 – 1995	Giselagymnasium, München
(6)__________________________	Abitur, Note 1,7

Soziales Jahr

07/1995 – 06/1996	Altenheim der Caritas, München

(7) __________

11/1996 – 07/2001	Studium der Betriebswirtschaft an der Ludwig-Maximilians-Universität, München
Abschluss	Diplom-Betriebswirtin, Note 2,1

(8) ________________________

08/2001 – 07/2005	Mitarbeiterin der Citibank, München, Bereich Kredite und Hypotheken
seit 08/2005	Leiterin der Kreditabteilung

(9) ___________________________________

(10) ____________________________	Englisch und Französisch sehr gut
(11) ____________________________	sehr gut (Microsoft Word, Excel, Powerpoint)

München, 01. Mai 2011
Lena Bauer

Exkurs: Briefe schreiben

8 

a. Guter Stil in Briefen. Ergänzen Sie.

Was können Sie dafür tun, dass der (0) Empfänger Ihre Briefe gerne liest?

Vermeiden Sie das (1) P________. *Die Bücher werden Ihnen nächste Woche geschickt.* Dieser (2) S________ steht im Passiv. *Wir schicken Ihnen nächste Woche die Bücher.* Das ist derselbe Satz im (3) A________. Der Unterschied? Der Satz im Passiv gibt dem (4) L________ nicht die Information, wer das Belegexemplar verschickt. Dieser Satz wirkt (5) u________. Der Satz im Aktiv gibt diese (6) I________ und wirkt persönlicher. Noch ein Beispiel: *Das Anmeldeformular wird Ihnen gemailt.* Das klingt (7) s________. *Sie bekommen das Anmeldeformular per E-Mail.* Dieser Satz ist einfacher zu lesen und (8) k________ freundlicher.

(9) V________ **sind besser als Substantive.** *Wir stellen Ihnen Fahrtkosten nicht in Rechnung.* Dieser Satz enthält ein vermeidbares (10) S________. *Wir berechnen keine Fahrtkosten.* Das ist derselbe (11) I________ ohne die Wendung *in Rechnung stellen*. Dieser Satz ist (12) v________. Noch ein Beispiel: *Wir bitten um Beachtung der Fristen.* Dieser Satz wirkt schwerfällig und unpersönlich. *Bitte beachten Sie die Fristen.* Dieser Satz ist verständlicher und freundlicher. Deshalb: Vermeiden Sie unnötige (13) S________.

Weitere Tipps: Bilden Sie keine überflüssigen (14) S________: Die Wörter *absolut, einzig, ideal* und *kein* sind inhaltlich die (15) H________. Es ist deshalb unsinnig, aus ihnen Superlative zu bilden. Dies gilt auch für *minimal, optimal, total, ultimativ, vollendet*. Also nicht: *Das ist die optimalste Lösung.* Sondern: *Das ist die optimale Lösung.* Oft ist ein (16) F________ das passende Wort. Vermeiden Sie aber überflüssige (17) A________, denn Sie wollen ja verstanden werden. Also besser: eine *Verabredung* statt ein *Date* haben, etwas *überprüfen* statt *checken* usw.

Anglizismen (Pl.)
verständlicher
Verben (Pl.)
klingt
Substantiv
Information
schwerfällig
Aktiv
Satz
Superlative (Pl.)
Passiv
Höchststufe
Leser
Substantivierungen (Pl.)
unpersönlich
~~Empfänger~~
Inhalt
Fremdwort

b. Verb statt Substantiv. Wie heißt das passende Verb?

0. eine Prüfung vornehmen – prüfen
1. Gültigkeit besitzen – ____________
2. in Erwägung ziehen – ____________
3. in Rechnung stellen – ____________
4. unter Beweis stellen – ____________
5. eine Mitteilung machen – ____________
6. zum Versand kommen – ____________
7. zum Ausdruck bringen – ____________
8. zu Hilfe kommen – ____________
9. in Verbindung setzen – ____________

c. Anrede und Grußformel. Wie heißen die Begriffe?

Anrede

Schreiben Sie die (0) (deAnre) Anrede mit zwei Zeilen Abstand unter die (1) (reffleBetzei) ____________. Nach der Anrede folgt ein (2) (maKom) ____________. Setzen Sie nach der Anrede eine (3) (zeierleLe) ____________. Das erste Wort nach dem Komma (4) (eneibschr) ____________ Sie klein, wenn es kein Substantiv ist. Folgende Anreden sind (5) (lichüb) ____________:

Sie schreiben nicht an eine bestimmte Person:

Sehr geehrte Damen und Herren, ...

Sie kennen die Person – neutrale Anrede:

Sehr geehrte Frau Berger, ... Sehr geehrter Herr Weiß, ...

Sie kennen die Person bzw. die Personen (vertraute Anrede):

Lieber Herr Schmidt, ... Liebe Frau Kemper, ...
Liebe Kolleginnen und Kollegen, ...

Bei Ehepaaren:

Sehr geehrte Frau Weiß,
Sehr geehrter Herr Weiß, ...

Grußformel, Unterschrift und Firmenname

Schreiben Sie die Grußformel mit einer Zeile (6) (andAbst) ____________ unter den Text. Verwenden Sie folgende (7) (elnGrformuß) ____________________:

Geschäftsbriefe:

Mit freundlichen Grüßen
Mit freundlichem Gruß
Freundliche Grüße

Geschäftsbriefe, wenn Sie den Empfänger gut kennen:

Mit freundlichen Grüßen aus München
Beste Grüße aus München
Mit den besten Grüßen

Der erste (8) (beBustach) ________________ der Grußformel wird großgeschrieben. Nach der Grußformel steht (9) (nkei) _______ Komma. Die (10) (erörtW) _________ *Gruß* und *Grüße* werden mit *ß* geschrieben, da das *u* bzw. das *ü* lang (11) (engeochspr) __________________ wird. In der Schweiz wird kein *ß* verwendet. Dort ist auch *Mit herzlichen Grüssen (12)* (rekorkt) ____________. Unter der Grußformel steht die (13) (iftterUnschr) ____________________ mit Vor- und Nachname, bei privaten Briefen auch nur der Vorname. In Geschäftskorrespondenz wiederholt man unter der Unterschrift den Namen in (14) (uckiftDrschr) ____________________. Zusätze wie *i. A.* (im Auftrag) oder *i. V.* (in Vertretung) können eine Zeile vor der Unterschrift oder direkt vor dem (15) (aNenm) _________ stehen. Wenn Sie den Firmennamen nach der Grußformel noch einmal nennen, dann lassen Sie vorher eine Zeile frei.

Private Briefe:

Herzliche Grüße
Liebe Grüße
Herzlichst
Alles Liebe
Dein/Deine

9 Redewendungen rund ums Arbeiten

a. Welche Redewendung passt zu welcher Situation?

Es ist noch kein Meister vom Himmel gefallen.

Lehrjahre sind keine Herrenjahre.

~~Übung macht den Meister.~~

Probieren geht über studieren.

Erst die Arbeit, dann das Vergnügen.

Nach getaner Arbeit ist gut ruhen.

0. ● Jeden Tag zum Training zu kommen, kann ich nicht mehr mit meinem Privatleben vereinbaren.
   ■ Ohne jeden Tag zu trainieren, wirst du es als Fußballspieler niemals in die erste Liga schaffen.

   Merke dir: Übung macht den Meister!

1. ● Ich verdiene in der Ausbildung so wenig Geld, dass ich mir nicht mal ein kleines Auto kaufen kann.
   ■ Wenn du ausgelernt hast und normalen Lohn bekommst, wirst du dir Einiges mehr leisten können. Wie heißt es so schön:

   ______________________________.

2. ● So sehr ich mich auch anstrenge, ich schaffe es nicht, die Wand zu streichen, ohne dass man Streifen sieht!
   ■ Das konnte ich zu Beginn meiner Lehre auch nicht. Du musst das Streichen nur immer weiter üben. ______________________________

   ______________________________.

3. ● Wieso liegst du um diese Zeit schon faul auf dem Sofa?
   ■ Ich habe alle Arbeiten, die heute zu tun waren, bereits erledigt und habe für heute frei. Ich kann also auf dem Sofa liegen, solange ich möchte, denn:

   ______________________________.

4. ● Während der Arbeitszeit können wir nicht auf meinen Geburtstag anstoßen. Wir müssen warten, bis Feierabend ist. Ihr wisst doch, wie es so schön heißt:

   ____

   ______________________________.

5. ● Jetzt habe ich die Bedienungsanleitung für den neuen CD-Player schon dreimal gelesen und weiß immer noch nicht, wo das Anschlusskabel zum Fernseher hinkommt.
   ■ In dem Fall bringt dich die Theorie nicht viel weiter. Du musst direkt am Gerät nachschauen, wo der Stecker passt.

   Denk an den Spruch: ______________________________

   ______________________________.

b. Umgangssprache für *arbeiten* und *lernen*. Was passt?

1. umgangssprachlich für *hart arbeiten*:
   rödeln ______
2. umgangssprachlich für *viel lernen:* ______
3. umgangssprachlich für *jemandem etwas mit Druck beibringen:*
   jemandem etwas ______

~~rödeln~~
malochen
pauken
schuften
büffeln
ackern
einbläuen

Terminplanung

10 ______

a. Wie viel Uhr ist es? Schreiben Sie die Uhrzeiten.

Viertel vor neun
~~halb acht~~
fünf vor zwölf
zehn nach drei
fünf Uhr
Viertel nach elf

0. Es ist halb acht.

1. Es ist ______.

2. Es ist ______.

3. Es ist ______.

4. Es ist ______.

5. Es ist ______.

um halb acht
um Viertel nach eins
um Viertel vor zehn
um halb vier
von elf bis fünf
um zehn Uhr
um Viertel nach zwei
um halb fünf
um vier Uhr
ab halb neun
~~um halb zwölf~~
von zwölf bis zwei
um drei Uhr

b. Termine, Termine. Ergänzen Sie die Uhrzeiten.

Mo	Di	Mi	Do	Fr	Sa	So
11.30 Uhr Besprechung Herr Schmidt 13.15 Uhr Geschäfts-essen Firma Huber 15.30 Uhr Projekt-planung	11 – 17 Uhr Tagung Bamberg	10 Uhr Sitzung 14.15 Uhr Seminar Fachhoch-schule 16.30 Uhr Termin Zahnarzt	9.45 Uhr Arbeits-frühstück mit Martin 12 – 14 Uhr Vorlesung Fachhoch-schule 16 Uhr Besprechung Prof. Hansen	8.30 Uhr Weiterbildung Mitarbeiter 15 Uhr Projekttreffen Thomas 19.30 Uhr Geschäfts-essen		

● Guten Morgen Herr Doll, ich würde mit Ihnen gerne die Sitzung am 2. Mai besprechen.

■ Da muss ich einen Blick in meinen Terminkalender werfen. Am Montag habe ich (0) um halb zwölf eine Besprechung, (1) ________ ein Geschäftsessen und (2) ________ Projektplanung. Am Dienstag bin ich (3) ________ auf einer Tagung in Bamberg. Am Mittwoch habe ich (4) ________ eine Sitzung, dann (5) ________ ein Seminar und (6) ________ einen Zahnarzttermin. Am Donnerstag habe ich (7) ________ ein Arbeitsfrühstück, (8) ________ eine Vorlesung und danach (9) ________ noch eine Besprechung. Am Freitag leite ich (10) ________ eine Weiterbildung, (11) ________ habe ich ein Projekttreffen und (12) ________ ein Arbeitsessen. Wir müssen versuchen, übernächste Woche einen Termin zu finden.

Büroausstattung und Büromaterial

11

a. Ordnen Sie zu und ergänzen Sie den bestimmten Artikel.

~~Computer~~
Brille
Bildschirm
Schreibtischlampe
Tastatur
Maus
Handy
Büroklammern (*Pl.*)
Drucker
Telefon
Papierkorb
Schreibtisch
Ordner
Stift
Schreibtischstuhl

0. *der Computer* ______ 1. ______
2. ______ 3. ______
4. ______ 5. ______
6. ______ 7. ______
8. ______ 9. ______
10. ______ 11. ______
12. ______ 13. ______
14. ______

b. Büroausstattung und Büromaterial. Was passt nicht?

0. der Schreibtisch – der Schreibtischstuhl (*A:* der Schreibtischsessel) – ~~die Schreibmaschine~~
1. der Stempel – das Stempelkissen – das Faxgerät
2. der Kopierer – der Zettel – der Drucker
3. die Mappe – die Tinte – der Füller
4. die Akte – die Aktennotiz – der Bleistift
5. die Unterlage – die Kopie – der Kopierer
6. der Briefumschlag – das Briefpapier – das Lineal

12 Computer und Internet

a. Probleme mit dem Computer. Ergänzen Sie.

Menüleiste • Arbeitsspeicher • Grafikkarte • Modem • Tinte • Datei ~~installieren~~ • ausdrucken • einfügen • Diskette • anklicken • Daten *(Pl.)* speichern • CD-ROM-Laufwerk • markieren • Software • Internetverbindung kopieren • Computerprogramm

1. ● Kannst du mir helfen, das neue Computerprogramm zu installieren?
   ■ Das ist ganz einfach, du musst nur auf das Symbol hier gehen und es doppelt a_______.
2. Ich konnte dir die D_______ nicht schicken, dein Posteingang war voll.
3. Meine D_______ sind alle verloren gegangen, ich habe vergessen, die Datei zu s_______.
4. ● Kannst du mir das Dokument auf D_______ speichern?
   ■ Nein, mein Computer hat nur ein C_______.
5. Kann ich meine Texte bei dir a_______? Bei meinem Drucker ist die T_______ leer.
6. ● Wie kann ich das C_______ starten?
   ■ Geh in die M_______ und klicke auf dieses Zeichen.
7. ● Funktioniert dein Internet gut?
   ■ Ja, seit ich ein schnelleres M_______ habe, habe ich keine Probleme mehr mit der I_______.
8. ● Kannst du mir die Textstelle k_______?
   ■ Das ist doch ganz einfach, den Text m_______, auf „Strg + C" drücken, dann hast du den Text im A_______. Dann an die Stelle gehen, wo du ihn brauchst, und den Text mit „Strg + V" e_______.
9. ● Warum funktioniert die neue S_______ auf meinem Computer nicht?
   ■ Für dieses Computerspiel ist deine G_______ nicht gut genug.

b. Das neue Laptop. Ergänzen Sie.

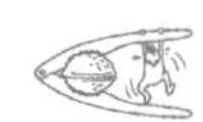

Probeversion
Programme (Pl.)
Laufwerk
Modell
kopieren
Hintergrundbild
Betriebssystem
~~Computer~~
Passwort
Internet
Laptop
Homepage
Netzteil
Videokamera
Lizenz
Akku
Scanner
hochfahren
hochladen

- ● Ich habe gehört, du hast dir einen neuen (0) Computer gekauft?
- ■ Ja, ein (1) ___________. Es gab ein sehr gutes Angebot, es ist das neueste (2) __________ mit Laserdrucker und (3) ____________, zusammen für nur 600 Euro.
- ● Hast du auch W-LAN?
- ■ Ja, ich komme ohne Kabel jederzeit ins (4) ____________. Außerdem hat der Computer eine integrierte (5) ________________, sodass ich auch Videokonferenzen machen könnte.
- ● Hast das Laptop ein DVD-(6) ____________?
- ■ Ja, sicher, ich kann Filme nicht nur anschauen, ich kann sie auch (7) ____________ und brennen.
- ● Welches (8) ____________________ hast du?
- ■ Das Neueste, das auf dem Markt ist. Alle (9) ______________ wurden verbessert, es ist viel benutzerfreundlicher als das ältere.
- ● Welche Betriebsdauer hat der (10) _______?
- ■ Über sechs Stunden, man kann ohne Problem unterwegs mit dem Laptop arbeiten, wenn man keinen Stromanschluss für das (11) ___________ hat.
- ● Kann ich den Computer mal (12) ______________?
- ■ Moment, er ist mit einem (13) ____________ geschützt, damit nicht jeder an meine Daten kommt. Später möchte ich dir gerne noch im Internet meine neu entworfene (14) ____________ zeigen.
- ● Hast du ein gutes Virenschutzprogramm?
- ■ Ja, ich teste gerade die (15) __________________. Nach zwei Monaten muss ich dann die (16) _________ dafür kaufen. Dann kann ich das Programm zwölf Monate nutzen.
- ● Wow, der Bildschirm hat eine tolle Auflösung. Außerdem hast du ein schönes (17) ______________________.
- ■ Ja, das ist ein Foto, das ich im letzten Urlaub in Schweden gemacht habe. Kann ich einfach (18) ____________, fertig!
- ● Ich glaube, ich wünsche mit zu Weihnachten auch so ein Laptop!

c. **Was passt? Kreuzen Sie an.**

0. Einen Moment bitte, ich muss den Computer noch ...

   [X] hochfahren. [X] einschalten. [ ] brennen.

1. Können Sie mir die Datei ...

   [ ] schicken? [ ] mailen? [ ] ausschalten?

2. Könnten Sie mir bitte die Software ...

   [ ] installieren? [ ] anlegen? [ ] abstürzen?

3. Ich habe vergessen, die Datei zu ...

   [ ] speichern. [ ] surfen. [ ] kopieren.

4. Für diese Dateien sollten wir einen neuen Ordner ...

   [ ] markieren. [ ] anlegen. [ ] drucken.

5. Kannst du mir die Bilder auf CD ...

   [ ] brennen? [ ] sichern? [ ] klicken?

Im Computerbereich gibt es viele Wörter, die direkt aus dem Englischen in die deutsche Sprache übernommen wurden. Verben bekommen dann im Infinitiv die Endung -en, z. B. *downloaden, surfen, skypen, zippen* und *chatten*. Diese Verben werden zwar wie englische Wörter ausgesprochen, werden aber konjugiert wie regelmäßige deutsche Verben: *ich surfe, du surfst, er surft, wir surfen, ihr surft, sie surfen* und bilden auch das Perfekt entsprechend: *er chattet – er hat gechattet*

FREIZEIT UND KULTURELLES LEBEN

1 Freizeit und Hobbys allgemein

a. Ich habe frei. Ordnen Sie zu.

Feiertag
~~frei~~
Feierabend
im (*A:* auf) Urlaub sein
in den Ferien
Wochenende
Urlaub nehmen
Ferien

0. Ich muss heute nicht arbeiten. Ich habe frei.
1. Ich habe keine Schule. Ich habe __________.
2. Ich muss diese Woche nicht arbeiten. Ich habe __________ ______________.
3. Herr Rizzi ist leider nicht da. Er _____ ____ __________.
4. Ich muss samstags und sonntags nicht arbeiten. Am ______________ habe ich immer frei.
5. Der 25. Dezember ist kein Arbeitstag. Das ist ein ____________.
6. Ich muss heute früher ______________ machen, ich muss zum Elternsprechtag.
7. ____ _____ __________ sind wir dieses Jahr wieder auf Elba.

b. Petras Woche. Bilden Sie Sätze.

Mo	Di	Mi	Do	Fr	Sa	So
18 Uhr Schwimmen gehen	20 Uhr ins Kino gehen mit Paul	16 Uhr joggen	19 Uhr mit Freunden treffen	15 Uhr Tennis Spielen	11 Uhr Rad fahren	lange schlafen!

0. Am Montag geht Petra um 18 Uhr schwimmen.
1. Am Dienstag ____________________
2. ____________________
3. ____________________
4. ____________________
5. ____________________
6. ____________________

c. Hobbys. Ergänzen Sie.

wandern
Rad fahren
Karten spielen
tanzen gehen
Fußball spielen
Golf spielen
Tennis spielen
ins Theater gehen
shoppen gehen
Ski fahren
~~fernsehen~~
spazieren gehen

0. fernsehen

1. ______________________

2. ______________________

3. ______________________

4. ______________________

5. ______________________

6. ______________________

7. ______________________

8. ______________________

9. ______________________

10. ______________________

11. ______________________

d. Was machen Sie in Ihrer Freizeit? Ergänzen Sie die Verben in der korrekten Form.

● Was machen Sie in Ihrer Freizeit?

■ Ich (gehen) (0) gehe regelmäßig nach der Arbeit ins Fitnessstudio. Und abends (lesen) (1) ______ ich oft ein bisschen oder (spielen) (2) __________ Klavier. Am Wochenende (fahren) (3) ________ ich gerne in die Berge zum Bergsteigen und Klettern. Und Sie?

● Ich (fotografieren) (4) ____________________ und (kochen) (5) _______ gerne und es (machen) (6) _________ mir Spaß, (sich kümmern) (7) ______ um meinen kleinen Garten zu ____________, da kann ich mich gut (entspannen) (8) _________________. Am Wochenende mache ich auch gerne einen Ausflug in die Berge.

■ Was sind deine Hobbys?

● Ich (sich treffen) (9) _________ _______ nach der Arbeit meistens mit Freunden. Wir (Fußball spielen) (10) ____________ _____________und im Sommer gehen wir oft (schwimmen) (11) ________________. Abends (chatten) (12) __________ ich oft im Internet. Und was machst du gerne?

■ Ich (sich interessieren) (13) ____________________ _______ für klassische Musik. Am Wochenende (ausgehen) (14) _______ ich gern _____, ins Kino, in ein Konzert oder in die Disco.

e. Ergänzen Sie. Achten Sie bei Verben auf die korrekte Form.

~~im Freien~~
Mitglied
aktiv
austreten
treiben

Freizeitverhalten von Kindern und Jugendlichen in Deutschland*

Sport und Bewegung

Untersuchungen aus dem Zeitraum 2003 bis 2006 zeigen, dass 77 % der 3- bis 10jährigen Kinder fast jeden Tag (0) im Freien spielten. 52 % der Kinder dieser Altersgruppe (1) t__________ mindestens einmal pro Woche Sport. Bei den 11- bis 17Jährigen waren 84 % mindestens einmal pro Woche sportlich (2) a________, 23 % täglich. 58 % der 4- bis 17Jährigen waren im Untersuchungszeitraum (3) M__________ in einem Sportverein, wobei Jugendliche vermehrt aus den Vereinen (4) a______________.

vermehrt = *häufiger*

Freizeitaktivitäten

Die häufigste Freizeitaktivität von Kindern im Alter 6 bis 13 Jahren war (5) F______________. 97 % sahen mindestens einmal pro Woche fern. (6) S______ m______ F____________ t____________ gaben 96 % der Kinder an. 95 % machten (7) H________________ oder lernten für die Schule. 70 % (8) t________________ und 68 % (9) b________________ ______ mit dem Computer. 60 % malten, (10) z______________ oder bastelten in der Freizeit. Die Hälfte der Kinder und Jugendlichen lasen Bücher.

Die (11) J________________ ist für 25 % wichtig. 5 % gaben an, selbst Musik zu (12) m__________.

telefonieren
Hausaufgaben
fernsehen
sich mit Freunden treffen
machen
sich beschäftigen
zeichnen
Jugendgruppe

* *Zahlen nach Informationen des Deutschen Kinderhilfswerkes*

Malen, basteln, Handarbeit und Farben

2 ______________

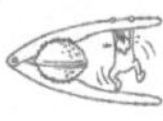

a. Was passt nicht?

0. einen Pullover: häkeln – stricken – ~~töpfern~~
1. eine Holzfigur: gießen – schnitzen – bemalen
2. Ton: glasieren – rahmen – brennen
3. ein Bild: rahmen – restaurieren – weben
4. einen Akt: malen – verzieren – zeichnen
5. das Bild ist: gebrannt – gegenständlich – abstrakt
6. in den Stein: ritzen – meißeln – zeichnen
7. Glas: töpfern – schleifen – blasen
8. Metall: glasieren – gießen – schmieden

häkeln

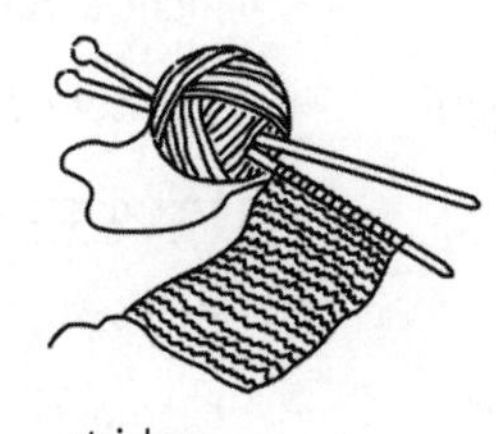

stricken

b. Malen und basteln. Ergänzen Sie. Achten Sie auf die korrekte Form.

lila
schwarz
rot
weiß
gelb
blau
bunt
orange
stricken
töpfern
weben
basteln
~~malen~~
Kleber
Zeichnungen *(Pl.)*
Farben *(Pl.)*
Ölkreide
sticken
formen
Tusche
dunkelgrün
Wasserfarben
streichen
hellblau
Pinsel

r Kleber = *r Klebstoff*

1. Die Kinder malen im Kindergarten mit W__________ und Wachsmalkreiden.
2. Vergiss nicht K__________ und Schere mitzunehmen, ihr b__________ doch heute in der Schule.
3. Leonie macht wunderschöne Z__________ mit Buntstiften.
4. Das Bild ist mit Ö__________ gemalt.
5. Du musst den P__________ auswaschen, wenn du ihn nicht mehr benutzt.
6. Zieh bitte einen Malkittel an, diese F__________ bekommt man beim Waschen nicht mehr aus den Kleidern.
7. Simon, wenn du g______ und b______ mischst, dann gibt das grün. Gelb und r____ gibt o__________ und blau und rot gibt l______. Wenn du sch__________ mit w______ mischst bekommst du grau. Blau mit weiß gibt h__________.
8. In der Grundschule hat unser Sohn t__________, schnitzen, w__________, häkeln und s__________ gelernt.
9. Ich habe viele Tischdecken, die meine Mutter ges__________ hat.
10. Im Kindergarten hat mein Sohn oft Figuren aus Knete gef__________.
11. Am Gymnasium lernt man im Kunstunterricht, mit Feder und T__________ zu zeichnen.
12. Sie hat den Schrank d__________ ges__________.
13. Sie strickte einen Schal aus b__________ Wolle.

c. Ergänzen Sie. Achten Sie auf die korrekte Form.

grün
grün
~~weiß~~
schwarz
schwarz
blau
blau
blau
rot

0. eine weiße Weste haben = unschuldig sein
1. warten, bis man __________ wird = umsonst auf etwas warten
2. ________ machen = nicht arbeiten
3. sich ________ und ________ ärgern = sich sehr ärgern
4. dasselbe in ________ = fast dasselbe
5. sich __________ ärgern = sich sehr ärgern
6. ________ sein = betrunken sein
7. ______ sehen = wütend werden

d. Ergänzen Sie. Achten Sie auf die korrekte Form.

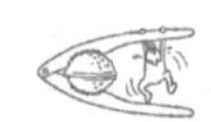

~~anrühren~~
Motive (Pl.)
einfach
aufblasen
reißen
kaputtmachen
bekleben
Tonpapier
trocknen
Schichten (Pl.)
Papier
befestigen
lassen
festkleben
abschneiden
Draht
ausreichend

Wir basteln eine Laterne für Sankt Martin.

Das brauchst du dazu:
Tapetenkleister; Transparentpapier; Luftballon; Draht; Stock, um die Laterne zu tragen; Teelicht oder Kerzenhalter für Laterne und Kerze

- Tapetenkleister (0) anrühren
- Transparentpapier in Stücke (1) ____________
- Luftballon (2) ____________
- Luftballon mit Transparentpapier (3) ____________ (mindestens drei (4) ____________)
- (5) ____________, z. B. aus (6) ____________, auf Laterne kleben
- Trocknen (7) ____________
- Luftballon mit einer Nadel (8) ____________
- Nach dem Trocknen oben (9) ____________, sodass eine (10) ____________ große Öffnung für die Kerze entsteht
- Zwei gegenüberliegende Löcher machen und (11) ____________ daran festmachen
- Teelicht (12) ____________ oder Kerzenhalter befestigen
- Draht am Stock (13) ____________

Hinweis: Die Technik ist (14) ____________ und kann gut mit kleinen Kindern gemacht werden, wenn Sie beim Reißen des (15) ____________ helfen.

Die Technik braucht aber ein bisschen Zeit, auch zum (16) ____________.

Warum gibt es am 11. November Laternenumzüge?

Am 11. November feiert man in Deutschland das Fest des heiligen Martin. Die Legende besagt, dass Martin zum Bischof ernannt werden sollte. Martin wollte aber lieber Priester bleiben und versteckte sich deshalb in einem Gänsestall. Als es Nacht wurde, suchten ihn die Leute mit Laternen und fanden ihn in seinem Versteck, da die Gänse so laut schnatterten. Deshalb gibt es am 11.11. Laternenumzüge und in manchen Regionen werden Gänse aus süßem Teig gebacken und „echte" Gänse gegessen. Martinsgänse zu essen, kann man aber auch darauf zurückführen, dass die Bauern im Mittelalter am 11.11. die Abgaben an ihren Herrn bezahlen mussten.

3 Spielen und Spielzeug

Ergänzen Sie. Achten Sie auf die korrekte Form.

Glück
~~spielen~~
Computerspiel
Stein
verlieren
Schach
Ball
ziehen
Spielzeug
Karte
Spiel
Pech
Puppe
Motiv
würfeln
Spielregeln
gewinnen
Eisenbahn
Gesellschaftsspiel
Puzzle

1. „Mensch-ärgere-Dich-nicht" spielen wir nur, wenn keiner weint, wenn er ____________.
2. Ich habe einfach kein ________. Nie würfele ich eine Sechs.
3. Die 5-Jährigen üben den ______ zu werfen und zu fangen.
4. ● Welches ______________ mögen deine Jungs?
   ■ Sie bauen gerne mit LEGO®. Das ganze Zimmer ist voll mit Lego-__________.
5. Ihr sitzt schon ganz schön lange am Computer, jetzt macht ihr mal was anderes als ______________________!
6. Sie spielen abends gerne eine Partie __________.
7. Du musst bei diesem ________ immer eine Karte ablegen. Wenn du keine ________ ablegen kannst, musst du eine vom Stapel __________.
8. Ich habe schon wieder eine Eins ______________. Beim Würfeln habe ich immer ______.
9. Er hat im Lotto eine Million ______________.
10. Meine Kinder spielen gerne das ____________________________ *Monopoly®*.
11. Spielen wir ein anderes Spiel? Bei dem sind die _________________ so kompliziert.
12. Die kleine Lea legte ihre ________ in den Puppenwagen und fuhr mit ihr spazieren.
13. Als die Jungs klein waren, haben sie an Weihnachten immer die ______________ aufgebaut.
14. Du kannst David gern ein _________ schenken. Eines mit 1000 Teilen. Aber das ________ sollte nicht so kompliziert sein.

Schleich®-Figuren

Steiff®-Tiere

Playmobil®-Figuren

Käthe Kruse®-Puppen

Deutsches Spielzeug

Schleich®-Figuren: Die Firma produziert kleine naturgetreu gestaltete und handbemalte Tiere, Ritter, Indianer und Elfen aus Kunststoff.

Steiff®-Tiere: In fast jedem deutschen Kinderzimmer gibt es einen Teddy dieser Firma. Das Unternehmen wurde 1880 von Margarete Steiff gegründet. Das erste Stofftier war eigentlich ein Nadelkissen in Form eines Elefanten.

Ravensburger® Spiele: Sicher haben Sie schon einmal ein Spiel dieser weltbekannten Firma gespielt: Das Spiel memory® gibt es seit 1959 und seit 1964 verkauft die Firma Puzzles.

Playmobil®-Figuren: Die Firma produziert seit 1974 Spielfiguren und -zubehör aus Kunststoff. Die Hände, Arme, Beine und Köpfe der 7,5 cm großen Figuren sind beweglich. Mit den drehbaren Händen können sie verschiedene Gegenstände festhalten. Es gibt unzählige Figuren zu unterschiedlichsten Themen: z. B. Bauernhof, Feuerwehr, Polizei, Piraten, Ritter ...

Märklin® Modelleisenbahnen: Die bekannten Modelleisenbahnen sind ein beliebtes Spielzeug von Vätern und Söhnen.

Käthe-Kruse®-Puppen: Es begann 1905, als sich Käthe Kruses Tochter eine warme, weiche Puppe wünschte. Heute gibt es von dieser Firma zahlreiche Puppen-Modelle.

Musik, Musikinstrumente und Konzerte

4 ______

a. Ergänzen Sie. Achten Sie auf die korrekte Form.

0. ● Spielt deine Tochter ein Instrument? ■ Ja, Blockflöte.
1. ■ Wer spielt bei dem Konzert am F________? ● Der Pianist Lang Lang.
2. ● Bei den Blechbläsern spielen im O____________ Hörner, Trompeten und Posaunen.
3. Unser Nachbar singt in einem Ch____. Man hört ihn oft s________.
4. Gilberto Gil ist ein bekannter brasilianischer M__________.
5. Die Kinder lernen in der Grundschule im Musikunterricht N_______ lesen.
6. Er h_____ zur Entspannung gerne klassische M_______.
7. ■ Wollen wir Eva Eintrittskarten für ein K_________ in der Philharmonie schenken?
   ● Ich weiß nicht, bist du dir sicher, dass sie k____________ M_______ mag?
8. Wolfgang Amadeus Mozart ist ein weltberühmter K____________.
9. Christian Thielemann und Herbert von Karajan sind berühmte D____________.
10. *Tokio Hotel* ist eine international bekannte deutsche B______.
11. ■ Weißt du wie die S__________ heißt?
    ● Nein. Aber die G________ heißt *Silbermond*.
12. Die Sängerin hat eine wunderschöne S________.
13. Soll ich ein bisschen Musik a__________?
14. Dieses Lied läuft überall im Radio, es ist momentan ein absoluter H____.
15. Er hört morgens gerne K________, wenn er zur Arbeit fährt.

Musik hören
Musiker
Note
Dirigent
Komponist
Chor
~~Instrument~~
Flügel
Sängerin
Konzert
Stimme
auflegen
Hit
Band
Klassik
Musik
klassisch
Orchester
Gruppe
singen

b. Ergänzen Sie. Achten Sie bei Verben auf die korrekte Form.

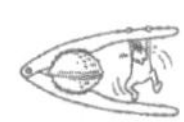

Die deutsche Nationalhymne: Einigkeit und Recht und Freiheit ...

Die (0) Melodie der deutsche Nationalhymne wurde 1797 von Joseph Haydn als österreichische Kaiserhymne (1) ______________. 1841, als Deutschland aus 39 kleinen Staaten bestand, erhielt das (2) ______ seinen (3) ______ von Heinrich Hoffmann von Fallersleben, der wegen seiner liberalen Ansichten im Exil war. Der Liedtext wurde oft umgedeutet, missbraucht und verboten. Seit 1952 ist die dritte (4) __________ die Nationalhymne der Bundesrepublik Deutschland.

Lied
komponieren
~~Melodie~~
Strophe
Text

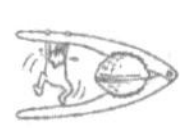

c. Ordnen Sie die Instrumente den Instrumentengruppen zu.

e Gitarre
e Blockflöte
e Trommel
e Querflöte
e Geige
e Harfe
~~s Becken~~
e Pauke
e Klarinette
s Xylophon
e Posaune
e Triangel
e Oboe
e Claves *(Pl.)*
e Bratsche
s Horn
e Trompete
s Saxofon
r Kontrabass
e Tuba
s Fagott
s Cello

Schlaginstrumente

0. das Becken
1. X
2. T
3. P
4. T
5. C

Blasinstrumente

6. B
7. K
8. O
9. Q
10. S
11. F
12. T
13. P
14. H
15. T

Streichinstrumente

16. G
17. B
18. C
19. K

Zupfinstrumente

20. H
21. G

d. Was passt nicht?

0. die Musik ist: zu laut – zu leise – ~~zu hoch~~
1. du singst: zu hoch – zu leicht – zu tief
2. eine Melodie: pfeifen – klatschen – summen
3. singen: das Gehör – ein Weihnachtslied – eine Strophe
4. den Rhythmus: klatschen – vorgeben – aufführen
5. das ist eine ... Note: ganze – ernste – halbe
6. die Tonleiter: vorspielen – üben – stimmen
7. ich bin aus dem ... gekommen: Takt – Ton – Rhythmus
8. eine Tonart in ... spielen: Akkord – Dur – Moll

Veranstaltungen allgemein

5 ______

a. Was passt? Kreuzen Sie an.

0. Die Veranstaltung ...
   [X] findet statt. [X] fällt aus. [X] ist gut besucht.

1. Karten gibt es ...
   [ ] im Vorverkauf. [ ] ausverkauft. [ ] an der Abendkasse.

2. Ich möchte gerne Karten ...
   [ ] bestellen. [ ] kaufen. [ ] reservieren.

3. Montags ist das Museum leider ...
   [ ] geschlossen. [ ] zu. [ ] privat.

4. Ist das Museum montags ...
   [ ] auf? [ ] frei? [ ] geöffnet?

5. Hast du die ...
   [ ] Tickets? [ ] Eintrittskarten? [ ] Eintritt?

6. Der Eintritt ist ...
   [ ] sehr günstig. [ ] sehr teuer. [ ] frei.

7. Das Publikum ...
   [ ] war begeistert. [ ] applaudierte. [ ] klatschte.

8. Es gab großen ...
   [ ] Beifall. [ ] Applaus. [ ] Pause.

b. In der Oper. Ergänzen Sie.

1. ● Hast du noch Eintrittskarten bekommen? ■ Ja, aber nur S______________.
2. Bitte besorg S______________, das Konzert dauert doch so lange.
3. Warte kurz, ich möchte noch ein P______________ kaufen.
4. Komm, lass uns die Jacken an der G______________ abgeben.
5. ● Wo sind unsere Plätze? ■ In R______ 9, ganz in der M______.
6. In der Pause waren vor den T______________ lange Schlangen.
7. Die Plätze in der L______ sind teuer, aber da sieht man gut.
8. Hier können wir leider keinen Stuhl hinstellen, das ist der N______________.

Mitte
Reihe
Loge
Notausgang
Sitzplätze *(Pl.)*
Stehplätze *(Pl.)*
~~Eintrittskarten~~ *(Pl.)*
Programm
Toiletten *(Pl.)*
Garderobe

c. Veranstaltungsarten. Welche Wörter sind hier versteckt?

	A	B	C	D	E	F	G	H	I	J	K	L	M	N	O	P	Q	R	S	T
1	L	Y	I	M	G	D	H	U	N	X	Q	T	K	U	L	T	U	R	H	V
2	I	U	B	H	Y	L	G	N	O	Y	W	X	T	K	A	S	X	Z	U	Q
3	T	I	C	Y	I	M	X	M	R	U	H	X	S	V	S	J	Y	K	N	L
4	E	T	B	E	S	I	C	H	T	I	G	U	N	G	A	X	F	P	T	W
5	R	T	F	H	T	J	T	G	H	B	W	U	E	H	F	A	E	Z	E	X
6	A	Q	E	B	C	X	M	F	I	G	F	I	R	U	E	V	D	I	R	L
7	T	F	Q	O	Q	Z	M	D	K	K	Q	I	Q	Z	R	Y	U	M	H	Y
8	U	B	W	T	L	E	S	U	N	G	B	V	H	J	K	Q	Q	M	A	S
9	R	P	A	G	E	J	E	Q	V	M	Y	V	K	L	I	O	M	X	L	H
10	X	K	I	G	X	Ö	F	F	E	N	T	L	I	C	H	B	R	W	T	Y
11	V	P	V	U	R	H	R	I	C	R	J	A	Q	Q	M	O	U	C	U	F
12	M	I	T	G	E	S	C	H	L	O	S	S	E	N	E	X	I	F	N	U
13	O	N	H	U	P	N	Q	H	L	J	V	Z	K	X	K	R	N	W	G	U
14	I	H	B	J	F	E	S	T	I	V	A	L	B	O	P	W	I	C	N	O
15	Y	Y	K	M	V	K	K	D	S	K	I	Y	N	X	D	L	T	P	G	D
16	S	I	V	U	N	D	I	S	K	U	S	S	I	O	N	E	H	N	N	F
17	U	L	B	C	M	M	W	E	O	Q	Q	P	P	W	C	O	T	N	F	Q
18	K	A	B	E	N	D	V	E	R	A	N	S	T	A	L	T	U	N	G	F
19	V	L	G	J	I	F	Y	M	N	C	Y	Q	A	W	H	R	U	J	Q	A
20	X	A	L	T	V	A	T	Q	F	K	U	N	S	T	D	B	C	Y	I	P

0. Ein anderes Wort für Vergnügungen bei einer Feier: Unterhaltung
1. Geistige und künstlerische Leistungen: ______________
2. Schöpferisches Gestalten mit unterschiedlichen Materialien: ______________
3. So nennt man z. B. Gedichte, Romane und Theaterstücke: ______________
4. Das macht man, wenn man z. B. ein Schloss anschaut: ______________
5. Aus einem Buch vor Publikum vorlesen: ______________
6. Eine Veranstaltung, die zwischen Nachmittag und Nacht stattfindet:

   ____
7. Gespräch über ein bestimmtes Thema: ______________
8. So nennt man ein Festspiel oder Musikfeste: ______________
9. So ist eine Veranstaltung, die für alle Menschen zugänglich ist:

   ____
10. Eine Veranstaltung, die nicht für alle Menschen zugänglich ist, ist eine

    ______________ Veranstaltung.

Theater

Ergänzen Sie. Achten Sie auf die korrekte Form.

1. Die Karriere vieler berühmter Filmschauspieler, so zum Beispiel von Armin Mueller-Stahl, hat am ____________ begonnen.
2. Weißt du, welche __________ gerade am Volkstheater _____________ werden?
3. Das ________________________ der Münchner Kammerspiele ist eines der bekanntesten Sprechtheater in Deutschland.
4. Der _______________ leitet und organisiert das Theater: er legt das ______________ fest und kümmert sich um die Finanzierung.
5. Der Regisseur ________________ Theaterstücke. Das heißt, er lässt den Text durch Schauspieler, ____________________ und Musik lebendig werden.
6. Man unterscheidet heute drei Hauptformen des Theaters: das Sprechtheater (______________, Komödie, Schauspiel), Musiktheater (_______, Operette, Musical) und körpersprachliches Theater (___________, Tanztheater, Pantomime).
7. Nach der ____________________ kann der Regisseur noch etwas ändern. Nach der _____________ wird an der Inszenierung nichts mehr geändert und alle weiteren ____________________ sollten der Premiere gleichen.
8. ● Hast du noch Karten für die __________________ bekommen?
   ■ Nein, leider nicht. Die Vorstellung ist leider _______________.
9. Gustav Gründgens' erste ________ am Preußischen Staatstheater in Berlin war die des Mephistopheles in Goethes Faust.
10. Nach Aristoteles' Theorie der drei Einheiten, sollte die ______________ eines Theaterstücks nur einen Tag umfassen.
11. Ein klassisches Drama besteht aus fünf _________.
12. Der Regisseur war mit der _________ nicht zufrieden und die Schauspieler mussten sie noch mehrmals __________.
13. Das _____________ hörte nicht auf zu applaudieren und die Schauspieler kamen noch einmal auf die _________.
14. Die Kinder werden dieses Jahr an Weihnachten ein Theaterstück ______________.

Stück
~~Filmschauspieler~~
Schauspielhaus
Theater
Intendant
spielen
Tragödie
Programm
Premiere
inszenieren
Ballett
Oper
Bühnenbild
Generalprobe
Aufführung
Rolle
Szene
Vorstellung
Akt
ausverkauft
Handlung
proben
Bühne
aufführen
Publikum

7 Film, Kino und Fotografie

a. Leonie und Moritz gehen ins Kino. Ergänzen Sie.

spät
pünktlich
geöffnet
Eingang
um
(sich) treffen
reservieren
Plätze *(Pl.)*
vorne
hinten
von ... bis
~~Karten~~ *(Pl.)*
anrufen

Leonie: Hallo Moritz, kannst du (0) Karten für Harry Potter 7 reservieren?

Moritz: Ja. Wann kann man beim Kino (1) __________?

Leonie: Die Kasse ist (2) _____ 15 Uhr _____ 20 Uhr (3) __________.

Moritz: Möchtest du lieber (4) ________ oder (5) ________ sitzen?

Leonie: Die (6) ________ weiter hinten finde ich besser.

Moritz: Für welche Vorstellung soll ich Karten (7) ____________?

Leonie: Für die Vorstellung (8) ____ 17 Uhr.

Moritz: Okay, wo (9) ________ wir uns?

Leonie: Um 16.30 Uhr am (10) __________. Sei bitte (11) __________.

Moritz: Ich komme bestimmt nicht zu (12) ______.

b. Ergänzen Sie. Achten Sie auf die korrekte Form.

DVD
Star
Hauptdarsteller
anschauen
~~Schauspieler~~
Vorführung
Regisseur
Film

0. Armin Mueller-Stahl und Til Schweiger sind bekannte deutsche Schauspieler.
1. Wim Wenders und Sönke Wortmann sind berühmte deutsche R__________.
2. Weißt du, ob der F_____ „Avatar“ noch irgendwo läuft?
3. ● Willst du dir den neuen Harry-Potter-Film a__________?

   ■ Nein, den will ich mir nicht ansehen, aber meine Kinder.
4. Kate Winslet und Leonardo DiCaprio sind die H____________ im Film „Titanic“.
5. Ich schaue mir den Film nicht im Kino an, den gibt es doch bald auf D____.
6. Zum Filmfestival kamen viele S_____
7. Im Kino gibt es vor der V__________ immer Werbung.

c. Fotografieren. Ergänzen Sie. Achten Sie auf die korrekte Form.

~~Foto~~
Film
Digitalkamera
Bild
entwickeln
Fotostudio
Abzug
Speicherkarte
Objektiv
Fotoapparat
Vergrößerung
fotografieren
Aufnahme
Fotograf
Filmkamera
filmen
ins Internet stellen
aufnehmen
ein Foto machen
Negativ
Blitz
scharf
Stativ
scharf stellen

1. ■ Hast du das Foto selbst gemacht? ● Nein, das ist vom ______________.
2. ● Hast du noch einen ________ für die Kamera? ■ Nein, aber nimm doch die ______________. ● Bei der ist die ______________ voll.
3. Ich muss den Film noch ______________ lassen. Du bekommst dann ________ von mir.
4. Ich habe Axels neuen ______________ in der Bahn liegen gelassen.
5. Kannst du bitte die Kinder ______________. Ich brauche eine schöne ______________ für die Weihnachtspost.
6. Ich muss zum ______________, Bewerbungsfotos machen lassen.
7. Das ________ von der Insel gefällt mir. Kannst du mir davon eine ______________ machen lassen?
8. Ich kann das nicht gut fotografieren, dafür bräuchte ich ein anderes ______________.
9. Die Kinder haben mit dem Handy ______________ und den Film ____ ______________ ______________.
10. Ich habe die ______________ von den alten Fotos aufbewahrt.
11. Wir haben mit der ______________ die Babyjahre unserer Kinder ______________.
12. Entschuldigung, könnten Sie bitte ______ ________ von uns __________?
13. Hier darf man nicht mit ________ fotografieren.
14. Du musst nicht __________ __________, das macht die Kamera automatisch.
15. Schade, das Foto ist leider nicht __________.
16. Wenn ich so lange belichten muss, brauche ich ein __________.

Bitte nicht lächeln: Regeln für die neuen Passbilder

Wer einen biometrischen Reisepass beantragt, muss bei den Fotos eine Menge beachten. Nach EU-Richtlinien muss das Passfoto beispielsweise eine Frontalaufnahme mit neutralem Gesichtsausdruck sein. Die Gesichtshöhe, in Deutschland 32 bis 36 Millimeter, wird von den Behörden mit einer Schablone gemessen. Es wird auch kontrolliert, ob die Augen offen und auf gleicher Höhe sind. Die Augen dürfen auch nicht durch Haare oder ein Brillengestell verdeckt sein. Auch unscharfe oder kontrastarme Fotos sowie Bilder mit Schatten oder einem unruhigen Hintergrund sind für die Behörden unbrauchbar. Das Foto darf auch keinen Farbstich, Schmutz oder Knick haben.

8 Kunst und Ausstellungen

Ergänzen Sie. Achten Sie auf die korrekte Form.

Rahmen
~~Aquarell~~
Reproduktion
Papier
Original
Gemälde
kitschig
Grafiker
Künstler
Bild
Fälschung
Skizze
Porträt
Radierung

1. Wenn du Aquarelle malen willst, nimmst du am besten auch spezielles P_______.
2. Das Ölgemälde hatte einen goldenen R_______.
3. Eine R_______ macht man, indem man mit einer Nadel die Zeichnung in eine Kupfer- oder Zinkplatte ritzt.
4. Das Ölbild ist kein O_______, das ist eine R_______, aber ich finde es trotzdem sehr dekorativ.
5. Das B_______ gefällt mir nicht. Ich finde es sehr k_______.
6. Das G_______ habe ich ersteigert. Es ist von einem bekannten K_______ und war deshalb leider recht teuer.
7. Das sind die S_______ zu dem berühmten Gemälde.
8. Das Logo hat ein bekannter G_______ entworfen.
9. Das Gemälde kann kein Original sein, das ist sicherlich eine F_______.
10. Das ist das P_______ des Malers als Jugendlicher.

Vernissage
Ausstellungskatalog
Druck
Führung
Aufseherin
schnitzen
Skulptur
Galerie
Ausstellung
Museum
Bildhauer
Atelier

11. Die Impressionisten haben nicht im A_______, sondern im Freien gemalt.
12. Die Auflage war bei diesem D_______ nicht sehr hoch.
13. Diese Figuren sind aus Holz gesch_______.
14. Heute regnet es, da könnten wir doch mal wieder in ein M_______ gehen.
15. Das Bild habe ich in einer kleinen G_______ gekauft.
16. Rodin ist ein berühmter B_______.
17. Diese S_______ ist aus Bronze.
18. Wollen wir bei der Picasso-A_______ eine F_______ machen?
19. Warte mal kurz, ich möchte noch den A_______ durchblättern.
20. Als Studentin habe ich manchmal als A_______ in einem Museum gearbeitet.
21. Die V_______ findet heute Abend statt.

Sport

9 ________

a. Was passt nicht?

simsen = *SMS schreiben*

0. Wir spielen heute ...
   Handball. – Volleyball. – Tennis. – ~~Elfmeter.~~
1. Der Pool ist wunderschön zum ...
   Surfen. – Schwimmen. – Segeln. – Rudern.
2. Im Winter fahren wir oft in die Schweiz zum ...
   Skilaufen. – Langlaufen. – Skilift. – Klettern.
3. Nach der Arbeit gehe ich gerne noch ...
   walken. – simsen. – joggen. – laufen.
4. Die Mannschaft hat ...
   verloren. – gewonnen. – gesiegt. – unentschieden.
5. Der Athlet hat an ... teilgenommen.
   den Olympischen Spielen – dem Wettbewerb – dem Tor

b. Finden Sie die Sportarten und ordnen Sie zu.

s Badminton = *s Federballspiel*

BADMINTON|BOXENGOLFTURMSPRINGENHOCKEY
ROLLERBLADENSKISPRINGENANGELNLAUFENSQUASH
BASKETBALLGYMNASTIKEISKUNSTLAUFRODELNEISHOCKEY
TISCHTENNISWEITSPRUNGSPEERWERFENHOCHSPRUNG
GLEITSCHIRMFLIEGENKUGELSTOSSENDISKUSWERFEN

Ballsportarten

0. Badminton
1. S______
2. G______
3. H______
4. B______
5. T______

Wassersport

6. T______
7. A______

Leichtathletik

8. L______
9. W______
10. H______
11. K______
12. S______
13. D______

Wintersport

14. S______
15. R______
16. E______
17. E______

Diverse Sportarten

18. B______
19. G______
20. R______
21. G______

c. Ergänzen Sie.

~~Stadion~~
-platz
-platz
-platz
-halle
-halle
-strecke
-bahn

1. Fußball spielt man im Stadion oder auf dem Fußball_________.
2. Der Schwimmwettkampf findet in der Schwimm_________ statt.
3. Das Autorennen findet auf der Renn_______ oder Renn___________ statt.
4. Das Reitturnier findet in der Reit_________ statt.
5. Das Tennismatch findet auf dem Tennis_________ statt.
6. Das Golfturnier findet auf dem Golf_________ statt.

d. Sportquiz. Raten Sie und kreuzen Sie an.

0. Warum trägt der Torhüter große Handschuhe?
   - [x] a. damit er den Ball besser fangen kann
   - [ ] b. weil er friert
   - [ ] c. damit er im Kampf geschützt ist

1. Eine Fußballmannschaft hat elf Spieler. Wen nennt man den „zwölften Mann"?
   - [ ] a. den besten Ersatzspieler
   - [ ] b. den Schiedsrichter
   - [ ] c. die Zuschauer beim Spiel zu Hause

2. Was passiert beim Autorennen beim Boxenstopp?
   - [ ] a. der Fahrer muss auf die Toilette
   - [ ] b. der Fahrer will eine Pause machen
   - [ ] c. das Auto wird betankt und die Reifen werden gewechselt

3. Wann spielt man in der Fußball-Bundesliga mit einem roten Ball?
   - [ ] a. beim Endspiel
   - [ ] b. wenn Schnee liegt
   - [ ] c. wenn der Schiedsrichter verliebt ist

e. Schlagzeilen aus dem Sport. Ergänzen Sie. Achten Sie auf die korrekte Form.

Meisterschaft
~~unentschieden~~
Turnier
Sieg
Favorit
schlagen
Sieger
Finale
Niederlage

0. Fußball-Bundesliga:
   Revier-Derby Dortmund gegen Schalke endet 1:1 unentschieden
1. Deutsche Handballer schlagen den F_____________!
2. Den S_____ in der Tasche: FC Bayern feiert die M_________________
3. Der überraschende S_________: Tiger Woods überzeugt beim Miami Golf Cup
4. Das T__________ der Überraschungen! Holland sch_______ Weltmeister Italien
5. Was für eine N______________! Schweiz verliert gegen Türkei 1:2
6. Überraschendes F_________: Nadal besiegt Federer bei French Open

f. Fußball. Ergänzen Sie. Achten Sie auf die korrekte Form.

0. ● Für welche Mannschaft ist denn dein Sohn? ■ Er ist für Werder Bremen.
1. ● Na, wie war das ________? ■ Simon ist stolz, er hat ein _____ geschossen.
2. Der deutsche __________ bei der Weltmeisterschaft 2010 war Joachim Löw.
3. Die Jugendlichen, die im ________ Fußball spielen, ______________ zweimal die Woche.
4. Wir trainieren nicht in der Halle, sondern auf dem ______________.
5. ● Ist der __________ ein Amateur? ■ Nein, er ist ________.
6. Wer hat das Tor zum 1:2 ______________?
7. Hast du gestern das ________________ im Fernsehen gesehen?
8. Ich finde, dass der neue Trainer ein gutes ______ zusammengestellt hat.
9. Die _________ sind stark. Wir werden nicht gewinnen, sondern ____________
10. ● Wie ________ es? ■ Der FC Waldperlach ________ 3:1.
11. Der Trainer war mit dem ____________ sehr zufrieden.
12. Die Spieler haben viel trainiert. Sie sind jetzt alle _____.

Tor
Gegner
stehen
Verein
Team
Trainer
Spieler
Sportplatz
~~Mannschaft~~
Fußballspiel
Ergebnis
fit
schießen
verlieren
führen
Spiel
Profi
trainieren

s Ergebnis = *s Resultat*

g. Klub und Verein. Ergänzen Sie.

1. Seit wann sind Sie Mitglied im __________?
2. Das Sommerfest findet im ________________ statt.
3. Wer schreibt die Einladung für die nächste ________________?
4. Ich möchte nicht Mitglied in einem ______ werden. Ich möchte nur ab und zu mit meinem Mann Tennis spielen.
5. Wir __________ uns beim Vereinsheim und fahren dann in Fahrgemeinschaften zum __________.
6. Wir müssen noch __________ für einen neuen Rasenmäher sammeln.
7. Man muss erst in den Verein ____________, bevor man bei Turnieren mitspielen darf.
8. Simon geht doch gar nicht mehr zum Schwimmtraining. Wir sollten die ________________ kündigen, sonst wird wieder der __________________ abgebucht.
9. Vielleicht _______ ich nicht aus dem Verein _____, sondern bleibe passives Mitglied. Die ____________________ war sehr hoch.

Klub
Verein
austreten
eintreten
~~Mitglied~~
Mitgliedsbeitrag
Mitgliedschaft
Turnier
treffen
Aufnahmegebühr
Spenden *(Pl.)*
Vereinsheim
Versammlung

10 Radio und Fernsehen

a. Wie heißen die Verben? Ergänzen Sie.

r Fernseher =
r Fernsehapparat;
s Fernsehgerät

0. der Fernseher: Viele Kinder und Jugendliche sehen zu viel fern.
1. die Sendung: Ich glaube der Beitrag wird im Bayerischen Rundfunk live ________.
2. die Aufzeichnung: Wir haben das Interview vor der Sendung ________.
3. die Übertragung: Das Spiel wird live ________.
4. das Umschalten: Kannst du bitte auf das 1. Programm ________, dort kommen jetzt Nachrichten.
5. die Moderation: Ich finde, die neue Moderatorin ________ die Sendung gut.
6. der Hörer: Unsere Familie ________ morgens immer Radio.
7. der Zuschauer: Das Fußballspiel ist mir zu langweilig. Ich mag nicht mehr ________.
8. die Sprecherin: Ich arbeite beim Bayerischen Rundfunk und ________ dort die Nachrichten im Radio.
9. die Aufnahme: Kannst du mir den Film auf DVD ________?
10. der Empfang: Den Sender kann ich nicht ________, wir haben keinen Kabelanschluss.

b. Unterhaltungselektronik: Geräte und Zubehör. Ergänzen Sie mit dem bestimmten Artikel.

MP3-Player
~~Kopfhörer~~
Mikrofon
Satellitenschüssel
CD-Player
Fernbedienung

0. der Kopfhörer
1. ________
2. ________
3. ________
4. ________
5. ________

c. Ergänzen Sie. Achten Sie auf die korrekte Form.

1. Die Rundfunkgebühren sind in Deutschland, Österreich und der Schweiz die wichtigste Finanzierungsquelle der öffentlich-rechtlichen S__________. Mit den Gebühren bezahlt man kein bestimmtes F__________, sondern man bezahlt dafür, dass man ein R__________ bzw. einen Fernseher im Haushalt hat.
2. Ich mag keine S__________ bei p__________ Sendern anschauen, weil mich die Unterbrechungen für die W__________ stören.
3. Seit 1988 gibt es in Deutschland eine N__________ für Kinder. Sie heißt „logo!".
4. Ich möchte den W__________ sehen, schaltest du bitte die Nachrichten ein?
5. Diese S__________ finde ich langweilig, komm, schalt um, im zweiten Programm läuft ein K__________.
6. Am Samstagabend kommen oft T__________.
7. Diese Sendung hat schlechte E__________.
8. Jetzt habt ihr aber genug vor der G__________ gesessen, raus mit euch in den Garten, Kinder.
9. Wir schalten aus unserem S__________ live nach Washington.

Radio
~~Rundfunkgebühr~~
Glotze *(ugs.)*
Fernsehprogramm
Spielfilm
Sender
Serie
privat
Werbung
Talkshow
Krimi
Studio
Wetterbericht
Nachrichtensendung
Einschaltquote

s Radio = *r Radioapparat*

e Glotze *(ugs.)* = *r Fernseher*

10. Ich glaube diese Sendung ist eine W__________.
11. Dieser B__________ kommt zu einer S__________, bei der normale Menschen schlafen.
12. Schau mal, bei den Nachrichten gibt es eine neue S__________.
13. Nach dem Unglück gab es eine S__________.
14. Ich benutze den V__________ nicht mehr, wir haben nur noch einen DVD-Player.
15. Zu meiner alten Stereoanlage gehörte ein P__________.
16. Meine Kinder haben ihren K__________ geliebt. Schade, dass es immer weniger Hörspiel-K__________ gibt, Kassetten sind für kleine Kinder besser geeignet als C__________.
17. Machst du bitte das Radio leiser. Bei der L__________ glaubt man, ihr hört schlecht.
18. Den F__________ schaue ich nicht im Kino an, der wird doch bald im Fernsehen ges__________

CD
Wiederholung
Film
Bericht
Sendezeit
Kassette
Kassettenrekorder
Lautstärke
Sondersendung
senden
Plattenspieler
Videorekorder
Sprecherin

11 Literatur und Presse

a. Ergänzen Sie das Gegenteil.

bekannt = *berühmt*

0. das Buch ist spannend ↔ das Buch ist (giliewgnal) langweilig
1. der Autor ist bekannt ↔ der Autor ist (tnnakebnu) ______
2. der Umschlag ist schön ↔ der Umschlag ist (hcilssäh) ______
3. der Text ist lustig ↔ der Text ist (tsnre) ______
4. die Seite ist interessant ↔ die Seite ist (tnasseretninu) ______

b. Silbenrätsel.

TE • ~~HAND~~ • SCHEN • ~~BUCH~~ • BÜ • LI • ~~LUNG~~ • TA • CHE • REI • GE • GUR • DICH
BUCH • AUF • RA • LA • STEL • TUR • HAUPT • SCHRIFT • TER • FI • LER

0. Ein Geschäft, in dem man ein Buch kaufen kann, ist eine Buchhandlung.
1. Ein anderes Wort für Dichtung ist L______.
2. Ein Buch, das nicht gebunden ist, nennt man T______.
3. Eine kleine Bibliothek, bei der man Bücher ausleihen kann, heißt B______.
4. Die Anzahl der Bücher, die auf einmal gedruckt werden, nennt man A______.
5. Eine wichtige Figur in einem literarischen Werk nennt man H______.
6. Andere Wörter für Autor sind D______ oder Sch______.

TI • DE • IN • UN • KA • TER • BÄN • HALT • VOR • TEL
TEL • WORT • HE • GE • PRO • SA • BER • RAUS • PI

7. Den Titel, der den Haupttitel eines Buches erläutert, nennt man U______.
8. Bücher, die Teile eines größeren Werkes sind, nennt man B______.
9. Abschnitte eines Textes oder Buches nennt man K______.
10. Das, was in einem Text oder Buch ausgedrückt wird, nennt man Aussage oder I______.
11. Eine freie Form der Sprache ohne Reime nennt man P______.
12. Ein kurzer Text zur Einleitung eines Buches nennt man V______.
13. Jemand, der Bücher oder Zeitschriften herausgibt, nennt man H______.

c. Ergänzen Sie. Achten Sie bei Verben auf die korrekte Form.

Vom Manuskript zum Buch

Wenn ein (0) Autor mit dem Schreiben seines Buches fertig ist, schickt er das (1) ________________ an den (2) __________. Anschließend liest ein (3) __________ das Manuskript. Der Lektor achtet darauf, dass sachlich richtig ist, was (4) ___ _______ _________. In der Regel schlägt er dem Autor kleine Veränderungen vor. Wenn der Autor die Verbesserungsvorschläge umgesetzt hat, wird das Manuskript (5) _____________ __________. Anschließend wird das Manuskript (6) ____________ und erneut Korrektur gelesen. Danach kommen die Computerdateien in die (7) ______________ und das Buch wird (8) ____________.

Manuskript
im Buch stehen
~~Autor~~
Druckerei
Verlag
setzen
Lektor
Korrektur lesen
drucken

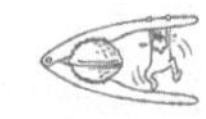

d. Presse und Journalismus. Was passt nicht?

0. In der Redaktion arbeiten ...
   Journalisten. – Korrespondenten. – ~~Zeitungsausträger.~~
1. Der Artikel erscheint ...
   im Leserbrief. – in der Morgenausgabe. – in der Wochenendausgabe.
2. Das Magazin erscheint ...
   wöchentlich. – recherchiert. – monatlich.
3. Die Zeitschrift gibt es ...
   im Abonnement. – für die Presse. – am Kiosk.
4. In dieser Illustrierten gibt es viel ...
   Plakate. – Reklame. – Werbung.
5. Eine Zeitung kann man ...
   abonnieren. – inserieren. – abbestellen.
6. In einem Anzeigenblatt (*CH:* einer Gratiszeitung) kann man ... aufgeben.
   eine Kolumne – eine Annonce – ein Inserat
7. Die Rezension über das Buch findest du im ...
   Feuilleton. – Kulturteil. – Horoskop.
8. Hast du ... schon gelesen?
   den Leitartikel – die Zensur – den Kommentar
9. Der Pressesprecher wird die neuesten Zahlen ...
   sich ereignen. – bekannt geben. – recherchieren.
10. Lies mir mal ... vor.
    die Schlagzeilen – die Überschriften – die Medien

12 Feste und Feiern

a. Traurige und freudige Ereignisse. Ergänzen Sie. Achten Sie auf die korrekte Form.

Feier
Geburtstagsfeier
Party
Hochzeit
Stimmung
Namenstag
Begräbnis
~~Beisetzung~~
Fest
Firmenjubiläum
feiern
sich amüsieren
Taufe
Feiertag
Eröffnung

1. Synonyme für das Wort Beerdigung sind Beisetzung und B_______________.
2. Auf seiner G_______________ haben wir u____ großartig a__________.
3. Zum F_______________ wird es ein großes F_____ geben.
4. Die St__________ bei der P_______ war super.
5. Die T_______ unserer Söhne haben wir in der Jubilatekirche in Waldperlach gefeiert.
6. Die H__________ fand in einer kleinen Kapelle auf einer Burg statt.
7. Er ist katholisch, er feiert seinen N______________.
8. Zur E____________ der neuen Schule hielt der Oberbürgermeister eine Rede.
9. Ein Nationalfeiertag ist normalerweise ein gesetzlicher F______________.
10. Die Firmung und die Kommunion (katholische Kirche) sowie die Konfirmation (evangelische Kirche) sind christliche F__________, bei denen die Aufnahme von Jugendlichen in die Gemeinde gef__________ wird.

b. Gesetzliche Feiertage und religiöse Feste. Ergänzen Sie. Achten Sie auf die korrekte Form.

~~Neujahr~~
Ostern
Tag der deutschen Einheit
Tag der Arbeit
Feuerwerk
Nationalfeiertag
gutes neues Jahr
Heiliger Abend
Heilige Drei Könige
Weihnachtsfeiertag

1. Am ersten Januar feiern wir Neujahr: Zum Jahreswechsel gibt es um 12 Uhr mitternachts ein_______________ und man wünscht sich ein _______ _______ _______.
2. Am 1. Mai, dem _____ _____ __________, gibt es Demonstrationen für die Rechte der Arbeiter.
3. „Schweizer Bundesfeiertag" ist die offizielle Bezeichnung des Schweizer ____________________, der am 1. August gefeiert wird.
4. Am 3. Oktober feiert man in Deutschland den _____ _____ __________ __________. An diesem Tag trat 1990 die DDR (Deutsche Demokratische Republik) der BRD (Bundesrepublik Deutschland) bei, nachdem 1989 die Mauer gefallen war, die die zwei deutschen Staaten getrennt hatte.
5. Den __________ __________ feiern die Christen abends am 24. Dezember. An diesem Abend bekommen die Kinder, aber auch Freunde und Bekannte, Geschenke. Der 25. und der 26. Dezember sind der erste und der zweite ____________________.
6. Am 6. Januar ist __________ _______ __________.
7. __________ mit den Feiertagen Karfreitag, Ostersonntag und Ostermontag ist meistens im März oder April.

An Weihnachten wünscht man sich: **Frohe Weihnachten!**

An Ostern wünscht man sich: **Frohe Ostern!**

Religion

13 ______

Ergänzen Sie. Achten Sie auf die korrekte Form.

Die Weltreligionen

Es gibt viele unterschiedliche (0) Religionen. (1) W__________ – Religionen, denen besonders viele Menschen angehören – sind das (2) Ch__________, der (3) I__________, das (4) J__________, der (5) H__________ und der (6) B__________.

Weltreligion
Islam
Buddhismus
~~Religion~~
Christentum
Judentum
Hinduismus

Das Christentum

Das Christentum ist die größte religiöse Gruppe. Sie besteht aus drei Untergruppen, den (7) K__________, den (8) O__________ und den (9) P__________. Die Religion ist nach Jesus Christus benannt, der von den Christen als Sohn Gottes (10) v__________ wird. Christus, der Nächstenliebe und Gewaltlosigkeit predigte, wurde zum Tod am (11) K__________ verurteilt. Das Kreuz ist deshalb das Zeichen der Christen. Die religiöse Schrift der Christen ist die (12) B__________. Viele Christen gehen sonntags in die (13) K__________ und (14) b__________ zu Gott.

verehren
Protestanten *(Pl.)*
Orthodoxe *(Pl.)*
Katholiken *(Pl.)*
Kreuz
beten
Bibel
Kirche

Der Islam

Der Islam ist die zweitgrößte (15) G__________ in Deutschland. Das heilige Buch der Muslime ist der (16) K__________, ihr Gott heißt (17) A__________. Für (18) M__________ gibt es fünf Grundsätze, die sogenannten Säulen des Islams. Die erste Säule lautet: Es gibt keinen Gott außer Allah und Mohammed ist sein (19) P__________. Die zweite ist, dass gläubige Muslime fünfmal am Tag in Richtung (20) M__________, der Stadt in der Mohammed geboren wurde, beten. Die dritte Säule ist, dass Gläubige Armen mit (21) S__________ helfen. Die vierte ist das (22) F__________ von Sonnenaufgang bis -untergang im Ramadan. Die fünfte Säule ist eine (23) P__________ nach Mekka.

Koran
Muslime *(Pl.)*
Spenden *(Pl.)*
Glaubensgemeinschaft
Allah
Prophet
Pilgerfahrt
Fasten
Mekka

Synagoge
Sabbat
Gott
Gläubige *(Pl.)*
Davidstern
Juden *(Pl.)*
Thora

Das Judentum

Das Judentum ist die älteste Religion, in der nur ein (24) G______ verehrt wird. Ihr Symbol ist der (25) D______. Die (26) J______ nennen ihren Gott Jahwe, ihr Gotteshaus heißt (27) S______. Während des Gottesdienstes liest ein Rabbiner aus der (28) T______, der heiligen Schrift der Juden, vor. Der (29) S______ ist für Juden ein Feiertag, der von Freitagabend bis Samstagabend dauert. Für (30) G______ gelten im Judentum strenge Essensregeln. Sie sollen nur koscher (= rein) essen.

Hindus *(Pl.)*
Wiedergeburt
Nirwana
Karma

Der Hinduismus

Der Hinduismus ist die wichtigste Religion in Indien. (31) H______ glauben an verschiedene Götter. Der höchste Gott, der die Welt regiert und die (32) W______ lenkt, heißt Brahma. Die Hindus glauben, dass man sein (33) K______ verbessert, indem man Gutes tut, und man es dann im nächsten Leben besser hat. Ziel ist, das (34) N______ zu erreichen, in dem man endgültig Ruhe findet.

Religionsfreiheit
Die Religionsfreiheit ist im Grundgesetz der Bundesrepublik Deutschland verankert.

Artikel 4
Glaubens-, Gewissens- und Bekenntnisfreiheit

(1) Die Freiheit des Glaubens, des Gewissens und die Freiheit des religiösen und weltanschaulichen Bekenntnisses sind unverletzlich.
(2) Die ungestörte Religionsausübung wird gewährleistet.
...

POLITIK UND GESELLSCHAFT POLITIK UND GESELLSCHAFT POLITIK UND GESELLSCHAFT POLITIK U

P

POLITIK UND GESELLSCHAFT

1 Staatsformen

a. **Ergänzen Sie. Achten Sie auf die korrekte Form.**

repräsentativ
Regierung
herrschen
auserwählt
Gesetz
~~Staat~~
Monarchie
absolut
Dynastie
Macht
Alleinherrschaft
Gehorsam
König
Erbrecht
Gefängnis
Herrscher
Kritik
Ordnung
Untertan
Staatsform

Monarchie

In jedem (0) Staat gibt es jemanden, der die (1) O__________ bestimmt und die Macht hat, Gesetze festzulegen usw. In früheren Zeiten war es oft eine einzelne Person, die das Sagen hatte und die (2) M__________ über alle anderen Einwohner ausübte. Dieser (3) H__________ konnte ein Kaiser, (4) K__________ oder ein Fürst sein, während alle anderen Menschen als (5) U__________ bezeichnet wurden. Schon allein dieses Wort drückt das Machtgefälle in dieser (6) S__________ aus, die man auch als (7) M__________ bezeichnet. Dieser Begriff kommt aus dem Griechischen und bedeutet (8) A__________. Mit der Zeit entstand in den Familien, aus denen ein König stammte, ein Herrschaftsanspruch, der sich auf ein (9) E__________ stützte. Das war der Beginn von sogenannten Königshäusern bzw. (10) D__________, die teilweise jahrhundertelang (11) h__________. Viele Könige begründeten ihren Herrschaftsanspruch mit einer angeblichen göttlichen Abstammung oder damit, dass sie von Gott (12) a__________ seien, über die anderen Menschen zu herrschen. Daraus leiteten sie ein (13) a__________ Herrschaftsrecht ab, d. h., das Wort des Königs war (14) G__________ und von den Untertanen wurde absoluter (15) G__________ verlangt. Widerstand oder (16) K__________ wurden mit Gewalt unterdrückt und nicht selten mit (17) G__________ oder Tod bestraft. Es gibt auch heute in Europa noch Könige, z. B. in Spanien, Schweden und England. Diese Länder haben aber alle eine demokratisch gewählte (18) R__________ und das Königshaus erfüllt fast nur noch (19) r__________ Aufgaben. Diese Staatsform nennt man konstitutionelle oder parlamentarische Monarchie.

e Dynastie = *Familie, aus der mehrere Generationen lang der Herrscher eines Staates kommt*

repräsentativ = *hier: ein Land nach außen vertretend*

Diktatur

Eine weitere Herrschaftsform ist die (20) D________. Auch hier liegt die Herrschaft in einer Hand, sei es einer Einzelperson, auch (21) D________ genannt, oder einer Gruppe (Partei, Militär). Auch das Wort Diktatur stammt aus dem Lateinischen. Diktatoren waren im alten Rom (22) B________, die als Herrscher in Notzeiten eingesetzt wurden, bis im Staat wieder alles geordnet war. Solange die Diktatoren herrschten, waren alle Gesetze (23) a_____ K_____ gesetzt. Wenn sie ihre Aufgabe erfüllt hatten, spätestens aber nach sechs Monaten, mussten sie ihr (24) A____ wieder aufgeben. In späteren Zeiten kamen Diktatoren meist mit (25) G________ oder List an die Macht, indem sie den herrschenden König oder das Regierungsoberhaupt ermordeten oder (26) v________. Das nennt man einen Staatsstreich oder (27) P________. Im 20. Jahrhundert kam auf diese Weise in einigen Staaten das Militär an die Macht, das zuvor eine (28) d________ gewählte Regierung mit Gewalt abgesetzt hatte. Man spricht dann von einer (29) M________. Putschversuche werden oft damit begründet, dass in dem Staat eine (30) K________ herrsche, mit der die aktuelle Regierung nicht fertig werde. Deshalb sei eine (31) s________ Hand notwendig, um wieder Ordnung in das Land zu bringen. In Wahrheit geht es Diktatoren eher darum, Macht auszuüben, sich selbst zu bereichern oder die (32) I________ einer bestimmten Gruppe der Bevölkerung durchzusetzen. Diktatoren bleiben nicht selten aufgrund von Gewalt und (33) T________ gegen die eigene Bevölkerung an der Macht, (34) f________ Meinungsäußerung ist kaum möglich. Wenn Menschen den (35) M________ gegenüber kritisch sind oder eine andere (36) p________ Meinung vertreten, werden sie hart bestraft: mit Gefängnis, (37) F________ oder mit dem Tod.

Folter
Machthaber
stark
politisch
Interesse
Diktator
Putsch
vertreiben
demokratisch
Gewalt
Amt
außer Kraft
Diktatur
Beamte
Krise
Terror
Militärdiktatur
frei

e Folter = *jemandem körperliche oder seelische Schmerzen zufügen, um ihn zu einem Geständnis oder einer Aussage zu zwingen*

auf Zeit
Volksvertreter
geheim
Recht
Bürger
Politiker
Demokratie
wählen
Volksherrschaft
Regel

Demokratie

Die Staatsform, in der nicht nur ein Einzelner oder einige Wenige über die (38) R__________ bestimmen, nach denen gelebt wird, sondern das Volk, nennt man (39) D__________ – dieses Wort kommt aus dem Griechischen und bedeutet (40) V__________. Die Idee, dass jeder (41) B__________ in einem Staat das (42) R__________ haben sollte, mitzubestimmen, was in seinem Land passiert, ist schon ziemlich alt. Demokratische Staaten, wie etwa die Bundesrepublik Deutschland funktionieren so: Die Bürger wählen (43) P__________, die sie und ihre Meinung vertreten, also sogenannte (44) V__________, nach dem Mehrheitsprinzip.

Wichtig ist, dass die Wahlen in einer Demokratie (45) g__________ und frei sind, d. h., niemand kann einen Bürger dazu zwingen, eine bestimmte Person zu (46) w__________. Das Volk überträgt demnach die Staatsgewalt an gewählte Vertreter, die dann in den Landtagen und im Bundestag sitzen und dort Politik machen. Diese Abgeordneten sind – das ist ein wichtiges Fundament der Demokratie – nur (47) a____ Z______ gewählt.

Bundesstaat und Bundesländer

a. Die Bundesländer. Ordnen Sie zu.

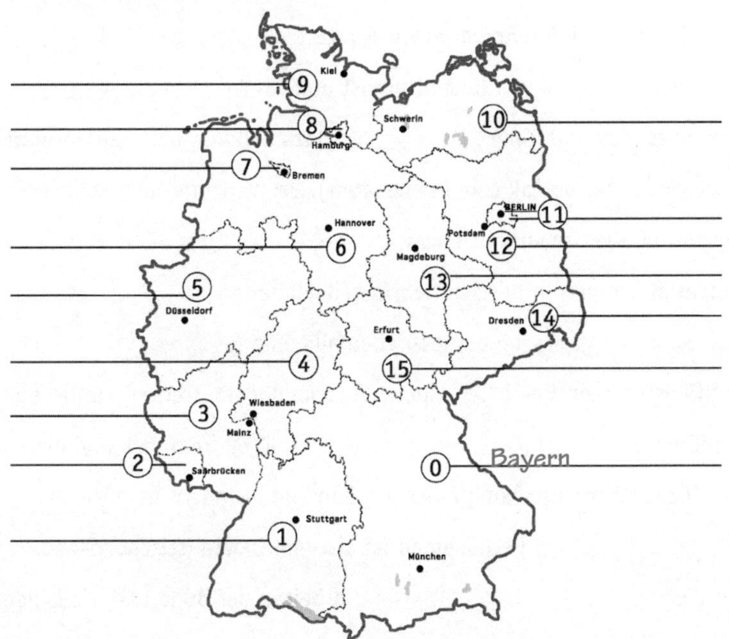

Sachsen
Bremen
Sachsen-Anhalt
Thüringen
Hamburg
~~Bayern~~
Baden-Württemberg
Hessen
Rheinland-Pfalz
Saarland
Nordrhein-Westfalen
Schleswig-Holstein
Niedersachsen
Thüringen
Berlin
Mecklenburg-Vorpommern

b. Länder und ihre Hauptstädte. Ergänzen Sie aus der Grafik oben.

0. Bayern: München
1. Baden-Württemberg: __________
2. Schleswig-Holstein: __________
3. Niedersachsen: __________
4. Rheinland-Pfalz: __________
5. Hessen: __________
6. Saarland: __________
7. Sachsen: __________
8. Brandenburg: __________
9. Sachsen-Anhalt: __________
10. Nordrhein-Westfalen: __________
11. Thüringen: __________
12. Mecklenburg-Vorpommern: __________
13. Bremen: __________
14. Berlin: __________
15. Hamburg: __________

c. **Bund, Länder und Gemeinden. Ergänzen Sie. Achten Sie auf die korrekte Form.**

Müllabfuhr
Kommune
Kulturhoheit
zuständig
Gesetzgebung
selbstständig
Föderalismus
Regierung
Landkreis
Gesetz
einheitlich
Bundesland
Schulpolitik
~~Bundesregierung~~
Bund
Gemeinde
Aufgabe

In Deutschland ist die Regierungsmacht aufgeteilt zwischen der (0) Bundesregierung und den Regierungen der 16 (1) ____________. Was für die gesamte Republik von Bedeutung ist und (2) ____________ geordnet sein muss, das regelt der (3) ________. Dazu gehören beispielsweise die Außen- und Verteidigungspolitik (die Bundeswehr), das Verkehrs- und Postwesen, die Währungspolitik, die Steuerpolitik usw.

Auch die Bundesländer sind in bestimmten Angelegenheiten (4) ____________: Sie haben ebenfalls eine (5) ____________ und können in bestimmten Bereichen eigene Entscheidungen treffen. Zu diesen Bereichen gehören die (6) ____________, die Kulturpolitik und das Polizeiwesen. Diese Machtaufteilung zwischen Bund und Ländern nennt man (7) ____________, Deutschland ist also ein föderalistischer Staat. In Bezug auf die (8) ____________ arbeiten der Bund und die Länder zusammen.

In den Ländern wiederum gibt es viele (9) ____________, in denen viele Städte und Gemeinden, auch (10) ____________ genannt, zu finden sind. Bund, Länder und Gemeinden haben in der Bundesrepublik Deutschland jeweils ihre ganz spezifischen (11) ____________. Die Ausführung der Gesetze ist eine Aufgabe, die sich Länder und (12) ____________ aufteilen.

Ein gutes Beispiel für die Aufgabenteilung stellt der Bereich Schulpolitik dar. Es gibt zum Beispiel ein (13) ________ des Bundes, dass in Deutschland für alle Kinder Schulpflicht herrscht. Die Inhalte des Unterrichts, also was die Kinder letztlich lernen, bestimmen dann aber die Länder: Das nennt man die (14) ____________ der Länder. Die Gemeinden wiederum sind für den Bau und die Instandhaltung der Schulen (15) ____________. Zu den Aufgaben der Kommunen gehört es, alle Angelegenheiten zu regeln, die für ihre Einwohner von Bedeutung sind: Sie organisieren beispielsweise die (16) ____________, die Jugendarbeit, die Strom- und Wasserversorgung und die Bildungs- und Freizeitangebote.

d. Politische Institutionen und ihre Vertreter. Was passt?

0. Der höchste Vertreter Deutschlands, der repräsentative Aufgaben erfüllt, Gesetze unterschreibt und Bundesminister ernennt: Bundespräsident
1. Diese Institution wacht über die Einhaltung des Grundgesetzes; die Richter werden vom Bundestag und Bundesrat gewählt: ______________________
2. Der Chef der Bundesregierung, der die Bundesminister auswählt und die Richtlinien der Politik bestimmt: ______________________
3. Besteht aus dem Bundeskanzler und den Ministern; schlägt Bundesgesetze vor und achtet darauf, dass sie eingehalten werden: ______________________
4. Besteht aus den Ministerpräsidenten und weiteren Regierungsvertretern der Länder: ______________________
5. So nennt man das direkt gewählte Parlament in der Bundesrepublik – hier wird der Bundeskanzler gewählt und Bundesgesetze werden beschlossen: ______________________
6. So nennt man den Chef einer Landesregierung – er macht Landespolitik, regiert ein Bundesland und vertritt sein Land im Bundesrat: ______________________
7. Diese Institution setzt sich zusammen aus dem Ministerpräsidenten und den Landesministern; sie schlägt Landesgesetze vor und achtet darauf, dass Landesgesetze befolgt werden: ______________________
8. Hier wird der Ministerpräsident eines Bundeslandes gewählt und hier werden Landesgesetze diskutiert und beschlossen: ______________________
9. Ein Bündnis zwischen zwei oder mehr Parteien, die zusammen die Regierung bilden wollen: ______________________
10. So nennt man die Parteien in einem Parlament, die nicht an der Regierung beteiligt sind: ______________________
11. Ein anderes Wort für Volksvertreter bzw. gewählte Mitglieder eines Parlaments: ______________________
12. So nennt man alle Minister einer Regierung: ______________________

Abgeordnete (*Pl.*)
Opposition
Landtag
~~Bundespräsident~~
Ministerpräsident
Bundestag
Bundeskanzler
Bundesrat
Bundesregierung
Koalition
Landesregierung
Bundesverfassungsgericht
Kabinett

Tipp
Die weiblichen Formen werden in der Regel durch Anhängen von **-in** *gebildet:* die Bundespräsident**in**, die Bundeskanzler**in**, die Minister**in**
Aber:
der Abgeordnete – die Abgeordnete

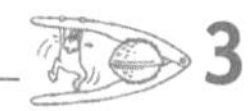

3 Rechtsstaatlichkeit

a. Rechtsstaatlichkeit. Welcher der drei Begriffe passt zu welchem Text?

Die Bundesrepublik Deutschland ist ein Rechtsstaat, der auf drei grundlegenden Prinzipien aufbaut: *a. Rechtsgleichheit, b. Rechtssicherheit und c. Gewaltenteilung.*

1. ☐ ______________________:
Die Macht im Staat liegt nicht in einer Hand, sondern ist auf drei Bereiche aufgeteilt: Ein Teil beschließt die Gesetze, ein Teil führt die Gesetze aus und regiert und der dritte Teil wacht darüber, dass die Gesetze eingehalten werden. Alle diese drei sogenannten Staatsgewalten sind voneinander unabhängig und üben gegenseitige Kontrolle aus.

2. ☐ ______________________:
Alle Bürger sind vor dem Gesetz gleich, d. h., die Gesetze gelten für alle gesellschaftlichen Gruppen gleichermaßen. Wichtig ist auch, dass die Richter in ihren Entscheidungen unabhängig sind.

3. ☐ ______________________:
In Deutschland gibt es Grundrechte, die die Freiheit der Bürger sichern und private Personen vor dem Staat schützen. Alle Bürger müssen sich im Gegenzug an die geltende Rechtsordnung halten und die Gesetze beachten.

Das Grundgesetz / Rechte der Bürger

Das Grundgesetz (auch: die Verfassung) ist die geltende rechtliche und politische Grundordnung der Bundesrepublik Deutschland. Es stellt somit die Grundlage für alle weiteren Gesetze dar. Das Grundgesetz ist am 23.05.1949 in Kraft getreten. Im Grundgesetz sind die wichtigsten Prinzipien benannt, nach denen der deutsche Staat aufgebaut ist: Demokratie, Republik, Sozialstaat, Bundesstaat (= Föderalismus), die Gesetzmäßigkeit der Staatsorgane und Gewaltenteilung (= Rechtsstaat). Ebenfalls dort festgelegt sind die Organe, mit denen die Staatsgewalt ausgeführt und der Staat verwaltet wird. Weiterhin sind in Artikel eins bis 19 die Grundrechte zu finden, zu denen die Menschenrechte und Bürgerrechte gehören. Zu diesen Grundrechten gehören unter anderem die Achtung der Menschenwürde, das Recht auf Leben, das Recht auf körperliche Unversehrtheit, das Recht auf Freiheit, das Recht auf freie Meinungsäußerung, die Religions- und Glaubensfreiheit und die Gleichberechtigung von Mann und Frau.

Pflichten der Bürger

Die Bürger in Deutschland haben nicht nur Rechte, sondern auch bestimmte Pflichten: Dazu gehören unter anderem die Anerkennung der freiheitlich demokratischen Grundordnung, die Einhaltung der geltenden Gesetze, die Steuerpflicht, die Schulpflicht, die Wehrpflicht (als Alternative dazu der Zivildienst) (beides wird ab 2011 ausgesetzt), die Meldepflicht und die Pflicht der Eltern, ihre Kinder gut zu versorgen und zu erziehen.

b. Gewaltenteilung im Detail. Ergänzen Sie die Verben in der korrekten Form.

1. Was ist die „gesetzgebende Gewalt" oder Legislative?

Wie (0) entsteht ein Gesetz? Die Bundesregierung (1) ______________ Gesetze ______. Dann (2) ______________________ Politiker aller Parteien im Bundestag darüber. Anschließend (3) ______________________ der Bundestag, ob aus diesem Vorschlag ein Gesetz wird oder nicht. Bei wichtigen Gesetzen (4) ______ der Bundesrat ein Mitspracherecht, er kann Gesetze auch verhindern. Zum Schluss (5) __________________________ der Bundespräsident das Gesetz. Falls es sich um Ländergesetze handelt, (6) __________ das Verfahren ähnlich ____: Hier (7) ______________________ die Politiker im Landtag neue Gesetze.

haben
~~entstehen~~
diskutieren
entscheiden
ablaufen
unterschreiben
vorschlagen
beschließen

2. Was ist die „ausführende Gewalt" oder Exekutive?

Die Instanz, die dafür sorgt, dass die Gesetze (8) ________________ und (9) ____________________ werden, nennt man „ausführende Gewalt" oder Exekutive. Zu der Exekutive (10) ______________ die Bundesregierung, die Regierungen der Länder, aber auch die Bürgermeister, die Stadtverwaltungen und die Polizei. Die ausführende Gewalt (11) ______ also dafür zuständig, dass die Gesetze nicht nur auf dem Papier (12) ____________, sondern dass sich auch alle an die Gesetze (13) __________.

ausführen
sein
beachten
gehören
stehen
halten

3. Was ist die „rechtsprechende Gewalt" oder Judikative?

Sobald ein Bürger gegen ein Gesetz (14) ________________, wird er (15) ________________. Dafür ist in Deutschland die „rechtsprechende Gewalt" oder Judikative zuständig. Auch wenn Politiker im Bundestag oder Landtag Gesetze (16) __________________________, die gegen das Grundgesetz (die Verfassung) verstoßen, kann man dieses Gesetz (17) ________________. Die Richter sind unabhängig, d. h., niemand – auch die Regierung nicht – kann sie zu einem Urteil (18) ______________, das sie nicht richtig finden. An der Spitze der gesetzgebenden Gewalt (19) __________ das Bundesverfassungsgericht in Karlsruhe, das über die Einhaltung des Grundgesetzes (20) __________.

wachen
stehen
verstoßen
verabschieden
bestrafen
zwingen
verbieten

4 Sozialstaat

a. Soziale Marktwirtschaft. Ergänzen Sie. Achten Sie auf die korrekte Form.

schwach • Sozialleistung • Staat • unsozial • Arbeitnehmer • lenken • Idee Preis • Arbeitsplatz • Wirtschaftsordnung • ~~sozial~~ • Ungerechtigkeit • Firma

- Was bedeutet (0) soziale Marktwirtschaft?
- So nennt man die (1) W______________ in Deutschland. Sie wurde nach dem Zweiten Weltkrieg von dem Wirtschaftsprofessor Müller-Armack und dem ersten deutschen Bundeswirtschaftsminister Erhard entwickelt.
- Welche (2) I______ steckt hinter dieser Wirtschaftsordnung?
- Der Staat soll die Wirtschaft nicht (3) l________. Die Firmen sollen zum einen bei ihren Entscheidungen frei sein, z. B. welches Geld sie für was ausgeben. Zum anderen wird der (4) P________ für Waren im Allgemeinen durch Angebot und Nachfrage bestimmt und nicht vom Staat beeinflusst. Der Staat sorgt aber dafür, dass es keine soziale (5) U______________ gibt.
- Was heißt das genau?
- Die Freiheit der Marktwirtschaft soll da enden, wo sie (6) u__________ wird. Der Staat achtet beispielsweise auf die Rechte der (7) A______________. Sie können nicht einfach ohne Grund entlassen werden, sondern haben einen Kündigungsschutz. Außerdem sorgt der Staat dafür, dass die (8) A______________ nicht gefährlich sind und die Gesundheit der Arbeitnehmer geschützt wird.
- Wo greift der (9) S________ sonst noch ein?
- Es gibt z. B. ein Kartellgesetz, d. h., (10) F________ dürfen sich nicht untereinander absprechen, wenn es um die Preise für Waren und Dienstleistungen geht. Außerdem haben wir eine Reihe von (11) S______________, die für soziale Gerechtigkeit sorgen sollen, sodass auch sozial (12) sch__________ Bürger ein menschenwürdiges Leben führen können.

Sozialversicherung
In Deutschland müssen alle Arbeitnehmer in der *Deutschen Sozialversicherung* versichert sein. Die Arbeitnehmer und die Arbeitgeber teilen sich die Kosten für die Sozialabgaben, jeder übernimmt 50 Prozent. Dabei richtet sich die Höhe der Beiträge nach der Höhe des monatlichen Bruttoeinkommens. So zahlt ein Arbeitnehmer, der viel verdient, höhere Beiträge als ein Arbeitnehmer, der wenig verdient. Jeder Versicherte erhält aber, z. B. im Krankheitsfall, die gleichen Leistungen. Wenn der Ehepartner des Arbeitnehmers nicht selbst in einem Arbeitsverhältnis steht und Beiträge in die Sozialversicherung zahlt, dann ist er in der Regel mitversichert, das Gleiche gilt auch für die Kinder.

b. Aufgaben des Sozialstaats. Ergänzen Sie. Achten Sie auf die korrekte Form.

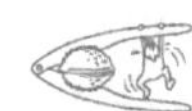

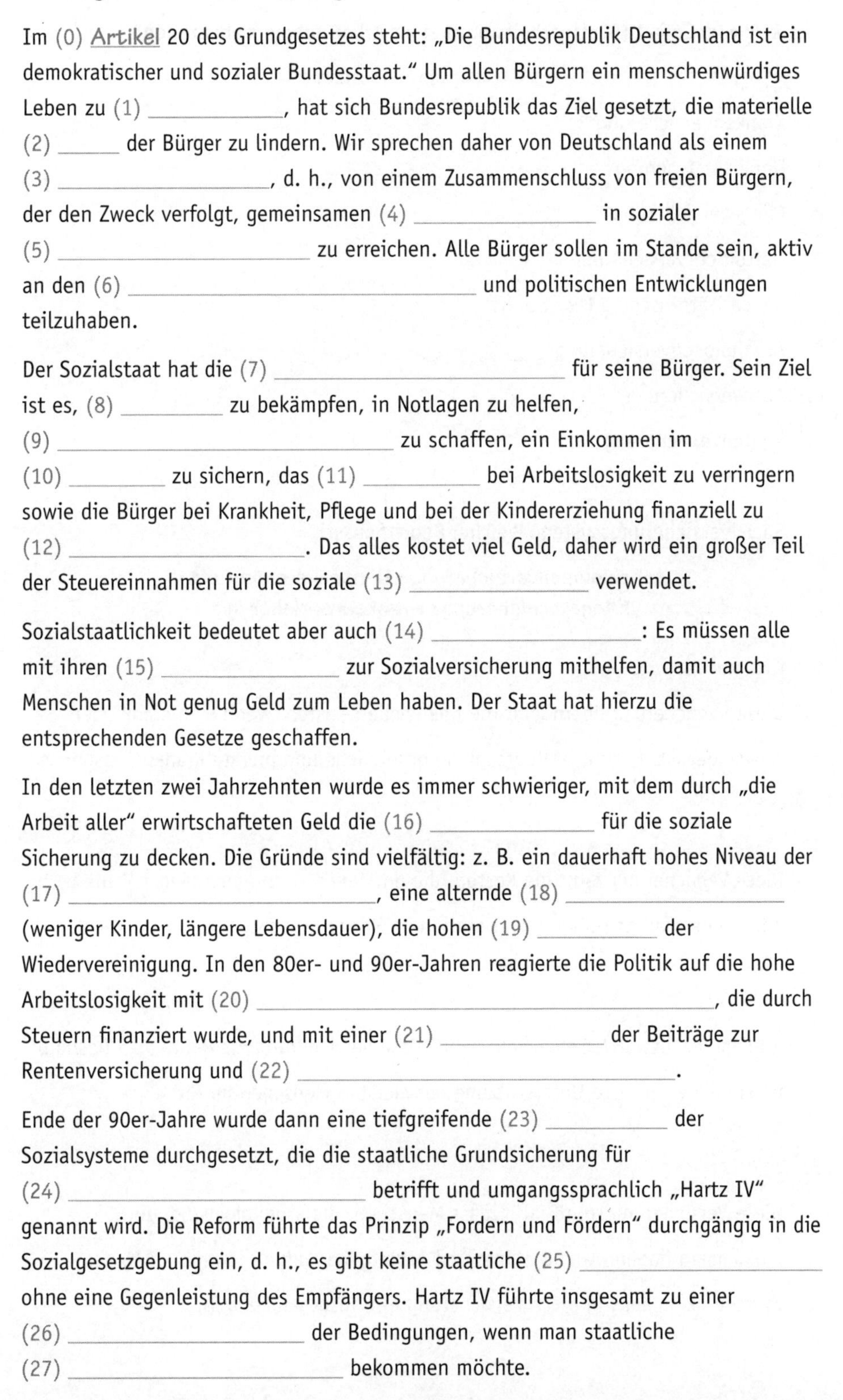

Im (0) Artikel 20 des Grundgesetzes steht: „Die Bundesrepublik Deutschland ist ein demokratischer und sozialer Bundesstaat." Um allen Bürgern ein menschenwürdiges Leben zu (1) ________________, hat sich Bundesrepublik das Ziel gesetzt, die materielle (2) ______ der Bürger zu lindern. Wir sprechen daher von Deutschland als einem (3) ______________________, d. h., von einem Zusammenschluss von freien Bürgern, der den Zweck verfolgt, gemeinsamen (4) ________________ in sozialer (5) ______________________ zu erreichen. Alle Bürger sollen im Stande sein, aktiv an den (6) ______________________________ und politischen Entwicklungen teilzuhaben.

Der Sozialstaat hat die (7) ________________________ für seine Bürger. Sein Ziel ist es, (8) ________ zu bekämpfen, in Notlagen zu helfen, (9) ____________________________ zu schaffen, ein Einkommen im (10) ________ zu sichern, das (11) __________ bei Arbeitslosigkeit zu verringern sowie die Bürger bei Krankheit, Pflege und bei der Kindererziehung finanziell zu (12) ____________________. Das alles kostet viel Geld, daher wird ein großer Teil der Steuereinnahmen für die soziale (13) ________________ verwendet.

Sozialstaatlichkeit bedeutet aber auch (14) __________________: Es müssen alle mit ihren (15) ________________ zur Sozialversicherung mithelfen, damit auch Menschen in Not genug Geld zum Leben haben. Der Staat hat hierzu die entsprechenden Gesetze geschaffen.

In den letzten zwei Jahrzehnten wurde es immer schwieriger, mit dem durch „die Arbeit aller" erwirtschafteten Geld die (16) ______________ für die soziale Sicherung zu decken. Die Gründe sind vielfältig: z. B. ein dauerhaft hohes Niveau der (17) ___________________________, eine alternde (18) __________________ (weniger Kinder, längere Lebensdauer), die hohen (19) __________ der Wiedervereinigung. In den 80er- und 90er-Jahren reagierte die Politik auf die hohe Arbeitslosigkeit mit (20) ____, die durch Steuern finanziert wurde, und mit einer (21) ______________ der Beiträge zur Rentenversicherung und (22) ________________________________.

Ende der 90er-Jahre wurde dann eine tiefgreifende (23) __________ der Sozialsysteme durchgesetzt, die die staatliche Grundsicherung für (24) __________________________ betrifft und umgangssprachlich „Hartz IV" genannt wird. Die Reform führte das Prinzip „Fordern und Fördern" durchgängig in die Sozialgesetzgebung ein, d. h., es gibt keine staatliche (25) ____________________ ohne eine Gegenleistung des Empfängers. Hartz IV führte insgesamt zu einer (26) ____________________ der Bedingungen, wenn man staatliche (27) ________________________ bekommen möchte.

Wohlstand
Sicherung
Solidarität
Risiko
Fürsorgepflicht
Gerechtigkeit
unterstützen
Not
Alter
Beiträge (Pl.)
gesellschaftlich
~~Artikel~~
sichern
Armut
Sozialstaat
Chancengleichheit
Geldleistungen (Pl.)
Verschärfung
Unterstützung
Kosten
Gesellschaft
Arbeitslosigkeit
Arbeitssuchende (Pl.)
Erhöhung
Beschäftigungs-förderung
Ausgaben (Pl.)
Reform
Krankenversicherung

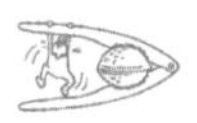

c. **Sozialabgaben. Kreuzen Sie an.**

Was wird vom Gehalt (Bruttoarbeitslohn) eines Arbeitnehmers abgezogen?

	ja	nein
0. Krankenversicherung	X	
1. Unfallversicherung		
2. Pflegeversicherung		
3. Haftpflichtversicherung		
4. Solidaritätszuschlag (*ugs.:* Soli)		
5. Arbeitslosenversicherung		
6. Autoversicherung		
7. Rentenversicherung		

d. **Sozialversicherungssystem. Welcher Begriff passt?**

Arbeitslosenversicherung • Rentenversicherung • Pflegeversicherung • ~~Krankenversicherung~~

0. Krankenversicherung:

Diese Versicherung übernimmt die finanziellen Kosten, wenn man krank oder schwanger ist. Es gibt in Deutschland gesetzliche und private Krankenkassen.

1. ______________________:

Diese Versicherung zahlt die Kosten, die entstehen, wenn man länger krank ist oder wenn man ambulante oder stationäre Pflege braucht.

2. ______________________:

Ab dem 65. bzw. 67. Lebensjahr zahlt diese Versicherung die Rente aus. Deshalb ist sie die wichtigste Unterstützung der meisten Menschen im Alter.

3. ______________________:

Diese Versicherung sorgt dafür, dass Menschen, die arbeitslos sind, ein Einkommen haben. Arbeitnehmer und Arbeitgeber zahlen jeweils 1,4 % des Bruttoeinkommens in diese Versicherung ein, insgesamt 2,8 %.

Demokratie und Wahlen

5 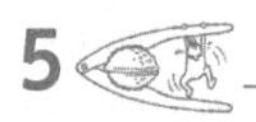

a. Das deutsche Wahlsystem. Was passt?

Erststimme
~~wählen~~
Mehrheit
freiwillig
Bundestag
Partei
Sitze *(Pl.)*
Jahre *(Pl.)*
abstimmen
Koalition
Wahlpflicht

0. In Deutschland dürfen alle Bürger mit deutschem Pass ab 18 Jahren wählen.
1. In Deutschland wird alle vier ________ gewählt.
2. Die Wähler geben die ________________ einer Person aus ihrem Wahlkreis, die sie vertreten soll.
3. Mit der Zweitstimme wählen die Bürger eine ________.
4. Mit der Zweitstimme wird entschieden, wie viele ________ eine Partei im Bundestag bekommt.
5. Eine Partei braucht 5 Prozent der abgegebenen Stimmen, um in den ________________ zu kommen.
6. Wer die ______________ im Bundestag hat, stellt den Bundeskanzler.
7. Wenn keine Partei die (absolute) Mehrheit hat, dann können zwei Parteien eine ________________ bilden, um die Regierung zu stellen.
8. In Deutschland gibt es keine ________________.
9. In fünf Bundesländern dürfen Bürger schon ab 16 Jahren bei der Kommunalwahl mit ________________.
10. Die Teilnahme an allen Wahlen in Bund, Länder und Gemeinden ist ________________.

Fünf-Prozent-Klausel

Damit eine Partei bei einer Wahl – gemäß Stimmverteilung – z. B. im Bundestag Sitze erhält, muss sie mindestens 5 Prozent der abgegebenen gültigen Zweitstimmen bekommen. Diese Regelung betrifft jedoch nicht die Sitze, die einer Partei durch die Direktwahl ihrer Kandidaten mit der Erststimme zustehen: Erhält ein Kandidat in einem Wahlkreis die Mehrheit aller Stimmen, dann bekommt er einen Sitz im Bundestag, auch wenn seine Partei an der Fünf-Prozent-Klausel gescheitert ist. Der Sinn dieser Klausel besteht darin, dass man durch eine Konzentration der Sitzverteilung im Parlament stabile, beschlussfähige Mehrheiten erreichen möchte. Eingeführt wurde sie nach dem II. Weltkrieg, um einer möglichen Regierungsunfähigkeit vorzubeugen, die aufgrund von Parteienzersplitterung entstehen kann (siehe Weimarer Republik).

Die Wahl zum 16. Deutschen Bundestag

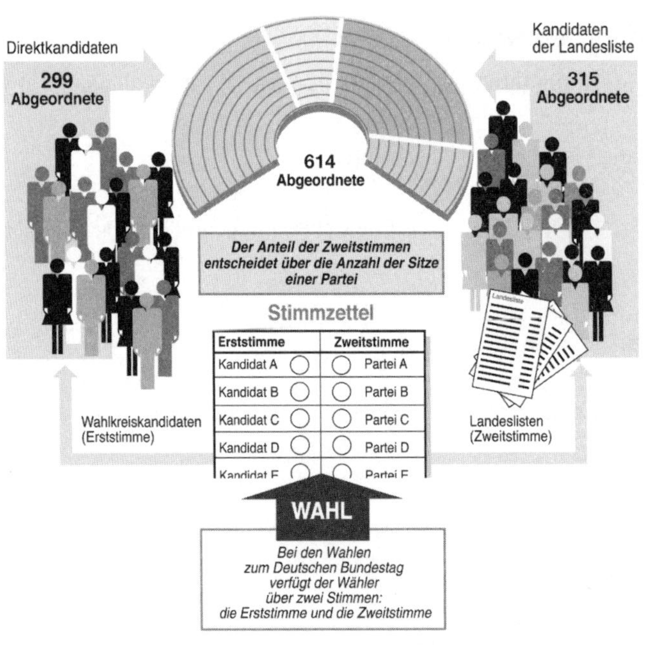

*Einschließlich 16 Überhangmandate: Diese entstehen, wenn eine Partei mehr Direktkandidaten in den Bundestag entsenden kann, als ihr gemäß der Anzahl der Zweitstimmen in einem Bundesland zustehen. Überhangmandate werden nicht nachbesetzt, wenn ihre Inhaber aus dem Parlament ausscheiden.

aus: „Blickpunkt Bundestag", Ausgabe 6/2005

b. Die Grundsätze des Wahlrechts. Ergänzen Sie.

~~frei~~
unmittelbar
allgemein
gleich
geheim

0. frei ______________________:
Das heißt, jeder Bürger kann frei bestimmen, wem (Person oder Partei) er bei Wahlen seine Stimme gibt. Niemand darf ihn zwingen, eine bestimmte Partei oder Person zu wählen.

1. ______________________:
Das bedeutet, alle abgegebenen Stimmen zählen gleich viel – ob jemand arm oder reich, jung oder alt, Mann oder Frau ist.

2. ______________________:
Das heißt, die Wahl ist direkt – es sind keine anderen Institutionen, z. B. Wahlmänner, dazwischengeschaltet.

3. ______________________:
Das bedeutet, dass jeder Bürger mit einem deutschen Pass wählen darf. Wenn man zum Kreis der Wahlberechtigten gehört, schickt das zuständige Amt die offiziellen Wahlunterlagen für Gemeinde-, Landtags- und Bundestagswahl per Post zu.

4. ______________________:
Das heißt, jeder Bürger wählt für sich allein in einer Wahlkabine, ohne dass andere sehen dürfen, wem er seine Stimme gibt. Die Wahlunterlagen kommen dann in einen Briefumschlag, der verschlossen in eine Wahlurne gesteckt wird.

Parteien in Deutschland

6

a. **Politische Parteien. Wie heißen die Begriffe? Es gibt einen Lesetrick.**

Die Sozialdemokratische Partei Deutschlands (SPD)

SPD

Die *Sozialdemokratische Partei*, eine der großen (0) (neietrapskloV) Volksparteien, ist die älteste Partei Deutschlands, sie wurde 1863 in Leipzig (1) (tednürgeg) ______________. Die ursprünglichen Ziele der Partei waren, mehr Rechte und bessere Arbeitsbedingungen für die (2) (retiebrA) ____________ zu schaffen. Weitere wichtige (3) (eleiZ) ________ der Partei sind, mehr soziale (4) (tiekgithcereG) ____________________ zu erreichen, die Familien zu unterstützen und für einen weiteren (5) (uabsuA) __________ des Sozialsystems zu kämpfen.

Christlich-Demokratische Union / Christlich-Soziale Union (CDU/CSU)

Die *CDU* und die *CSU* wurden 1945 gegründet. Die *CDU* ist in allen (6) (nrednälsednuB) ______________________ vertreten, nur in (7) (nreyaB) __________ nicht, dort gibt es ihre Schwesterpartei, die *CSU*. Im Bundestag arbeiten *CDU* und *CSU* wie eine Partei zusammen, d. h., sie bilden eine (8) (noitkarF) ____________. Das (9) (mmargorP) ______________ der *CDU/CSU* ist dem Grundgedanken des christlichen Glaubens verpflichtet, die Partei vertritt eine (10) (evitavresnok) ____________________ Richtung in der Politik. Wichtige Ziele der Partei sind z. B., dass die Unternehmen gestärkt und Arbeitsplätze geschaffen werden und dass der (11) (taatS) ________ wenig Schulden macht.

e Fraktion = *die Gruppe aller Abgeordneten einer Partei im Parlament*

Freie Demokratische Partei (FDP)

FDP
Die Liberalen

Die auch als „die Liberalen" bezeichnete Partei *FDP* wurde 1948 gegründet. (12) (larebiL) ___________ zu sein bedeutet, frei von Vorurteilen gegenüber anderen zu sein. Die *FDP* ist dagegen, dass sich der Staat zu sehr in das Leben der Menschen (13) (thcsimnie) ______________. Die Forderung lautet: weniger Staat, aber dafür mehr (14) (tiehierF) ____________ der Bürger. Die *FDP* ist auch für (15) (gnudliB) ___________ und mehr Arbeitsplätze. Die *FDP* war schon öfters der Koalitionspartner der größeren Regierungsparteien, der *SPD* und der *CDU*, sie versteht sich als eine Partei der bürgerlichen (16) (ettiM) ________.

Bündnis 90 / Die Grünen

Wichtige Themen von *Bündnis 90/Die Grünen* sind:
(17) (ztuhcstlewmU) ____________________ und das friedliche Zusammenleben von Menschen aus verschiedenen Kulturen in einer
(18) (nellerutlukitlum) ________________________ Gesellschaft. *Die Grünen* entstanden 1980 unter anderem aus der Friedensbewegung und der Anti-Atomkraft-Bewegung. *Die Grünen* waren zuerst eine westdeutsche Partei, nach der
(19) (gunginierevredeiW) __________________________ kam die Bürgerrechtsbewegung *Bündnis 90* aus den neuen Bundesländern dazu.

DIE LINKE.

Die Linke

Die Linke entstand erst 2007, als sich die westdeutsche *„Wahlalternative für Arbeit und Soziale Gerechtigkeit" (WASG)* und die ostdeutsche (20) (ietrapskniL) ________________ *PDS* zusammenschlossen. Die *PDS* ging aus der ehemaligen Staatspartei der DDR, der SED, hervor. *Die Linke* setzt sich für die Idee eines demokratischen (21) (sumsilaizoS) ________________ ein. Für Sozialismus zu kämpfen heißt für diese Partei, mit politischen Mitteln dafür zu kämpfen, dass alle Menschen die gleichen (22) (necnahC) ___________ haben und in Frieden miteinander leben können. Alle Menschen sollen das gleiche
(23) (thceR) ________ auf Arbeit, Bildung usw. haben.

b. Die Parteien und ihre Farben. Ergänzen Sie. Achten Sie auf die korrekte Form.

schwarz-gelb
Bündnis 90
die Linke
grün
Bundestag
Farbe
Partei
~~regieren~~
Schwesterpartei
Programm
Rote
CDU
rot-grün
Gelbe

Menschen haben unterschiedliche Vorstellungen davon, wie man ein Land am besten (0) regiert. Es gibt daher Organisationen mit unterschiedlichen politischen (1) ________________, die von Menschen mit gemeinsamen politischen Zielen gebildet werden. Diese Organisationen nennt man (2) ____________. In Deutschland gibt es zurzeit fünf Parteien, die im (3) ______________ vertreten sind: die *CDU/CSU*, die *SPD*, die *FDP*, *Bündnis 90/Die Grünen* und *Die Linke*. Statt der Namen der Parteien werden, z. B. in den Nachrichten, manchmal nur die (4) __________ genannt, die mit ihnen verbunden werden. Die (5) „_________", damit ist entweder die *SPD* oder die jüngste Partei in Deutschland, (6) ______________, gemeint. Wenn man von den „Schwarzen" spricht, meint man die (7) _____ und ihre (8) ______________________, die *CSU*. Die Farbe (9) ______ verbindet man, wie es aus dem Namen schon hervorgeht, mit der Partei (10) __________________ / *Die Grünen*. Die (11) __________ wiederum, das sind „die Liberalen" bzw. die *FDP*. Wenn man also von einer (12) ______________________ Regierung spricht, dann bedeutet das, dass *CDU/CSU* und die *FDP* die Regierung stellt. Die (13) ______________ Opposition besteht aus der *SPD*, der *Linken* und den *Grünen*.

Migration und Integration

7 

a. Migration nach Deutschland. Ergänzen Sie. Achten Sie auf die korrekte Form.

Der Begriff (0) Migration kommt aus dem Lateinischen und bedeutet so viel wie „Wanderung". Die (1) G________ der Migration nach Deutschland ist lang: Bereits im 17. und 18. Jahrhundert kommen Menschen aus (2) F________ nach Deutschland. Sie mussten ihre (3) H______ verlassen, weil sie dort aus religiösen Gründen verfolgt wurden.

Im 19. Jahrhundert ist das Ruhrgebiet das Zentrum der deutschen (4) I________. Viele Menschen aus (5) P______ ziehen dorthin, um im (6) B________ Arbeit zu finden. Aber erst das 20. Jahrhundert kann als *das* (7) J________ der Migration bezeichnet werden.

Nach dem II. (8) W________ kommen mehr als 10 Millionen Deutsche aus der damaligen Tschechoslowakei, aus Polen, Ungarn, Rumänien und Jugoslawien nach Deutschland. Sie wurden nach dem Fall des (9) D________ ________ (des nationalsozialistischen Regimes) aus diesen Gebieten vertrieben.

Zwischen Anfang der 60er-Jahre und Mitte der 70er-Jahre verzeichnet Deutschland ein hohes (10) W____________ und hat nicht genügend eigene Arbeitskräfte. Es kommen Menschen aus anderen Ländern zu uns, um hier zu arbeiten, die sog. (11) „G__________". Die Gastarbeiter kommen zunächst aus (12) I________, später aus anderen Mittelmeerländern wie Spanien und Griechenland. Die größte Gruppe der Gastarbeiter wandert aus der (13) T________ ein.

In den 80er- und 90er-Jahren kommen politische (14) F__________ aus verschiedenen Ländern nach Deutschland und bitten hier um politisches (15) A_____ – sie werden deshalb auch als „Asylbewerber" bezeichnet. Diese Menschen wurden in ihrer Heimat aus politischen Gründen oder aufgrund ihres (16) G________ verfolgt.

Zwischen 1990 und 2000 wandern mehr als zwei Millionen (17) S____________ nach Deutschland ein. Als Spätaussiedler werden Deutsche bezeichnet, die zum größten Teil in der ehemaligen Sowjetunion gelebt haben.

Neben politischer, religiöser oder rassistischer (18) V__________ sind oft schlechte wirtschaftliche Bedingungen im Herkunftsland, (19) K_______ oder Umwelt- und Naturkatastrophen der Grund, warum Menschen ihre Heimat verlassen.

Spätaussiedler
Glauben
Asyl
Flüchtling
Türkei
Wirtschafts-wachstum
Italien
~~Migration~~
Geschichte
Frankreich
Heimat
Industrie
Polen
Bergbau
Jahrhundert
Weltkrieg
Drittes Reich
Krieg
Gastarbeiter
Verfolgung

b. Migration und Integration. Ergänzen Sie.

Sprachkurs
Politik
Toleranz
Zusammenleben
Einbürgerung
Bevölkerung
Frieden
Integrationspolitik
Zuwanderungsland
Gesellschaft
Wirklichkeit
Tradition
~~benachteiligt~~
angleichen
Ordnung

0. Statistiken zeigen, dass Zuwanderer und ihre Familien – auch nach längerem Aufenthalt in Deutschland – in vielen sozialen Bereichen benachteiligt sind.
1. Integration bedeutet nicht, dass Migranten sich ganz an die Mehrheitsgesellschaft ________________ oder auf ihre religiöse ______________ verzichten.
2. Integration ist eine Aufgabe der ganzen ____________________
3. Die gesellschaftliche ___________________ in Deutschland sieht so aus, dass mehr als 20 Prozent der Deutschen einen Migrationshintergrund haben.
4. Ziel der deutschen _____________________________ ist es, einer sozialen und ethnischen Aufsplitterung der Gesellschaft entgegenzuwirken, den Zusammenhalt der __________________ zu fördern und den sozialen ___________ zu sichern.
5. Die ____________________ wird als ein wichtiges Mittel gesehen, um Integration voranzubringen.
6. Neuzuwanderer sollen nach dem Gesetz aus dem Jahr 2005 einen Integrationskurs machen: Dazu gehören 600 Stunden ________________ und ein Orientierungskurs (30 Stunden), in dem man etwas über die rechtliche und gesellschaftliche ____________ in Deutschland lernt.
7. Ein wichtiger Punkt beim friedlichen ______________________ verschiedener Kulturen ist gegenseitige _____________.
8. Es hat lange gedauert, bis die deutsche ___________ die Tatsache anerkannt hat, dass Deutschland unumkehrbar zu einem _________________________ geworden ist.

c. Tradition und Fortschritt. Wie heißt das Gegenteil?

0.	tolerant	≠	(antinlerto)	intolerant
1.	akzeptabel	≠	(izepnaktabel)	________________
2.	solidarisch	≠	(idaunsolrisch)	________________
3.	kritisieren	≠	(enlob)	________________
4.	integrieren	≠	(zenausgren)	________________
5.	Mehrheit	≠	(derMinheit)	________________
6.	Tradition	≠	(Fschrittort)	________________

Aktuelle Ereignisse und Schlagzeilen

8 ______

Ergänzen Sie.

1. Hast du die Nachrichten im Fernsehen gesehen? Alle Bergarbeiter, die bei dem Gruben______ verschüttet worden waren, konnten gerettet werden.
2. Die ______ im Krisengebiet in Afghanistan ist sehr ______ und die Situation für die deutschen ______ wird immer gefährlicher.
3. Schalte mal den Fernseher an. Ich würde gerne die ______ Debatte im Bundestag zum Haushalt 2011 sehen.
4. Schau dir die ______ in den Tageszeitungen an. Es gab schon wieder ein Erdbeben in Südamerika – was für eine ______ für die Menschen dort!
5. Ich kann mir noch keine Meinung zu dem Vorfall bei der ______ bilden – ich brauche erst noch weitere ______ darüber.
6. ■ Hast du ______ ______ über die geplanten Streiks der U-Bahn-Fahrer gehört? ● Nein, nichts Genaues, aber sie werden wahrscheinlich irgendwann nächste Woche für eine Lohnerhöhung ______.
7. ■ Kommst du zur anschließenden ______ der Gewerkschaft auf dem Rathausplatz? ● Ja, ich finde auch, dass wir dieses Jahr mehr Lohn und kürzere Arbeitszeiten ______ sollten!

fordern
Kundgebung
Demonstration
streiken
etwas Neues
Schlagzeilen *(Pl.)*
Katastrophe
aktuelle
Informationen *(Pl.)*
ernst
Lage
~~Nachrichten~~ *(Pl.)*
-unglück
Soldaten *(Pl.)*

e Kundgebung = *eine Veranstaltung (oft als Teil einer Demonstration), bei der eine politische Meinung öffentlich verkündet wird*

s Unglück = *hier: ein plötzliches Ereignis, bei dem Menschen verletzt oder getötet werden oder Sachen schwer beschädigt bzw. zerstört werden*

r Haushalt = *hier: geplante Einnahmen und Ausgaben des Staates für ein Jahr (= r Etat)*

Die „Vierte Gewalt"

In Deutschland spricht man – zusätzlich zu den schon beschriebenen drei Staatgewalten Legislative, Exekutive und Judikative – von einer sogenannten „Vierten Gewalt", die auch „publikative Gewalt" genannt wird. Damit ist die Presse gemeint, die einen großen Einfluss auf die öffentliche Meinung und damit auch auf die Staatsgewalt hat. In Demokratien werden zwar die Massenmedien (Zeitungen, Radio, Fernsehen und zunehmend neue Medien wie das Internet) gerne als ein „Sprachrohr" der politischen Meinungs- und Willensbildung des Volkes gesehen. Schließlich gehören die Presse- und Informationsfreiheit zu den in der Verfassung festgeschriebenen Grundrechten. In der Realität ist es aber des Öfteren so, dass z. B. große Unternehmen, die über entsprechende Macht verfügen, durch Öffentlichkeitsarbeit gezielt Einfluss auf die Berichterstattung nehmen – und so u. U. die „Volksmeinung" in ihrem Sinne beeinflussen. Es ist deshalb wichtig, sich anhand mehrerer unterschiedlicher Medien zu informieren, wenn man sich zu bestimmten Themen eine Meinung bilden möchte. Denn es gilt zu beachten: Veröffentlichte Meinung ist nicht gleich öffentliche Meinung.

9 Internationale Organisationen

a. Wichtige internationale Organisationen. Was passt?

NATO
EU
EWG
~~UNO~~

0. UNO: Abkürzung für *United Nations Organization*. Das ist eine Organisation, deren Ziel es ist, Frieden in der Welt zu schaffen und internationale Probleme zu lösen.

1. ______: Abkürzung für *North Atlantic Treaty Organization* (auf Deutsch: *Nordatlantikpakt*). Das ist ein 1949 gegründetes Verteidigungsbündnis zwischen den USA, Kanada und mehreren westlichen europäischen Staaten. Die Mitglieder sind verpflichtet, sich im Falle eines militärischen Angriffs gegenseitig zu unterstützen.

2. ______: Abkürzung für *Europäische Union*. Diese Organisation möchte einen gemeinsamen europäischen Markt schaffen und die Bereiche der europäischen Politik ausweiten. Seit 2001 gibt es eine europäische Währungsunion und als gemeinsame Währung den Euro. Seit 1993 besteht der Europäische Binnenmarkt, d. h., die vollkommene Freizügigkeit von Personen, Waren, Kapital und Dienstleistungen zwischen den Mitgliedsstaaten.

3. ______: Abkürzung für *Europäische Wirtschaftsgemeinschaft*. Das ist die Vorläuferorganisation der *EU*. Die *EWG* wurde 1957 von sechs Staaten gegründet: von Belgien, der Bundesrepublik Deutschland, Frankreich, Italien, Luxemburg und den Niederlanden.

b. Die *UNO*. Ergänzen Sie. Achten Sie auf die korrekte Form.

~~Mitglied~~
Organisation
Lösung
Krieg
Soldat
kämpfen
Gegner
Frieden
lösen
Streit
Konflikt

Die *UNO*

Fast alle Länder der Welt sind (0) Mitglied der UNO. Das wichtigste Ziel der (1) ______________ ist, den (2) __________ in der Welt zu sichern. Die Mitgliedsstaaten treffen sich in regelmäßigen Abständen, um über (3) ______________ in der Welt zu sprechen und (4) ______________ dafür zu suchen. Eine zentrale Rolle spielt dabei der Generalsekretär. Er versucht, zwischen den Ländern, die (5) ________ führen, zu vermitteln, und macht Vorschläge, wie man Konflikte (6) ________ könnte. Manchmal schickt die UNO auch (7) ____________ in Länder, in denen es Krieg gibt. Die Soldaten sollen dort aber nicht (8) __________, sondern helfen, dass nicht wieder (9) __________ und Krieg zwischen den ehemaligen (10) ____________ ausbricht.

Krieg und Konfliktlösung

10

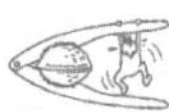

a. Krieg und Konflikt. Was passt? Ergänzen Sie den bestimmten Artikel.

~~Kampf~~
Verteidigung
Streitkräfte *(nur Pl.)*
Schlacht
Angriff
Revolution

0. militärische Aktion während eines Krieges: der Kampf
1. eine Aktion, mit der eine Gruppe von Personen mit Gewalt versucht, an die Macht in einem Land zu kommen: ____________
2. ein anderes Wort für Offensive (eines Feindes): ____________
3. ein schwerer Kampf zwischen militärischen Truppen im Krieg: ____________
4. alle militärischen Organisationen und Soldaten eines Landes: ____________
5. Aufgabe des Militärs zum Schutz des eigenen Landes: ____________

b. Frieden und Konfliktlösung. Ergänzen Sie.

Friedensabkommen
Friedensvertrag
Waffenstillstand
Konferenz
Verhandlungen *(Pl.)*
Frieden
Beziehungen *(Pl.)*
~~Lösung~~
verhandeln
Krise
Kompromisse *(Pl.)*

0. Die beiden gegnerischen Parteien setzen sich an einen Tisch, um nach einer Lösung der Probleme zu suchen.
1. Die Bundesrepublik Deutschland hat in den letzten Jahren immer mehr ihre wirtschaftlichen B____________ zu China ausgebaut.
2. Nach langen V____________ haben die beiden ehemaligen Kriegsgegner F____________ geschlossen.
3. Die K____________ der NATO-Mitglieder brachte einige gute Ergebnisse für die Zukunft der Organisation.
4. Der NATO-Generalsekretär hat lange darauf hingearbeitet, dass die beiden Nationen sich auf einen W____________ einigen konnten.
5. Das Ergebnis der internationalen Konferenz war, dass die beiden verfeindeten Länder einen F____________ abschlossen.
6. Das F____________ zwischen den Kriegsgegnern ist nur zustande gekommen, weil beide Länder viele K____________ eingegangen sind.
7. Die Außenminister v____________ nun schon die ganze Nacht, wie sie die aktuelle K____________ zwischen ihren beiden Staaten beilegen können.

11 Militär und Armee

a **Waffen und Sonstiges. Ordnen Sie zu.**

~~das Giftgas~~
das Maschinengewehr
das U-Boot
die Mine
der Panzer
die Rakete
die Militäruniform
die Pistole
die Bombe

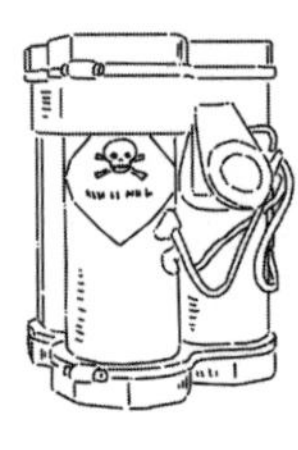

0. das Giftgas

1. ______________________

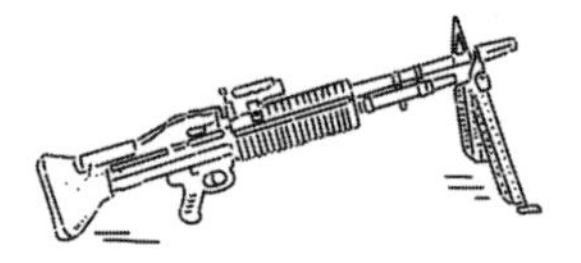

2. ______________________

3. ______________________

4. ______________________

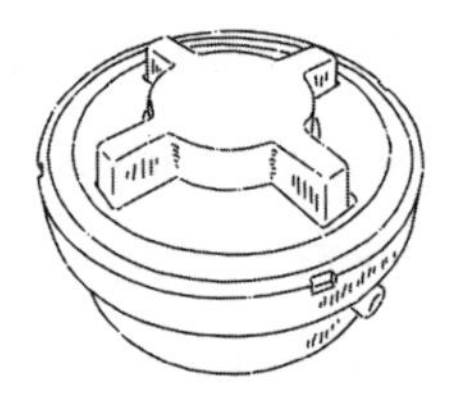

5. ______________________

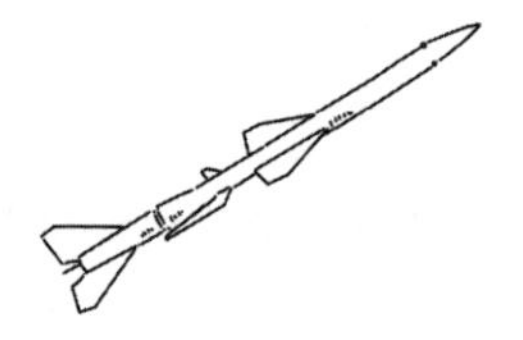

6. ______________________

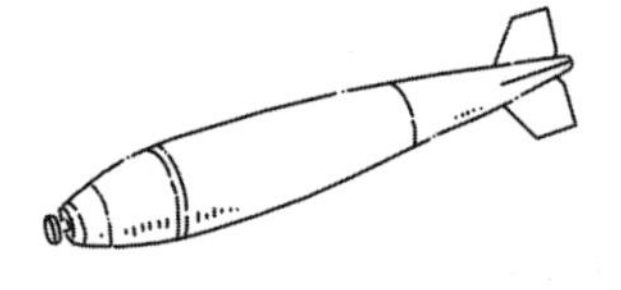

7. ______________________

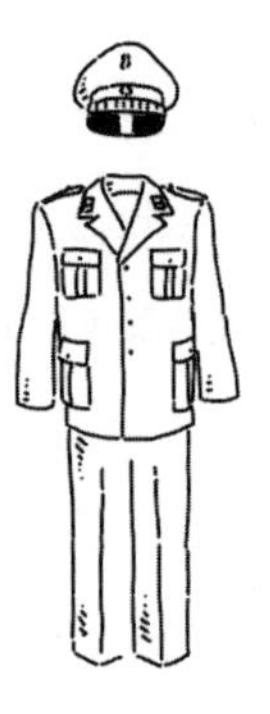

8. ______________________

b. Militärisches. Ergänzen Sie. Achten Sie auf die korrekte Form.

1. Die Armee eines Landes besteht aus mehreren Bereichen: der ______________, der Marine und dem _______.
2. Das ______________ wurde von Terroristen verübt – sie ______________ sich mit einer Autobombe in die Luft.
3. Im __________ __________ gab es viele Spione in Ost und West – mit ______________ wollte man an geheime Informationen über den Gegner kommen.
4. Im Krieg gibt es oft nicht nur Soldaten sondern auch ______________ zu beklagen.
5. Die Großmächte wollen verhindern, dass bestimmte Länder eigene ______________ bauen.

Attentat
~~Armee~~
Heer
Luftwaffe
sprengen
Spionage
Atomwaffe
Kalter Krieg
Zivilist

Wirtschaft

12

a. Geht es der Wirtschaft schlecht? Ergänzen Sie.

● Mama, was heißt, der (0) Wirtschaft geht es schlecht?

■ Bei schlechter Wirtschaftslage verkaufen die Firmen weniger (1) W________ und verdienen deshalb wenig Geld. Dann kann es passieren, dass sie (2) p______________ und viele Arbeiter entlassen müssen.

● Wenn es der Wirtschaft gut geht, haben dann alle (3) A________?

■ So einfach ist das nicht. Oft geht es den Firmen ziemlich gut und trotzdem entlassen sie (4) M______________. Die Firmenleitung überlegt sich, man noch mehr Geld (5) v______________ könnte. Die (6) sch______________ dann eine Fabrik in Deutschland und lassen in Ländern (7) p______________, in denen die Arbeiter weniger (8) L______ bekommen. So machen die Firmen noch mehr (9) G________.

● Aber wenn die Arbeiter in Deutschland keine Arbeit haben, dann haben sie doch kein Geld, um das zu kaufen, was billig im Ausland (10) h______________ wurde, oder?

■ Du hast du wieder mal recht!

~~Wirtschaft~~
Mitarbeiter
schließen
Waren *(Pl.)*
pleitegehen
Arbeit
verdienen
Gewinn
produzieren
herstellen
Lohn

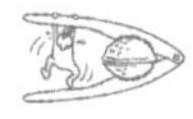

b. Aus der Wirtschaft. Finden Sie die Begriffe und ergänzen Sie den bestimmten Artikel.

PRO • BÖR • PORT • DUK • IM • KON • ~~IN~~ • ~~TION~~ • ZINS • MENT • SATZ • SE • SU • TION • PORT • EX • ~~FLA~~

0. Wie nennt man eine wirtschaftliche Lage, die durch Preiserhöhungen und eine Minderung des Geldwerts gekennzeichnet ist? die Inflation
1. Wie nennt man die Höhe der Zinsen in Prozent? ______
2. Das lateinische Wort für Verbraucher? ______
3. Zu der Einfuhr von Waren aus dem Ausland kann man auch sagen: ______
4. Die Lieferung von Waren ins Ausland heißt auch: ______
5. Eine Art Markt, an dem die Preise von Aktien oder bestimmten Waren gehandelt werden? ______
6. Ein anderes Wort für das Herstellen von Waren in großer Menge? ______

c. Gewinn – gewinnen. Finden Sie die Verben.

0. der Gewinn → gewinnen
1. die Produktion → ______
2. der Export → ______
3. der Import → ______
4. der Verbrauch → ______
5. die Abnahme → ______
6. das Wachstum → ______
7. die Zunahme → ______
8. der Handel → ______
9. der Anstieg → ______

d. Formen der Wirtschaft. Was passt?

~~Weltwirtschaft~~
Betriebswirtschaft
Volkswirtschaft

0. Weltwirtschaft
Die Gesamtheit der internationalen Wirtschaftsbeziehungen, die die Grenze der Volkswirtschaft überschreitet: Sie integriert verschiedene Teilmärkte wie etwa Rohstoffmarkt, Geldmarkt. Entwickelt hat sie sich im 19. Jahrhundert aufgrund von fortschreitender Industrialisierung. Weitere Faktoren, die zu ihrer Entwicklung beigetragen haben sind: internationale Arbeitsteilung, Verkehr und grenzüberschreitende Kommunikation.

1. ______________________
Darunter versteht man die Gesamtheit aller in einem Wirtschaftsraum (z. B. Staat) verbundenen und gegenseitig abhängigen Wirtschaftsbereiche (Staat, Unternehmen, einzelne Haushalte). Oft wird der Wirtschaftraum selbst so genannt. Zentrale Größen sind u. a. die Leistung (z. B. Volkseinkommen), die Verteilung (Einkommen), der Grad der Beschäftigung (Arbeitslosigkeit) und die Offenheit (Außenhandel).

2. ______________________
(auch: Betriebswirtschaftslehre; Abk. BWL; *CH*: Betriebsökonomie) Sie ist ein Teilgebiet der Wirtschaftswissenschaften und beschäftigt sich mit dem Wirtschaften in relativ kleinen Organisationen, z. B. Betrieben oder Unternehmen. Auch hier wird davon ausgegangen, dass die meisten Güter knapp sind und deshalb bewirtschaftet werden müssen. Ein wichtiges Ziel der BWL ist es, für Unternehmen die optimale Organisation der Produktionsverfahren zu ermitteln.

Wirtschaftskrise?

13 Recht, Gericht und Haft

Ergänzen Sie. Achten Sie auf die korrekte Form.

Augenzeuge
Angeklagte
Gerichtssaal
Rechtsanwalt
Verteidigung
Prozess
Urteil
~~Justiz~~
Gericht
Prozesskosten
Staatsanwalt
Richter
Indizien *(Pl.)*
Gefangene
entlassen
Antrag
Todesstrafe
Häftling
Strafverfahren
Verteidiger
Geschworene *(Pl.)*
schuldig
Gefängnis
Flucht
Entlassung
verhaften
Beweis
Verbrechen
verhören
Freispruch
Haft
vorbestraft

0. Justiz nennt man den Teil der staatlichen Verwaltung, der die geltenden Gesetze anwendet und durchsetzt.
1. Wir werden das U__________ anfechten. Wir sehen uns in der nächsten Instanz vor G__________ wieder!
2. Ich habe den P__________ gegen meinen Vermieter verloren und muss jetzt sämtliche P__________ alleine tragen.
3. Wenn es zum Prozess kommen sollte, dann nimm dir einen guten R__________, der deine Sache vertritt.
4. Der S__________ forderte in seinem Plädoyer eine lebenslängliche Haftstrafe für den A__________ und der R__________ folgte ihm mit seinem Urteil.
5. Ich bitte den Zeugen der V__________, seine Aussage zu machen.
6. Im G__________ fand ein Prozess unter Ausschluss der Öffentlichkeit statt.
7. Für das Verbrechen gab es keinen A__________, der Prozess wurde dem vermeintlichen Täter nur aufgrund von I__________ gemacht.
8. Der G__________ Schmitt aus Trakt B wird heute nach sieben Jahren aus der Haft e__________.
9. Die Staatsanwaltschaft stellt den A__________, die Augenzeugin Frau Richter noch einmal zu v__________.
10. Vor allem in den USA gibt es bei Prozessen sog. G__________. Das sind Bürger, die unabhängig vom Richter darüber entscheiden, ob jemand s__________ oder unschuldig ist.
11. Mein V__________ plädiert auf F__________, aber ich glaube nicht, dass ich ohne Strafe davonkomme.
12. Für die Tat gab es keinen B__________, deshalb endete das S__________ mit einem Freispruch.
13. Der Angeklagte wurde zu drei Jahren H__________ verurteilt und ist somit v__________.
14. Der H__________ versuchte aus dem G__________ zu fliehen und wurde bei der Vorbereitung der F__________ festgenommen.
15. Nach seiner E__________ aus der Haft blieb Peter nur ein Jahr straffrei. Dann wurde er wegen Autodiebstahls erneut v__________.
16. In manchen Bundesstaaten der USA gibt es die T__________ bei besonders schweren V__________.

e Instanz = *ein Gericht auf einer bestimmten Stufe in der Hierarchie der Gerichte*

e Indizien = *juristisch (meist Pl.): etwas, das darauf hindeutet, dass jemand ein Verbrechen begangen hat*

LÖSUNGEN

A Kontakte, Informationen zur Person

1

a. 1. Name – Frau 2. Kollege – Freut mich – guten – Herr 3. bin – heißt – heiße 4. Entschuldigung – Ihr – Arbeiten
b. 1g 2d 3f 4b 5c 6e

2

a. 1. Guten Tag. 2. Grüß Gott. 3. Servus. 4. Grüezi. / Salü. 5. Hallo. / Hi. / Lange nicht gesehen. 6. Moin, Moin. 7. Hallo. / Mahlzeit.
b. 1. (Auf) Wiedersehen. 2. Servus. 3. Gute Nacht. 4. (Auf) Wiedersehen. 5. Tschüs. / Bis bald. / Bis morgen.

3

a. 1. Gut, danke. 2. Es geht so. / Na ja, es geht. 3. Ach, nicht so gut. 4. Sehr schlecht.
b. 1. Hilfe anbieten 2. sich bedanken 3. sich entschuldigen 4. auf Dank reagieren

4

1. Sie 2. Sie 3. du 4. Sie 5. du 6. du 7. du 8. du 9. du

5

a. 1. Wir freuen uns, Sie heute hier begrüßen zu dürfen. 2. Es freut mich, dass Sie heute zu uns gekommen sind. 3. Meine Damen und Herren, ich heiße Sie im Namen von Acentas herzlich willkommen. 4. Im Namen der Firma darf ich Sie herzlich in unserem Hause begrüßen.
b. 1. Tut mir leid, aber ich habe gleich noch einen Termin. 2. Es hat mich sehr gefreut, Sie kennenzulernen. 3. Vielen Dank für Ihren Besuch. 4. Wir freuen uns, Sie bald wieder bei uns begrüßen zu dürfen.
c. 1. vorstellen – ist 2. Freundin – kennen – kennenzulernen 3. bekannt machen 4. Karte – gebe 5. ist – melde mich 6. Hätten – selbstverständlich

6

1. einander 2. gemeinsam 3. Kontakt 4. kennengelernt 5. zufällig – getroffen 6. persönlich 7. zusammen 8. vertrauen 9. gefällt 10. duzen – siezt 11. sagt – Du 12. sagt – Sie 13. mag 14. bekannt

7

a. 1. vorstellen 2. bejaht 3. meinen 4. bitten 5. erklären
b. 1. falsch 2. vergessen 3. derselben 4. annehmen 5. unverständlich 6. inakzeptabel 7. verbieten 8. Nachteil
c. 1. Was ist das deutsche Wort für *target*? 2. Wie nennt man das hier auf Deutsch? 3. Was ist der Unterschied zwischen *telefonieren* und *anrufen*? 4. Ich hätte da eine Frage.
d. 1. erklären 2. mich ... informieren – erkundigen sich 3. umschreiben 4. vorschlagen 5. um ... bitten 6. Information 7. Bericht 8. Bitte 9. Meinung (Ansicht) – Ansicht (Meinung) 10. meinst 11. überzeugt 12. forderte ... auf 13. Möglichkeit 14. Geben ... Bescheid 15. Missverständnis 16. Zusammenfassung
e. 1. hat vor 2. freiwillige 3. Habt ... Lust 4. mit Absicht 5. Absicht 6. will

8

a. 1. sagen – zeige 2. beschrieben 3. Fragst 4. nach ... fragen 5. geredet 6. über ... sprechen 7. schweigen 8. über ... diskutiert 9. diskutiert 10. ruft ... nach 11. rufe – antworten 12. antwortet ... auf 13. mich ... mit ... unterhalten 14. uns über ... unterhalten 15. mitteilen
b. 1. flüstern 2. tuscheln 3. jammern 4. nuscheln 5. seufzen 6. einsagen 7. ächzen 8. raunen
c. 1. quasselt 2. gepetzt 3. stottern 4. lispelt 5. prahlt 6. trägt ... vor 7. nörgelt 8. lästert
d. 1f 2d 3b 4c 5e 6k 7g 8i 9j 10h
e. 1. stöhnte 2. jubeln 3. quengelte 4. befahl 5. brüllen 6. kreischten 7. grölten

9

a. 1. positiv 2. negativ 3. negativ 4. negativ 5. positiv 6. negativ 7. positiv
b. 1. vorstellen 2. missfallen 3. grundsätzlich 4. auffordern

10

a. 1. Vorname 2. Geburtsdatum 3. Nationalität 4. Straße 5. Hausnummer 6. Postleitzahl 7. Wohnort (Stadt) 8. Land 9. Telefonnummer 10. E-Mail-Adresse 11. Beruf 12. Unterschrift
b. 1. Faxnummer 2. Familienstand 3. Geburtsort 4. verwandt
c. 1. buchstabieren 2. kommen 3. lebe 4. geboren 5. Geburtsort 6. spreche 7. Kinder 8. Tochter 9. alt 10. Adresse 11. wohne 12. bin 13. arbeite ... als 14. Reisepass 15. unterschreiben
d. *(offene Übung, tragen Sie bitte Ihre eigenen Daten ein)*

11
1. Vorname – Rufname 2. Geburtsname – Mädchenname – Nachnamen – geborene 3. Initialen 4. nennen – Spitzname 5. ausspricht 6. Titel 7. Zuname

12
1. Druckbuchstaben 2. unterzeichnet 3. wie 4. Anmeldebestätigung – Teilnahmebestätigung – Gebühren 5. Arbeitsgenehmigung 6. ändern – führen – widerrufen – Eheurkunde

13
a. 1d 2c 3b
b. 1. von *A* bis *Z* 2. das *A* und *O* 3. Wer *A* sagt, muss auch *B* sagen.

14
a. 1. Österreich – Österreicher – Österreicherin – Österreicher – österreichisch 2. Deutschland – Deutscher – Deutsche – Deutscher – deutsch 3. Italien – Italiener – Italienerin – Italiener – italienisch 4. den Niederlanden – Niederländer – Niederländerin – Niederländer – niederländisch 5. Japan – Japaner – Japanerin – Japaner – japanisch 6. Großbritannien – Brite – Britin – Brite – britisch 7. Frankreich – Franzose – Französin – Franzose – französisch 8. den USA – (US-) Amerikaner – (US-)Amerikanerin – (US-)Amerikaner – (US-)amerikanisch
b. 1. Bulgarien 2. Dänemark 3. Deutschland 4. Estland 5. Finnland 6. Frankreich 7. Griechenland 8.Großbritannien 9. Irland 10. Italien 11. Lettland 12. Litauen 13. Luxemburg 14. Malta 15. Niederlande 16. Österreich 17. Polen 18. Portugal 19. Rumänien 20. Schweden 21. Slowakei 22. Slowenien 23. Spanien 24. Tschechien 25. Ungarn 26. Zypern
c. 1. Deutschland 2. Finnland 3. Frankreich 4. Griechenland 5. Irland 6. Italien 7. Luxemburg 8. Niederlande 9. Österreich 10. Portugal 11. Spanien
d. 1. Polnisch 2. Rumänisch 3. Niederländisch 4. Dänisch 5. Griechisch 6. Tschechisch 7. Finnisch 8. Englisch 9. Französisch 10. Italienisch

15
a. 1. Europa 2. Asien 3. Afrika 4. Australien
b. 1. amerikanisch 2. asiatisch 3. australisch 4. europäisch
c. 1. Asiatin 2. Afrikaner 3. Europäer 4. Australierin

B Der Mensch

1
a. 1. ein Kinderwagen 2. eine Wiege 3. ein Teddy 4. eine Windel 5. ein Töpfchen
b. 1. stillte 2. Säugling – abzugewöhnen 3. Stofftier 4. zornig 5. Kindheit 6. Kleinkind 7. Kinderbetreuung 8. Spielsachen – baute – kämpfte – spielte 9. Märchen – gruselig 10. gewachsen
c. 1. Inlineskates fahren 2. Dreirad fahren 3. Roller fahren 4. schaukeln 5. rutschen 6. im Sandkasten spielen 7. wippen 8. Computer spielen 9. Karten spielen 10. Schlittschuh laufen 11. Schlitten fahren
d. 1. Kinderkrippe 2. Tagesmutter – Krippenplatz – betreut 3. Babysitter 4. Kindergarten 5. gemalt – gebastelt 6. minderjährig – volljährig 7. Jugendamt – Heim 8. Betreuer 9. Pubertät 10. Teenager 11. Jugendherberge 12. Jugendlichen

2
1. Wechseljahre 2. Altersheim 3. gebrechlich 4. senil 5. Rente – Rentenversicherung 6. Rentner (*A:* Pensionist) 7. Frührentner (*A:* frühzeitiger Pensionist) 8. Pflegeheim

3
a. 1.Todesanzeige 2. Tote 3. Friedhof 4. Hospiz 5. Obduktion 6. vererbt 7. Erbes 8. Grabstein 9. kondolierten 10. gestorben 11. Testament – erben 12. eingeschläfert 13. umgekommen 14. Selbstmord 15. Anteilnahme – Beileid 16. weinten
b. 1. Erbe 2. Seele 3. Bestattungsinstitut 4. Beerdigung 5. Hinterbliebene 6. Trauer 7. Sarg 8. Autopsie
c. 2.
d. 1h 2f 3g 4c 5d 6e 7b

4
a. 1. jung – alt 2. klein – groß 3. lang – kurz 4. dick – dünn
b. 1. dürr 2. untergewichtig 3. ungepflegt 4. gepflegt 5. elegant 6. gammelig
c. 1. kurz 2. strahlend 3. bleich 4. muskulös 5. Brille 6. einen Vollbart
d. 1. gut frisiert 2. dichtes / volles 3. modisch 4. ungepflegtes 5. sauber 6. elegant
e. 1f 2b 3g 4e 5c 6d 7m 8h 9k 10j 11i 12l

5

a. 1. nett 2. distanziert – kalt 3. zufrieden – zuverlässig – lieb 4. intelligent – eingebildet 5. geduldig – gerecht – gut gelaunt 6. geizig 7. fleißig 8. egoistisch 9. cool 10. blöde 11. seriös 12. stolz 13. komisch 14. neugierig 15. glücklich 16. ernster 17. Art 18. Typ 19. nervös – entspannt 20. unzufrieden

b. 1. höflich 2. unsympathisch 3. faul 4. interessant 5. ungeduldig 6. feige 7. rücksichtsvoll 8. unbeliebt 9. ruhig 10. vernünftig 11. klug 12. tolerant 13. traurig 14. sensibel 15. frech 16. kontaktfreudig 17. optimistisch 18. pingelig 19. eingebildet 20. konservativ 21. passiv 22. lustig 23. gut

c.

Kreativer Akademiker (34, 1,89), **attraktiv**, **humorvoll**, **optimistisch**, **temperamentvoll**, sucht Dich: eine **warmherzige**, **schöne**, **selbstbewusste** Frau, ... ernst gemeinte Zuschriften ...

... **witzig**, **kreativ**, **charmant**, vielseitig **interessiert**, sucht **attraktive** Sie ...

Attraktive blonde Ärztin, **tolle** Figur, **sportlich** ... **starker** Charakter, sucht **treuen**, **ehrlichen** Partner. ...

... **lebendig** und **fantasievoll**, sucht dich, **warmherzig** und **beruflich** gefestigt. ...

d. 1c 2g 3b 4f 5e 6d

e. 1+ 2+ 3+ 4– 5– 6+ 7+ 8– 9+ 10+ 11– 12– 13– 14– 15+ 16– 17– 18–

f. 1. sanft 2. stur 3. schlau 4. mutig 5. frech 6. fleißig

g. 1f 2d 3b 4e 5c

6

a. 1. Teilst 2. sich ... eingesetzt 3. habe versucht 4. will 5. dich ... anstrengen 6. zögerte

b. 1. Feigling 2. korrupt 3. Benehmen 4. benehmt euch – blamiert 5. boshaft 6. peinlich 7. Rücksicht 8. zurückhaltend – Kontakte 9. knauserig – erbarmungslos 10. Verhalten 11. großzügig 12. cholerisch 13. regt sich ... auf 14. sich ... verhalten 15. Gegensatz 16. mangelt ... an 17. sich ... verändert

c. 1. bohren – hat gebohrt 2. löchern – löchert 3. um Auskunft bitten – um Auskunft bitten 4. nachfragen – Fragen ... nach

d. 1. empfindlich 2. angeben 3. Wunsch wecken 4. großzügig ... sein 5. offen ... sagen 6. beleidigen

7

a. 1. ärgere mich 2. lieber 3. fühlte sich ... wohl 4. Stimmung 5. Laune 6. gern 7. hasse 8. Interesse 9. hoffen 10. eifersüchtig 11. geht ... an 12. freue mich 13. freut sich ... auf 14. sich über ... gefreut 15. mögen 16. froh 17. macht ... Spaß 18. gelacht 19. fürchtet sich 20. regte sich ... auf

b. 1. die Toleranz 2. der Hass 3. die Hoffnung 4. die Verzweiflung 5. die Furcht 6. die Vorsicht 7. die Angst 8. die Eifersucht 9. die Überraschung 10. der Neid

c. 1. zweifle 2. bin ... sicher 3. ist überzeugt 4. glaube 5. Meiner Meinung nach 6. finde 7. nehme an 8. Gedanken

d. 1g 2c 3e 4b 5d 6f

8

a. 1. vergessen 2. an ... denken 3. Idee – fällt ... ein 4. Verstehst – Klar 5. Weißt 6. mir ... merken

b. 1. mir ... überlegen 2. erfahren 3. behalten 4. sich ... konzentrieren 5. begriffen – erklären 6. Fantasie 7. nachdenken – fällt ... ein 8. Kenntnisse 9. Ahnung 10. sich ... für ... interessiert 11. Wissen 12. weiß ... Bescheid 13. Erinnerung 14. fällt ... ein 15. Gedächtnis

c. 1. raten – habe ... geraten 2. rätseln – haben ... gerätselt 3. brüten – brütet 4. sich den Kopf zerbrechen – zerbreche mir – den Kopf 5. einfallen – fällt ... ein

d. 1. eingeschränktes 2. seit Langem 3. gut 4. schlechtes 5. logisch

9

a. 1. unrichtig / falsch 2. unschuldig 3. ungerecht 4. unehrlich 5. unanständig 6. untreu

b. 1. gewissenhaft 2. lügst 3. Lügen 4. Schuld 5. obszönen – peinlich 6. Fehler – menschlich 7. mich ... geschämt 8. bereute 9. skrupellos 10. bestechlich

10

a. 1. mit ... schlafen 2. Beziehung 3. hab ... lieb 4. streichelte – zärtlich 5. Affäre 6. Homosexuelle 7. schwul 8. homosexuelle 9. lesbisch – Sex 10. leidenschaftlicher 11. Homosexualität – Geschlecht 12. Prostituierte 13. Hure 14. Stricher – Strichjunge 15. Missbrauch 16. Verlangen

C Familie und Freunde

1

a. 1. die Ehefrau 2. der Großvater 3. die Cousine 4. die Mutter 5. der Sohn 6. der Cousin 7. die Schwester 8. die Tochter 9. die Großmutter 10. der Bruder 11. der Schwager 12. der Onkel 13. die Tante 14. die Nichte 15. der Neffe 16. die Schwägerin 17. der Vater
b. 1. Das ist meine Familie. 2. Wir sind Geschwister. 3. Das sind unsere Großeltern.

2

1. Opa 2. Einzelkind 3. Enkelkinder 4. Mutti 5. Verwandtschaft 6. Angehörigen 7. Baby 8. Kind 9. Mädchen 10. Junge 11. Alter 12. verwandt 13. sorgt 14. Vorfahren 15. Enkel

3

a. 1. Umzug 2. Zufall 3. Bekannte 4. eng befreundet 5. Freunde 6. Freundschaft 7. Nachbarschaft 8. Nachbarn
b. 1. Partner 2. Partnerschaften 3. habe ... gern 4. nicht leiden kann 5. Team 6. gefällt 7. unterstützen 8. begegnet

4

1. Kontakte ... pflegen 2. sich ... gutstellen 3. Beziehungen spielen lassen 4. Kommt ... miteinander aus – zurechtgekommen 5. stehen uns ... nahe 6. einen Freundschaftsdienst erwiesen 7. gegenseitig – Konkurrenten 8. Mitleid – ausgehalten

5

a. 1. Ich gebe dir meine Telefonnummer. 2. Kann ich dich anrufen? 3. Hättest du Lust, heute Abend ins Kino zu gehen? 4. Wollen wir heute Abend etwas zusammen machen? 5. Ich hole dich ab.
b. 1. Du bist echt süß. 2. Ich glaube, ich träume heute Nacht von dir. 3. Du hast wunderschöne Augen. 4. Du hast Humor. 5. Deine neue Frisur steht dir sehr gut.

6

1. Bis bald. 2. Bist du noch wach? 3. Bin so einsam. 4. Bin verliebt in dich. 5. Denk an dich. 6. Drück dich. 7. Fühle mich einsam. 8. Gruß und Kuss 9. Habe Sehnsucht. 10. Hab dich lieb. 11. Ich vermisse dich. 12. Schlaf gut und träum was Schönes. 13. Schreib mir schnell. 14. Vermisse dich. 15. Warte auf dich.

7

a. 1. sich kennenlernen 2. sich verlieben 3. sich verloben 4. heiraten 5. Kinder bekommen 6. ... sie lebten glücklich bis an ihr Lebensende.
b. 1. leben zusammen 2. ledig 3. verlobt 4. Single 5. Liebespaar – befreundet 6. Verhältnis 7. zusammen ist 8. küssen 9. schmusen 10. Liebe 11. habe ... gern
c. 1. Liebhaber 2. geflüchtet 3. Lebensgefährte 4. Nachfolger 5. gemeinsamen 6. Notruf 7. niemanden 8. verließ
d. 1. liebte 2. Beziehung – Verhältnis 3. geht mit – zusammen sind 4. Verlobung 5. Verlobte 6. einsam 7. Sehnsucht 8. verführen 9. Zärtlichkeit
e. 1d 2e 3b 4c
f. 1. den Kopf verdreht 2. macht ... schöne Augen 3. sich ... verknallt 4. ist noch zu haben

8

a. 1. Ehepaar 2. ist ... verheiratet 3. Braut – Hochzeit 4. Bräutigam – Kuss 5. Ehepartner 6. Gatten – Lebensweg 7. Frau 8. Gattin 9. Mann 10. Frau
b. 1d 2e 3g 4h 5c 6b 7f

9

a. 1. streitet 2. lügst 3. getrennt 4. beleidigt 5. diskutieren 6. hofft
b. 1. treu 2. verlassen 3. Trennung 4. geschieden 5. Hochzeitstag 6. Affäre

10

1. Frauenheld – verheiratet – geschieden 2. Scheidungsanwalt 3. Unterhalt 4. Sorgerecht 5. getrennt 6. Witwer

11

a. 1d 2g 3f 4c 5e 6b
b. 1. besuchen 2. Einladung – ausgezeichnet 3. Feier – Besuch 4. Gäste 5. Gehst ... zu 6. Schulfest 7. vorbeikommen 8. absagen 9. annehmen – zugesagt 10. spendieren – lehnte ab
c. 1e 2d 3c 4b
d. 1. kommen ... rein 2. Bestellen ... Grüße 3. mich ... verabschieden – mich ... bedanken 4. Treffen 5. Gastgeberin 6. zu Besuch sein 7. kommt ... zu 8. Verabredung 9. verabreden ... uns 10. Treffen 11. gab ... einen aus 12. mitbringen
e. 1. einladen 2. unterhalten 3. sprechen 4. erzählen 5. reden 6. diskutieren 7. plaudern 8. teilnehmen

f. 1. einladen 2. bedanken 3. gratulieren
4. schenken 5. feierlich 6. glücklich

12
a. Sehr geehrter Herr Prof. Dr. Siebert,
ich möchte Ihnen ganz herzlich zu Ihrem 40. Geburtstag gratulieren. Ich wünsche Ihnen alles Gute, vor allem Glück und Gesundheit und weiterhin viel Erfolg.
Mit herzlichen Grüßen
Dr. Manfred Müller
b. 1. Hochzeit 2. Weihnachten 3. neues Jahr
4. Weihnachten / Ostern 5. Geburtstag 6. Geburt

13
1. danken 2. Brief 3. eine Diskussion 4. einen Brieffreund 5. eine Antwort 6. einen Zettel
7. eine Korrespondenz 8. mit dem Fax

D Körper und Körperpflege

1
a. 1. die Hand 2. der Kopf 3. der Rücken 4. der Fuß
5. das Bein 6. die Brust 7. der Arm 8. der Finger
9. der Bauch 10. das Knie 11. das Gesicht 12. der Hals
b. 1. ein Arm – Arme 2. ein Finger – Finger 3. ein Bein – Beine 4. eine Hand – Hände 5. ein Fuß – Füße 6. ein Ohr – Ohren 7. ein Haar – Haare
c. 1g 2d 3f 4c 5b 6e
d. 1. das Kinn 2. die Kehle 3. die Schulter 4. die Wange 5. die Taille 6. die Hüfte 7. die Achsel
8. der Oberschenkel / der Schenkel 9. die Wade
10. die Ferse
e. 1. das Kinn 2. die Achsel 3. die Wade 4. die Ferse 5. der Oberschenkel 6. die Hüfte 7. die Taille
8. die Schulter 9. die Kehle 10. die Wange

2
a. 1e 2d 3i 4h 5g 6c 7f 8b
b. 1. steht ... auf eigenen Füßen 2. die Beine unter die Arme nehmen 3. stehen ... mit dem Rücken zur Wand
4. lässt ... den Kopf hängen 5. Hals über Kopf
6. wickelt ... um den Finger 7. auf die leichte Schulter nimmt 8. auf den Arm zu nehmen

3
a. 1. das Haar 2. das Auge 3. das Ohr 4. die Nase
5. der Mund
b. 1. lesen, weinen 2. riechen, niesen 3. küssen, sprechen 4. kauen, beißen 5. eincremen, pudern
6. kämmen, föhnen, frisieren

4
1b 2b 3b 4a 5b 6b 7a 8b

5
1. die Lunge 2. das Herz 3. die Leber 4. der Magen
5. der Darm

6
a. 1. die Nieren *(Pl.)* 2. die Blase 3. die Scheide
4. der Penis 5. das Skelett 6. das Gesäß 7. das Gelenk 8. der Muskel 9. die Sehne 10. die Zunge
11. der Nacken
b. 1g der Bauch – der Nabel: *der* Bauchnabel 2e das Ohr – das Läppchen: *das* Ohrläppchen 3f der Ring – der Finger: *der* Ringfinger 4c die Nase – der Flügel: *der* Nasenflügel 5d die Hand – das Gelenk: *das* Handgelenk 6b das Knie – die Scheibe: *die* Kniescheibe 7a der Mund – der Winkel: *der* Mundwinkel

7
1. ein Herz und eine *Seele* 2. durch Mark und *Bein*
3. mit *Leib* und Seele 4. Hand und *Fuß* 5. mit *Haut* und Haaren 6. in Fleisch und *Blut*

8
1. Schlaf 2. müde 3. einschlafen 4. aufstehen
5. muss ... mal 6. Toilette 7. Toilettenpapier
8. Zähne putzen 9. Zahnbürste 10. wasche
11. Handtuch 12. träum

9
1. stark / kräftig 2. aufgeregt 3. entspannt
4. schlecht 5. munter 6. kalt 7. satt 8. kaputt

10
1. Schwangerschaft 2. Übelkeit 3. Ruhe
4. hinlegen 5. Hebamme 6. Baby 7. zur Welt bringen 8. Wehen 9. Entbindung 10. Monat
11. Ungeborene 12. Kaiserschnitt 13. Kraft

11
a. 1c 2b 3e 4f 5d
b. 4b 1c 2d 7e 5f 3g 6h

12
1. Zahnbürste 2. Zahnpasta 3. Seife 4. Shampoo
5. Bürste 6. Handtücher 7. Föhn 8. Taschentücher
9. Binden 10. Tampons 11. Sonnencreme 12. Drogerie 13. Deodorant 14. Haargel 15. Haarspangen

13
1. der Kamm 2. frisieren 3. der Föhn 4. schneiden
5. die Tönung 6. färben 7. rasieren

14

a. 1. Augenlid 2. Lidfalte 3. Augenbraue 4. Wimpern 5. Pupille

b. 1. der Kajalstift, die Wimperntusche, der Augenbrauenstift 2. das Make-up, der Abdeckstift, der Puder, das Rouge 3. der Lippenstift 4. der Nagellack

c. *Die Haut*: 1. Verteilen Sie dann mit einem Schwamm flüssiges Make-up auf dem Gesicht. 2. Verteilen Sie danach Puder über das ganze Gesicht.

Die Augen: 3. Tragen Sie hellen Lidschatten auf das Augenlid auf.

4. Betonen Sie dann die Lidfalte mit einem dunkelbraunen Lidschatten. 5. Zeichnen Sie die Augenbrauen mit einem dunklen Augenbrauenstift nach. 6. Tragen Sie mehrmals schwarze Wimperntusche auf.

Die Wangen: 7. Betonen Sie die Wangen mit Rouge.

Die Lippen: 8. Tragen Sie einen passenden Lippenstift auf.

d. 1. dunkle 2. verkleinern 3. dezent 4. verstärkt 5. Kurzsichtige 6. kleiner 7. größer 8. helle 9. Form 10. Brillengestells 11. Kontaktlinsen 12. Entzündung

15

1e 2g 3h 4d 5f 6c 7b

16

1. haarsträubenden 2. Herzinfarkt 3. herzhaft 4. haargenau 5. haarscharf 6. herzlos 7. herzzerreißend 8. Haarspalterei 9. herzergreifend

E Gesundheit und Krankheit

1

1. Ist das ein Verband? – Nein, das ist kein Verband. Das ist ein Pflaster. 2. Sind das Tabletten? – Nein, das sind keine Tabletten. Das ist eine Salbe. 3. Ist das ein Thermometer? – Nein, das ist kein Thermometer. Das sind Tropfen. 4. Sind das Tropfen? – Nein, das sind keine Tropfen. Das ist eine Spritze. 5. Ist das ein Rezept? – Nein, das ist kein Rezept. Das sind Zäpfchen. 6. Ist das ein Pflaster? – Nein, das ist kein Pflaster. Das ist ein Rezept. 7. Ist das eine Versicherungskarte? – Nein, das ist keine Versicherungskarte. Das ist ein Thermometer. 8. Ist das eine Salbe? – Nein, das ist keine Salbe. Das ist ein Verband. 9. Sind das Zäpfchen? – Nein, das sind keine Zäpfchen. Das ist eine Versicherungskarte. 10. Ist das ein Rollstuhl? – Nein, das ist kein Rollstuhl. Das sind Tabletten.

2

a. 1. blass 2. geht ... schlecht 3. tut ... weh 4. Schnupfen 5. husten 6. Fieber 7. Erkältung 8. Rezept 9. Tablette 10. Medikament 11. Husten 12. Lungen *(Pl.)* 13. wirkt 14. Krankmeldung (*CH:* ein Arztzeugnis) 15. krankgeschrieben 16. Beschwerden 17. Sprechstunde

b. 1. Quartal 2. Versicherungskarte (*A:* Ihren Krankenschein) 3. Praxisgebühr 4. Quittung 5. Wartezimmer 6. Überweisung 7. Vertretung 8. Praxis 9. Apotheke 10. Schmerzmittel

3

a. 1f 2d 3e 4b 5c

b. 1. Kardiologe 2. Frauenarzt 3. Hautarzt 4. Kinderarzt 5. Orthopäde 6. Urologe 7. Radiologe 8. Chirurg 9. HNO-Arzt

4

1. Er hatte ein Loch im Zahn und starke Zahnschmerzen. 2. Der Zahnarzt stellte Karies fest. 3. Peter fragte: „Kann ich bitte eine Betäubung bekommen?“ 4. Der Zahnarzt gab Peter eine Injektion und bohrte den Zahn auf. 5. Dann bekam der Zahn eine Kunststofffüllung. 6. Der Zahnarzt sagte: „Du musst deine Zähne besser pflegen.“ 7. „Dein Zahnfleisch ist entzündet und du hast Zahnbelag.“ 8. „Du bekommst einen Termin für eine professionelle Zahnreinigung.“ 9. „Außerdem solltest du deine Zähne mit Zahnseide reinigen.“ 10. Peter sagte: „Ich werde mir auch eine elektrische Zahnbürste kaufen.“

5

1. die Ansteckung 2. die Untersuchung 3. die Blutung 4. die Behandlung 5. die Heilung 6. die Entzündung 7. die Wirkung 8. die Rettung 9. die Verletzung 10. die Verbrennung 11. die Versicherung 12. die Erkältung 13. die Verstauchung 14. die Bekämpfung 15. die Überweisung 16. die Prellung

6

a. 1. Aids 2. ist verletzt – Unfallstation 3. Grippe 4. Klinik – Bericht 5. Besuchszeit 6. Operation 7. erbrechen 8. Infektion 9. Wunde – verbinden 10. genäht 11. Verbandszeug 12. die Temperatur gemessen

b. 1. die Station 2. ambulant 3. der Notarzt 4. die Krankenschwester 5. die Visite 6. die Narkose 7. die Infusion

7

1. zu sich gekommen 2. aus dem Koma aufgewacht 3. überlebt 4. giftig 5. verschlechtert 6. in Ohnmacht gefallen 7. wurde entlassen 8. bleich 9. nüchtern 10. inoperabel

8
1. krankhafte 2. erkrankt 3. mich krankgelacht
4. kränkelt 5. mich krankgeärgert 6. kränkliches
7. war ... gekränkt 8. krankt 9. krankfeiert

9
a. 1. schmerzverzerrtem 2. schmerzlos
3. schmerzempfindlich 4. schmerzt 5. schmerzhafte
6. schmerzstillendes 7. Schmerzensgeld
b. 1c 2b 3d 4e 5f

10
a. 1. Darreichungsform 2. Wechselwirkungen
3. Nebenwirkungen 4. Gegenanzeigen
5. Anwendungsart 6. Dosierung 7. Verfallsdatum
8. Anwendungsdauer
b. 1. Anwendungsgebiete 2. Darreichungsform
3. Gegenanzeigen 4. Wechselwirkungen 5. Dosierung
6. Anwendungsart 7. Anwendungsdauer
8. Nebenwirkungen 9. Verfallsdatum

11
a. 1. Trinker 2. nüchtern 3. Suchtmittel
4. Drogenabhängige 5. nikotinsüchtig
6. Drogendealer 7. Entziehungskur 8. Methadon
9. Drogenberatungsstelle
b. 1f 2k 3g 4b/e 5i 6h 7j 8c/d 9b/e
10c/d 11l
c. Paul: 1. ... ist sturzbetrunken *(ugs.)*. 2. ... ist voll wie eine Granate *(vulg.)*. 3. ... ist stockbesoffen. *(vulg.)* 4. ... ist hackedicht. *(vulg.)* 5. ... hat schwer getankt *(ugs.)*.
Lena: 6. ... ist beschwipst. 7. ... ist angesäuselt. 8. ... ist angeheitert. 9. ... ist benebelt. 10. ... ist angeduselt. *(alle ugs.)*

12
1. C12 – I12: Zigarre 2. G1 – G12: Aschenbecher
3. J1 – J5: Tabak 4. A1 – A9: Schachtel 5. L2 – L10: Feuerzeug 6. C2 – C12: Streichholz 7. D2 – D10: anzünden

13
a. 1. schädlich 2. fettarm 3. gefährdet 4. gesund
5. vegetarisches 6. Diät 7. ungesund 8. fit
9. Kräutertee 10. Abnehmen
b. 1. das Fitnessstudio 2. das Hallenbad 3. der Park
4. das Yoga 5. die Berge

F Wahrnehmung und Aktivitäten

1
a. 1. blind 2. schauen 3. weggeschaut
4. anschauen / ansehen 5. schaue ... zu
6. hinschauen / hinsehen 7. schlecht
b. 1. bemerkt 2. Pass auf 3. beobachtet
4. betrachtete 5. gafften 6. wahrgenommen
7. erkannt 8. besichtigen 9. schielt 10. bestaunten
11. überwacht 12. gespickt 13. sichtbar 14. Blick
15. klar 16. deutlich

2
a. 1. ruft 2. versteht 3. Hör ... zu 4. hinhörst
5. gehört 6. taub
b. 1. laut – heiser 2. Lärm – ruhig 3. schwerhörig – Hörgerät 4. Ton 5. leiser 6. still 7. klingelt
8. läuten 9. klingt / *CH:* tönt 10. Stimme 11. Geräusch 12. Ruhe 13. gut – schlecht 14. lauschte
15. Gehörschutz

3
a. 1. berühren 2. probieren 3. riecht ... gut
4. stinkt 5. Fühl 6. Spürst 7. schmeckt 8. duften
9. atmen 10. geträumt 11. riecht ... nach
12. komisch – lüfte
b. 1. Sicht 2. Geruch 3. Atem 4. Gestank
5. Geschmack 6. Traum 7. Duft 8. Berührung

4
a. 1. gelaufen 2. gehen 3. wandern 4. springt
5. mich ... bewegen 6. hüpft 7. rennen
b. 1. steckt 2. Legst 3. gehängt – gehangen
4. Stellst 5. sich ... hinlegen 6. mich hinsetzen – Nehmen ... Platz 7. aufstehen 8. stehen 9. sitzt
10. gesteckt 11. hockt 12. kniete
c. 1. fliegt / gleitet 2. flattert 3. schwebt 4. trabt
5. galoppiert 6. springt 7. stolziert / schreitet
8. kriecht / schlängelt sich 9. krabbelt
10. hoppelt / hüpft 11. schleicht 12. stapft / trampelt
13. rennt / läuft 14. buddelt / gräbt

5
1. liegen – liegt 2. fahren – fährt 3. sitzen – sitzen
4. laufen – läuft 5. sitzen – sitzt 6. frieren – friert
7. zuhalten – hält ... zu 8. riechen – riecht

6
a. 1. winken 2. ausmachen 3. mischen
4. aufkleben 5. binden 6. einwerfen 7. binden
8. schieben 9. tun

b. 1. holst 2. bring 3. aufschneiden 4. schneidest 5. Gibst 6. gemacht 7. kontrolliert 8. geschossen 9. nimm 10. einschenken 11. pass ... auf 12. gießt 13. benutzt 14. abgewischt 15. tritt 16. essen
c. 1. *weg*fahren 2. *ab*geben 3. *ab*schreiben 4. *ein*werfen 5. hole ... *ab* 6. läuft ... *weg* 7. *los*fahren 8. *an*kreuzen 9. Kommen ... *rein* 10. *rein*fahren 11. *an*klicken 12. kommen ... *(he)raus* 13. Machst ... *zu* 14. Stehst ... *auf*

7
a. *anmachen:* einschalten, anstellen, anschalten
ausmachen: abschalten; ausschalten; abstellen
b. 1. Drücken – stellen ... ein – starten 2. eingesteckt – steckt ... aus 3. geht ... an – drehen 4. anmachen – abgestellt 5. Machst ... aus 6. abstellen 7. festziehen 8. installieren

G Wohnen und Hausarbeit

1
a. 1. Apartment 2. Mieten 3. Studentenwohnheimen 4. Fenster 5. hell 6. umziehen (*A:* übersiedeln) 7. Balkon 8. Altersheim 9. Haus 10. Garten 11. Heimweh 12. Pflegeheim 13. Eigentumswohnung 14. Lage 15. Schule 16. Mietshaus 17. teuer 18. Hof 19. Erdgeschoss 20. Terrasse 21. Untermiete 22. vermietet 23. Zimmer 24. Nebenkosten 25. Küche 26. Platz 27. Aussicht 28. Hausmeister 29. möbliert 30. billig 31. dunkel 32. Vertrag 33. Umzug 34. renovieren 35. ausbauen 36. Büro 37. Keller 38. Garage 39. Speicher 40. einziehen
b. 1. bauen 2. verkaufen 3. einrichten 4. heizen 5. wohnen 6. kündigen 7. besichtigen 8. umziehen 9. kosten
c. 1. unmöbliert 2. neu 3. klein 4. gemütlich 5. leer 6. schmutzig 7. ruhig
d. 1. der Makler 2. der Nachbar 3. der Vermieter 4. die Etage 5. der Vorort 6. das Zentrum 7. das Hochhaus
e. 1. Familie Braun besitzt eine Zweitwohnung in Berlin. 2. In den Nebenkosten sind Heizung, Wasser und Hausreinigung enthalten. 3. Den Mietvertrag müssen Mieter und Vermieter unterschreiben. 4. In unserem Wohnblock wohnen viele Familien mit Kindern. 5. Liegt Ihre Wohnung in der Innenstadt oder am Stadtrand? 6. Zum eigenen Haus kann man auch Eigenheim sagen.

2
1. Einbauküche 2. Nebenkosten 3. Parkett 4. Tiefgarage 5. Erdgeschoss 6. Dachgeschoss 7. erstes Obergeschoss 8. zwei Monatsmieten Kaution 9. Heizung 10. Balkon 11. ab sofort 12. von privat 13. inklusive 14. Wohnfläche 15. Doppelhaushälfte

3
1. Wohnung 2. Ecke 3. ruhig 4. Nebenstraßen 5. Nähe 6. weit 7. Geschäfte 8. Lift 9. Toilette 10. Dusche 11. Fußbodenheizung 12. Kaution 13. Einbauküche 14. Nebenkosten 15. liegen 16. besichtigen 17. zeigen

4
a. Dachgeschoss: 1. der Schornstein 2. das Schlafzimmer 3. das Gästezimmer
1. Stock: 4. das Kinderzimmer 5. das Bad 6. das Arbeitszimmer 7. das Treppenhaus (*A:* das Stiegenhaus)
Erdgeschoss: 8. die Küche 9. das Wohnzimmer (*A:* die Stube) 10. das WC 11. die Treppe (*A:* die Stiege) 12. der Kamin
Keller: 13. der Keller 14. der Hobbyraum
b. 1. die Räume 2. die Bäder 3. die Dächer 4. die Eingänge 5. die Gärten 6. die Garagen 7. die WCs
c. 1. der Fenster*griff* 2. das Treppen*geländer* 3. die Zimmer*decke* 4. die Haus*tür* 5. die Klima*anlage* 6. der Brief*kasten* 7. der Fuß*boden* 8. der Wohnungs*schlüssel* 9. der Garten*zaun*

5
1. Stühle (*A:* Sessel) 2. einen Kühlschrank (*A:* Eiskasten) 3. einen Herd 4. einen Teppich 5. eine Uhr 6. ein Sofa 7. einen Schrank (*A/CH:* Kasten) 8. ein Bett

6
a. 1. das Klavier 2. der Vorhang 3. der Sessel (*CH:* der Fauteuil) 4. die Lampe 5. das Bild 6. das Regal 7. das Sofa 8. das Kissen 9. der Tisch 10. der Teppich 11. die Pflanze
b. 1. eine Kommode 2. ein Büfett 3. eine Tapete 4. eine Lehne 5. eine Gardine

7
a. 1d 2e 3j 4c 5h 6i 7f 8g 9b
b. 1. unter Dach und Fach gebracht 2. ganz aus dem Häuschen 3. ist ... weg vom Fenster 4. vor der eigenen Tür kehren 5. auf dem Teppich bleiben 6. in Teufels Küche kommen 7. unter den Teppich kehren 8. reinen Tisch machen 9. unter den Tisch fallen

8
a. 1. das Shampoo 2. dem Rasierer 3. Das Handtuch 4. dem Kamm 5. den Föhn 6. der Nagelfeile 7. den Nagellack 8. der Creme 9. das Waschbecken 10. den Spiegel

b. 1. der Schaum + das Bad = *das* Schaumbad 2. die Wäsche + der Korb = *der* Wäschekorb 3. das Haar + das Spray = *das* Haarspray 4. der Puder + die Dose = *die* Puderdose 5. der Nagel + die Schere = *die* Nagelschere 6. das Bad + der Vorleger = *der* Badvorleger 7. die Toilette + das Papier = *das* Toilettenpapier 8. die Dusche + der Vorhang = *der* Duschvorhang

9

a. 1. die Mikrowelle 2. der Elektroherd 3. der Kühlschrank (*A:* der Eiskasten) 4. das Geschirr 5. das Spülbecken 6. der Wasserhahn 7. das Besteck 8. das Regal 9. die Spülmaschine 10. der Esstisch 11. der Küchenstuhl
b. 1. warm 2. offen 3. ausmachen 4. laut 5. leiser 6. anmachen 7. dunkel 8. zumachen 9. abschließen (*A:* absperren) 10. Schlüssel 11. Türschloss 12. geklopft 13. Müll 14. Tisch decken (*CH:* tischen)

10

1. Betttuch (*A:* das Leintuch) 2. Schlüsselbrett 3. Backofen 4. Porzellan 5. Wolldecke 6. Schirmständer 7. Gefrierschrank 8. Wasserkocher 9. Türvorleger 10. Kleiderhaken 11. Herdplatte 12. Lautsprechern

11

a. 1. Elektrizität: das Verlängerungskabel, der Stecker, das Licht, der Strom, der Mehrfachstecker, die Steckdose, das Kabel, das Elektrogerät
2. Heizung: der Ofen, das Gas, das Öl, die Kohle, das Holz, die Zentralheizung
b. 1. heizen 2. drücken 3. schließen 4. aufschließen 5. kehren

12

a. 1. backen 2. Schuhe putzen 3. abtrocknen 4. bügeln 5. abstauben / Staub wischen 6. Betten machen 7. kochen 8. fegen (*A:* kehren) 9. Boden wischen 10. (Geschirr) (ab)spülen 11. Wäsche aufhängen
b. 1. Wischen Sie die Tische mit dem weichen Putzlappen ab. 2. Machen Sie die Fensterbänke mit der Scheuerbürste sauber. 3. Putzen Sie die Fußböden im Schlafzimmer mit dem neuen Putzmittel. 4. Saugen Sie die neuen Teppiche mit diesem Staubsauger. 5. Putzen Sie alle Schuhe mit diesem Schuhputzzeug. 6. Trocknen Sie das silberne Besteck mit dem Geschirrtuch ab. 7. Frieren Sie das Gemüse in der Gefriertruhe ein. 8. Wärmen Sie meinem Mann die Suppe in der Mikrowelle auf. 9. Stellen Sie den Putzeimer und die Kehrschaufel (die Kehrschaufel und den Putzeimer) in die Abstellkammer.
c. 1. Waschmaschine 2. schleudert 3. Wäscheleine 4. Wäscheständer 5. Wäschetrockner 6. Schrank (*A:* Kasten) 7. bügeln 8. Bügeleisen

13

1. Mülltrennung 2. Mülltonnen (*CH:* Abfallcontainer) 3. Altpapier 4. Kompost 5. Abfall 6. Verbrennungsanlage 7. Gartenabfälle 8. Wertstoffsäcken 9. Müllabfuhr 10. Wertstoffcontainer 11. Altglas 12. Sammelbehälter 13. Wertstoffhof 14. Sperrmüll 15. Mülleimer (*A:* Mistkübel / *CH:* Abfallcontainer) 16. Wiederverwertung

H Umwelt und Natur

1

1. Schicht – Erdkruste – Kilometer – Erdmantel – Gestein – Erdkern – Metall 2. Äquator – Halbkugel – südliche 3. Kontinente 4. Welt 5. Breitengrade – waagerecht – Längengrade – Nordpol 6. Mineralien – Mine 7. Gebiet 8. Kompass 9. Himmelsrichtungen – Osten – Süden – Westen – Norden 10. Gletscher – Eis 11. Wüste 12. Vulkanausbruch – Lava – Vulkane – Gebirge (*A:* Berge *(Pl.)*) 13. Erdbeben – Naturkatastrophen 14. Orkane – Verwüstungen

2

a. 1. südlich von 2. östlich von 3. westlich von 4. im Westen von 5. im Osten von 6. im Norden von 7. im Süden von 8. nordwestlich 9. Südöstlich 10. südwestlich
b. 1. Bayern 2. Berlin 3. Brandenburg 4. Bremen 5. Hamburg 6. Hessen 7. Mecklenburg-Vorpommern 8. Niedersachsen 9. Nordrhein-Westfalen 10. Rheinland-Pfalz 11. Saarland 12. Sachsen 13. Sachsen-Anhalt 14. Schleswig-Holstein 15. Thüringen

3

a. 1. Niederösterreich 2. Burgenland 3. Steiermark 4. Oberösterreich 5. Salzburg 6. Tirol 7. Vorarlberg 8. Kärnten
b. 1. Hauptstadt 2. flachste 3. Störche 4. Mais (*A:* Kukuruz) 5. Seen 6. beliebtes 7. Komponist 8. Weihnachtslied 9. Berg

4

1. Stadt 2. Hauptstadt 3. Amtssprachen 4. Sprache 5. Bevölkerung

5
a. 1. Edelstein 2. Rubin 3. Smaragds 4. Aquamarin 5. Rosenquarz 6. Brillant – Diamant 7. Bernstein 8. Marmor 9. Fossilien 10. Granit
b. 1. Platin 2. Blei 3. Silber 4. Aluminium 5. Eisen 6. Stahl 7. Kupfer 8. abgebaut 9. Messing 10. Zinn

6
a. 1. begrüßen 2. Aussicht 3. Stadt 4. Einwohner 5. Fluss 6. Brücke 7. erreichen 8. Tor 9. Krieg 10. Heisererplatz 11. Fußgängerzone 12. Frauenkirche 13. Rathaus 14. Heimatmuseum 15. besichtigen
b. 1. anschauen 2. Mühle 3. Tor 4. Reichstag 5. Fernsehturm 6. Zoo 7. Schlange stehen
c. 1. Stadtviertel 2. Stadtrand 3. Innenstadt 4. Verkehrsmitteln 5. Zentrum 6. Stadtgrenze 7. ländlich 8. auf dem Land 9. Bach 10. Umgebung 11. Wiesen
d. 1. eben 2. flach 3. Kohle 4. schmutzig 5. Luft 6. Fluss 7. Ufer 8. steilen 9. Felsen 10. oben 11. Schiffe 12. entlang 13. Wege 14. Landschaft 15. Burgen

7
a. 1. die Seilbahn 2. das Gipfelkreuz 3. das Gebirge 4. der Hügel 5. der Wald 6. die Wiese 7. der Bauernhof 8. das Feld / der Acker 9. die Kirche 10. der See 11. der Fluss 12. die Brücke 13. die Straße 14. das Dorf

8
a. 1. Meer 3. Insel 3. Küste 4. Buchten 5. Klippe 6. Nordsee 7. kalt 8. Ebbe 9. Strand
b. 1. Nähe 2. Park 3. Grünfläche 4. Innenstadt 5. Ufer 6. Kanal 7. gefährlich

9
a. 1. das Blatt 2. der Stängel 3. der Samen 4. die Blüte 5. die Knospe 6. die Erde
b. 1. der Zweig 2. der Ast 3. das Nest 4. das Gras 5. die Wurzel
c. 1. mähen 2. pflücken 3. ernten 4. fällen 5. umtopfen 6. Stroh 7. bewässern
d. 1. der Rasenmäher 2. der Spaten 3. die Gartenschere 4. die Hacke 5. die Gießkanne
e. 1. Gewächshäusern 2. Blumenladen – Rosen 3. Topfpflanze 4. Kaktus 5. Balkonkästen 6. Unkraut 7. Vase 8. pflücken 9. Strauß – verwelkt 10. Pilze (*A:* Schwammerl) 11. Gärtnerei 12. Zwiebeln – Narzissen – Tulpen 13. Dünger
f. 1. Gießen 2. Mähen 3. Graben ... um 4. Streuen 5. Sammeln ... ein 6. entsorgen 7. Bauen 8. kriechen 9. eingraben 10. wirken 11. lockt 12. kombinieren
g. 1. die Eiche 2. der Spitzahorn 3. die Birke 4. die Linde 5. die Kastanie 6. die Lärche 7. die Kiefer 8. die Fichte
h. 1. Bucheckern 2. Ufern – Körbe 3. Linde 4. Rinde – dünne – Zweige – Früchte 5. Nadelbaum – Holz 6. Baum – Strauch – Boden 7. Garten – -busch – Blüten – Beeren 8. Gebüsch 9. Hecke 10. Nadeln 11. Laub 12. Farne – Schatten 13. Fichten – Zapfen – Weißtanne – Ast

10
a. 1. die Bäuerin / die Landwirtin 2. der Traktor 3. der Anhänger 4. der Pflug 5. der Mähdrescher 6. der Zaun 7. der Misthaufen 8. die Scheune 9. der Hahn 10. die Hennen *(Pl.)* 11. die Katze 12. der Hund 13. die Hundehütte 14. das Schaf 15. das Lamm 16. die Kuh 17. die Ziege 18. der Hase 19. die Maus
b. 1. die Katze / die Kätzin – der Kater – das Kätzchen 2. die Hündin – der Rüde / der Hund – der Welpe 3. die Stute – der Hengst – das Fohlen 4. die Sau – der Eber – das Ferkel 5. die Henne – der Hahn – das Küken (*A:* das Kücken) 6. die Kuh – der Stier – das Kalb
c. 1. miaut 2. schreit 3. blökt 4. meckert 5. kräht 6. schnattert 7. muht 8. grunzt 9. gackert 10. summt
d. 1. Krallen 2. Federn 3. Pfote 4. Schwanz 5. Mähne 6. Schnauze 7. Schnäbeln 8. Geweih

11
a. 1. Stall 2. Koppel 3. Käfig 4. Weide 5. Loch 6. Bau 7. Teich / Aquarium 8. Zoo / Tiergarten / Tierpark 9. Nationalpark 10. Wald
b. 1. Papageien 2. Tiger 3. Krokodile 4. Flossen 5. Meerschweinchen 6. Rehe 7. Kaninchen 8. Delfine 9. Löwen 10. Wal 11. Goldfisch 12. Frösche 13. Streicheln 14. Gorillas 15. Kaninchen
c. 1. Leine 2. zahm 3. Hamster – Haustiere 4. Meisen – Amseln – Specht 5. Eichhörnchen 6. Tauben
d. 1. Spinnen 2. Stechmücke (*A:* Gelse) 3. Flügel – Fliegen 4. Marienkäfer – Läuse 5. Ameisen – Nest 6. Maikäfer – Bäume 7. Hornissen 8. Biene – Nektar 9. Wespen – Stich – Stachel 10. Schmetterling – Eiern – Raupe – verwandelt – Puppe – schlüpft

12
a. 1d 2c 3e 4b 5g 6f 7i 8h

b. 1. ... Schwein gehabt. 2. Ich habe aufs falsche Pferd gesetzt. 3. ... sind wie Hund und Katz(e). 4. Ihm gehen leicht die Pferde durch. 5. ... unser bestes / das beste Pferd im Stall ist. 6. Sie hat die Katze aus dem Sack gelassen. 7. ... eine Gänsehaut hatte. 8. ... eine Gänsehaut bekam.
c. 1e 2j 3i 4b 5g 6f 7k 8d 9c 10h
d. 1. Ich habe einen Frosch im Hals. 2. Petra wagt sich in die Höhle des Löwen. 3. Markus ist eine Laus über die Leber gelaufen. 4. Mein Onkel hat seine Schäfchen ins Trockene gebracht. 5. Klaus benimmt sich wie ein Elefant im Porzellanladen. 6. Unser Chef ist ein Wolf im Schafspelz. 7. Dass Lisa einen neuen Freund hat, pfeifen die Spatzen von den Dächern.

13
a. 1. Sommer 2. Herbst 3. Winter
b. 1. kühl 2. frisch 3. Tau 4. sonnig 5. Regen 6. Sommer 7. warm 8. Sonne 9. heiß 10. hitzefrei 11. Nebel 12. Reif 13. Temperaturen 14. angenehm 15. Wind 16. früh 17. kühl 18. gefrieren 19. bunt 20. Tage 21. Nächte 22. nass 23. Schnee 24. See
c. 1. Januar 2. Februar 3. März 4. April 5. Mai 6. Juni 7. Juli 8. August 9. September 10. Oktober 11. November 12. Dezember
d. 1. der Vormittag – vormittags 2. der Mittag – mittags 3. der Nachmittag – nachmittags 4. der Abend – abends 5. die Nacht – nachts

14
a. 1. bewölkt 2. Regenschauer 3. Regen 4. Gewitter 5. Schneeregen 6. Schnee 7. Nebel
b. 1. Wetterbericht – vorhergesagt – Himmel 2. Wetter – Gut – scheint – heiß – trocken – scheußlich 3. gibt – Wolken 4. Donner – Blitz 5. Schatten – angenehm – Sonne 6. Thermometer – Grad 7. frierst 8. regnet 9. windig
c. 1. Tief – wechselhaftes – Sonnenschein – Schauer 2. Luftdruck – fällt – steigt 3. trübe – regnerisch – aufheitern 4. Stürme 5. stürmt 6. Unwetter
d. 1. mild 2. Wetterprognose – Frost – unter Null 3. geschneit – glatt – Glatteis – Salz 4. Kälte 5. zugefroren – taut 6. wird 7. kalt – minus 8. schippen – ununterbrochen 9. Schneeglöckchen 10. Gebiet – Lawinen 11. Hagel – gehagelt
e. 1. regnet 2. schüttet 3. donnert 4. blitzt 5. Sonne
f. 1. bewölkt 2. gefriert 3. eisig 4. stürmen 5. trocken 6. Orkan 7. diesig 8. neblig

I Reisen und Verkehr

1
a. 1. das Auto 2. der Zug 3. das Fahrrad (*CH:* Velo) 4. der Bus 5. der Hubschrauber 6. die U-Bahn 7. die Fähre 8. die Straßenbahn (*CH:* Tram) 9. das Schiff 10. das Taxi 11. das Flugzeug 12. der Roller 13. der Lastwagen (*CH:* Camion) 14. das Mofa / das Moped
b. 1. Lastwagen 2. Leihautos 3. Reisebusse 4. Boote 5. Schnellzüge 6. Roller 7. Fahrräder 8. Pkw(s) 9. Maschinen
c. 1. das Mofa/Moped, das Tandem, der Wohnwagen, der ICE, der Schlitten, der Lkw
2. der Helikopter, der Segelflieger, die Rakete, der Düsenjäger, der Airbus, der Heißluftballon, die Seilbahn
3. das Kanu, das Floß, der Frachter, der Kahn, der Dampfer, der Öltanker, die Jacht

2
1. bin nicht von hier 2. Auskunft 3. wohin 4. suche 5. weit 6. Stadtplan 7. am schnellsten 8. laufen 9. rechts 10. Fußgängerampel 11. überqueren 12. biegen ... ab 13. geradeaus 14. lange 15. bleiben 16. Brücke 17. verirren 18. am besten 19. fahren 20. zu Fuß 21. finden 22. Ortskenntnis 23. fremden 24. Biergarten

3
a. 1. der Seitenspiegel 2. das Lenkrad 3. die Fahrertür 4. der Kotflügel 5. die Felge 6. der Blinker 7. die Stoßstange 8. das Nummernschild 9. der Scheinwerfer 10. die Motorhaube 11. der Scheibenwischer
b. 1. das Auto kaufen 2. das Auto versichern 3. das Auto zulassen 4. das Auto fahren 5. nach zwei Jahren das Auto zum TÜV bringen 6. nach fünf Jahren einen Motorschaden haben 7. das Auto reparieren lassen 8. nach 15 Jahren das Auto verschrotten
c. 1d 2b 3a 4f 5e
d. 1. überholen 2. Kurve 3. Gurt 4. Tunnel 5. Parkplätze – Parkhaus 6. Privatauto – Leihwagen 7. Kreuzung 8. stehen bleiben – Gehweg (*CH:* Trottoir) 9. Ampel (*CH:* Lichtsignal) 10. Ausfahrt 11. regeln 12. Fahrradweg 13. behindern 14. Umleitung – Umweg 15. Vorfahrt 16. Stau – Baustelle 17. bremsen – Fahrbahn 18. Fußgängerüberweg 19. Autovermietung 20. gesperrt – Strecke 21. stoppte – Geschwindigkeitsbeschränkung 22. Schild – Auffahrt 23. Fahrspur 24. Benzin – Dieselmotor 25. Raststätte 26. Motorschaden – schieben

e. 1. anlegen 2. stecken 3. anlassen 4. einlegen 5. schauen 6. setzen 7. kommen – geben 8. einreihen 9. treten 10. schalten 11. beschleunigen 12. abstellen 13. anschalten 14. aufstellen 15. anfordern 16. aufhalten
f. 1d 2g 3b 4c 5e 6f
g. 1. Kreuzung oder Einmündung mit Vorfahrt von rechts 2. Kurve rechts 3. Schleuder- oder Rutschgefahr bei Nässe oder Schmutz 4. Fußgänger 5. Halt! Vorfahrt gewähren 6. Vorfahrt gewähren 7. Vorrang des Gegenverkehrs 8. vorgeschriebene Fahrtrichtung rechts 9. Einbahnstraße 10. zulässige Höchstgeschwindigkeit (60) 11. Überholverbot für Kraftfahrzeuge aller Art 12. Verbot der Einfahrt 13. absolutes Halteverbot 14. Autobahnkreuz oder Autobahndreieck 15. Sackgasse
h. 1. Massenkarambolage 2. Radarfalle 3. Blechschaden 4. Zollkontrolle 5. Verkehrsunfall 6. Fahrerflucht 7. Alkoholkontrolle

4

a. 1. fahre 2. nimmst 3. Straßenbahn 4. Haltestelle 5. Stationen 6. Richtung 7. Anschluss 8. verpassen 9. verkehrt 10. steigst ... aus 11. nach Hause 12. Verbindung 13. kriegst 14. Fahrkarte 15. zurück 16. Fahrkartenautomaten 17. stempelst 18. Ticket 19. kostet 20. Einzelfahrkarten 21. platt
b. 1. Fahrt – Fahrer 2. Fahrgäste – U-Bahn – Verspätung – Verkehrsmittel 3. Stadtrundfahrt – Fahrplan – Sehenswürdigkeiten – Endstation – Souvenirs 4. Durchsage – Hauptbahnhof – Schienenersatzverkehr – Bus 5. Tageskarte – Strecken – Zone – Schwarzfahren 6. Flughafen – S-Bahn – umsteigen – stempeln – Taxi 7. rufen – Taxistand – unterwegs – Nachtzuschlag

5

1. Sehenswürdigkeiten 2. Denkmäler 3. Prospekt 4. Reiseführer 5. sehenswert 6. besichtigen 7. Gruppe 8. Führung 9. Reiseleiters 10. pauschal 11. buchen 12. Termin 13. Treffpunkt 14. Beratung

6

a. 1. reisen 2. ab 3. Einfach 4. Klasse – Verbindung – umsteigen 5. Anschluss – Zuschlag – Zug 6. direkte 7. reservieren 8. Abteil 9. Nichtraucher 11. Plätze 13. Wagen 14. Bahnsteig 15. Gleis 16. pünktlich 17. versäumen – Reise
b. 1. Waggon 2. Schienen 3. retour 4. Schlafwagen 5. Wartesaal 6. Schaffner
c. 1. Gepäck – Rucksack 2. liegen lassen – Fundbüro 3. Schließfach – Gepäckaufbewahrung 4. Kosmetikkoffer 5. suche – eingepackt 6. verloren – auspacken 7. abholen – transportieren

7

a. 1h 2e 3c 4g 5f 6b 7i
b. 1. in vollen Zügen genießen 2. Zug um Zug 3. zum Zuge kommen 4. ist kein schöner Zug von ihm 5. sitzt er im falschen Zug 6. liegt in den letzten Zügen 7. springen viele Anleger auf den fahrenden Zug auf

8

a. 1. Pass 2. Gepäck 3. Handgepäck 4. Band 5. Aufpreis 6. Bordkarte 7. Gate 8. Terminal 9. Sicherheitskontrolle 10. Sommerferien 11. Passagiere
b. 1. abfliegen 2. ankommen 3. reservieren 4. landen 5. informieren 6. sich verspäten 7. buchen 8. starten 9. abfahren 10. planen 11. beraten
c. 1. Ihr Lufthansaflug 342 nach München ist zum Einsteigen bereit. 2. Wir landen in wenigen Minuten. 3. Bitte legen Sie Ihre Sicherheitsgurte an. 4. Bitte begeben Sie sich zum Gate B12 und halten Sie Ihre Bordkarten bereit. 5. Flug 231 nach Brüssel wurde wegen Nebels abgesagt. 6. Wir beginnen mit dem Landeanflug, bitte klappen Sie die Tische vor Ihnen hoch. 7. Unsere voraussichtliche Flugzeit beträgt zwei Stunden. 8. Flug 431 nach Rom startet heute an Flugsteig A2.
d. 1. mieten 2. reservieren 3. landen 4. vergessen 5. eilig

9

a. 1. Pension 2. Fremdenzimmer 3. Campingplatz 4. Jugendherberge 5. Motel 6. Übernachtung 7. untergebracht 8. Zelt 9. Einzelzimmer 10. ausgebucht
b. 1g 2f 3a 4h 5c 6b 7e 8j 9i

10

a. 1. bleiben 2. Doppelzimmer 3. Badewanne 4. Frühstück 5. Halbpension 6. Buffet 7. Reservieren 8. Rezeption 9. Zimmerschlüssel 10. Kreditkarten
b. 1. Meldezettel – Daten 2. Sterne 3. Minibar 4. Zimmerservice 5. Hotelbar 6. Lift 7. Frühstücksraum 8. Empfangshalle 9. Vollpension – Speisesaal 10. Gepäckträger 11. Nachricht 12. Aussichtsterrasse – Swimmingpool 13. Hotelgarage

11

a. 1. der Bach 2. der Fluss 3. der Strom 4. das Meer
b. 1. Anker 2. Kajüte 3. Kreuzfahrt 4. Reeder 5. Seekrankheit 6. Kanal 7. Pirat 8. Passagier 9. Leuchtturm

12

a. 1. das Zimmermädchen 2. der Schaffner 3. die Zugbegleiterin 4. die Reiseleiterin 5. der Pilot 6. die Stewardess 7. der Kapitän 8. der Matrose 9. der Lokomotivführer 10. der Hotelpage 11. der Zimmerkellner 12. der Gepäckträger 13. der Steward 14. der Fluglotse 15. das Bodenpersonal
b. 1. Matrose 2. Fluglotse 3. Barkeeper 4. Stewardess 5. Portier 6. Zimmermädchen 7. Pilot 8. Zimmerkellner

13

a. 1. zur Botschaft gehen 2. das Visum beantragen 3. das Visum wird ausgestellt / das Visum bekommen 4. einreisen 5. das Visum läuft ab 6. das Visum wird verlängert 7. ausreisen
b. 1. weggelaufen 2. abgeschlossen 3. bestätigen 4. abschließen 5. verzollen 6. ausreisen 7. möglich 8. verlieren 9. schmuggeln
c. 1. Passkontrollen 2. einführen – Zoll 3. Zollbeamte – Waren 4. inländisch 5. Ausweis 6. gültig 7. Stempel 8. fliehen 9. Einwanderer 10. auswandern 11. Ausland 12. Inland 13. Ausländer – ausländischen 14. Weiterreise 15. Asylant 16. ausweisen 17. ausführen 18. importieren 19. Währung – wechseln 20. Staatsangehörigkeit – Papiere

14

a. 1. humpeln, schlendern, schlurfen, waten, torkeln, watscheln 2. joggen, hetzen /sich abhetzen, sausen, flitzen, rennen, stürmen, hasten, rasen, eilen
b. 1. humpeln 2. waten 3. torkelte 4. abgehetzt 5. schlenderten 6. watschelte 7. schlurfte 8. joggen

J Essen und Trinken

1

a. *Obst:* 4. die Kirsche 6. die Banane 8. die Himbeere 12. die Erdbeere 14. die Birne 15. die Apfelsine / die Orange 16. die Pflaume (*A:* die Zwetschke) 18. die Trauben *(Pl.)* 19. die Melone 20. die Mandarine
Gemüse: 1. die Karotte / die Möhre (*CH:* das Rüebli) 2. der Salat 3. die Tomate (*A:* der Paradeiser) 5. der Mais 7. die Zwiebel 9. die Kartoffel (*A:* der Erdapfel) 10. das Radieschen 11. die Gurke 13. der/die Paprika 17. die Bohne (*A:* die Fisole) 21. der Blumenkohl (*A:* der Karfiol)
b. 1. Gries 2. Quark – Nüsse 3. Mehl – Pilze 4. Schwarzbrot – Salami 5. Knoblauch – Sahne

2

a. 1. Joghurt 2. Brot 3. Marmelade 4. Ei 5. Kaffee 6. Zucker 7. Tasse 8. Tomaten 9. Feigen 10. Vollkornbrötchen 11. Milchkaffee
b. 1. Glas 2. Hunger 3. Scheibe 4. Tasse 5. Margarine 6. Salz 7. Wurst 8. Pausenbrote 9. frühstücken 10. Sandwich 11. Süßigkeiten 12. Ernährung 13. Kantine 14. Abendessen 15. Suppe

3

a. 1. *kalte Getränke:* das Mineralwasser, das Bier, der Wein, die Limonade, die Cola
2. *warme Getränke:* der Kaffee, der Tee, der Kakao / die heiße Schokolade
3. *kaltes Essen:* das Brot, das Bonbon, der Kuchen, die Torte, das Fruchteis
4. *warmes Essen:* der Reis, die Suppe, die Pizza, die Nudeln, der Auflauf
b. 1. *Fleisch: der* Braten – *das* Kotelett – *das* Hackfleisch – *der* Speck – *das* Schnitzel
2. *Fisch: die* Forelle – *der* Hering – *der* Lachs – *der* Thunfisch – *das* Fischstäbchen
3. *Geflügel*: *das* Huhn – *die* Pute – *die* Gans – *der* Truthahn – *die* Ente
4. *Wurst*: *der* Schinken – *die* Salami – *das* Wiener Würstchen – *die* Leberwurst
5. *Milchprodukte*: *der* Joghurt – *der* Quark – *die* Sahne – *der* Hartkäse
6. *Backwaren*: *das* Brötchen – *das* Vollkornbrot – *das* Gebäck – *das* Croissant
7. *Wild*: *der* Hirsch – *das* Reh – *das* Wildschwein
8. *Kräuter*: *der* Schnittlauch – *die* Petersilie – *das* Basilikum – *der* Rosmarin – *der* Dill
c. 1. Chili 2. Salz 3. Muskatnuss 4. Nelken *(Pl.)* 5. Lorbeerblätter *(Pl.)* 6. Curry 7. Paprika
d. 1. Zucker 2. Speck 3. Beilage 4. Fleisch 5. Pfeffer 6. Essig 7. Senf
e. 1. Ich möchte gerne das Dessert versuchen. 2. In der Mensa schmeckt das Essen nicht gut. 3. Meine Tochter verträgt nur leichte Kost. 4. Beim Sekttrinken hebt man die Gläser und sagt: „Zum Wohl!“ 5. Das gemeinsame Mittagessen beginnt man mit den Worten: „Guten Appetit!“

4

a. 1. reserviert 2. Speisekarte 3. bestellen 4. Weißwein 5. Weinkarte 6. auswählen 7. trockenen 8. Wasser 9. ganz 10. gewählt 11. Menü 12. gedünstete 13. Schweinebraten 14. Nachspeise 15. Sahne 16. Appetit 17. Pfeffer 18. Öl 19. bezahlen 20. Rechnung 21. bar 22. macht

b. 1. getrennt 2. satt 3. dunkles 4. Selbstbedienung 5. fade 6. kalt 7. sauer 8. fett 9. warm

5
1. Salat 2. Toast 3. Spaghetti 4. Pommes 5. Knödeln 6. Bratkartoffeln 7. Reis 8. Nudeln 9. Ente 10. Forelle 11. Hähnchen 12. Kartoffelbrei 13. Eis 14. Vanille... 15. Früchten 16. Torte

6
1. Restaurant 2. Kneipe 3. Kantine 4. Bar – Barhocker 5. Café 6. Gasthaus 7. Raststätte 8. Lokal 9. Stammtisch 10. Imbiss-Stand 11. Theke

7
a. 1k 2e 3b 4c 5i 6h 7g 8f 9l 10d 11j
b. 1. ... will ... eine Extrawurst gebraten haben. 2. ... hatte ... eine harte Nuss zu knacken. 3. Viele Köche verderben den Brei. 4. ... gehen weg wie warme Semmeln. 5. ... für ein Butterbrot hergeben. 6. ... ihnen ... reinen Wein einschenken. 7. ... in den sauren Apfel beißen müssen. 8. ... behandeln wie ein rohes Ei. 9. ... sind weder Fisch noch Fleisch.

8
das Bier (9 E-H) der Champagner (6 B-K) der Sekt (5 G-J) der Whisky (3 F-K) der Wodka (1 H-L) der Cocktail (D 1-8) der Likör (A 3-7) der Wein (L 7-10)

9
a. 1. weich – knusprig 2. bitter 3. scharf 4. trocken 5. salzig – zäh 6. reif 7. hart 8. faulig 9. roh
b. 1. Babynahrung 2. Imbiss 3. Snack 4. Nahrungsmittel 5. Weichkäse 6. Rotwein 7. essen gehen 8. haltbar

10
a. 1. putzen 2. schneiden 3. schälen 4. würfeln 5. mischen 6. zugeben 7. anrühren 8. würzen 9. servieren
b. 1. Scheiben 2. Stange 3. Streifen 4. Pfund 5. gewürfelt 6. Knolle 7. Zehen 8. Esslöffel 9. Spaghetti 10. gerieben 11. anbraten 12. zugeben 13. aufgießen 14. kochen 15. würzen 16. anrichten 17. bestreuen
c. 1. garnieren 2. einrühren 3. aufwärmen 4. schälen – frittieren 5. grillen 6. gebackenen 7. überbacken 8. binden

11
1. Waffel – Becher 2. Glas – Flasche 3. Portion 4. -portion 5. Schluck 6. Tasse – Kännchen 7. Stück

12
a. 1. Zum Wohl! – Prost! 2. Vielen Dank für die Einladung. – Es hat sehr gut geschmeckt.
b. 1. Kuchengabel 2. Aschenbecher 3. Dessertteller 4. Süßstoff 5. Gedeck 6. Deckel 7. Vase 8. Porzellan

13
1. die Gabel 2. der Löffel 3. die Weinflasche 4. das Weinglas 5. die Kaffeekanne 6. die Kaffeetasse 7. die Untertasse 8. das Milchkännchen 9. die Zuckerdose 10. die Salatschüssel 11. der Suppenteller 12. der Fleischteller 13. der Salzstreuer 14. die Pfeffermühle 15. die Suppenschüssel 16. der Topf 17. die Pfanne 18. der Teekessel 19. der Dosenöffner 20. der Korkenzieher 21. der Kochlöffel

14
a. 1. schmatzen 2. schlemmen 3. verdrücken *(ugs.)* 4. kosten 5. knabbern 6. mampfen *(ugs.)* 7. schlingen 8. fressen 9. tafeln
b. 1. Schmatz 2. knabbert 3. fressen 4. mampften 5. kostete 6. Schling 7. schlemmten 8. verdrückten 9. tafelte

K Geschäfte und Einkaufen

1
a. 1. Supermarkt 2. Wurst 3. nimm ... mit 4. magst 5. Gemüse 6. kaufen 7. Obststand 8. Brauchen 9. Brötchen (*A:* Semmeln; *CH:* Brötli) 10. Bäcker 11. Apotheke 12. Kiosk (*A:* in der Trafik)
b. 1. Dienstag – dienstags 2. Mittwoch – mittwochs 3. Donnerstag – donnerstags 4. Freitag – freitags 5. Samstag – samstags 6. Sonnabend – sonnabends 7. Sonntag – sonntags 8. Wochentag – wochentags 9. Werktag – werktags 10. Feiertag – feiertags
c. 1. Naturkostladen 2. Markt 3. Bäckerei 4. Konditorei 5. Geschäfte 6. Kaufhaus 7. Drogerie 8. Schreibwarengeschäft (*CH:* in der Papeterie) 9. Internet – Buchhandlung
d. 1. Möbelgeschäft 2. Haushaltswarengeschäft 3. Fotogeschäfte – Elektronikladen 4. Spielwarengeschäft 5. Schuhgeschäften 6. Sportgeschäft – Sportabteilung 7. Boutiquen 8. Winzer – Weinhandlung 9. Antiquitätengeschäft 10. Versandhaus 11. Reinigung
e. 1. Toastbrot 2. Fischstäbchen 3. Kekse 4. Meeresfrüchte

2

a. 1. Ich bin dran. 2. Ich hätte gern ein Pfund Tomaten 3. Oh, das ist mir zu teuer. 4. Geben Sie mir bitte diese da. 5. Nein, danke. Das ist alles.
b. 1. Darf es ein bisschen mehr sein? 2. Sie wünschen? 3. Wie viel möchten Sie denn? 4. Ist das alles? 5. Kann ich Ihnen helfen?
c. 1. Tüte (*A:* ein ganzes Sackerl) 2. Kunden 3. Einkäufe 4. finden 5. Eingang 6. Laden 7. Theken 8. Angebot 9. Markenware 10. Regal 11. Produkte 12. Einkaufen 13. spart 14. Duft 15. Backwaren 16. künstliche 17. Ware 18. Schild 19. Sonderangebot 20. warten 21. Schokoriegel 22. Zigaretten 23. Großpackungen 24. Rabatten 25. billiger 26. Vergleichen 27. Preisangabe
d. 1. Öffnungszeiten 2. bummeln gehen – Sachen – reduziert – Einkaufsbummel 3. durchgehend geöffnet 4. Verkäufer 5. kriegen 6. verkaufen 7. Garantie – Rechnung 8. kostet – Preisschild 9. reguläre 10. zeigen 11. bringe – Nummer 12. Einkaufsliste 13. Schaufenster – Größe 14. Einkaufstasche – Plastiktüte 15. Preis – Schlussverkauf 16. ausgeben 17. etwas gegen 18. Selbstbedienung 19. reklamieren 20. Reklamation
e. 1f 2a 3c 4d 5h 6e 7j 8i 9g
f. 1. ist gratis – ist kostenlos – kostet nichts 2. sehr günstig – billig – nicht teuer 3. steigen 4. eine Rechnung – eine Quittung 5. kriegen – bekommen 6. preiswert – günstig 7. niedrig – günstig

3

a. 1. Päckchen 2. Paket 3. Packung / Flasche 4. Kasten / Kiste 5. Flasche 6. Glas 7. Dose 8. Becher 9. Tüte 10. Netz 11. Stück 12. Stück / Scheiben
b. 1. Kilo 2. Gramm 3. wie schwer 4. fünf 5. Kilo / Pfund 6. Liter / Flaschen 7. Packung
c. 1. 1,99 € 2. 3,95 € 3. 2,49 € 4. 0,69 € 5. 1,11 € 6. 0,39 € 7. 0,44 € 8. 3,33 € 9. 2,22 10. 0,59 € 11. 0,79 € 12. 0,88 €

4

a. 1. leihen 2. borgst 3. Geldschein – wechseln 4. Kleingeld – Münzen 5. Währung – Franken 6. bezahlte – Mark – Pfennig 7. Euro – Schilling 8. macht 9. Karte – bar 10. zurückgibst 11. Geldrückgabe
b. 1. Barzahlung 2. Überweisungsformulare – Überweisungen – Gebühren 3. Ratenzahlung 4. Bargeld 5. Lieferschein 6. Anzahlung – Scheck 7. Postanweisung – Geld 8. übrigen 9. Geld zurück – Gutschein 10. Wechselgeld

5

a. 1. der Rock (*CH:* der Jupe) 2. die Hose 3. der Anzug 4. das T-Shirt 5. die Krawatte 6. das Hemd 7. die Bluse 8. der Pullover 9. die Socken *(Pl.)* 10. der Mantel 11. der Schal 12. die Mütze 13. die Handschuhe *(Pl.)*
b. 1. Jeans 2. Kostüm 3. leger – Jackett 4. Nachthemden 5. Gummistiefel – Matschhose 6. Badehandtücher – Badehose 7. Uniform 8. Unterwäsche 9. Strumpfhose 10. Pyjamas 11. Blazer 12. Weste 13. Nylonstrümpfe 14. Halstuch 15. Jacke 16. Tracht – Dirndl – Lederhosen 17. Kappe 18. Textilien
c. 1. Shorts 2. einen Trainingsanzug 3. Bikinis 4. einem Slip 5. eine Strickjacke 6. BH 7. Schürze
d. 1. liegt ... im Trend 2. Nummer 3. Umkleidekabinen 4. Hut 5. umziehen 6. anziehen 7. Zieht ... aus 8. anhatte 9. ablegen 10. passt ... zu 11. Kleidung 12. weit – small – large 13. der letzte Schrei 14. zerrissen – ungepflegt
e. 1. schmutzig – dreckig 2. altmodisch 3. kurzes – langes – elegantes 4. bunt – farbig – einfarbig 5. gestreift – gepunktet – kariert 6. schmutzig – dreckig 7. gebügelt – gewaschen
f. 1. Faden 2. Knöpfe 3. Leder 4. Wolle 5. Baumwolle 6. Kunstfaser 7. Reißverschluss 8. Kragen 9. Ärmel 10. Stoff 11. Hosentasche 12. Knopfloch 13. lang – kürzen 14. Kleiderbürste
g. 1. Handwäsche 2. waschen 30 °C 3. waschen 30 °C Feinwaschgang 4. nicht bügeln 5. lauwarm bügeln 6. heiß bügeln 7. trocknergeeignet 8. nicht trocknergeeignet 9. kann gereinigt werden 10. nicht chemisch reinigen 11. bleichen nicht möglich
h. 1. Wanderschuhe – anbieten 2. suche – Pumps – Schuhgröße – gefällt – Modell – Absätze – groß 3. Passen – Nummer 4. Turnschuhe – eng 5. brauche – Paar – Stiefel – Füße 6. einzusprühen 7. Badeschlappen 8. Halbschuhe – klein 9. Schuhcreme 10. Schnürsenkel 11. drücken 12. kaufen – leihen 13. Sandalen – Schweißfüße
i. 1. geputzt 2. passende 3. Ton in Ton 4. sitzt 5. Falten 6. Hemdärmel 7. Absatz 8. Aufschlag 9. ausziehen 10. spannt 11. Sandalen 12. Knoten 13. Hemdknopf 14. Farbe 15. Schnalle

6

1. Uhr – Kette 2. Perlenkette – Modeschmuck 3. Woraus ist – Silber 4. Gold – vergoldet 5. Karat 6. Ohrringe 7. Ohrklipse 8. Haarspange 9. Armband 10. Haarband 11. Brosche 12. Ring 13. Juwelier 14. Batterie 15. Brieftasche

7
1f 2l 3b 4c 5e 6d 7p 8n 9i 10g 11h 12j 13k 14m 15o

8
a. 1. der Hammer 2. der Schraubenzieher 3. die Zange 4. die Säge 5. der Zollstock 6. die Wasserwaage 7. die Schere 8. der Pinsel 9. der Besen 10. der Nagel 11. die Schraube 12. der Haken 13. der Dübel 14. die Schnur
b. 1. reparieren – kleben 2. Kundendienst 3. Plattfuß – flicken 4. Dichtung 5. Sicherung 6. Gerät – Stecker 7. Glühbirnen
c. 1. schrauben 2. Schneidest 3. bohren 4. hämmert 5. (ab)sägen

9
1. Zigarette – rauche 2. Feuer 3. Päckchen 4. Machen ... aus – verboten 5. Tabak 6. Pfeife 7. Filter 8. leichte 9. Automaten

L Post, Bank, Amt, Feuerwehr und Polizei

1
a. 1. der Absender 2. die Briefmarke 3. die Postleitzahl 4. die Anschrift 5. die Ansichtskarte 6. das Päckchen (*A:* das Packerl) 7. das Paket 8. der Briefkasten 9. der Briefträger (*CH:* der Pöstler) 10. die Telefonzelle (*CH:* Telefonkabine) 11. das Handy 12. die Telefonkarte (*CH:* die Taxcard; *A:* die Telefonwertkarte) 13. das Telefonbuch
b. 1. einwerfen 2. Postamt 3. abholen – Abholschein 4. Aufkleber 5. aufgeben 6. schicken – schwer – Kilogramm – Formular 7. Paketschein 8. bekommen – kriegen – Schalter 9. ausfüllen 10. erhalten – Express-Sendung 11. Postleitzahl – Postfach 12. frankieren – Porto 13. unterwegs
c. 1. abschicken – aufgeben – verschicken 2. per Express – per Einschreiben – per Nachnahme 3. in einen Umschlag stecken – beschriften – adressieren 4. Werbung – eine Büchersendung
d. 1. Postfiliale – Empfänger 2. Geld ... schicken 3. Post – Postangestellte 4. Briefwaage 5. wiegen 6. Sondermarken 7. Kleb ... zu 8. Schreiben 9. Luftpost 10. Nachsendeantrag 11. unzustellbar 12. geleert 13. Freiumschlag 14. Briefkasten 15. Benachrichtigung 16. zugestellt

2
a. 1. anrufen – besetzt 2. auszuschalten – läutete 3. Faxnummer – Mail 4. Telefonnummer – wählen – Ausland 5. telefonieren 6. faxen – Fax – E-Mail – Unterschrift – Brief 7. Anruf 8. angekommen 9. Spreche ... mit – sich verwählt 10. Verbindung 11. per – erreichen 12. auflegen 13. Anrufbeantworter – erreichbar – Nachricht – rufe ... zurück 14. ausmachen 15. verstehe 16. Auskunft 17. geben 18. schicken – Computer – Internet
b. 1. Hallo, hier spricht Robin. 2. Hardtmann, Future Comes AG, guten Tag. – Müller, Apparat Rödel, was kann ich für Sie tun? – Lisa Müller, hallo. – Bei Santos. 3. Können Sie mich bitte mit Herrn Stix verbinden? – Ich würde gerne mit Frau Obermayer sprechen. – Ist David da? 4. Spreche ich mit Susanne Günster? – Mit wem spreche ich bitte? – Ist das die Nummer des Kundendienstes der Firma Coolfrost?
c. 1. Lachen 2. Ärger / Enttäuschung 3. Augenzwinkern 4. Brüllen 5. Erstaunen 6. Zunge herausstrecken 7. Blödsinn
d. 1. Tarife – Mobilfunkverträge 2. E-Mail-Adresse 3. ablegen 4. Mailbox – hinterlassen – umgehend 5. Billigvorwahl 6. stelle ... durch 7. verbinde 8. Internetanschluss 9. auf Band sprechen 10. abgehört 11. Heb ... ab 12. Stecker 13. Pfeifton 14. Telefonkabel 15. Telefonleitungen 16. Ortsgespräche
e. 1. Telefonate 2. verschickt 3. Beleg 4. Postfach 5. betreffen 6. formatiert 7. Gestaltung 8. verändern 9. vorliegen 10. Auftragsbestätigungen 11. fristgerecht 12. Kündigungen 13. Briefform 14. Signatur 15. zugeordnet 16. verändert 17. Schicken 18. Informationen 19. Feld 20. Kenntnis 21. eintragen 22. sichtbar 23. E-Mail-Programme 24. Betreffzeile 25. erkennen 26. beantwortet 27. bekannt 28. verfasst 29. gelöscht 30. Projekt 31. Sachverhalt 32. ablegen 33. bearbeiten 34. erfassen 35. Betreffzeile 36. Textfeld 37. Anhang 38. Anrede 39. Gruß 40. Abkürzungen 41. erlaubt 42. Grußformel 43. Gebräuchliche 44. benutzt 45. versteht
f. 1. SMS 2. ankommt 3. ausgeschaltet 4. Nachrichten 5. telefonisch 6. Mobilfunknetz 7. Festnetz 8. per 9. unterwegs 10. persönlich 11. Handydisplay 12. Empfänger 13. Löschtaste 14. SMS-Nachrichten 15. verfassen 16. Sichtfenster 17. Senden 18. Text

3
a. 1. Geldautomat 2. Konto 3. überweisen 4. wechseln 5. Kontonummer – Bankleitzahl 6. sparen 7. Taschengeld – Sparschweine 8. Überweisung – Bank – Gebühren 9. Sparkasse – Bargeld 10. sperren – Geldbörse
b. 1. abbuchen – abheben 2. eröffnen – überziehen – haben 3. einlösen – ausstellen 4. abzahlen – aufnehmen – bekommen 5. zurückzahlen – machen

c. 1. Zinsen 2. eröffnen 3. Kontonummer – Rechnung 4. Schalter 5. Kontoauszüge 6. im Minus 7. Dauerauftrag 8. Wechselkurs 9. Wechselstube – Kurs 10. Betrag 11. überzogen – Nachzahlung 12. Kredite – steigen 13. Rate 14. ausgezahlt 15. Tresor 16. eingegangen 17. Einzahlung 18. Rückerstattung 19. wechseln
d. 1. Geld 2. Geheimnummer 3. bezahlt 4. abheben 5. eingegeben 6. EC-Karte
e. 1. negative 2. Verluste 3. ausgeben 4. ablehnen 5. fallen 6. Auszahlung 7. finanzkräftig
f. 1. Lage – Insolvenz 2. Laufzeit 3. Zahlungsverpflichtungen 4. Umsatz 5. Kundenberater – Wertpapiere 6. Konkurs 7. Investor 8. Börse 9. Aktien – Gewinns 10. Immobilienfond 11. Fehlspekulationen 12. Aktienkurse 13. Anleihen
g. 1d 2g 3b 4f 5h 6c 7e
h. 1. achtzehntausendzweihundertneunundneunzig Euro 2. sechzehn Euro (und) zweiundneunzig (Cent) 3. dreihundertsiebenundfünfzig Euro (und) neunundneunzig (Cent) 4. drei Millionen sechshundertfünfzigtausend Euro 5. neunhundertsiebenundsechzig Euro (und) dreiunddreißig (Cent) 6. zehntausendsiebenhundertneunundneunzig Euro
i. 1. ungerade 2. arabische 3. römische

4

a. 1. Finanzamt 2. Steuern hinterziehen 3. steuerfrei 4. Umsatzsteuer – Steuersätze – ermäßigte 5. inklusive 6. gesenkt 7. brutto – netto 8. Steuererklärung – Steuerberaterin 9. absetzen 10. Schwarzgeld 11. Mehrwertsteuer – aufschlägt – abführt 12. Einwohnermeldeamt 13. Anmeldeformular – Meldebehörde
b. 1. bewilligen 2. anmelden 3. sich erkundigen 4. erlauben 5. informieren 6. melden 7. entrichten 8. bestrafen 9. erkundigen 10. verlängern 11. versäumen 12. einhalten 13. anmelden 14. bestätigen 15. informieren 16. erbringen
c. 1. Funden 2. Fundbüro 3. Gegenstände 4. geklaut 5. verschwunden 6. hinterlegen 7. Finderlohn 8. Bearbeitungsgebühr 9. Fundstücke 10. aufbewahrt 11. versteigert 12. sucht

5

a. 1. freiwillige – Sirene 2. Verletzten – Erste Hilfe 3. retten – löschen – schützen – bergen 4. hilft – Not 5. Krankenwagen – eingeliefert 6. Brände – bekämpft 7. Feuer – Gefahr 8. Notrufnummer 9. Brennendes 10. Notfällen – Katastrophen 11. Todesopfer – erstickt – verbrannt 12. ertrunken
b. 1. Flammen 2. Rauch 3. evakuierte 4. Brand 5. Einsatzkräfte 6. beteiligt
c. 1h 2f 3b 4d 5g 6c 7e
d. 1. lege ... die Hand ins Feuer 2. mit dem Feuer spielen 3. Feuer unter dem Hintern machen 4. zwischen zwei Feuer geraten 5. war ... Feuer und Flamme 6. durchs Feuer gegangen 7. das Feuer schüren / Öl ins Feuer gießen

6

a. 1. helfen 2. anstellen – warnen 3. aufklären 4. überwachen 5. bekämpfen – bestrafen
b. 1. Streifenwagen 2. Blaulicht 3. Überfällen 4. verständigen 5. Schutzpolizei 6. Ordnung 7. Kriminalpolizei 8. Verbrechen 9. Morde 10. straffällig
c. 1. Dietrich 2. Hehler 3. Blüten 4. Kidnapping 5. Kurier 6. Observierung 7. Wanze 8. Alibi 9. in flagranti 10. Geständnis
d. 1. strafbare – Anzeige 2. gestanden 3. Polizistin (*A:* Gendarmin) 4. Razzia 5. überfallen 6. stehlen – bestraft 7. Radarkontrollen 8. Überfall – getötet 9. Verkehr 10. Dieb 11. Opfer – erwürgt 12. Kriminalität – bekämpfen 13. Entführer – Gewalt 14. ermordet 15. Wasserwerfer 16. Dienstausweis 17. Handschellen 18. Täter 19. eingebrochen 20. Fingerabdrücken 21. Ermittlungen 22. Krimi 23. Selbstmord – erhängt 24. festgenommen 25. polizeilich
e. 1. Schüsse 2. Pistole 3. Hände hoch – schieße 4. Schusswaffen 5. traf 6. Gewehr
f. 1. Beratung 2. Hilfe 3. gemeinnütziges 4. sozialer 5. psychischen 6. Betroffenen 7. Kirche 8. persönlichen 9. Beratungsstellen 10. Behinderung 11. berät 12. Kinderheimen 13. Notlage 14. Unterstützung 15. Kontakten
g. 1. Altersvorsorge – Berufsunfähigkeit 2. Bettler 3. lebt ... in Armut 4. Sozialhilfe 5. verwahrlost 6. Obdachlosen – Selbsthilfe 7. Sozialstaat 8. gleich 9. Wohlstandsgesellschaft 10. soziales – verarmten – Gerechtigkeit – Almosen 11. Lebensstandard 12. Wohlstand
h. 1. Gerechtigkeit 2. Luxus 3. Reichtum 4. Hilfe 5. Armut

M Schule und Studium

1

a. 1. Schule 2. Grundschule 3. Noten 4. Hauptschule 5. Gymnasium 6. Schuljahr 7. Ausbildung 8. Lehre 9. Berufsschule 10. Realschulabschluss 11. Fachoberschule 12. Abitur (*A:* Matura) 13. Universität 14. Studium 15. Schulsystem

b. 1. Hausaufgaben 2. Pausen 3. Klassenzimmer 4. Test 5. Direktor 6. Aufgaben 7. Methode 8. Notiz
c. die Direktorin 2. die Erzieherin 3. die Lernerin 4. die Rektorin 5. die Klassensprecherin 6. die Schülerin 7. die Konrektorin
d. 1. Internat - Ferien 2. Referat - Vortragen 3. Klassenarbeiten 4. Vorschule - Buchstaben 5. Kindergärtnerin 6. Schuljahres 7. Mitschüler 8. Stundenplan 9. Einschulung - Schultüte 10. Zeugnis - Noten 11. Schuljahr - nicht bestanden 12. Unterrichts - konzentrieren - Verweis

2

a. 1. das Heft 2. der Füller 3. das Lineal 4. der Radiergummi 5. das Buch 6. die Tafel 7. die Kreide 8. die Schultasche 9. der Block 10. der Spitzer 11. der Schwamm
b. 1e die Kugel + der Schreiber = *der* Kugelschreiber 2i das Blei + der Stift = *der* Bleistift 3g die Tinte + der Killer = *der* Tintenkiller 4f die Schule + die Tüte = *die* Schultüte 5c das Wasser + die Farbe = *die* Wasserfarbe 6d das Heft + der Umschlag = *der* Heftumschlag 7b die Borsten + der Pinsel = *der* Borstenpinsel 8a der Sport + der Beutel = *der* Sportbeutel
c. 1. Füller 2. Tafel 3. Rucksack

3

a. 1. schreiben - rechnen 2. Erklärst 3. gebastelt 4. abschreiben 5. aufpasst 6. Notiert 7. mitschreiben 8. Meld dich 9. korrigieren 10. unterrichte - lernen
b. 1. einer Fünf (*A:* einem Fünfer) - einer Sechs (*A:* einem Sechser) 2. eine Eins (*A:* einen Einser) - eine Zwei (*A:* einen Zweier) 3. einer Eins (*A:* einem Einser) - eine Drei (*A:* einen Dreier)
c. 1. Zwölf minus sechs ist gleich sechs. 2. Zehn geteilt durch fünf ist gleich zwei. 3. Sieben mal zwei ist gleich vierzehn. 4. Zehn hoch zwei ist gleich einhundert. 5. Die Wurzel aus fünfundzwanzig ist fünf. 6. Vierzig geteilt durch - in der Klammer zwei mal zwei - ist gleich zehn.
d. 1. Test 2. schwierig 3. erklären 4. Frage 5. maskulin 6. Geschlecht 7. weiblich 8. vergessen 9. Mehrzahl 10. Einzahl 11. lernen 12. beherrschen 13. abgefragt 14. Diktat 15. einfügen 16. bedeuten 17. Üben 18. Regeln 19. aufschreiben 20. durchgenommen 21. besprechen 22. schwer 23. verwenden 24. Fall 25. richtig 26. heißt 27. schlagt ... auf
e. 1. üben 2. verbessern 3. unterrichten 4. prüfen 5. übersetzen 6. erklären 7. korrigieren 8. lösen 9. aufgeben 10. zusammenfassen 11. besprechen 12. wiederholen 13. begründen

4

1. Englisch 2. Geographie 3. Physik 4. Biologie 5. Geschichte 6. Latein 7. Chemie 8. Religion

5

a. 1. buchstabieren 2. Stimme 3. zuhören 4. Ausnahmen 5. Wörterbuch 6. Fehler 7. Korrektur 8. Vokabeln
b. 1. sehr gut 2. geht mir gut 3. bedeutet 4. gemein 5. gelöst 6. gut 7. meinen
c. 1. Anfänger 2. erweitern 3. beruflich 4. Kontakte 5. kommunizieren 6. Kurse 7. absolviert 8. Zertifikat 9. kostenlosen 10. Niveau 11. einschreiben 12. Stufen 13. Mittelstufe 14. Fortgeschrittene *(Pl.)* 15. Online-Test 16. Passwort 17. Ergebnis 18. Testergebnisse 19. Liste 20. abends 21. wöchentliche 22. Blockseminare 23. Gebühren 24. insgesamt 25. umfassen 26. besuchen 27. Weiterbildung 28. Anmeldeformular 29. Einstufungstest
d. 1. der Buchstabe 2. der Laut 3. die Phrase 4. das Abc 5. zweisprachig 6. mehrsprachig 7. die Muttersprache 8. der Dialekt 9. die Kommunikation

6

a. 1. Resultat 2. schaffen 3. bewerten 4. bestanden 5. vorbereitet 6. durchschnittlich 7. Note 8. Zertifikat
b. 1. Können wir den Test wiederholen? 2. Ist die Prüfung nur schriftlich oder auch mündlich? 3. Wie kann ich mich am besten auf die Prüfung vorbereiten? 4. Haben Sie noch weitere Übungen zum Perfekt? 5. Finde ich zur Grammatik Übungen im Internet? 6. Können Sie uns Tipps zur Prüfungsvorbereitung geben?

7

a. 1. die Fakultät 2. das Studium 3. der Dozent 4. das Semester 5. das Examen 6. die Promotion 7. die Immatrikulation 8. der Student 9. der Doktor 10. die Bibliothek 11. die Klausur
b. 1. Dozent 2. Problem 3. Hörsaal 4. studierst 5. Hauptfach 6. Nebenfach 7. Vorlesung 8. Semester 9. Klausur 10. Thema 11. Bibliothek 12. Angebot 13. Sprachenschule 14. Universität/Hochschule 15. Bachelor 16. Master 17. Hochschule/Universität 18. Magister 19. Abschlüsse 20. Magisterstudiengang 21. Prüfung 22. Aufbau 23. Studium 24. kostet 25. Studiengebühren 26. Studenten
c. 1f 2e 3h 4c 5g 6b 7d

8

a. 1e 2b 3i 4c 5g 6f 7d 8h

b. 1. ... Wort gehalten 2. Davon kann keine Rede sein. 3. Er dreht mir immer das Wort im Mund (her)um. 4. Das ist nicht der Rede wert. 5. ... dich beim Wort nehmen 6. ... lässt die Kursleiterin ja mit sich reden 7. ... ein gutes Wort für mich einlegen 8. Rede und Antwort stehen

N Arbeit und Beruf

1

a. 1. der Lehrer 2. der Friseur 3. der Verkäufer 4. der Bäcker 5. der Automechaniker 6. der Gärtner 7. der Bauarbeiter 8. der Maler 9. der Kellner 10. der Landwirt 11. der Polizist
b. 1. die Sekretärin 2. die Busfahrerin 3. die Ärztin 4. die Köchin 5. die Richterin 6. die Polizistin (*A:* Gendarmin) 7. die Kassiererin 8. die Stewardess 9. die Konditorin 10. die Architektin 11. die Tierärztin
c. 1. Eine Arzthelferin 2. Ein Feuerwehrmann 3. Eine Erzieherin 4. Eine Raumpflegerin 5. Eine Geschäftsfrau 6. Ein Techniker 7. Eine Kosmetikerin 8. Ein Masseur 9. Ein Installateur 10. Eine Postbotin 11. Ein Schreiner 12. Ein Schuster 13. Eine Schneiderin

2

a. 1. die Gärtnerei 2. die Konditorei 3. die Bäckerei 4. die Fleischerei 5. die Schlosserei 6. die Brauerei
b. 1. Betrieb 2. Werkstatt 3. Firma 4. Fabrik 5. Reisebranche 6. Werk 7. Abteilung 8. Büro 9. -geschäft

3

a. 1. Posten 2. Beruf 3. Dienst 4. Job
b. 1. Karriere – Rezeption – Personalbüro – Einstellung 2. Angestellter – Position – Weiterbildung – angestellt – Leitung 3. Stellung – Aufgaben – Organisation – Besprechungen 4. Mitarbeiterin – Lehre – Forschung – Projekt – Tagung 5. Anstellung – selbstständig – Freiberufler – Entwicklung – Buch führen – Buchhaltung 6. Unternehmen – Bereich – verhandelt – Produkte – Geschäftsführung 7. Staatsdienst – Angestellte – verbeamtet – Beamtin – Pension 8. Lehrstelle – Lehre – Geselle – Meister – Meisterprüfung – Betrieb
c. 1. schwer 2. interessant 3. unangenehm 4. wenig 5. geistig 6. gefährlich 7. überbezahlt
d. 1. das Gehalt 2. das Einkommen 3. brutto 4. netto 5. der Ruhestand 6. die Rente 7. die Pension
e. 1. einsetzen 2. anheben 3. senken 4. steigen 5. lernen
f. 1. Tarifautonomie 2. Generalstreik 3. Schlichtung 4. Betriebsrat 5. Konkurs 6. Gewerkschaft

4

1. werden 2. verdienen 3. Job 4. Firma 5. Kollegen 6. Chef 7. Arbeitstage 8. Arbeitszeiten 9. arbeite 10. Wochenende 11. frei 12. Verwaltung 13. halbtags 14. Urlaub

5

a. 1. Auszubildende – Bewerbung – Gehaltsvorstellung 2. Praktikum 3. Vollzeit – schriftlich
b. 1. Teilzeit 2. Aushilfe 3. kontaktfreudig 4. Erfahrung 5. Service 6. aussagekräftige 7. Team 8. motivierten 9. Betreuung 10. Profil 11. Berufsausbildung 12. Zuverlässigkeit 13. Persönlichkeit 14. Bezahlung 15. Weiterbildung 16. Lichtbild
c. 1. Interesse 2. Engagement 3. Flexibilität 4. Tüchtigkeit 5. Freundlichkeit 6. Kompetenz 7. Selbstständigkeit 8. Bereitschaft 9. Durchsetzungsfähigkeit 10. Ehrgeiz 11. Zielstrebigkeit

6

1. arbeitslos 2. Stelle 3. mich ... vorstellen 4. mich ... bewerben 5. Lebenslauf – Lichtbild 6. einstellen 7. findet – Stellengesuche 8. fristlos 9. kündigen 10. Arbeitslosigkeit 11. Entlassung 12. suchen

7

a. 1. Vorstellungsgespräch 2. Unterlagen 3. Form 4. Arbeitgeber 5. vollständig 6. Fehler 7. Absage 8. Bewerbungsanschreiben 9. überzeugen 10. Stelle 11. Stellenanzeige 12. Bewerbungsmappe 14. Portraitfoto 15. Bescheinigungen 15. Seite 16. Brief 17. Betreffzeile 18. Unterschrift 19. sachlich 20. Sätze 21. Kenntnisse 22. Anfang
b. 1. Ausbildungsplatz 2. Stellenanzeige 3. Interesse 4. Stellenangebot 5. Beruf 6. Bürokauffrau 7. Unternehmen 8. Realschulabschluss 9. Kommunikation 10. Wort 11. Sprachkenntnisse 12. Computer 13. Programme 14. Einladung 15. Vorstellungsgespräch
c. 1d 2h 3b 4a 5c 6g 7e
d. 1. Überblick 2. Ausbildung 3. Qualifikationen 4. lückenlos 5. Computer 6. formal 7. chronologisch 8. Schulbildung 9. Muster 10. umgekehrt 11. Tätigkeit 12. Berufserfahrung 13. Qualifizierung 14. Aufbau 15. Spalte 16. Stichworte 17. Abschnitte 18. Studium 19. Hobbys

e. 1. Anschrift 2. Telefon 3. E-Mail 4. Familienstand 5. Schulbildung 6. Schulabschluss 7. Studium 8. Berufstätigkeit 9. Zusatzqualifikationen 10. Sprachkenntnisse 11. PC-Kenntnisse

8

a. 1. Passiv 2. Satz 3. Aktiv 4. Leser 5. unpersönlich 6. Information 7. schwerfällig 8. klingt 9. Verben 10. Substantiv 11. Inhalt 12. verständlicher 13. Substantivierungen 14. Superlative 15. Höchststufe 16. Fremdwort 17. Anglizismen
b. 1. gelten 2. erwägen 3. berechnen 4. beweisen 5. mitteilen 6. versenden 7. ausdrücken 8. helfen 9. verbinden
c. 1. Betreffzeile 2. Komma 3. Leerzeile 4. schreiben 5. üblich 6. Abstand 7. Grußformeln 8. Buchstabe 9. kein 10. Wörter 11. gesprochen 12. korrekt 13. Unterschrift 14. Druckschrift 15. Namen

9

a. 1. Lehrjahre sind keine Herrenjahre. 2. Es ist noch kein Meister vom Himmel gefallen. 3. Nach getaner Arbeit ist gut ruhen. 4. Erst die Arbeit, dann das Vergnügen 5. Probieren geht über studieren.
b. 1. malochen, schuften, ackern 2. pauken, büffeln 3. einbläuen

10

a. 1. Es ist Viertel vor neun. 2. Es ist Viertel nach elf. 3. Es ist fünf vor zwölf. 4. Es ist zehn nach drei. 5. Es ist fünf Uhr.
b. 1. um Viertel nach eins 2. um halb vier 3. von elf bis fünf 4. um zehn Uhr 5. um Viertel nach zwei 6. um halb fünf 7. um Viertel vor zehn 8. von zwölf bis zwei 9. um vier Uhr 10. ab halb neun 11. um drei Uhr 12. um halb acht.

11

a. 1. der Bildschirm 2. die Tastatur 3. die Maus 4. der Drucker 5. das Telefon 6. das Handy 7. der Schreibtisch 8. der Schreibtischstuhl 9. die Büroklammern *(Pl.)* 10. die Brille 11. der Ordner 12. die Schreibtischlampe 13. der Stift 14. der Papierkorb
b. 1. das Faxgerät 2. der Zettel 3. die Mappe 4. der Bleistift 5. die Unterlage 6. das Lineal

12

a. 1. anklicken 2. Datei 3. Daten – speichern 4. Diskette – CD-ROM-Laufwerk 5. ausdrucken – Tinte 6. Computerprogramm – Menüleiste 7. Modem – Internetverbindung 8. kopieren – markieren – Arbeitsspeicher – einfügen 9. Software – Grafikkarte
b. 1. Laptop 2. Modell 3. Scanner 4. Internet 5. Videokamera 6. Laufwerk 7. kopieren 8. Betriebssystem 9. Programme 10. Akku 11. Netzteil 12. hochfahren 13. Passwort 14. Homepage 15. Probeversion 16. Lizenz 17. Hintergrundbild 18. hochladen
c. 1. schicken – mailen 2. installieren 3. speichern – kopieren 4. anlegen 5. brennen – sichern

O Freizeit und kulturelles Leben

1

a. 1. Ferien 2. Urlaub genommen 3. ist im Urlaub 4. Wochenende 5. Feiertag 6. Feierabend 7. In den Ferien
b. 1. ... geht Petra um 20 Uhr mit Paul ins Kino. 2. Am Mittwoch joggt Petra um 16 Uhr. 3. Am Donnerstag trifft sich Petra mit Freunden. 4. Am Freitag spielt Petra um 15 Uhr Tennis. 5. Am Samstag fährt Petra um 11 Uhr Rad. 6. Am Sonntag schläft Petra lange.
c. 1. wandern 2. Karten spielen 3. Ski fahren 4. shoppen gehen 5. ins Theater gehen 6. Tennis spielen 7. spazieren gehen 8. Fußball spielen 9. tanzen gehen 10. Golf spielen 11. Rad fahren
d. 1. lese 2. spiele 3. fahre 4. fotografiere 5. koche 6. macht 7. mich ... kümmern 8. entspannen 9. treffe mich 10. spielen Fußball 11. schwimmen 12. chatte 13. interessiere mich 14. gehe ... aus
e. 1. trieben 2. aktiv 3. Mitglied 4. austraten 5. Fernsehen 6. Sich mit Freunden treffen 7. Hausaufgaben 8. telefonierten 9. beschäftigten sich 10. zeichneten 11. Jugendgruppe 12. machen

2

a. 1. gießen 2. rahmen 3. weben 4. verzieren 5. gebrannt 6. zeichnen 7. töpfern 8. glasieren
b. 1. Wasserfarben 2. Kleber – bastelt 3. Zeichnungen 4. Ölkreide 5. Pinsel 6. Farben 7. gelb – blau – rot – orange – lila – schwarz – weiß – hellblau 8. töpfern – weben – stricken 9. gestickt 10. geformt 11. Tusche 12. dunkelgrün – gestrichen 13. bunter
c. 1. schwarz 2. blau 3. grün – blau 4. grün 5. schwarz 6. blau 7. rot
d. 1. reißen 2. aufblasen 3. bekleben 4. Schichten 5. Motive 6. Tonpapier 7. lassen 8. kaputtmachen 9. abschneiden 10. ausreichend 11. Draht 12. festkleben 13. befestigen 14. einfach 15. Papiers 16. Trocknen

3
1. verliert 2. Glück 3. Ball 4. Spielzeug – Steinen 5. Computerspiele 6. Schach 7. Spiel – Karte – ziehen 8. gewürfelt – Pech 9. gewonnen 10. Gesellschaftsspiel 11. Spielregeln 12. Puppe 13. Eisenbahn 14. Puzzle – Motiv

4
a. 1. Flügel 2. Orchester 3. Chor – singen 4. Musiker 5. Noten 6. hört ... Musik 7. Konzert – klassische Musik 8. Komponist 9. Dirigenten 10. Band 11. Sängerin – Gruppe 12. Stimme 13. auflegen 14. Hit 15. Klassik
b. 1. komponiert 2. Lied 3. Text 4. Strophe
c. 1. das Xylophon 2. die Triangel 3. die Pauke 4. die Trommel 5. die Claves 6. die Blockflöte 7. die Klarinette 8. die Oboe 9. die Querflöte 10. das Saxofon 11. das Fagott 12. die Trompete 13. die Posaune 14. das Horn 15. die Tuba 16. die Geige 17. die Bratsche 18. das Cello 19. der Kontrabass 20. die Harfe 21. die Gitarre
d. 1. zu leicht 2. klatschen 3. Gehör 4. aufführen 5. ernste 6. stimmen 7. Ton 8. Akkord

5
a. 1. im Vorverkauf – an der Abendkasse 2. bestellen – kaufen – reservieren 3. geschlossen – zu 4. auf – geöffnet 5. Tickets – Eintrittskarten 6. sehr günstig – sehr teuer – frei 7. war begeistert – applaudierte – klatschte 8. Beifall – Applaus
b. 1. Stehplätze 2. Sitzplätze 3. Programm 4. Garderobe 5. Reihe – Mitte 6. Toiletten 7. Loge 8. Notausgang
c. 1. Kultur (1 M-R) 2. Kunst (20 J-N) 3. Literatur (A 1-9) 4. Besichtigung (4 C-N) 5. Lesung (8 E-J) 6. Abendveranstaltung (18 B-S) 7. Diskussion (16 F-O) 8. Festival (14 E-L) 9. öffentlich (10 F-O) 10. geschlossene (12 D-O)

6
1. Theater 2. Stücke – gespielt 3. Schauspielhaus 4. Intendant – Programm 5. inszeniert – Bühnenbilder 6. Tragödie – Oper – Ballett 7. Generalprobe – Premiere – Aufführungen 8. Vorstellung – ausverkauft 9. Rolle 10. Handlung 11. Akten 12. Szene – proben 13. Publikum – Bühne 14. aufführen

7
a. 1. anrufen 2. von ... bis 3. geöffnet 4. vorne (*oder*: hinten) 5. hinten (*oder*: vorne) 6. Plätze 7. reservieren 8. um 9. treffen 10. Eingang 11. pünktlich 12. spät
b. 1. Regisseure 2. Film 3. anschauen 4. Hauptdarsteller 5. DVD 6. Stars 7. Vorführung
c. 1. Fotografen 2. Film – Digitalkamera – Speicherkarte 3. entwickeln – Abzüge 4. Fotoapparat 5. fotografieren – Aufnahme 6. Fotostudio 7. Bild – Vergrößerung 8. Objektiv 9. gefilmt – ins Internet gestellt 10. Negative 11. Filmkamera – aufgenommen 12. ein Foto ... machen 13. Blitz 14. scharf stellen 15. scharf 16. Stativ

8
1. Papier 2. Rahmen 3. Radierung 4. Original – Reproduktion 5. Bild – kitschig 6. Gemälde – Künstler 7. Skizzen 8. Grafiker 9. Fälschung 10. Porträt 11. Atelier 12. Druck 13. geschnitzt 14. Museum 15. Galerie 16. Bildhauer 17. Skulptur 18. Ausstellung – Führung 19. Ausstellungskatalog 20. Aufseherin 21. Vernissage

9
a. 1. Surfen – Segeln – Rudern 2. Skilift – Klettern 3. simsen 4. unentschieden 5. dem Tor
b. 1. Squash 2. Golf 3. Hockey 4. Basketball 5. Tischtennis 6. Turmspringen 7. Angeln 8. Laufen 9. Weitsprung 10. Hochsprung 11. Kugelstoßen 12. Speerwerfen 13. Diskuswerfen 14. Skispringen 15. Rodeln 16. Eiskunstlauf 17. Eishockey 18. Boxen 19. Gymnastik 20. Rollerbladen 21. Gleitschirmfliegen
c. 1. Fußball*platz* 2. Schwimm*halle* 3. Renn*bahn* – Renn*strecke* 4. Reit*halle* 5. Tennis*platz* 6. Golf*platz*
d. 1c 2c 3b
e. 1. Favoriten 2. Sieg – Meisterschaft 3. Sieger 4. Turnier – schlägt 5. Niederlage 6. Finale
f. 1. Spiel – Tor 2. Trainer 3. Verein – trainieren 4. Sportplatz 5. Spieler – Profi 6. geschossen 7. Fußballspiel 8. Team 9. Gegner – verlieren 10. steht – führt 11. Ergebnis 12. fit
g. 1. Verein 2. Vereinsheim 3. Versammlung 4. Klub 5. treffen – Turnier 6. Spenden 7. eintreten 8. Mitgliedschaft – Mitgliedsbeitrag 9. trete ... aus – Aufnahmegebühr

10
a. 1. gesendet 2. aufgezeichnet 3. übertragen 4. umschalten 5. moderiert 6. hört 7. zuschauen 8. spreche 9. aufnehmen 10. empfangen
b. 1. das Mikrofon 2. die Sattelitenschüssel 3. der CD-Player 4. der MP3-Player 5. die Fernbedienung
c. 1. Sender – Fernsehprogramm – Radio 2. Spielfilme – privaten – Werbung 3. Nachrichtensendung 4. Wetterbericht 5. Serie – Krimi 6. Talkshows

7. Einschaltquoten 8. Glotze 9. Studio
10. Wiederholung 11. Bericht – Sendezeit
12. Sprecherin 13. Sondersendung 14. Videorekorder
15. Plattenspieler 16. Kassettenrekorder – Kassetten – CDs 17. Lautstärke 18. Film – gesendet

11

a. 1. unbekannt 2. hässlich 3. ernst 4. uninteressant
b. 1. Literatur 2. Taschenbuch 3. Bücherei 4. Auflage 5. Hauptfigur 6. Dichter – Schriftsteller 7. Untertitel 8. Bände 9. Kapitel 10. Inhalt 11. Prosa 12. Vorwort 13. Herausgeber
c. 1. Manuskript 2. Verlag 3. Lektor 4. im Buch steht 5. Korrektur gelesen 6. gesetzt 7. Druckerei 8. gedruckt
d. 1. im Leserbrief 2. recherchiert 3. für die Presse 4. Plakate 5. inserieren 6. eine Kolumne 7. Horoskop 8. die Zensur 9. sich ereignen 10. die Medien

12

a. 1. Begräbnis 2. Geburtstagsfeier – uns ... amüsiert 3. Firmenjubiläum – Fest 4. Stimmung – Party 5. Taufe 6. Hochzeit 7. Namenstag 8. Eröffnung 9. Feiertag 10. Feiern – gefeiert
b. 1. Feuerwerk – gutes neues Jahr 2. Tag der Arbeit 3. Nationalfeiertages 4. Tag der deutschen Einheit 5. Heiligen Abend – Weihnachtsfeiertag 6. Heilige Drei Könige 7. Ostern

13

1. Weltreligionen 2. Christentum 3. Islam 4. Judentum 5. Hinduismus 6. Buddhismus 7. Katholiken 8. Orthodoxen 9. Protestanten 10. verehrt 11. Kreuz 12. Bibel 13. Kirche 14. beten 15. Glaubensgemeinschaft 16. Koran 17. Allah 18. Muslime 19. Prophet 20. Mekka 21. Spenden 22. Fasten 23. Pilgerfahrt 24. Gott 25. Davidstern 26. Juden 27. Synagoge 28. Thora 29. Sabbat 30. Gläubige 31. Hindus 32. Wiedergeburt 33. Karma 34. Nirwana

P Politik und Gesellschaft

1

1. Ordnung 2. Macht 3. Herrscher 4. König 5. Untertanen 6. Staatsform 7. Monarchie 8. Alleinherrschaft 9. Erbrecht 10. Dynastien 11. herrschten 12. auserwählt 13. absolutes 14. Gesetz 15. Gehorsam 16. Kritik 17. Gefängnis 18. Regierung 19. repräsentative 20. Diktatur 21. Diktator 22. Beamte 23. außer Kraft 24. Amt 25. Gewalt 26. vertrieben 27. Putsch 28. demokratisch 29. Militärdiktatur 30. Krise 31. starke 32. Interessen 33. Terror 34. freie 35. Machthabern 36. politische 37. Folter 38. Regeln 39. Demokratie 40. Volksherrschaft 41. Bürger 42. Recht 43. Politiker 44. Volksvertreter 45. geheim 46. wählen 47. auf Zeit

2

a. 1. Baden-Württemberg 2. Saarland 3. Rheinland-Pfalz 4. Hessen 5. Nordrhein-Westfalen 6. Niedersachsen 7. Bremen 8. Hamburg 9. Schleswig-Holstein 10. Mecklenburg-Vorpommern 11. Berlin 12. Brandenburg 13. Sachsen-Anhalt 14. Sachsen 15. Thüringen
b. 1. Stuttgart 2. Kiel 3. Hannover 4. Mainz 5. Wiesbaden 6. Saarbrücken 7. Dresden 8. Potsdam 9. Magdeburg 10. Düsseldorf 11. Erfurt 12. Schwerin 13. Bremen 14. Berlin 15. Hamburg
c. 1. Bundesländer 2. einheitlich 3. Bund 4. selbstständig 5. Regierung 6. Schulpolitik 7. Föderalismus 8. Gesetzgebung 9. Landkreise 10. Kommunen 11. Aufgaben 12. Gemeinden 13. Gesetz 14. Kulturhoheit 15. zuständig 16. Müllabfuhr
d. 1. Bundesverfassungsgericht 2. Bundeskanzler 3. Bundesregierung 4. Bundesrat 5. Bundestag 6. Ministerpräsident 7. Landesregierung 8. Landtag 9. Koalition 10. Opposition 11. Abgeordnete 12. Kabinett

3

a. 1c Gewaltenteilung 2a Rechtgleichheit 3b Rechtsicherheit
b. 1. schlägt ... vor 2. diskutieren 3. entscheidet 4. hat 5. unterschreibt 6. läuft ... ab 7. beschließen 8. beachtet 9. ausgeführt 10. gehören 11. ist 12. stehen 13. halten 14. verstößt 15. bestraft 16. verabschieden 17. verbieten 18. zwingen 19. steht 20. wacht

4

a. 1. Wirtschaftsordnung 2. Idee 3. lenken 4. Preis 5. Ungerechtigkeit 6. unsozial 7. Arbeitnehmer 8. Arbeitsplätze 9. Staat 10. Firmen 11. Sozialleistungen 12. schwache
b. 1. sichern 2. Not 3. Sozialstaat 4. Wohlstand 5. Gerechtigkeit 6. gesellschaftlichen 7. Fürsorgepflicht 8. Armut 9. Chancengleichheit 10. Alter 11. Risiko 12. unterstützen 13. Sicherung

14. Solidarität 15. Beiträgen 16. Ausgaben
17. Arbeitslosigkeit 18. Gesellschaft 19. Kosten
20. Beschäftigungsförderung 21. Erhöhung
22. Krankenversicherung 23. Reform
24. Arbeitssuchende 25. Unterstützung
26. Verschärfung 27. Geldleistungen
c. 1. nein 2. ja 3. nein 4. ja 5. ja 6. nein
7. ja
d. 1. Pflegeversicherung 2. Rentenversicherung
3. Arbeitslosenversicherung

5
a. 1. Jahre 2. Erststimme 3. Partei 4. Sitze
5. Bundestag 6. Mehrheit 7. Koalition
8. Wahlpflicht 9. abstimmen 10. freiwillig
b. 1. gleich 2. unmittelbar 3. allgemein 4. geheim

6
a. 1. gegründet 2. Arbeiter 3. Ziele
4. Gerechtigkeit 5. Ausbau 6. Bundesländern
7. Bayern 8. Fraktion 9. Programm
10. konservative 11. Staat 12. Liberal
13. einmischt 14. Freiheit 15. Bildung 16. Mitte
17. Umweltschutz 18. multikulturellen
19. Wiedervereinigung 20. Linkspartei
21. Sozialismus 22. Chancen 23. Recht
b. 1. Programmen 2. Parteien 3. Bundestag
4. Farben 5. Roten 6. die Linke 7. CDU
8. Schwesterpartei 9. grün 10. Bündnis 90
11. Gelben 12. schwarz-gelben 13. rot-grüne

7
a. 1. Geschichte 2. Frankreich 3. Heimat
4. Industrie 5. Polen 6. Bergbau 7. Jahrhundert
8. Weltkrieg 9. Dritten Reichs 10.
Wirtschaftswachstum 11. Gastarbeiter 12. Italien
13. Türkei 14. Flüchtlinge 15. Asyl 16. Glaubens
17. Spätaussiedler 18. Verfolgung 19. Kriege
b. 1. angleichen – Tradition 2. Gesellschaft
3. Wirklichkeit 4. Integrationspolitik – Bevölkerung – Frieden 5. Einbürgerung 6. Sprachkurs – Ordnung
7. Zusammenleben – Toleranz 8. Politik – Zuwanderungsland
c. 1. inakzeptabel 2. unsolidarisch 3. loben
4. ausgrenzen 5. Minderheit 6. Fortschritt

8
1. -unglück 2. Lage – ernst – Soldaten 3. aktuelle
4. Schlagzeilen – Katastrophe 5. Demonstration – Informationen 6. etwas Neues – streiken
7. Kundgebung – fordern

9
a. 1. NATO 2. EU 3. EWG
b. 1. Organisation 2. Frieden 3. Konflikte
4. Lösungen 5. Krieg 6. lösen 7. Soldaten
8. kämpfen 9. Streit 10. Gegnern

10
a. 1. die Revolution 2. der Angriff 3. die Schlacht
4. die Streitkräfte *(nur Pl.)* 5. die Verteidigung
b. 1. Beziehungen 2. Verhandlungen – Frieden
3. Konferenz 4. Waffenstillstand 5. Friedensvertrag
6. Friedensabkommen – Kompromisse 7. verhandeln – Krise

11
a. 1. der Panzer 2. das Maschinengewehr 3. das U-Boot 4. die Pistole 5. die Mine 6. die Rakete
7. die Bombe 8. die Militäruniform
b. 1. Luftwaffe – Heer 2. Attentat – sprengten
3. Kalten Krieg – Spionage 4. Zivilisten
5. Atomwaffen

12
a. 1. Waren 2. pleitegehen 3. Arbeit 4. Mitarbeiter
5. verdienen 6. schließen 7. produzieren 8. Lohn
9. Gewinn 10. hergestellt
b. 1. der Zinssatz 2. der Konsument 3. der Import
4. der Export 5. die Börse 6. die Produktion
c. 1. produzieren 2. exportieren 3. importieren
4. verbrauchen 5. abnehmen 6. wachsen
7. zunehmen 8. handeln 9. ansteigen
d. 1. Volkswirtschaft 2. Betriebswirtschaft

13
1. Urteil – Gericht 2. Prozess – Prozesskosten
3. Rechtsanwalt 4. Staatsanwalt – Angeklagten – Richter 5. Verteidigung 6. Gerichtssaal
7. Augenzeugen – Indizien 8. Gefangene – entlassen
9. Antrag – verhören 10. Geschworene – schuldig
11. Verteidiger – Freispruch 12. Beweis – Strafverfahren 13. Haft – vorbestraft 14. Häftling – Gefängnis – Flucht 15. Entlassung – verhaftet
16. Todesstrafe – Verbrechen